本书为国家社科基金项目“汉代社会教育研究”（14XZS015）成果
内蒙古哲学社会科学规划重点项目“阴山地区非物质文化遗产保护与传承研究”（2023NDA221）成果
内蒙古自治区高等学校人文社科重点研究基地——阴山文化研究中心、内蒙古自治区哲学社会科学培育重点研究基地——阴山文化研究基地成果

HANDAI SHEHUI JIAOYU
YANJIU

汉代社会教育研究

郝建平　郝家兴◎著

中央民族大学出版社
China Minzu University Press

图书在版编目（CIP）数据

汉代社会教育研究 / 郝建平，郝家兴著 . -- 北京：中央民族大学出版社，2025. 6. --ISBN 978-7-5660-2520-3

Ⅰ. G779.2

中国国家版本馆 CIP 数据核字第 20253B84T4 号

汉代社会教育研究

著　　者　郝建平　郝家兴

责任编辑　买买提江 · 艾山

封面设计　舒刚卫

出版发行　中央民族大学出版社

北京市海淀区中关村南大街 27 号　　邮编：100081

电话：（010）68472815（发行部）　传真：（010）68933757（发行部）

（010）68932218（总编室）　（010）68932447（办公室）

经 销 者　全国各地新华书店

印 刷 厂　北京鑫宇图源印刷科技有限公司

开　　本　787×1092　1/16　印张：24.75

字　　数　460 千字

版　　次　2025 年 6 月第 1 版　2025 年 6 月第 1 次印刷

书　　号　ISBN 978-7-5660-2520-3

定　　价　108. 00 元

序　言

一、社会教育的概念界定

在现代社会，社会教育是一个使用频率极高的概念，可以说达到了耳熟能详的地步，然而对其内涵所指，人们存在着不尽相同的认识。概括起来有以下三种看法。

第一，把社会教育看作是“整个社会生活影响于个人身心发展的教育”①。第二，社会教育“是指在除学校和家庭以外的其他任何场所里所进行的一切教育活动和教育事业，包括国家机关、社会团体、企事业组织和社会成员间有意识、有组织和有目的影响人的成长和学习的活动。这种活动必须符合一定社会的行为规范、道德标准、文化习俗和法律法规”②。第三，认为社会教育的概念有广义和狭义之分。广义的“指一切社会生活影响于个人身心发展的教育”，狭义的则“指学校教育以外的一切文化教育设施对青少年、儿童和成人进行的各种教育活动”③。

综合分析、比较上述意见，我们认为第三种看法较为全面、科学。实际上，古代的社会教育已有广义、狭义之别。考察儒家经典，我们会发现，儒家所说的“教”，通常并非仅指学校教育，而是涵

---

① 李冀.教育管理辞典[M].海口：海南人民出版社，1989:15.

② 车如山.社会教育的历史考察[J].继续教育研究，2009（1）.

③ 中国大百科全书总编辑委员会.中国大百科全书·教育[M].北京：中国大百科全书出版社，1985:313.

盖了一切教育形式，也就是针对整个社会教育，亦即“教化”。《白虎通义·三教》对教化的基本观点进行了概括：“教者，效也。上为之，下效之。民有质朴，不教不成。故《孝经》曰：‘先王见教之可以化民。’《论语》曰：‘不教民战，是谓弃之。’《尚书》曰：‘以教祇德。’《诗》云：‘尔之教矣，欲民斯效。’”从广义而言，社会教育包括学校教育、家庭教育及社会生活中一切具有教育意义的活动。既包括有目的、有计划、有组织的教育影响，又包括自发地受社会环境的熏陶和影响。从狭义而言，社会教育主要指有意识、有目的地改善社会习俗的带教育性质的制度措施，“包括推广礼教，宣传有关伦理道德，厉行劝善惩恶，尤其是旌德扬善，作为表率和示范，以供民众效法。”① 也包括社会成员之间的影响。

二、研究的意义

我国是一个文明古国，学校教育、家庭教育和社会教育都有着悠久历史。在汉代，这三种教育形式广泛存在，它们相互配合、相互促进，构成了一个庞大的教育网络，共同为维护封建统治发挥着积极作用。由于兴办和维持学校教育，需要一定的人力、物力，即使有幸办起来，也存在着学校数量有限、招生规模有限的问题，因此，真正能进入学校接受教育者，只是人口中的少数。而家庭教育仅局限在家庭范围内，并因家长身份、地位的不同而有教育内容的差异。社会教育则面向全体民众，通过多种途径向他们传播和灌输当时的道德准则和伦理规范，使其能发自内心地认同的等级秩序，最终达到所谓“长治久安”之目的。正因为社会教育弥补了学校教育、家庭教育的不足，在维护社会稳定和促进社会发展方面发挥着不可替代的作用，所以受到了历代统治阶级的重视，汉代的统治者也不例外。无论是在社会教育的理论认识上，还是在

① 李国钧，王炳照.中国教育制度通史（第1卷）[M].济南：山东教育出版社，2000:404.

社会教育的实践上，均比前代进了一步。然而学界对汉代社会教育的研究相对比较薄弱，成果较少。因此，对汉代社会教育作系统研究，有助于我们进一步了解汉代社会教育的全貌，并通过总结其历史经验，为我们构建和谐社会、开展社会教育工作提供借鉴。

三、学术史回顾

目前学界对汉代社会教育的研究，大致可以分为以下几个方面。

1.关于汉代社会教育的途径、作用等问题

以社会教育为题进行研究的，目前所见只有两篇文章：曹新洲的《汉代社会教育》（《南阳师范学院学报》2012年第2期），从学校教育体系、职官教育、军队教育、边疆地区教育等方面分析了汉代社会教育实施的途径，并指出了其所具有的社会影响。康喆清的《试论汉代社会教育策略及对当代的启示》（《山西大学学报》2012年第1期），对汉代社会教育的方法及启示作了一定分析，认为汉代社会教育的方法，主要有官员施政、乡里教育、榜样示范、奖惩制度等，形成了社会教育的网络，有助于社会经济的发展和国家的稳定。

此外多是以教化为题而开展研究的：一是探讨汉代教化开展的途径。郭建萍的《西汉的教化思想与教化形式》（福建师范大学2007年硕士学位论文），从统治者的示范作用、地方官吏在施政过程中开展的教化活动，以及法律对教化所起到的保障作用等方面论述了西汉的教化形式。李小树的《论东汉道德教化网的形成》（《晋阳学刊》1997年第6期）认为天子、太后力倡教化，地方官员推行教化，民间儒士致力教化是东汉教化的途径。田张霞的《汉代社会教化模式探析》（《江苏教育学院学报》2006年第2期），认为汉代统治者主要是通过发布诏令、行为示范、设置三老等措施来推行社会教化。这些措施被后代社会所继承，深刻地影响了中国古代社会。

二是对汉代教化进行总体研究。董树利的《西汉乡里教化研究》

（河北师范大学2005年硕士学位论文），从乡里建置和乡官里吏的职能、乡里教化的理论基础、乡里教化的途径、乡里教化的内容、乡里教化的特点几个方面对西汉乡里教化作了论述。刘晓满的《汉代忠德教化研究》（曲阜师范大学2012年硕士学位论文），从忠德教化的背景、途径、特点及历史影响等方面对汉代忠德教化作了一定程度的研究。李学娟的《汉代教化研究》（山东大学2009年博士学位论文），从汉代教化的发展阶段、教化与汉代经济政策、教化与汉代文教政策、教化与察举制度、教化与汉代监察制度、教化与汉代刑罚制度、教化与汉代社会风俗等方面对汉代的教化进行了分析。

张惠芬的《中国古代教化史》（山西教育出版社，2009年），对汉代的教化政策和模式作了分析。俞启定、施克灿的《中国教育制度通史》（第1卷，山东教育出版社，2000年版），对汉代社会教化的体制、内容和措施进行了简要论述。

2.关于三老问题

三老是汉代专门从事教化活动的基层官员，对于其来源、性质、职责和作用等问题的研究，主要成果有：吉书时的《略论汉代的三老》（《北京师范大学学报》1983年第6期）认为，汉代的三老身份特殊，既是乡官，又具有民间代表的性质，三老是汉代政治中不容忽视的重要因素。刘修明的《两汉乡官“三老”浅探—中国封建制和村社关系的一个问题》（《文史哲》1984年第5期）认为，三老是汉王朝掌管教化的基层属吏，三老制在封建统治行政制度上延续了原始公社末期村社的长老制。陈明光的《汉代“乡三老”与乡族势力蠡测》（《中国社会经济史研究》2006年第4期）指出，乡三老在汉代虽有着官方身份，但他们和纯粹的吏有所区别，是地方势力的代表人物。汉朝统治者利用乡三老来维护基层的统治秩序，进而强化对基层社会的控制力。牟发松《汉代三老：“非吏而得与吏比”的地方社会领袖》（《文史哲》2006年第6期）认为，汉代统治者赋予了三老“非吏而得与吏比”的双重身份，以及地方社会领袖的地位，三老的这一特殊身份与地位，使其在中央政府与地方基层社会之间发挥着重要的媒介、沟通和缓冲的作用。万义广的《汉代“乡三老”身份再探讨》（《南昌大学学报》2008年第5期）认为，汉代的乡三老在身份上有一个发展变化的过程：西汉的乡三老虽然是官，但未列入吏员行列，而东汉的乡三老既是官，也可能被纳入了吏的系统。邹水杰的《三老与汉代基层政治格局之演变》（《史学月刊》2011年第6期）认为，西汉初期在县、乡设置三老，行教化之责，在地方政治中出现了行政和教化并存的二元格局。西汉中期后，三老逐渐吏化，地方行政二元格局逐渐解体。到东汉时，三老教化的职能渐由小吏取代，行政一元化格局最终形成。

3. 关于循吏的问题

两汉的循吏十分推崇以德治国的理念，积极推行教化。他们既是地方的行政长官，又扮演着教育者的角色，坚持“为官一任，教化一方”。对汉代循吏在地方教化中的诸种作为，学界开展了多方面研究，主要成果有：杨静婉的《汉代循吏的治民原则、措施及其实施效果》（《湘潭大学学报》1995 年第4期）认为汉代循吏推行的治民原则主要表现在富而教之、依法行事和廉洁自律三个方面。汉循吏的治民措施取得了显著效果：一是户口增加，田畴广辟；二是政平讼理，百姓安定；三是促进了社会的进步；四是百姓爱戴、皇帝褒扬。吴灿、郑达威的《汉代循吏的传播功能》（《开封教育学院学报》2005 年第 2 期）利用现代传播学理论，探讨了汉代循吏实施教化的三种功能，即政治传播功能、经济传播功能和文化传播功能。潘泉的《昭宣时期的循吏研究》（南昌大学2008 年硕士学位论文）从循吏出现的原因、循吏的类型和特点等方面探讨了昭宣时期循吏的情况。王博的《循吏与两汉社会》（江西师范大学2010年硕士学位论文）主要从三个方面研究了汉代循吏：一是循吏的产生及其本质；二是循吏与两汉社会的治理情况；三是循吏对汉代社会的影响。朱良璞的《循吏与两汉政治》（渤海大学2012年硕士学位论文）、孟彦的《汉代循吏研究》（山东师范大学2012年硕士学位论文）从循吏产生的原因、事迹、特征及其评价等方面对汉代循吏作了论述。

上述成果从不同方面对汉代社会教育的有关内容作了一定程度的研究，但这些成果比较孤立零散，尚未形成系统，目前学术界还没有把汉代社会教育作为一个专门的学术研究课题，从整体上进行系统深入的研究。本书力图在借鉴前贤研究成果的基础上，通过对相关史料的梳理，对汉代社会教育进行较为深入的研究，以期能为这一研究领域添砖加瓦。

目 录

第一章　汉代以前社会教育概况

一、先秦时期社会教育概况

社会教育活动是随着人类社会的产生而出现的，与人类历史一样悠久。在原始社会，人们共同生产、生活，年长的一代为了保证氏族社会生产和生活的不断发展，便将他们积累的生产、生活经验传授给年轻一代。如制造和使用生产工具、怎样团结协作来采集植物和捕获动物等。这种有目的、有意识地传授活动即社会教育活动。这种教育活动始终是与生产劳动和社会生活紧密联系在一起的。尽管这种教育内容单调，形式简单，但它推动了原始人类社会生产能力和生活水平的不断提高。

我国原始社会的第一个阶段是原始人群时期，考古发现为我们提供了这一时期社会教育的第一手资料。生活在距今20万—70万年前的北京猿人遗址，发现了数万件石器，包括砍砸器、尖状器、刮削器等，用来砍伐树木，割剥兽皮，采集根茎。石器已有了一定的类型和初步的分工。“北京猿人采用砍击、锤击、碰砧等方法制造石器。”[①]要想熟练地制造和使用这些石器工具，就离不开教育。“北京猿人遗址有四层面积较大并且较厚的灰烬层，有的灰烬层厚达6米。灰烬层里不仅有木炭，而且有因被烧烤而布满龟裂纹的石块和石器、因烧烤而扭曲变形的鹿角、烧烤过的朴树籽和各种兽骨等。”[②]这说明北京猿人已经能够使

---

① 晁福林.中国古代史.上[M].北京：北京师范大学出版社，2009:10.

② 晁福林.中国古代史.上[M].北京：北京师范大学出版社，2009:10.

用并控制火。火的使用，改变了人类“茹毛饮血”的生活状态，增强了人类的体质。因此，如何保存和使用火，就成为当时教育的一项重要内容。正如《白虎通义》所言：“教民熟食，养人利性，避臭去毒。”

原始社会的第二个阶段是氏族公社，这一时期的教育有了进一步发展，教育内容逐渐丰富。人们在制造石器的过程中逐渐发现了通过打击、钻孔、摩擦可以产生火，从而掌握了人工取火的技术。燧人氏“钻燧取火”即反映了这一成就：“上古之世，人民少而禽兽众，人民不胜禽兽虫蛇。……有圣人作，钻燧取火，以化腥臊，而民悦之，使王天下，号之曰燧人氏。”①人工取火的技术和经验，只有通过教育活动才能传递和推广。氏族公社时期的狩猎技术有了提高，当时已发明了威力强、射程远、速度快的弓箭，从而大大提高了捕获猎物的能力。如何掌握狩猎技术，同样有赖于教育。“伏羲氏之世，天下多兽，故教民以猎”②，这是教育民众如何去狩猎。

早在7000多年前，我国就出现了原始的农业生产活动。当时种植的作物黄河流域是粟子，长江流域是水稻。在半坡遗址的一个地窖里发现了厚达18厘米的腐烂谷粒，而在河姆渡遗址中普遍发现稻谷、稻草等的堆积物。这是当时已有种植业的实物证据。如何使用生产工具平整土地，点穴播种，庄稼成熟后怎样去收割，这些均有赖于相应的教育活动。对此，古籍多有记载：“古者，民茹草饮水，采树木之实，食蠃蚌之肉，时多疾病毒伤之害。于是神农乃始教民播种五谷，相土地之宜，燥湿肥硗高下；尝百草之滋味、水泉之甘苦，使民知所避就。”③“包羲氏没，神农氏作，斫木为耜，揉木为耒，耒耨之利，以教天下。”④这是教育民众如何去开辟土地、种植作物，以扩大生活来源。

---

① 周勋初.韩非子校注·五蠹[M].南京：江苏人民出版社，1982:661.

② [战国]尸佼撰，黄曙辉注.尸子[M].上海：华东师范大学出版社，2010.

③ [汉]刘安撰，顾迁译注.淮南子[M].北京：中华书局，2009:263.

④ 周易正义·系辞下[M].十三经注疏本，北京：中华书局，1980:86.

这一时期原始的手工业也已出现，以陶器制造业为主，此外尚有纺织业、玉器制造、象牙雕刻和房屋建筑业等。当时的制陶业，“无论器物造型、彩绘纹饰，或是快轮制作、掌握火候，都达到相当水平”[①]。要掌握这些工艺技术，不通过相应的教育活动，显然是不行的。

“由于原始氏族公社时期人们抽象思维能力还不发达，许多道德规范都是同生产劳动和生活实践结合在一起的具体规定，因而道德教育也是在人们的生产和生活过程中进行，如经常鼓励氏族成员树立勇敢顽强与自然作斗争的精神，注意培养互相协作、团结友爱共同完成生产任务的品德，同时还要进行遵守集体劳动秩序的教育：服从氏族长者对生产的指挥及产品的分配，爱护生产工具，保护生产场地等。”[②]

到原始社会末期，随着私有制的出现，家庭的诞生，家庭教育应运而生。同时，专门的学校教育也已产生。但社会教育活动并未就此消失，而是依然存在。如西周时期，统治者就非常重视对整个社会，尤其是对广大劳动人民进行所谓“教化”。《周礼·地官》记载有“聚民读法”的规定，就是由大司徒、州长、党正等官员在正月、七月、十一月的初一，把所管辖的民众集合起来，向他们宣讲朝廷的政策法令，并对教化的效果当场进行检验，以此来扬善惩恶。《周礼》列有社会教化的十二项内容：（1）以祀礼（指祭祀之礼）教敬，则民不苟；（2）以阳礼（指乡饮酒礼）教让，则民不争；（3）以阴礼（指婚姻之礼）教亲，则民不怨；（4）以乐礼教和，则民不乖；（5）以仪辨等，则民不越；（6）以俗教安，则民不揄；（7）以刑教中，则民不暴；（8）以誓教恤，则民不怠；（9）以度教节，则民知足；（10）以世事教能，则民不失积；（11）以贤制爵，则民慎德；（12）以庸制禄，则民兴功。从这些内容可以看出，社会教育的中心思想是等级社会的伦常观

① 晁福林.中国古代史.上[M].北京：北京师范大学出版社，2009:26.

② 毛礼锐，沈灌群.中国教育通史.第1卷[M].济南：山东教育出版社，2005:13.

念，施行教化的基本形式则是礼教。通过社会教育，全体成员心悦诚服地接受这些体现尊卑长幼等级秩序的规范体系，成为“不苟”“不争”“不怨”“不乖”“不越”“不揄”“不暴”“不怠”“知足”“慎德”的忠臣顺民，以维护君主专制统治。特别是周公所提出的社会教育思想，如采风问俗、移风易俗、治国化民等，曾极大地影响了当时的广大社会成员，取得了积极的效果，并对后世产生了重要影响。

春秋战国时期，是我国社会大动荡、大变革的时期，是奴隶制崩溃、封建制初步确立的时期。社会政治、经济的大变革，反映到思想文化上，表现为诸子蜂起、百家争鸣局面的出现。一大批杰出的思想家和教育家应运而生，他们除了开办私学、培养人才，以扩大学派的影响外，还积极通过整理文献、著书立说、游历列国、游说诸侯等方式，开展社会教育活动。特别是以孔子、孟子、荀子为代表的儒家学者，在从事社会教育活动的同时，从社会教育的必要性、社会教育的内容、社会教育的方法等方面，对社会教育作了一定程度的理论探析。这些教育家在社会教育理论和社会教育实践上所作的有益探索，为汉代开展社会教育提供了颇有价值的借鉴。

二、秦代的社会教育概况

秦代实行“以吏为师，以法为教”的政策，不设官学，又禁私学，企图以社会教育代替学校教育。秦于地方基层，设有专门负责教化的三老一职。陈胜在起义的时候就曾召集三老及地方豪杰议事。《汉书·高帝纪》原注宗祁曰：“三老掌教化，秦制也。”秦始皇统一天下后，曾先后五次出巡天下，在多处刻石记功。刻石文辞虽主要是颂扬秦始皇的丰功伟绩，史载：“今皇帝并一海内，以为郡县，天下和平。昭明宗庙，体道行德，尊号大成。群臣相与诵皇帝功德，刻于金石，以为表经。”[①]但也明显含有凭借皇帝的最高权威来一法度、正异俗的社会教化意图。如《泰山刻石》：“从臣思迹，本原事业，祗颂功德。治道运行，诸产得宜，皆有法式。大义休明，垂于后世，顺承勿革。皇帝躬圣，既平天下，不懈于治。夙兴夜寐，建设长利，专隆教诲。训经宣达，远近毕理，咸成圣志。贵贱分明，男女礼顺，慎遵职事。昭隔内外，靡不清静，施于后嗣。”[②]强调通过“专隆教诲，训经宣达”，使男女之间以礼相待，界限分明，男治外，女治内，各自履行自己的职能，从而为后代树立了良好的榜样。“芝罘刻石”：“作立大义，昭设备器，咸有章旗。职臣遵分，各知所行，事无嫌疑。黔首改化，远迩同度，临古绝尤。常职既定，后嗣循业，长承圣治。”[③]强调通过制定制度，使广大臣民得到教育，懂得规矩。立石刻辞实际上就是一种教化的措施。石刻设置在野外，每个人都有权利前往观看，因而具有很强的公开性；石体十分沉重，文字很难被篡改，故可靠性强；石体坚固结实，不易被磨损，因而有较强的保存性。[④]

秦统治者也重视对各种基本人际关系的规范。云梦秦简《为吏之道》表述了社会伦理关系的准则：“为人君则鬼，为人臣则忠，为人父则慈，为人子则孝。能审行此，无官不治，无志不彻，为人上则明，为人下则圣。君明臣忠，父慈子孝，政之本也。上明下圣，治之纪也。”[⑤]对君臣、父子、上下双方都提出了道德规范的要求，并把其作为治国行政的纲纪。有人认为，孝是儒家奉行的道德规范，秦朝崇尚法家，以法治国，不可能提倡孝道。我们赞同秦朝是重视孝道的观点，

---

① [汉] 司马迁.史记[M].北京：中华书局，1982:246–247.

② [汉] 司马迁.史记[M].北京：中华书局，1982:243.

③ [汉] 司马迁.史记[M].北京：中华书局，1982:250.

④ 李国钧，王炳照.中国教育制度通史（第一卷）[M]，济南：山东教育出版社，2000:195–196.

⑤ 睡虎地秦墓竹简小组.睡虎地秦墓竹简[M].北京：文物出版社，1978:285.

这可从秦始皇自身的奉行家教，秦朝的政策、法律、习俗等方面得到反映[①]。如《峄山刻石》中有“廿有六年，上荐高庙，孝道显明”[②]之语，说明秦始皇是身体力行宣传孝道的。嫪毐因得到嬴政母亲的宠爱，与之私通，而得以大权独揽，“事无小大皆决于毐”[③]。随着嬴政长大成人即将亲政，嫪毐害怕其与太后私通之事泄露而被治罪，遂发动武装叛乱，结果兵败被杀。嬴政迁怒于太后，把其流放到雍，加以囚禁。并下令曰：“敢以太后事谏者，戮而杀之！”[④]茅焦不顾生死，执意进谏道：“陛下车裂假父，有嫉妒之心；囊扑两弟，有不慈之名；迁母萯阳宫，有不孝之行；从蒺藜于谏士，有桀纣之治。今天下闻之，尽瓦解无向秦者，臣窃恐秦亡，为陛下危之。”[⑤]嬴政害怕落个不孝的名声而把母亲迎回咸阳甘泉宫，母子和好如初。母亲去世后，嬴政还将其与父亲秦庄襄王合葬。可以说嬴政遵循儒家所倡导的“生，事之以礼；死，葬之以礼，祭之以礼”[⑥]之孝道观。

为了保证孝道的有效实施，秦朝在法律上对不孝行为给予严惩。在出土的《睡虎地秦墓竹简》中即记载着这方面的案子。《封诊式·迁子爰书》：“某里士五（伍）甲告曰：‘谒鋈亲子同里士五（伍）丙足，迁蜀边县，令终身毋得去迁所，敢告。’告法（废）丘主：士五（伍）咸阳才（在）某里曰丙，坐父甲谒鋈其足，迁蜀边县。令终身毋得去迁所，论之。迁丙如甲告，以律包。今鋈丙足……”父亲向官府状告儿子不孝，请求官府将其流放到蜀郡的边远地区，让他从此不能离开当地。官府对其父的诉讼予以支持，将其子处以断足之刑，并加以

① 冯一下.秦朝的孝道[J].中学历史教学参考，1997（5）.

② 严可均辑.全秦文（卷一）[M].北京：中华书局，1958:121.

③ [汉] 司马迁.史记[M].北京：中华书局，1982:227.

④ 刘向撰，向宗鲁校证.说苑校证[M].北京：中华书局，1987:215.

⑤ 刘向撰，向宗鲁校证.说苑校证[M].北京：中华书局，1987:216.

⑥ 吴根友点注.四书五经[M].北京：中国友谊出版公司，1993:48.

流放。《封诊式·告子爰书》：“某里士五（伍）甲告曰：‘甲亲子同里士五（伍）丙不孝，谒杀，敢告。’即令令史己往执。令史己爰书：与牢隶臣某执丙，得某室。丞某讯丙，辞曰：‘甲亲子，诚不孝甲所，毋（无）它坐罪。’”[①]父亲因为儿子不孝而向官府告发，要求处死其子，官府经过一番调查审讯后，证实原告提供的不孝事实是属实的，于是就按照其父亲的要求将其子处死。《法律答问》载:“免老告人以为不孝，谒杀，当三环之不？不当环，亟执勿失。”[②]即六十岁以上的老人如果向官府控告儿子不孝顺，要求将其判处死刑，问这种案件是不是可以拒绝受理，答复是不可以拒绝，应该马上予以逮捕，千万不能让其潜逃。“欧大父母，黥为城旦舂。今欧高大父母，可（何）论？比大父母。”[③]法律规定，凡是殴打祖父母和曾祖父母，包括父母在内的，均将给予“黥”刑的处罚，并且男子罚筑城、女子罚舂米的苦役。这就是说，绝不允许子女有殴打父母、祖父母及曾祖父母的行为。“子告父母，臣妾告主，非公室告，勿听。……而行告，告者罪。告（者）罪已行，它人有（又）袭其告之，亦不当听。”[④]如果子女向官府控告父母，其行为如同臣妾控告主人一样，属于“非公室告”，官府则不能受理。行告属于犯罪行为，要受到惩处。行告者已被加以处罚，若他人接着对其进行控告，官府不应当受理。也就是说，不论父母有何错误，作为子女的绝不能加以控告。

夫妻关系是家庭内最重要的人际关系。《周易·序卦》曰：“有男女然后有夫妇，有夫妇然后有父子，有父子然后有君臣，有君臣然后有上下，有上下然后礼义有所顺，夫妇之道，不可不久也。”因此规范夫妇关系中的道德准则，是社会教育的一个重要内容。秦代对此有具体

① 睡虎地秦墓竹简小组.睡虎地秦墓竹简[M].北京：文物出版社，1978:263.
② 睡虎地秦墓竹简小组.睡虎地秦墓竹简[M].北京：文物出版社，1978:195.
③ 睡虎地秦墓竹简小组.睡虎地秦墓竹简[M].北京：文物出版社，1978:184.
④ 睡虎地秦墓竹简小组.睡虎地秦墓竹简[M].北京：文物出版社，1978:196.

要求，这在《会稽刻石》中有明确的反映："饰省宣义，有子而嫁，倍死不贞。防隔内外，禁止淫佚，男女洁诚。夫为寄豭，杀之无罪，男秉义程。妻为逃嫁，子不得母，咸化廉清。大治濯俗，天下承风，蒙被休经。"①维护一夫一妻的伦理原则，严防男女间发生违背道德的行为。丧夫而有子者如再嫁，就是不贞。与他人私奔者，原生子女不能承认她母亲的身份。以国家法令的形式来强调女子贞操，这是以前所没有的。对与他人之妻发生关系的，被捉住后杀死，官方将不予追究。对于秦始皇力图清除落后的遗风、建立廉清的民俗之举动，明末清初思想家顾炎武给予高度评价："欲民之多，而不复禁其淫泆。传至六国之末，而其风犹在。故始皇为之厉禁，而特著于刻石之文。以此与灭六王并天下之事并提而论，且不著之于燕、齐，而独著之于越，然则秦之任刑虽过，而其坊民正俗之意固未始异于三王也。"②

从上述可知，秦代为开展社会教育活动采取了多种措施，不可谓不努力，然其失误就在于单纯依赖社会教育，而忽视了学校在推广社会教化中的作用，不仅取缔了私人办学的行为，使春秋战国以来蓬勃发展的私学受到了打击，而且在官办学校上并无多大的作为，只是规定"若欲学法令，以吏为师"③。重视法律教育对于国家的治理固然必要，但法律教育不能代替其他教育，官吏也不能完全履行其他教师的职能，秦的速亡不能说与此无关。汉代吸取了秦的教训，在实施社会教育的同时，也重视学校教育和家庭教育，充分发挥三者在推广教化中的作用，使其成为巩固专制统治的有力手段，并取得了显著成效。

① [汉] 司马迁.史记[M].北京：中华书局，1982:262.

② 顾炎武.秦纪会稽山刻石[M] //黄汝成集释，秦克诚点校.日知录集释（卷十三）.长沙：岳麓书社，1994:468.

③ [汉] 司马迁.史记[M].北京：中华书局，1982:255.

第二章　汉代社会教育的途径

汉初六七十年，黄老学说被统治者所推崇，成为治国的指导思想，这是因为黄老无为而治的思想主张，适应了当时汉王朝的某些需要。

第一，汉初民生凋敝、百废待兴的社会经济状况促使统治者推行“黄老政治”。由于秦王朝的残暴统治及持续多年的楚汉战乱，刚刚建立的西汉王朝陷入了经济崩溃的境地。据史书记载：“汉兴，接秦之弊，诸侯并起，民失作业，而大饥馑。凡米石五千，人相食，死者过半。”[①]如此严酷的社会现实，使得新政权的统治者不得不考虑如何才能使社会经济恢复起来，以使新生的政权能够存在下去。显然秦朝的横征暴敛、严刑酷法的政策必须被抛弃。由于黄老之学所主张的清静无为，与汉初“黎民得离战国之苦，君臣俱欲休息乎无为”[②]的需要相契合，因而被当时的统治者所奉行。

第二，汉初统治者把黄老之学选定为统治思想，与学术思想的发展有着极大关系。经过长期的争鸣与融合，到战国末期，原来的诸子百家实际上只有儒、道、法三家学说有着较大影响。秦主要依靠法家实现了统一全国的目的，建立了历史上第一个统一的、专制主义中央集权的大帝国。然而秦统治者无视广大百姓在长期战争后迫切要求休养生息的

① [东汉] 班固.汉书[M].北京：中华书局，1962:1127.

② [西汉] 司马迁.史记[M].北京：中华书局，1982:412.

现实，“其道不易，其政不改”[①]，对百姓进行残酷的压迫、剥削，结果极大地激化了社会矛盾，帝国的大厦只存在了十余年，就在农民起义的暴风雨中坍塌了，这样的剧变极大地震撼了新生政权的统治者。通过深入反思秦速亡的教训，汉初统治者认识到一味依靠刑罚是危险的，必须改弦易辙，这样，法家便不存在被选择为治国思想的可能性了。儒学经过秦朝焚书坑儒政策的打击，元气大伤，而其所主张的烦琐礼仪的形式，也与汉初凋敝的社会现实相悖。司马迁就曾尖锐批评：“夫儒者以六艺为法。六艺经传以千万数，累世不能通其学，当年不能究其礼。”[②]因此儒学要被统治者所欣赏还须下一番加工改造的功夫，尽管汉初的陆贾、贾谊曾在这方面有过一些尝试，然而直到汉代中期的董仲舒才完成了儒家成熟思想理论体系的建构。

这样，唯有黄老之学的主张才符合汉初统治者的要求。黄老之学是战国后期以道家、法家思想为主，同时吸收儒家、墨家、阴阳家、名家的某些思想，所形成的一种假托黄帝、老子名义传播的学说。也就是司马炎所说的：“因阴阳之大顺，采儒墨之善，撮名法之要。”[③]白奚指出：“黄老之学的学术特征应确定为道法结合、兼采百家，其中，道家是其哲学基础，法家是其基本的政治主张，兼采百家是其政治主张的辅翼。这样的学术特征使黄老之学具有了不同于其他各家的鲜明特点。”[④]1973年长沙马王堆汉墓出土的四篇帛书《十六经》《经法》《道原》和《称》，就是汉初黄老学派的重要著作，是我们了解黄老之学的第一手材料。通过对黄老帛书的研读，我们发现有两方面的内容影响了汉初的政治。一是主张刑德并用，以德为主；二是主张清静无为，节俭有度。正因为黄老之学的这些主张适合于汉初的具体历史条件，能

① [西汉] 贾谊撰，方向东译注.新书[M]，北京：中华书局，2012:10.

② [西汉] 司马迁.史记[M].北京：中华书局，1982:3290.

③ [西汉] 司马迁.史记[M].北京：中华书局，1982:3289.

④ 白奚.先秦黄老之学源流述要[J].中州学刊，2003（1）.

满足其时统治者的需要，所以被选中为汉初数十年的统治思想。汉朝建立后，统治者的主要关注点是恢复、发展残破的社会经济，使统治得以稳固，故而未建立正式的官方学校教育制度。然而统治者对社会教育从一开始就是重视的，这从设立专门从事教化工作的三老一职即可看出。早在楚汉相争期间，尚是汉王的刘邦就在统辖地区的县、乡正式建立了三老制度。从此，在乡一级设置教化之官的做法，被后代统治者所继承。除三老外，汉初统治者也注意为乡间民众树立学习的榜样，如“孝悌力田”，目的就是通过其模范作用，把国家重视孝道和农业生产的价值理念推行到乡间，转化成民众认可的理念，从而实现对基层社会的控制。

经过汉初的恢复和发展，至武帝即位时，“七十年间，国家亡事，非遇水旱，则民人给家足，都鄙廪庾尽满，而府库余财。京师之钱累百巨万，贯朽而不可校。太仓之粟陈陈相因，充溢露积于外，腐败不可食。”[①]经济的好转，使人们的精神面貌得到了很大改变，“故人人自爱而重犯法，先行义而后绌耻辱焉。”[②]虽然我们不能否认黄老政治的积极作用，但这种不干预和少干预的政策，也产生了一些矛盾。一是豪强地主阶级势力极度膨胀，土地兼并呈日益加剧之势，大量农民失去了赖以为生的资源，或沦为奴婢，或流亡他乡，社会矛盾逐渐尖锐，一些地方已爆发了小规模的农民起义；二是地方诸侯王的割据势力日益膨胀，他们与中央政权的离心力越来越大，最终发展成“七国之乱”。叛乱虽很快被平定，但如何有效加强中央集权、防范帝国的分裂，已成为当权者必须解决的一个难题；三是在西汉王朝的和亲政策下，匈奴的势力日益强盛，一直不断地侵扰西汉北地，严重威胁了西汉的统治。因此，进一步强化专制主义中央集权制度已是当时统治者的迫切需要。

---

① [东汉] 班固.汉书[M].北京：中华书局，1962:1135.

② [东汉] 班固.汉书[M].北京：中华书局，1962:1136.

武帝认为提倡伦理道德、大一统的儒学比较适合其统治需要，于是采取多种措施逐步把儒家学说确立为统治思想。元光元年（前134年），武帝下令全国推举贤良，并亲自策问治国之道，其中董仲舒的“天人三策”，武帝最为满意。在三篇对策中，董仲舒立足于天人关系对封建政权及其伦理道德的合理性作了论证，提出了君权神授和君为臣纲、父为子纲、夫为妻纲的三纲都来自天等命题。这说明董仲舒以“天人感应”为核心的新儒学思想体系，主要是以儒家思想为基础，同时吸收了道、法、名、阴阳诸家思想中的一些因素而创立的。这一学说不仅使武帝拥有了最适合的强化中央集权之思想武器，而且也使独尊儒术从理论上建构的历史任务得以最终完成。武帝采纳了董仲舒的建议，“卓然罢黜百家，表彰六经。”[①]《汉书·董仲舒传》亦云：“及仲舒对册，推明孔氏，抑黜百家，立学校之官，州郡举茂材孝廉，皆自仲舒发之。”自此以后，儒学便获得了官方认可，并与政权日益紧密结合在一起，成为延续2000多年封建正统思想。

自从儒学成为封建国家的统治思想后，其对社会的诸多方面就起着支配作用，教育也不例外。其中最显著的表现就是以教育为治国之本地位的确立。董仲舒在对策中多次强调道德教化的重要性，他说：“古之王者明于此，是故南面而治天下，莫不以教化为大务。立大学以教于国，设庠序以化于邑，渐民以仁，摩民以义，节民以礼，故其刑罚甚轻而禁不犯者，教化行而习俗美也。”[②]又说：“道者，所由适于治之路也，仁义礼乐皆其具也。故圣王已没，而子孙长久安宁数百岁，此皆礼乐教化之功也。”[③]董仲舒把教化看作是立国之本：“教，政之本也，狱，政之末也。”[④]王符也非常同意把教化作为治国之本的观点，他

---

① [东汉] 班固.汉书[M].北京：中华书局，1962:212.

② [东汉] 班固.汉书[M].北京：中华书局，1962:2503–2504.

③ [东汉] 班固.汉书[M].北京：中华书局，1962:2499.

④ [西汉] 董仲舒撰，张世亮等译注.春秋繁露[M].北京：中华书局，2012:96.

说："以目所见，耕，食之本也。以心原道，即学又耕之本也。"[①]把教化看作是本中之本。他指出："人君之治，莫大于道，莫盛于德，莫美于教，莫神于化。道者所以持之也，德者所以苞之也，教者所以知之也，化者所以致之也。民有性，有情，有化，有俗。性情者，心也，本也。化俗者，行也，末也。末生于本，行起于心，是以上君抚世，先其本而后其末，顺其心而理其情。心精苟正，则奸匿无所生，邪意无所载矣。"[②]既然人的行为皆出于心，并由心所支配，那么行为的教化及行为习惯的形成，必须从治心做起。"故上圣不务治民事而务治民心。"[③]只有内心消除了一切邪念，行为才能合乎礼教，因此教化是治理国家的根本手段。郑玄也认为："本立而道生。言以学为本，则其德于民无不化，于俗无不成。"[④]主张在上者对下民应积极施教，"事未至，则豫教之，临事则诲之"。[⑤]强调教化要顺应人情，"顺其性而动者，莫不得其所"[⑥]，"圣人因人情而教民，民皆乐之，故不肃而成也。"[⑦]只有顺应人情，才能使教化活动具有可接受性，进而逐步达到移风易俗。

在汉代皇帝发布的诏书中，我们也可以看到不少这方面的表述。如汉武帝在元朔五年（前124年）的诏书中提出："导民以礼，风之以乐"，"其令礼官劝学，讲议洽闻，举遗兴礼，以为天下先。"[⑧]元帝建昭四年（前35年）下诏："相将九卿，其率意毋怠，使朕获观教化之

① [西汉] 王符撰，彭铎校正.潜夫论笺校正[M].北京：中华书局，1985:329.
② [西汉] 王符撰，彭铎校正.潜夫论笺校正[M].北京：中华书局，1985:371–372.
③ [西汉] 王符撰，彭铎校正.潜夫论笺校正[M].北京：中华书局，1985:376.
④ 《礼记正义》卷三十六，文渊阁《四库全书》电子版。
⑤ 《毛诗正义》卷十五，文渊阁《四库全书》电子版。
⑥ 《郑氏佚书·易注》卷二，清光绪十四年浙江书局刊本。
⑦ 《郑氏佚书·孝经注》，清光绪十四年浙江书局刊本。
⑧ [东汉] 班固.汉书[M].北京：中华书局，1962:171–172.

流焉。”①汉章帝建初四年（79年）的诏书亦强调：“盖三代导人，教学为本。”②从此，重视教育就成为历代王朝的一项重要国策，成了中华文明的一个优秀传统。

汉代从武帝以后，一直把兴办教育事业当作一项重要国策来抓，除了兴办各级官学外，也重视开展社会教育工作。社会教育之目的，主要是将封建伦理纲常灌输给社会的每一个成员，使人们形成良好的道德习惯，自觉地遵守统治者所规定的各项规章制度和行为准则，从而确保封建王朝的长治久安。为此，汉代统治者采取了多种途径和形式来实施社会教化。

一、设官任职，通过行政手段来推行社会教化

1.在基层设立专门从事教化工作的专职人员。汉代在基层县乡设有“三老”一职，负责地方的教化事务。三老的名号起源很早，西周时已有这方面的记载。《礼记·文王世子》载：“天子视学，大昕鼓征，所以警众也。众至，然后天子至，乃命有司行事，兴秩节，祭先师先圣焉。有司卒事反命，始之养也。释东序，释奠于先老，遂设三老五更群老之席位焉。”《礼记·乐记》亦有“食三老五更于大学”之语。说明周代时三老作为养老的对象已被天子供养于太学，并给予极高的礼遇。至春秋战国时，有关三老活动的记载渐多。《管子·度地》中有“三老、里有司、伍长”等乡里官员系统的记载。《墨子·号令》称：“吏卒民无符节，而擅入里巷官府，吏、三老守闾者失苛心（止），皆断。”《史记·滑稽列传》有“西门豹往会之河上，三老、官属、豪长者、里父老皆会”之记载。秦统一王朝存在的时间虽然短暂，但在地方亦设有三老一职。如《史记·陈涉世家》载陈涉入据陈县数日后，即

---

① [东汉] 班固.汉书[M].北京：中华书局，1962:295.

② [南朝宋] 范晔.后汉书[M].北京：中华书局，1965:137.

“号令召三老、豪杰与皆来会计事”；《汉书·高帝纪》载刘邦自关中挥军东进，“至洛阳，新城三老董公遮说汉王”，建议为义帝发丧。汉代以前的三老如何设置，其有怎样的职能？因相关史料不足，我们难知其详，而汉代的三老制是在继承前代制度基础上发展来的，这一点毫无异议。

汉王二年（前205年）楚汉相争期间，刘邦已在所辖地区的县、乡正式建立了三老制度。该年二月，刘邦诏曰：“举民年五十以上，有修行，能率众为善，置以为三老，乡一人。择乡三老一人为县三老，与县令丞尉以事相教，复勿徭戍。以十月赐酒肉。”[①]这个诏令确定了三老选择的标准及待遇。刘邦在战争期间、天下未定之时，就在自己的势力范围内建立了三老制度，这说明了三老制度对于稳定基层政权统治的重要性。关于三老的记载，不仅有文献资料，而且在汉代石刻中亦有遗存。“《汉书补注》沈钦韩说仓颉庙碑阴有‘衙县三老上官风’‘衙县乡三老时勤’。《金石萃编》汉十四曹全碑阴有‘县三老商量’‘乡三老司马集’题名等，这说明乡、县三老之设，在汉代已较普遍。”[②]三老是根据行政单位来设立的，尹湾1号木牍云：“县三老三十八人，乡三老百七十人。”[③]恰好和东海郡县、乡总数（38个县邑侯国，170个乡）相合。关于三老的身份，长期以来众说纷纭，莫衷一是。根据牟发松先生的总结，主要有三种说法：其一，三老是在编的正式乡官。其二，三老不是在编的正式乡官，而是荣誉头衔、民意代表。其三，“非吏而得与吏比。”[④]本人赞同第一种观点，理由是《汉书·百官公卿表》载：“乡有三老、有秩、啬夫、游徼。三老掌教化。啬夫职听讼，收赋税。游徼徼循禁贼盗。”这是把三老看作乡官的最直接的、第

---

① [东汉] 班固.汉书[M].北京：中华书局，1962:33–34.

② 黄今言.汉代三老、父老的地位与作用[J].江西师范大学学报，2007（5）.

③ 连云港市博物馆.尹湾汉墓简牍[M].北京：中华书局，1997:77.

④ 牟发松.汉代三老：“非吏而得与吏比”的地方社会领袖[J].文史哲，2006（6）.

一手的资料。《后汉书·百官志》亦载：“乡置有秩、三老、游徼。”《续汉志》记载：“三老、游徼，郡所属也，秩百石，掌一乡人。”《册府元龟》肯定了这一说法：“乡三老游徼百石，乡户五千则置有秩。”这说明三老为百石吏。三老为乡官，亦可从当时的“三老官属”用语中得到证明。在汉代皇帝的诏书及官方文献中常常可以看到“三老官属”的用语，例如西汉元帝在诏书中称：“三老官属、有识之士咏颂其美。”[①]再如东汉和帝在永元三年（91年）十月出巡长安后，下诏说：“其赐行所过二千石长吏已下三老官属钱帛，各有差。”[②]尤其值得一提的是1973年在甘肃居塔县肩水金关遗址出土的汉宣帝时文献《甘露二年丞相御史律令》，其为丞相府和御史府对一名宫廷逃犯加以追捕而联合起来给张掖太守下达的命令，里面就有这样的表述：“严教属县官令以下啬夫、吏正、三老，杂验问乡里吏民。”由这个例子我们可以看到，“从汉中央最高行政部门和监察机构看来，三老也是县令官属之一，所以严令他们必须和其他官属一样负起协助追查逃犯的责任”[③]。

根据刘邦的诏令可知，担任三老者至少需具备以下两个条件：一是年龄要在50岁以上；二是道德品质要好，“有修行，能率众为善。”即在德高望重、对当地民众具有相当号召力、能够服众的老者中推举。之所以要选择50岁，而不是年龄更大的人，原因大致有两个方面：一是以汉代的生活条件年龄太大的老人数量有限，不可能各地都存在；二是刘邦迫切需要地方上有代表性的人物协助其政权稳定。三老需要具备必要的社会活动能力，从事一些实实在在的工作，“五十岁以上的老人虽然渐渐失去了承担沉重劳役的能力，但利用其影响力来稳定地方还是在能力范围内的。年龄太高就不再适合这些工作的开展”[④]。钱穆先生曾

① [东汉] 班固.汉书[M].北京：中华书局，1925:1948.

② [南朝宋] 范晔.后汉书[M].北京：中华书局，1965:172.

③ 陈明光.汉代“乡三老”与乡族势力蠡测[J].中国社会经济史研究，2006（4）.

④ 张智慧.汉代乡官研究[D].上海：华东师范大学，2006.

指出：“中国儒家此一种教育理想与教育精神，既不注重在知识传授与职业训练上，更不注重在服从法令与追随风上，其重者，乃在担任教育工作之师道上，乃在堪任师道之人品人格上。”①《后汉书·樊宏传》载，樊重“性温厚，有法度，三世共财，子孙朝夕礼敬，常若公家……赀至巨万，而赈赡宗族，恩加乡闾。外孙何氏兄弟争财，重耻之，以田二顷解其忿讼。县中推美，推为三老”。樊重因为具有温厚性情、遵守法度、出让财产等品质，赢得了乡里威望，而被推选为三老乡官。秦彭任山阳太守，对辖区内遵奉教化突出的人“擢为乡三老，常以八月致酒肉以劝勉之”②。吕思勉先生曾指出：“汉世三老，体制多尊，其人亦多智。”③担任三老者几乎都有一定的文化修养，如三老掾赵宽碑中提到，三老赵宽“修习典艺，既敦《诗》《书》，说志《礼》《乐》，由复研机篇籀，博贯史略，雕篆六体，稽呈前人，吟咏成章，弹翰为法，虽杨、贾、班、杜，弗为过也。”“教诲后生，百有余人，皆成俊艾。”④赵宽不仅精通儒家经典，善写文章，而且开办私学、教授生徒，教学效果显著。用德高望重者担任三老对有效开展教化工作具有重要意义，因为伦理道德教育仅靠国家权威和强制手段是难以实现的，必须通过有道德影响力的人号召和引导，才能更好地被广大百姓所认可。

汉代的三老可以直接上书皇帝，提出自己的政见，而他们的建议大多会被皇帝采纳。如汉武帝末年，发生巫蛊之祸，戾太子兵败出亡，“上怒甚，群臣忧惧，不知所出”，这时壶关三老茂上书，认为太子是冤屈的。他的上书，既举了前代的历史事例，又引用了《诗经》名句为佐证，增强了说服力，因而打动了武帝，“上怜太子无辜，乃作思子

① 钱穆.国史新论（第2版）[M].北京：生活·读书.·新知三联书店，2005:197.

② [南朝宋] 范晔.后汉书[M].北京：中华书局，1965:2467.

③ 吕思勉.秦汉史[M].上海：上海古籍出版社，1983:644.

④ 高文.汉碑集释[M].郑州：河南大学出版社，1997:434.

宫，为归来望思之台于湖。”[①]对于三老茂的这一举动，明末大儒顾炎武赞颂道：“壶关三老茂，上书鸣戾太子之冤，史册炳然，为万世所称道。”[②]昭帝时，焦赣任小黄县令时，“以侯司先知奸邪，盗贼不得发。爱养吏民，化行县中。”本来应该升迁，但由于“三老官属上书愿留赣”，最后皇帝下“诏许增秩留”[③]。汉成帝时，京兆尹王尊因“遇使者无礼”被免职，当地官民均觉得可惜。于是“湖三老公乘兴等上书诉尊至京兆功效日著”，列举了王尊的功绩，成帝看了上书后，果断地重新起用王尊担任徐州刺史，不久又将其调任为东郡太守。后来由于黄河泛滥，护河大堤即将被淹，“老弱奔走，恐水大决为害”，王尊沉着冷静，亲率吏民，“投沉白马，祀水神河伯”，并亲执圭璧，请求以身填大堤，当时“吏民数千万人争叩头救止尊”，然而王尊坚持留守原地不肯离开，后来因为水势凶猛，堤坝被冲塌，官吏和民众都纷纷逃避，只有一个主簿哭着站立在王尊身边。当地的官吏和民众都对王尊的壮举表示赞扬，“白马三老朱英等奏其状”，皇帝根据三老的奏状，“制诏御史：‘朕甚嘉之，秩尊中二千石，加赐黄金二十斤。’”[④]寒朗曾担任济阳令，后因母亲去世回乡服丧而辞官，“百姓追思之”。章和元年（87年），章帝巡狩东方，经过济阳时，“三老吏人上书陈朗前政治状。帝至梁，召见朗，诏三府为辟首，由是辟司徒府。”[⑤]这些事例在一定程度上反映了汉代皇帝对三老的重视和尊敬，在中国古代史上是不多见的，这也从一个侧面说明了三老职责的重要性。

三老最主要的职能就是教化万民，宣扬孝悌礼义。《汉书·百官

① [东汉] 班固.汉书[M].北京：中华书局，1962:2747.

② 顾炎武.乡亭之职[M] //黄汝成集释，秦克诚点校.日知录集释（卷八）.长沙：岳麓书社，1994:285.

③ [东汉] 班固.汉书[M].北京：中华书局，1962:3160.

④ [东汉] 班固.汉书[M].北京：中华书局，1962:3234–3238.

⑤ [南朝宋] 范晔.后汉书[M].北京：中华书局，1965:1418.

志》载："三老，掌教化。"《后汉书·百官志》称："三老掌教化，凡有孝子顺孙，贞女义妇，让财救患，及学士为民法式者，皆扁表其门，以兴善行。"通过发现和表扬孝顺、贞节、仁义和知书达理的榜样，来劝导乡里各个家庭，以便形成整体的良好社会风尚。如果三老尽到教育民众遵循礼仪、改善民风的责任，中央政府会对其进行表彰。在两《汉书》中多有赐三老钱帛、酒肉的诏令。地方主管官员也有奖励之举动，如章帝建初年间，担任山阳太守的秦彭，"有遵奉教化者，擢为乡三老，常以八月致酒肉以劝勉之。"①反之，若民风不正，则三老要受责罚。武帝时曾遣司马相如晓谕巴蜀曰："让三老、孝悌以不教诲之过。"②韩延寿担任左冯翊，辖区内高陵县有两兄弟为争夺土地打官司，韩延寿耻其骨肉相争，自我责备"不能宣明教化，致令民有骨肉相讼"，结果该县"令丞、啬夫、三老亦皆自系待罪"③。宣帝时，范延寿担任廷尉，当时燕赵之间有三男共娶一妻，生了四个儿子，孩子们长大后要求分割财产单过，官司打到县里。县政府不能决断，将案件上报廷尉。范延寿审理后，认为男子应以讲究信用为贵，女子应以坚守贞节为贵，三男共娶一妻，是违反人伦的行为，与禽兽无异，所生的孩子应该属于他们的母亲。于是把四个孩子交给他们的母亲，并"尸三男于市，奏免郡太守、令、长等，切让三老无帅化之道"④。宗庆任长沙太守期间，因当地生活贫困，故人们生下孩子后，多将其抛弃。宗庆了解到这一情况，"切让三老，禁民杀子，比年之间，养子者三千余人，男女皆以'宗'为名也"⑤。汉代"专门设置三老，对地方官吏的教化进行补充和促进，有助于教化工作的切实推进，也是教化工作专门化和形

① [南朝宋] 范晔.后汉书[M].北京：中华书局，1965:2467.

② [东汉] 班固.汉书[M].北京：中华书局，1962:2580.

③ [东汉] 班固.汉书[M].北京：中华书局，1962:3213.

④ 周天游.八家后汉书辑注[M].上海：上海古籍出版社，1986:7.

⑤ 汪文台辑，周天游校.七家后汉书[M].石家庄：河北人民出版社，1987:130.

成初步责任制的体现，加速了社会教化的进程。他们选拔标准之严，朝廷的恩宠之隆，体现了汉代对于教化的重视以及对于三老行为的期待”。①

除三老外，在乡以下，还设置里正、伍长、父老等，其职责也主要是“劝导乡里，助成风化”②。韩延寿任颍川太守时，曾“置正、伍长，相率以孝弟，不得舍奸人”③；黄霸在颍川太守任上，同样设条教“置父老师帅伍长，班行之于民间”④。这说明三老、里正、伍长、父老共同担负着推行教化的职责，为民作表率。汉代乡官在国家推行教化的过程中发挥了重要作用，他们借助自身的地位以及地缘、血缘的关系，“上承国家教化政策，将符合律法的教令、措施潜移默化于百姓中间，下理民情民意，促进教化措施和地方风俗习惯的相互融合，反馈到汉政府”。⑤

2.地方各级官吏都肩负着教化民众的职责。汉代各级官吏，尤其是地方各级官吏均担负对民众教化的职责，需做到“以礼义伦理教训人民”⑥，以实现“正身行，广教化，修礼乐、以美风俗；兼领而和一之，以合治安”⑦。据《后汉书・百官志五・州郡条》载，郡国守相“皆掌治民，进贤劝功，决讼检奸。常以春行所主县，劝民农桑，赈救

① 张惠芬.中国古代教化史[M].太原：山西教育出版社，2009:59.

② [南朝宋] 范晔.后汉书[M].北京：中华书局，1965：97.臧之非先生在《“王杖诏书”与汉代养老制度》（《史林》2002年第2期）一文中指出：“除了乡以上的三老之外，在乡以下的里还设有‘里父老’，其功能和乡、县三老相同，主里内教化的同时也有反映民情的责任在内。居延汉简的第五二六一和四五一号简有‘里父老’和‘东利里父老夏圣’的记载。”

③ [东汉] 班固.汉书[M].北京：中华书局，1962:3211.

④ [东汉] 班固.汉书[M].北京：中华书局，1962:3629.

⑤ 李学娟.两汉教化研究[D].济南：山东大学，2009.

⑥ [西汉] 贾谊撰，方向东译注.新书[M].北京：中华书局，2012:174.

⑦ [西汉] 贾谊撰，方向东译注.新书[M].北京：中华书局，2012:169.

乏绝。秋冬遣无害吏案讯诸囚，平其罪法，论课殿最。岁尽遣吏上计。并举孝廉，郡口二十万举一人”，县令长“皆掌治民，显善劝义，禁奸罚恶，理讼平贼，恤民时务，秋冬集课，上计于所属郡国”。这说明郡县官员负有教化之责。汉代皇帝多有强调推行教化为官员基本职责的诏令发布。如景帝中六年（前144年）诏言：“夫吏者，民之师也。”①武帝元朔元年（前128年）诏言：“公卿大夫，所使总方略，壹统类，广教化，美风俗也。”②元帝初元元年（前48年）诏言：“相守二千石诚能正躬劳力，宣明教化，以亲万姓，则六合之内和亲，庶几乎无忧矣。”③

由于汉武帝接受了董仲舒独尊儒术的建议，从此，汉代就确立了以教化治国的方针，重视教化逐渐成为社会的共识，并成为衡量官员政绩好坏的一个重要尺度。因此，不少地方官员在任期间，积极对所辖民众进行社会教育，让儒家之伦理道德、孝悌观念成为人们普遍遵循的价值标准和行为准则，极力使其在人们的日常生活和民间的风俗信仰中发挥潜移默化的作用。武帝时儿宽任左内史期间，“劝农业，缓刑罚，理狱讼，卑体下士，务在于得人心；择用仁厚士，推情与下，不求名声，吏民大信爱之。”④宣帝时韩延寿任颍川太守，当地民风强悍，仇怨甚多，欲教以礼让。在宗法关系盘根错节的民间，要让广大百姓认同改革，须先得到地方上有威信的长者的信任。于是他就将郡中几十位有代表性的老人请来，向他们了解百姓的疾苦，陈述自己改革的想法，听取他们的意见。“长老皆以为便，可施行，因与议定嫁娶、丧祭仪品，略依古礼，不得过法。”⑤制定礼仪规章仅仅是第一步，能落到实处则更

① [东汉] 班固.汉书[M].北京：中华书局，1962:149.

② [东汉] 班固.汉书[M].北京：中华书局，1962:166.

③ [东汉] 班固.汉书[M].北京：中华书局，1962:279.

④ [东汉] 班固.汉书[M].北京：中华书局，1962:2630.

⑤ [东汉] 班固.汉书[M].北京：中华书局，1962:3210.

为重要，这就需要百姓了解其内容，最终遵照执行[①]。为了实现这一目的，韩延寿令“文学校官诸生皮弁俎豆，为吏民行丧嫁娶礼，百姓遵用其教”[②]，民风又变得淳朴起来，以致出现了“卖偶车马下里伪物者，弃之市道”[③]的现象。韩延寿调任东郡太守后，继续利用各种机会来推广教化，“所至必聘其贤士，以礼待用，广谋议，纳谏争”。他向上推荐那些在丧事中主动出让先人遗产的子弟，对有孝悌行为者加以表彰。他还对学校进行一番整修，定期举行春秋乡射，“陈钟鼓管弦，盛升降揖让”[④]，举办都试训练军队，设斧钺旌旗，练习射箭、驾车等技艺。韩延寿任东郡太守三年，把当地治理得非常好，“令行禁止，断狱大减，为天下最”[⑤]。

宣帝即位后不久，渤海地区发生灾荒，“盗贼并起，二千石不能禽制”[⑥]，龚遂临危受命为渤海太守平息盗贼之乱。他认真分析后，认为渤海地区的盗贼多是因“困于饥寒而吏不恤”被迫为盗的，并非真正的恶人。在得到皇帝的认同后，龚遂一改前任武力镇压的做法，对这些盗贼进行道德感化：他给所属各县下达命令，要求罢免所有追捕盗贼的官吏，只要是手里拿着农具的人即视为善良百姓，对于他们，官吏不能过问，而手拿兵器的人则被看作是盗贼。龚遂独自乘车到郡府，郡中十分安定，盗贼们都自动解散了。“渤海又多劫略相随，闻遂教令，即时解散，弃其兵弩而持钩锄。盗贼于是悉平，民安土乐业。”[⑦]龚遂的道德感化举措获得了巨大成功，使这些盗贼最终真心弃恶从善。龚遂还发现

---

① 郝建平.论西汉良吏韩延寿[J].聊城大学学报，2003（1）.

② [东汉] 班固.汉书[M].北京：中华书局，1962:3210.

③ [东汉] 班固.汉书[M].北京：中华书局，1962:3210.

④ [东汉] 班固.汉书[M].北京：中华书局，1962:3211.

⑤ [东汉] 班固.汉书[M].北京：中华书局，1962:3212.

⑥ [东汉] 班固.汉书[M].北京：中华书局，1962:3639.

⑦ [东汉] 班固.汉书[M].北京：中华书局，1962:3639.

齐地有喜好奢侈的民俗，人们喜欢从事工商业，而不重视农业生产，于是他以身作则，带头节俭，劝告人们从事农业生产："令口种一树榆，百本薤、五十本葱、一畦韭，家二母彘、五鸡。"凡是百姓有随身携带刀剑的，龚遂就劝他们把剑卖了去买牛，把刀卖了去买犊；"春夏不得不趋田亩，秋冬课收敛，益蓄果实菱芡"。经过一番治理，取得了良好效果："郡中皆有畜积，吏民皆富实。狱讼止息。"①

光武帝时，任延担任九真太守，针对骆越地区"民无嫁娶礼法，各因淫好，无适对匹，不识父子之性，夫妇之道"的愚昧状况，下文件要求所属各县，让年龄在二十到五十岁的男子，十五到四十岁的女子，都"以年齿相配"。凡是家庭贫困无法筹集聘礼的，"令长吏以下各省奉禄以赈助之，同时相娶者二千余人"，经过一段时间的努力，使得该地区"风雨顺节，谷稼丰衍。其产子者，始知种姓"②；卫飒任桂阳太守期间，有鉴于"郡与交州接境，颇染其俗，不知礼则"的现状，"修庠序之教，设婚姻之礼。期年间，邦俗从化"③；孔奋任武都太守时，"为政明断，甄善疾非，见有美德，爱之如亲，其无行者，忿之若仇，郡中称为清平。"经过一番惩恶扬善的教化，达到了"举郡莫不改操"的效果④。

章帝时秦彭任山阳太守，用道德礼仪教育民众，不使用刑罚。大力提倡儒家学术，发展基层庠序教育。每到春秋举行宴饮宾客、射箭之礼的时候，他总是对应有的上下揖让的礼仪加以整顿。他还为百姓"设四诫，以定六亲长幼之礼。有遵奉教化者，擢为乡三老"，官员如果犯了罪，只是把其官职免去，让其离开，而不让他们受到侮辱。因此，"百

---

①[东汉]班固.汉书[M].北京：中华书局，1962:3640.

②[南朝宋]范晔.后汉书[M].北京：中华书局，1965:2462.

③[南朝宋]范晔.后汉书[M].北京：中华书局，1965:2459.

④[南朝宋]范晔.后汉书[M].北京：中华书局，1965:1099.

姓怀爱，莫有欺犯”[1]。和帝时何敞为汝南太守，他对一些官员以苛刻求名誉的做法极为反感，力求为政宽和。春天时，他把在地方上从事巡视工作的督邮召回郡中，派精通儒术的官吏到所属各县进行考察，主要是发现那些有孝悌行义者。同时，“举冤狱，以《春秋》义断之。是以郡中无怨声，百姓化其恩礼。其出居者，皆归养其父母，追行丧服，推财让者二百许人。置立礼官，不任文吏。”[2]桓帝时刘宽任南阳太守，“温仁多恕”，就算事情很急迫，但从不表现出慌张的样子。他常常认为：“齐之以刑，民免而无耻。”如果手下官吏犯了错误，只是用薄鞭予以轻罚，让其感到耻辱而已。事情办成功了，最后的功劳都让给属下。每当有灾祸出现时，他便主动检讨自己、承担责任。“每行县止息亭传，辄引学官祭酒及处士诸生执经对讲。见父老慰以农里之言，少年勉以孝悌之训。人感德兴行，日有所化”[3]。

县令也积极开展社会教化活动。卓茂任密令时，奉行“劳心谆谆，视人如子，举善而教，口无恶言”，使得“吏人亲爱而不忍欺”，他管辖的地方最终出现了“教化大行，道不拾遗”的局面[4]；刘矩任雍丘令，“以礼让化之，其无孝义者，皆感悟自革”。老百姓凡有打官司的，刘矩就叫来进行教育，让他们知道有事应多协商，而不要轻易翻脸、打官司。这些人都非常认可刘矩，全都撤诉。“其有路得遗者，皆推寻其主。”[5]虞延担任细阳令期间，每当岁时节令，就让在押的囚犯回家与家人团聚，这些人感念他的恩德，到期全回到监狱。有个囚犯在家生病，因为到期了，家里人就用车把他送到县府，刚回来就死了，虞

① [南朝宋] 范晔.后汉书[M].北京：中华书局，1965:2467.

② [南朝宋] 范晔.后汉书[M].北京：中华书局，1965:1487.

③ [南朝宋] 范晔.后汉书[M].北京：中华书局，1965:887.

④ [南朝宋] 范晔.后汉书[M].北京：中华书局，1965:869–870.

⑤ [南朝宋] 范晔.后汉书[M].北京：中华书局，1965:2476.

延将其安葬在城门外，“百姓感悦之”[①]。童怀任不其令，“吏人有犯违禁法，辄随方晓示。若吏称其职，人行善事者，皆赐以酒肴之礼，以劝励之”[②]；鲁恭任中牟令，“专以德化为理，不任刑罚”，许伯等人为争夺田产打官司，多位太守和县令均未能决断，鲁恭为他们分析了是非曲直，使他们“退而自责，辍耕相让”[③]；阎宪担任绵竹令，“以礼让为化，民莫敢犯”。有一个叫杜成的男子晚上走夜路，在路上发现一个布囊，内有二十五匹锦，最后他想办法找到失主交还，并说：“县有明君，何敢负其化。”人们编了一首谣谚，对阎宪用礼感化百姓的行为加以歌颂：“阎尹赋政，既明且昶。去苛去辟，动以礼让。”[④]

甚至地方小吏也多有化民成俗之事。如朱邑年轻时任舒桐乡啬夫，为人廉洁公正，做任何事情都遵循着对他人慈爱和有利的原则，对待别人从不粗暴无礼。“存问耆老孤寡，遇之有恩，所部吏民爱敬”[⑤]；第五伦任乡啬夫时，“平徭赋，理怨结，得人欢心”[⑥]；爰延任乡啬夫期间，“仁化大行，人但闻啬夫，不知郡县”[⑦]；仇览任蒲亭长时，积极鼓励人们从事生产活动，为百姓定下了一些法令条文，规定了果树蔬菜种植的数量，饲养鸡猪的数量。“农事既毕，乃令子弟群居，还就黉学。”他还“躬助丧事，赈恤穷寡，期年称大化”。[⑧]有个叫陈元的人，和母亲住在一起，母亲到仇览那里去控告陈元不孝。仇览非常吃惊地说：“我最近曾路过你们家，看到的是整齐的房屋，按时耕耘的田地，你的儿子不应是恶人，只是因为他没有受到应有的教化而已。你一

① [南朝宋] 范晔.后汉书[M].北京：中华书局，1965:1151.

② [南朝宋] 范晔.后汉书[M].北京：中华书局，1965:2482.

③ [南朝宋] 范晔.后汉书[M].北京：中华书局，1965:874.

④ 常璩撰，任乃强校注.华阳国志校补图注[M].上海：上海古籍出版社，1987:601.

⑤ [东汉] 班固.汉书[M].北京：中华书局，1962:3635.

⑥ [南朝宋] 范晔.后汉书[M].北京：中华书局，1965:1396.

⑦ [南朝宋] 范晔.后汉书[M].北京：中华书局，1965:1618.

⑧ [南朝宋] 范晔.后汉书[M].北京：中华书局，1965:2479–2480.

直守寡来养育孤儿，自己吃苦不说，又年纪大了，怎么能为了一时发泄愤怒，而把儿子置于不讲道义的境地中呢？”使其母感悔而去。仇览又亲至家，“为陈人伦孝行，譬以祸福之言”[①]，使陈元最终成为孝子。谢承《后汉书》有如此记载：“览为县阳遂亭长，好行教化。人羊元凶恶不孝，其母诣览言元。览呼元，诮责元以子道，与一卷孝经，使诵读之。元深改悔，到母牀下，谢罪曰：‘元少孤，为母所骄。谚曰：孤犊触乳，骄子骂母。乞今自改。’母子更相向泣，于是元遂修孝道，后成佳士也。”[②]

刺史虽是汉代在地方设置的负责监察郡国守、相的监察官，但由于其具有“刺史行郡国，省察政教，黜陟能否，断理冤狱”[③]的职能，因而刺史通过惩处地方官吏的违法犯罪行为，在一定程度上净化了社会风气，对辖区内的官民具有警示、教育的意义。如魏相在昭帝时担任杨州刺史，“考案郡国守相，多所贬退”[④]；郭贺在明帝时担任荆州刺史，“及到官，有殊政。百姓便之”。明帝巡狩到南阳，特意召见，赐其“三公之服，黼黻冕旒。敕行部去襜帷，使百姓见其容服，以章有德。每所经过，吏人指以相示，莫不荣之”[⑤]；张禹在章帝建初年间出任扬州刺史，他上任后，到所属郡县实地考察，就连最偏僻的地方也都留下足迹。他“亲录囚徒，多所明举。吏民希见使者，人怀喜悦，怨德美恶，莫不自归焉”。[⑥]

汉代官吏往往把辖区内吏民不符合儒家道德原则的行为看成社会教化不行的结果，又把社会教化不行视作失职而加以自责。如韩延寿任

① [南朝宋] 范晔.后汉书[M].北京：中华书局，1965:2480.

② [南朝宋] 范晔.后汉书[M].北京：中华书局，1965:2480.

③ [南朝宋] 范晔.后汉书[M].北京：中华书局，1965:11.

④ [东汉] 班固.汉书[M].北京：中华书局，1962:3134.

⑤ [南朝宋] 范晔.后汉书[M].北京：中华书局，1965:908–909.

⑥ [南朝宋] 范晔.后汉书[M].北京：中华书局，1965:1497.

左冯翊时，有一次到高陵县考察，“民有昆弟相与讼田自言”，韩延寿认为自己“为郡表率，不能宣明教化”“咎在左翊，当先退”。在他的影响下，打官司的家族长者对两兄弟进行了一番教育，两兄弟深深地感到后悔，“皆自髡肉袒谢，愿以田相移，终死不敢复争。”[①]鲁恭任中牟令，一个亭长放纵他人借牛过期而不肯归还，牛主人没办法就告到鲁恭那里。鲁恭把亭长召来，再三责令他归还他人之牛，亭长却置若罔闻。鲁恭叹息：“是教化不行也。”就要解下印绶离去，手下的官员都哭着挽留他，亭长感到非常惭愧，就把牛还给主人，并主动前往官府接受惩罚，鲁恭没有治他的罪，吏人都很信服。许荆为桂阳太守，到耒阳县考察，当地蒋均兄弟二人因争夺财产告到官府。许荆叹息道：“吾荷国重任，而教化不行，咎在太守。”让手下的官吏上书陈述情况，“乞诣廷尉。均兄弟感悔，各求受罪。”[②]许荆严格自责的道德感召力产生了重要影响，据《谢承书》载：“郴人谢弘等不养父母，兄弟分析，因此皆还供养者千有余人也。”[③]胶东相吴祐，“民有争讼者，辄闭阁自责，然后断其讼，以道譬之。”[④]严翊为颍川太守，“掾吏有过，辄闭阁自责。”[⑤]他们把下属官吏和百姓违反伦理道德原则的行为看作是教化未能很好开展的结果，又将其视为自己未尽到责任，这就意味着教化不行是教化者自身未能做出表率的缘故。但如果教化者未能做出表率的判断被舆论否定了，那么，被教化者就会承担这种责任，舆论的压力会使他们惭愧。“在这种氛围中，严格的自责能使教化者获得更强的道德感召力和舆论支持，因而汉代循吏常用‘自责’办法感化争讼者。”[⑥]

---

① [东汉] 班固.汉书[M].北京：中华书局，1962:3213.

② [南朝宋] 范晔.后汉书[M].北京：中华书局，1965:2472.

③ [南朝宋] 范晔.后汉书[M].北京：中华书局，1965:2472.

④ [南朝宋] 范晔.后汉书[M].北京：中华书局，1965:2101.

⑤ 《北堂书钞》卷七十四引谢承《后汉书》，文渊阁《四库全书》电子版。

⑥ 刘厚琴.教化在汉代伦理与制度整合中的作用[J].开封大学学报，2008（4）.

从上述可见，汉代各级官吏，上至郡守、下到亭长都以推行社会教化为己任，积极对民众进行道德教化，从而使伦理道德教育深入基层社会的民众生活之中，对于建立和谐稳定的社会秩序具有积极的推动作用。

汉代把是否推行社会教化及实施社会教化效果的状况，作为考核官员政绩的一个基本尺度，并对优秀者给予奖励。如宣帝曾下令嘉奖黄霸："颍川太守霸，宣布诏令，百姓乡化，孝子弟弟贞妇顺孙日以众多。田者让畔，道不拾遗，养视鳏寡，赡助贫穷，狱或八年亡重罪囚，吏民乡于教化，兴于行谊，可谓贤人君子矣。《书》不云乎：'股肱良哉！'其赐爵关内侯，黄金百斤，秩中二千石。"①这种奖惩措施的实施，督促地方官员时刻牢记抓好社会教化工作是自己不可推卸的责任，从而致力于社会教化，使社会教化活动得以普遍开展。

二、通过奖德励善活动来扩大社会教化的影响

从社会学的角度来看，激励是社会控制的一种重要手段，其与惩罚等措施相配合，相辅相成，被有识之士看成"治乱之枢机"②。汉代统治者非常重视对三老、孝悌、力田的表彰活动，此类诏书俯拾即是，几与两汉王朝相始终。奖励的方式多种多样，有"复其身""赐帛""赐爵"等。如惠帝四年（前191年），"举民孝弟力田者复其身"③。所谓"复其身"，师古注云："复其身及一户之内皆不徭赋也。"④惠帝用免除赋税徭役之法来激励人们践行孝悌，这是汉代统治者首次奖励孝悌，此后虽奖励的方式不完全相同，但奖励之举则多有发生。文帝十二年（前168年）"赐三老、孝者帛人五匹，悌者、力田二匹……以

① [东汉]班固.汉书[M].北京：中华书局，1962:3631.
② [东汉]王符撰，[清]汪继培笺、彭铎校正.潜夫论笺校正[M].北京：中华书局，1985:207.
③ [东汉]班固.汉书[M].北京：中华书局，1962:90.
④ [东汉]班固.汉书[M].北京：中华书局，1962:55.

户口率置三老、孝悌、力田常员，令各率其意以道民焉。”[①]根据各县户口人数确定设置三老、孝悌、力田的名额，让这些人成为百姓学习、效仿的准则和表率；武帝元狩元年（前122年）“赐县三老、孝者帛，人五匹；乡三老、弟者、力田帛，人三匹”[②]；元帝初元元年（前48年）赐“三老、孝者帛五匹，弟者、力田三匹”[③]；成帝绥和二年（前7年）赐“三老、孝弟、力田、鳏寡孤独帛”[④]；明帝中元二年（57年）“赐天下男子爵，人二级；三老、孝悌、力田，人三级”[⑤]；章帝建初三年（78年）“赐爵，人二级，三老、孝悌、力田，人三级”[⑥]；安帝永初三年（109年）赐“三老、孝悌、力田爵，人二级”[⑦]；顺帝永建元年（126年）“赐男子爵，人二级；为父后、三老、孝悌、力田，三级”[⑧]；桓帝建和元年（147年）“赐吏更劳一岁；男子爵，人二级；为父后及三老、孝悌、力田，人三级”[⑨]。为了更清楚地反映汉代对三老、孝悌、力田进行赏赐的情况，现根据《汉书》《后汉书》帝纪之材料，制成“西汉赏赐三老、孝悌、力田一览表”和“东汉赏赐三老、孝悌、力田一览表”。

---

① [东汉] 班固.汉书[M].北京：中华书局，1962:124.
② [东汉] 班固.汉书[M].北京：中华书局，1962:174.
③ [东汉] 班固.汉书[M].北京：中华书局，1962:279.
④ [东汉] 班固.汉书[M].北京：中华书局，1962:334.
⑤ [南朝宋] 范晔.后汉书[M].北京：中华书局，1965:96.
⑥ [南朝宋] 范晔.后汉书[M].北京：中华书局，1965:136.
⑦ [南朝宋] 范晔.后汉书[M].北京：中华书局，1965:212.
⑧ [南朝宋] 范晔.后汉书[M].北京：中华书局，1965:252.
⑨ [南朝宋] 范晔.后汉书[M].北京：中华书局，1965:289.

西汉赏赐三老、孝悌、力田一览表

帝王	时间	缘由	赏赐对象及物品	史料来源
高祖	二年（前205年）	立汉社稷	举民年五十以上，有修行，能帅众为善，置以为三老，乡一人。择乡三老一人为县三老，与县令丞尉以事相教，复勿徭戍。以十月赐酒肉。	《汉书·高帝纪》
惠帝	四年（前191年）		举民孝弟力田者复其身。	《汉书·惠帝纪》
文帝	十二年（前167年）	嘉此二三大夫之行	遣谒者劳赐三老、孝者帛人五匹，悌者、力田二匹，廉吏二百石以上率百石者三匹。	《汉书·文帝纪》
	后元七年（前157年）	文帝崩	赐诸侯王以下至孝悌力田金钱帛各有数。	《汉书·文帝纪》
武帝	元狩元年（前122年）	立皇太子	赐县三老、孝者帛，人五匹；乡三老、弟者、力田帛，人三匹。	《汉书·武帝纪》
宣帝	元康元年（前65年）	凤皇集泰山、陈留，甘露降未央宫	加赐鳏寡孤独、三老、孝弟力田帛。	《汉书·宣帝纪》
	永康四年（前62年）	神爵五采以万数集	加赐三老、孝弟力田帛，人二匹。	《汉书·宣帝纪》
	甘露三年（前51年）	凤皇集新蔡	其赐汝南太守帛百匹，新蔡长吏、三老、孝弟力田、鳏寡孤独各有差。	《汉书·宣帝纪》
元帝	初元元年（前48年）	地数动，关东谷不登	赐三老、孝者帛五匹，弟者、力田三匹。	《汉书·元帝纪》
	初元五年（前44年）	有星孛于参，关东连遭灾害	赐三老、孝者帛，人五匹，弟者、力田二匹。	《汉书·元帝纪》
	建昭五年（前34年）	朕德薄明暗，教化浅微	赐三老、孝弟力田帛。	《汉书·元帝纪》

续表

帝王	时 间	缘 由	赏赐对象及物品	史料来源
成帝	建始元年（前32年）	火灾降于祖庙；有星孛于东方；右将军长姚尹等使匈奴还遇暴风火被烧杀。	赐三老、孝弟力田、鳏寡孤独钱帛，各有差。	《汉书·成帝纪》
	建始三年（前30年）	—	赐孝弟力田爵二级。诸逋租赋所振贷勿收。	《汉书·成帝纪》
	河平四年（前25年）	匈奴单于来朝	赐孝弟力田爵二级。诸逋租赋所振贷勿收。	《汉书·成帝纪》
	绥和元年（前8年）	立欣为皇太子	赐三老孝弟力田帛，各有差。	《汉书·成帝纪》
哀帝	绥和二年（前7年）	太子即皇帝位	赐三老、孝弟力田、鳏寡孤独帛。	《汉书·哀帝纪》

东汉赏赐三老、孝悌、力田一览表

帝王	时 间	缘 由	赏赐对象及物品	史料来源
明帝	中元二年（57年）	即皇帝位	其赐天下男子爵，人二级；三老、孝悌、力田人三级。	《后汉书·明帝纪》
	永平二年（59年）	幸辟雍，初行养老礼	赐天下三老酒人一石，肉四十斤。	《后汉书·明帝纪》
	永平三年（60年）	立贵人马氏为皇后，皇子炟为皇太子	赐天下男子爵，人二级；三老、孝悌、力田人三级。	《后汉书·明帝纪》
	永平十二年（69年）	—	赐天下男子爵，人二级，三老、孝悌、力田人三级。	《后汉书·明帝纪》
	永平十七年（74年）	天降祥瑞	赐天下男子爵，人二级，三老、孝悌、力田人三级。	《后汉书·明帝纪》

续表

帝王	时间	缘由	赏赐对象及物品	史料来源
章帝	永平十八年（75年）	即皇帝位	赐民爵，人二级，为父后及孝悌、力田人三级。	《后汉书·章帝纪》
	建初三年（78年）	立贵人窦氏为皇后	赐爵，人二级，三老、孝悌、力田人三级。	《后汉书·章帝纪》
	建初四年（79年）	立皇子庆为皇太子	赐爵，人二级，三老、孝悌、力田人三级。	《后汉书·章帝纪》
	元和二年（85年）	帝耕于定陶	三老，尊年也。孝悌，淑行也。力田，勤劳也。国家甚休之。其赐帛人一匹，勉率农功。	《后汉书·章帝纪》
和帝	永元三年（91年）	行幸长安	其赐行所过二千石长吏已下三老、官属钱帛，各有差。	《后汉书·和帝纪》
	永元八年（96年）	立贵人阴氏为皇后	赐天下男子爵，人二级，三老、孝悌、力田，三级。	《后汉书·和帝纪》
	永元十二年（100年）	比年不登，百姓虚匮。京师去冬无宿雪，今春无澍雨，黎民流离，困于道路。	其赐天下男子爵，人二级；三老、孝悌、力田，人三级。	《后汉书·和帝纪》
	永元十五年（103年）	南巡狩	赐所过两千石长吏以下、三老、官属及民百年者钱布，各有差。	《后汉书·和帝纪》
	元兴元年（105年）	帝崩于章德前殿	赐天下男子爵，人二级；三老、孝悌、力田，人三级。	《后汉书·和帝纪》

续表

帝王	时 间	缘 由	赏赐对象及物品	史料来源
安帝	永初三年（109年）	皇帝加元服	赐男子为父后，及三老、孝悌、力田爵，人二级。	《后汉书·安帝纪》
	元初元年（114年）	改元	赐民爵，人二级，孝悌、力田人三级	《后汉书·安帝纪》
	延光元年（122年）	改元	赐民爵及三老、孝悌、力田，人二级。	《后汉书·安帝纪》
顺帝	永建元年（126年）	奸慝缘闲，人庶怨讟，上干和气，疫疠为灾。	赐男子爵，人二级，为父后、三老、孝悌、力田人三级。	《后汉书·顺帝纪》
	永建四年（129年）	帝加元服	赐男子爵及流民欲占者人一级，为父后、三老、孝悌、力田人二级。	《后汉书·顺帝纪》
	阳嘉元年（132年）	立皇后梁氏	赐爵，人二级，三老、孝悌、力田三级。	《后汉书·顺帝纪》
桓帝	建和元年（147年）	大赦天下	赐男子爵，人二级，为父后及三老、孝悌、力田人三级。	《后汉书·桓帝纪》
灵帝	光和四年（181年）	河南言凤皇见新城，群鸟随之	赐新城令及三老、力田帛，各有差。	《后汉书·灵帝纪》
献帝	建安二十年（215年）	立贵人曹氏为皇后	赐天下男子爵，人一级，孝悌、力田二级。	《后汉书·献帝纪》

从上表可知，西汉对三老、孝悌、力田的赏赐，其缘由大致为立皇太子、太子即皇帝位、皇帝加元服、立皇后、天降祥瑞、灾害发生等。所赐物品以帛为主，赐钱、酒、肉和爵位仅有几例。东汉对三老、孝悌、力田的赏赐，其缘由大致为立皇太子、太子即皇帝位、皇帝巡狩、天降祥瑞、灾害发生等。所赐以爵位为主，赐钱、酒、肉和帛仅各有

一次。

从尹湾汉简来看，孝弟力田确实是以户口而置。据1号木牍“孝弟力田各百二十人”，即东海郡266200余户中共有孝弟力田360人，平均每县邑侯国约9.47人，每乡约2.1人，每739.69户中约有1人，每3881.5人中约有1人。这说明汉代孝悌力田制度的设置是相当普遍的[①]。

三老的职责是“掌教化”，即从思想上领导乡里。三老既是社会教化的实施者，本人又是人品上的表率。孝悌是伦理道德的体现者，是品行优良者，力田是努力生产者。作为乡官，他们担负着从精神意识和物质生产方面维护封建制的责任。汉代统治者力图通过“三老、孝悌、力田的民师身份和教导作用，从政治上、思想上控制封建乡里之民，以稳固封建统治的社会基础”[②]。文帝诏曰：“孝悌，天下之大顺也。力田，为生之本也。三老，众民之师也。廉吏，民之表也，朕甚嘉此二三大夫之行。”[③]章帝诏曰：“三老，尊年也。孝悌，淑行也。力田，勤劳也。国家甚休之。其赐帛一匹，勉率农功。”[④]这些人是民众的表率、模范，对他们进行表彰，目的是通过所树立的榜样，影响、改变人们的观念，从而形成良好的社会风俗习惯。这些人以道德品行与实际能力对下层民众产生了直接影响，从而在醇厚风俗、促进社会生产方面起到了积极作用。

中国古代社会是农业社会，农业是立国之本，因而为历代统治者所重视，汉代也不例外。这从最高统治者的一些诏书中即可看出。如文帝诏曰：“夫农，天下之本也，其开籍田，朕亲率耕，以给宗庙粢盛。”[⑤]景帝诏曰：“农，天下之本也。黄金珠玉，饥不可食，寒不可衣，以为币用，不识其终始。间岁或不登，意为末者众，农民寡也。其

① 卜宪群.秦汉官僚制度[M].北京：社会科学文献出版社，2002:320.

② 刘修明.“汉以孝治天下”发微[J].历史研究，1983（6）.

③ [东汉] 班固.汉书[M].北京：中华书局，1962:124.

④ [南朝宋] 范晔.后汉书[M].北京：中华书局，1965:149.

⑤ [东汉] 班固.汉书[M].北京：中华书局，1962:117.

令郡国务劝农桑，益种树，可得衣食物。”[①]既然最高统治者如此重视农业生产，那么，作为努力从事农业生产的代表，其被政府所表彰也就在情理之中。力田本身积极致力于农业生产活动，掌握着一定的农业生产知识和技术，拥有一定数量的土地，在农业生产方面发挥着教化作用。他们“代表了农村中的中、小地主这一广大社会阶层，是推动汉代农业技术进步和农业生产稳定发展的重要力量”[②]。“在中国古代社会，农民被牢牢地固着在土地上，与外界联系很少。人口流动性小，既利于思想的稳定，也利于家庭的稳定。如果人口经常处于流动状态，人的思想变化会很大，感情也会淡薄，显然不利于家庭的稳定。而‘力田’正好起到了把民固着于土地的作用。”[③]提倡“力田”一直是秦朝的传统，汉代则把“力田”与“孝悌”结合起来，这是统治成熟的一个重要表现。进行“孝悌”教化，对维护统治是有利的，然而要让民众接受这种教化，就要首先解决他们的生存问题。“民贫，则奸邪生。贫生于不足，不足生于不农，不农则不地著，不地著则离乡轻家，民如鸟兽，虽有高城深池，严法重刑，犹不能禁也。”[④]民众财力充足，才可以奉行养老之事及为国家提供赋税，“民财内足以养老尽孝，外足以事上贡税。”[⑤]既为知礼提供基础，又为尽孝提供必要的物质准备。可以说“力田”为“孝悌”的生长提供了丰富土壤。把“孝悌”教化建立在努力生产的基础上，是一种切实可行的办法，因而取得了积极效果。

三、大力提倡孝道，力图使行孝成为官民的自觉行动

什么是孝？《尔雅·释训》：“善事父母为孝。”《说文解字》从

---

① [东汉] 班固.汉书[M].北京：中华书局，1962:152.

② 黄富成.略论汉代乡村农官——力田[J].农业考古，2006（4）.

③ 季乃礼.三纲六纪与社会整合[M].北京：中国人民大学出版社，2004:52–53.

④ [东汉] 班固.汉书[M].北京：中华书局，1962:1131.

⑤ [东汉] 班固.汉书[M].北京：中华书局，1962:1137.

字的构造上把孝解释为："善事父母者。从老省，从子，子承老也。"即"孝"由"老""子"二字合成，上部的"老"为老年的双亲，下部之"子"为子女，意思是子女要奉养、顺承父母。

孝是中国古代社会最基本、最重要的一种伦理道德观念。关于孝观念的起源，目前学术界还存在着不同看法。概括起来，大致有三种意见：父系氏族社会说、商代说、西周说。要想形成孝观念必须具备两个方面的条件：第一，立足于血缘关系上的亲亲之情的产生；第二，建立了个体婚制。而这两个条件都具备了，是在原始社会晚期的父系氏族公社时期。当然我们也要看到，这个时候的孝观念还不具有阶级性，仅仅是一种敬亲爱亲的自然感情。①

在商代的甲骨卜辞中有一例以孝作为地名的，在商代金文中有一例以孝作为人名的。据《尚书·无逸》记载，商王武丁即位的时候，恰逢其父亲去世，他便居庐守丧，三年不谈论政事。《吕氏春秋·孝行》称："商书曰：'刑三百，罪莫重于不孝'。"既有考古材料，又有文献记载，那么，商代已有孝的思想，是可以肯定的。只不过由于记载简略，其孝的具体内容我们难以详知。

西周时期的孝，不仅多见于金文，而且在《尚书》《周易》《诗经》等文献中也多有记载。这说明，在周代孝道已经是一种普遍的伦理道德观念。查昌国依据《三代吉金文存》和《西周金文辞大系考释》统计得出，排除重复的，有112条铭文谈到了"孝"，其中有43条显示为"享孝""追孝"神祖考妣，10条显示为"享孝于宗室"，也就是在宗庙祭祀祖先，5条显示为"追孝于前文人"。此外，34条只有"享孝""追孝"等词语，而没有具体指明孝的对象。②周代的孝，大致包含两方面内容：一是奉养和恭敬父母。如"肇牵车牛，远服贾，用孝养

---

① 康学伟.论孝观念形成于父系氏族公社时代[J].松辽学刊，1992（2）.

② 查昌国.西周"孝"义试探[J].中国史研究，1993（1）.

厥父母”[①]；“王事靡盬，不能艺稷黍，父母何怙……王事靡盬，不能艺稷黍，父母何食……王事靡盬，不能艺稻粱，父母何尝？”[②]“一曰孝行，以亲父母。”[③]奉养和恭敬父母是对父母养育之恩的一种回报。《诗经》中即有很好的表述：“无父何怙？无母何侍？出则衔恤，入则靡至。父兮生我，母兮鞠我。拊我育我，长我畜我。顾我复我，出入腹我。欲报之德，昊天罔极。”[④]二是祭祀先祖。这种“孝”被称为“追孝”“享孝”。如“追孝于前文人”[⑤]“用追孝于己伯，用享大宗”[⑥]“用享孝宗室”[⑦]“率见昭考，以孝以享”[⑧]。之所以对祖先进行祭祀，就在于人们认为祖先虽然肉体已逝，但灵魂依然存在，可以降福于子孙，因而通过祭祀，希望得到祖先神灵的佑护以祈福避祸。到春秋战国时，诸子对孝多有论说，特别是儒家的孔子、孟子、荀子用力颇多，从而使孝的理论更加丰富。

孝是儒家伦理道德的一项重要内容，其基本内涵就是要人们绝对遵从父母和家长，表现出一种“服从权威”的基本精神。通过《论语》一书，我们可以发现，有19次出现了孝的用语，孔子对孝与仁、孝与礼的关系作了一定程度的探讨，“对孝敬、孝养、孝思、孝顺等作了系统的论述，奠定了儒家孝道的理论基础。”[⑨]孔子说过：“孝慈，则忠。”[⑩]孔子的弟子有子认为：“其为人也孝悌，而好犯上者鲜矣；不好犯上，

---

① 吴根友点注.四书五经[M].北京：中国友谊出版公司，1993:133.
② 吴根友点注.四书五经[M].北京：中国友谊出版公司，1993:166.
③ 林尹注译.周礼今注今译[M].北京：书目文献出版社，1985:138.
④ 吴根友点注.四书五经[M].北京：中国友谊出版公司，1993:184.
⑤ 吴根友点注.四书五经[M].北京：中国友谊出版公司，1993:145.
⑥ 罗振玉.三代吉金文存（己伯钟1・17）[M].北京：中华书局，1983.
⑦ 罗振玉.三代吉金文存（曼龚盨10・39）[M].北京：中华书局，1983.
⑧ 吴根友点注.四书五经[M].北京：中国友谊出版公司，1993:206.
⑨ 秦进才.两汉《孝经》传播与孝行管窥[J].社会科学战线，2005（1）.
⑩ 吴根友点注.四书五经[M].北京：中国友谊出版公司，1993:10.

而好作乱者，未之有也。”[①]《孝经》的作者更是明确提出了“故以孝事君则忠”。可见，孝极其有益于巩固封建王朝的统治，因而受到汉代统治者的高度重视。

1.推行孝道教育的途径

（1）对孝行突出者予以褒奖。提倡孝道，褒奖孝悌，是汉以孝治天下最明显的标志之一。通过对《汉书》和《后汉书》中帝王纪记载的统计，从西汉惠帝开始直到东汉顺帝时，共有32次在全国范围内对孝悌进行褒奖、赐爵。对于一些著名的孝子，皇帝给予高度重视，“把其作为弘扬孝道的榜样，宣传孝道的工具，精心扶植”[②]。陈寡孝妇，丈夫不幸早逝，父母劝其改嫁，她以死来拒绝，奉养其姑28年。淮阳太守把这一情况上报朝廷，汉文帝“高其义，贵其信，美其行，使使者赐之黄金四十斤，复之终生，号曰孝妇”[③]。陈寡孝妇因为坚守妇道，至死不改嫁，而尽心奉养公婆，被皇帝赐予黄金的物质奖励及孝妇的称号。陈寡孝妇被树立为女性“孝道”的典型，以此激励更多女性能够遵从孝道。《汉书・万石君列传》载：“奋长子建，次子甲，次子乙，次子庆，皆以驯行孝谨，官皆至二千石，于是景帝曰：‘石君及四子皆二千石，人臣尊宠乃集其门。’号奋为万石君。”石奋的儿子们都能躬行孝道，以此得以官至二千石，石奋亦被皇帝赐予“万石君”。《后汉书・江革传》载，建武末年，江革与母亲回到家乡。每年县政府定期核实户口，每个人均需亲自到场。“革以母老，不欲摇动，自在辕中挽车，不用牛马，由是乡里称之曰：‘江巨孝。’”元和年间，章帝惦念着江革的孝行，特意下诏给齐相：“谏议大夫江革，前以病归，今起居何如？夫孝，百行之冠，众善之始也。国家每惟志士，未尝不

① 吴根友点注.四书五经[M].北京：中国友谊出版公司，1993:9.

② 孙筱.两汉经学与社会[M].北京：中国社会科学出版社，2002:337–338.

③ 王照圆.列女传补注[M].上海：华东师范大学出版社，2012:180.

及革。”要求“县以见谷千斛赐‘巨孝’，常以八月长吏存问，致羊酒，以终厥身。如有不幸，祠以中牢”。经过皇帝的亲自表彰，江革被树为孝道的典范，他的知名度凭借政治权力的媒介而剧增，“由是‘巨孝’之称，行于天下。”[①]韦彪因孝闻名，明帝也听说了韦彪的孝行，永平六年（63年）任命韦彪为谒者，并“赐以车马衣服，三迁魏郡太守”[②]。明帝曾下诏对阴兴进行表彰：“在家仁孝，有曾、闵之行，不幸早卒，朕甚伤之。贤者子孙，宜加优异。”[③]封阴兴之子为侯。安阳尉毛义“家贫，以孝行称”，南阳人张奉慕名来访，恰巧“府檄适至，以义守令”，毛义“奉檄而入，喜动颜色”，张奉很不以为然，“心贱之，自恨来，固辞而去”。后来毛义母卒，他“去官行服”，再举贤良则不至。张奉大为叹服：“贤者固不可测。往日之喜，乃为亲屈也。斯盖所谓‘家贫亲老，不择官而仕’者也。”章帝也大为赞赏，下诏嘉奖：“赐谷千斛，常以八月长吏问起居，加赐羊酒。”[④]淳于恭一直有孝行，章帝“下诏美恭素行，告郡赐帛二十匹，遣诣公车除为议郎”。后来其死于任上，章帝又“诏书褒叹，赐谷千斛，刻石表闾，除子孝为太子舍人”[⑤]。安帝时，汝南人薛包好学笃行，“丧母，以至孝闻。”“建光中，公车特征，至，拜侍中。包性恬虚，称疾不起，以死自乞。有诏赐告归，加礼如毛义。”[⑥]桓帝对大臣们推举的孝行突出之人，全部“以安车玄纁，备礼征之”[⑦]，对那些无意应征的人，则让画工“图其形状”[⑧]，以使人们了解这些人的行为，进而把其作为学习的

---

① [南朝宋] 范晔.后汉书[M].北京：中华书局，1965:1302–1303.

② [南朝宋] 范晔.后汉书[M].北京：中华书局，1965:917.

③ [南朝宋] 范晔.后汉书[M].北京：中华书局，1965:1132.

④ [南朝宋] 范晔.后汉书[M].北京：中华书局，1965:1294.

⑤ [南朝宋] 范晔.后汉书[M].北京：中华书局，1965:1301.

⑥ [南朝宋] 范晔.后汉书[M].北京：中华书局，1965:1294–1295.

⑦ [南朝宋] 范晔.后汉书[M].北京：中华书局，1965:1746.

⑧ [南朝宋] 范晔.后汉书[M].北京：中华书局，1965:1750.

榜样。

民间的孝子得到朝廷的推崇，而皇族中孝行突出者更会受到朝廷的奖励。如东汉东平王刘敞，母亲去世后，他用心服丧，国相陈珍把刘敞的表现上报朝廷。“永宁元年，邓太后增邑五千户，又封苍孙二人为亭侯。”[①]清河孝王刘庆“及帝崩，庆号泣前殿，呕血数升，因以发病”，死后被谥为“孝王”[②]。东海孝王刘臻和弟弟蒸乡侯刘俭，母亲去世后，他们“皆吐血毁眦，至服练红，兄弟追念初丧父，幼小，哀礼有阙，因复重行丧制”。顺帝对刘臻的孝行大为赞赏，下诏：“东海王臻……孝敬自然，事亲尽爱，送终竭哀，降仪从士，寝苫三年。和睦兄弟，恤养孤弱，至孝纯备，仁义兼弘，朕甚嘉焉。”增封刘臻五千户，刘俭五百户。[③]济北王刘次九岁时父亲去世，他在守丧期间表现出了极大的孝行。建和元年（147年）梁太后下诏表彰：“济北王次以幼年守藩，躬履孝道，父没哀恸，焦毁过礼，草庐土席，衰杖在身，头不枇沐，体生疮肿。谅闇已来二十八月，自诸国有忧，未之闻也，朝廷甚嘉焉。……今增次封五千户，广其土宇，以慰孝子恻隐之劳。”[④]彭城孝王刘和“性至孝，太夫人薨，行丧陵次，毁胔过礼，傅相以闻。桓帝诏使奉牛酒迎王还宫”[⑤]。“据两《汉书》统计，谥号中有‘孝’字的诸侯王有二十四位。”[⑥]

孝不仅受到最高统治者的重视，也成为地方官吏推行道德教化的重要内容。汉代地方官员对孝行突出者，也常常有表彰、举荐的举动，目的就是要将他们作为对百姓进行道德教化的生动教材。汝南人蔡顺以

① [南朝宋] 范晔.后汉书[M].北京：中华书局，1965:1442.

② [南朝宋] 范晔.后汉书[M].北京：中华书局，1965:1802.

③ [南朝宋] 范晔.后汉书[M].北京：中华书局，1965:1426.

④ [南朝宋] 范晔.后汉书[M].北京：中华书局，1965:1807.

⑤ [南朝宋] 范晔.后汉书[M].北京：中华书局，1965:1671–1672.

⑥ 秦进才.《孝经》在两汉的传播[J].石家庄学院学报，2006（1）.

“至孝”著称。蔡顺早年丧父，母子二人相依为命，他对母亲非常孝敬，到了无微不至的地步。其母年九十，以寿终。太守韩崇“召为东阁祭酒”。蔡顺母生前害怕雷声，自去世后每有雷震，蔡顺都绕着坟墓哭泣，说：“顺在此。”韩崇听说后，“每雷辄为差车马到墓所”。后任太守鲍众举其为孝廉，蔡顺因不能远离坟墓，“遂不就”[①]。江革因为孝行突出，临淄令杨音非常看重他，设立特别席位，“显异巨孝于稠人广众中，亲奉钱以助供养也。”[②]许昌人陈纪亦为孝子，其父死后，“每哀至，辄欧血绝气，虽衰服已除，而积毁消瘠，殆将灭性。豫州刺史嘉其至行，表上尚书，图象百城，以厉风俗。”[③]豫州刺史把陈纪的孝行上报朝廷，经批准后，在所辖郡县范围内“图象百城”，广泛宣传。李余父亲很早就去世了，他的哥哥杀了人逃跑了，按照规定，他的母亲要被处死。李余当时年仅十三岁，为了保全母亲，他前往官府请求代替母亲去死。官吏认为李余年纪太小没有答应，李余于是自刎而死。官吏把这一情况报给了县令，县令又上报太守，太守又将其上报朝廷。最后太守与县令拿出自家的钱把李余安葬了，并令人“图画府庭”[④]。

（2）通过选官制度引导人们奉行孝道。为了使孝道得到推广，汉代统治者充分发挥选官制度的作用，将孝道与做官挂钩。如果一个人孝的品德比较突出，那么其就有了步入仕途的可能性。董仲舒在对策中建议：“使诸列侯、郡守、二千石各择其吏民之贤者，岁贡各二人，以给卫宿，且以观大臣之能。”[⑤]得到了汉武帝的认可。元光元年（前134年），武帝下诏：“初令郡国举孝廉各一人。”[⑥]从此岁举孝廉的察举

---

① [南朝宋] 范晔.后汉书[M].北京：中华书局，1965:1312.

② [南朝宋] 范晔.后汉书[M].北京：中华书局，1965:1302.

③ [南朝宋] 范晔.后汉书[M].北京：中华书局，1965:2067–2068.

④ 常璩撰，刘琳校注.华阳国志校注[M].成都：巴蜀书社，1984:820.

⑤ [东汉] 班固.汉书[M].北京：中华书局，1962:2513.

⑥ [东汉] 班固.汉书[M].北京：中华书局，1962:160.

选官制度得以确立。孝廉就是孝子廉吏，即由地方将那些孝顺父母或为吏廉正之人推荐上来，由朝廷任命为中央的郎官或地方的令、长、丞、尉等，可以说孝行是孝廉科最基本的要求。汉代多数孝廉就是因为孝行突出而被察举的。如刘茂年少时，父亲不幸去世，他通过辛勤的劳动来赡养母亲，乡里对其孝行给予高度评价。“哀帝时，察孝廉。”[①]朱儁少年时父亲就离世了，其母以贩卖丝织品为生。朱儁“以孝养知名”[②]，后被太守徐圭推举为孝廉。由于孝廉是每年每个郡国的常举科目，其对民众产生的示范效应可谓巨大。汉代统治者利用选举这种行政手段，把国家提倡的孝道观念与个人的实用追求结合起来，不少人通过行孝获得了功名利禄，享受到了荣华富贵。如此一来，孝道观念有效传播于社会的各个阶层，从而被大多数人作为自己的价值取向和人生追求，遵守孝道、争做孝子成为一种社会时尚。

（3）将不孝行为纳入法律予以严惩。查阅历史文献可以看到，最早提出对不孝罪进行惩罚的是《尚书·康诰》：“元恶大憝，矧惟不孝不友……曰：乃其速由文王作罚，刑兹无赦。”即对罪大恶极的不孝不友行为，用文王制定的刑罚来严惩。《周礼·地官·大司徒》也把不孝罪作为惩治的对象：“以乡八刑纠万民：一曰不孝之刑，二曰不睦之刑……”《孝经·五刑章》亦称：“五刑之属三千，而罪莫大不孝。要君者无上，非圣人者无法，非孝者无亲，此大乱之道也。”但是，究竟对不孝罪用何种刑罚来惩治，先秦时未见明确规定。汉王朝则把孝引入法律，以孝为根据来制定法律并定罪量刑，不孝在法律上要处以重刑。张家山汉墓出土的竹简中有一篇《奏谳书》，其中就有“教人不孝，次不孝之律。不孝者弃市。弃市之次，黥为城旦舂”的规范[③]。就是教唆

① [南朝宋] 范晔.后汉书[M].北京：中华书局，1965:2671.

② [南朝宋] 范晔.后汉书[M].北京：中华书局，1965:2308.

③ 张家山汉墓竹简整理小组.张家山汉墓竹简[M].北京：文物出版社，2001:227.

他人犯不孝罪，处以不孝罪的量刑次一等刑罚。不孝罪，处以弃市死刑。弃市死刑次一等，就是黥为城旦舂。

汉代对不孝行为的法律惩罚主要表现在以下几个方面。

第一，殴辱与杀害父母和尊长。汉代的法律极力维护父母、长辈在家庭中的地位，一旦晚辈有谩骂、殴打，甚至杀害长辈之行为，均要受到严厉的惩罚。《二年律令·贼律》规定："子牧杀父母，殴詈父母、父母叚（假）大母、主母、后母，及父母告子不孝，皆弃市。"即子女如果谋杀父母，殴打或者辱骂祖父母、父母、继祖母、主母、后母，这些都是不孝的行为，以及子女被父母控告为不孝的，都要被施以弃市之刑。"贼杀伤父母，牧杀父母、殴詈父母，父母告子不孝，其妻子为收者，皆锢，令毋得以爵、免除及赎。"①若儿子故意把父母杀伤，或者把父母谋杀了，或者把父母殴打、辱骂了，父母向官府指控其不孝，那么他的妻子要受到连坐，被收入官府充当奴婢，并且不能用爵位、金钱来赎罪。《二年律令·告律》中又规定："杀伤大父母、父母及奴婢杀伤主、主父母妻子，自告者皆不得减。"②就是说凡是杀伤祖父母、父母的，即使是主动投案自首也不能减刑。子女杀死父母，被视为严重违反家族伦理的行为，属于"大逆不道"。汉律规定："杀母以大逆论。"③至少要处以死刑。周代对这一行为要处以焚刑，《周礼·秋官·掌戮》载："凡杀其亲者，焚之。"汉代也有这方面的记载，桓谭《新论》记载，汉武帝时有一男子毕康把他的母亲杀了，有诏"燔烧其子尸，暴其罪于天下"④。汉代处罚不孝的行为不但非常严厉，而且基本上不予宽大处理，如东汉光武帝二十九年曾诏令大赦天下："诏天下

---

① 张家山汉墓竹简整理小组.张家山汉墓竹简[M].北京：文物出版社，2001:139.

② 张家山汉墓竹简整理小组.张家山汉墓竹简[M].北京：文物出版社，2001:151.

③ [唐] 杜佑.通典[M].北京：中华书局，1988:4288.

④ 严可均.全后汉文[M] //全上古三代秦汉三国六朝文.石家庄：河北教育出版社，1997:141.

系因自殊死以下减本罪各一等，不孝不道，不在此书。”[①]只有不孝不道罪不在宽赦的范围之内。

汉代因杀害父母而受到严惩的例子有：襄平侯纪嘉的儿子恢说不孝顺，准备谋反，想把他的父亲杀了，事情暴露了。景帝三年（前154年）冬十二月，诏曰：“其赦嘉为襄平侯，及妻子当坐者复故爵。论恢说及妻子如法。”[②]如淳注解：“律，大逆不道，父母妻子同产皆弃市。今赦其余子不与恢说谋者，复其故爵。”[③]恢说欲谋反杀死其父，结果他和妻子被处死。“东平王云，不孝不谨，亲毒杀其父思王，名曰巨鼠，后云竟坐大逆诛死。”[④]东平王云不孝顺，亲手毒死了父亲思王，被以大逆罪处死。而王尊对不孝子的处理则更加酷烈。《汉书·王尊传》记载，春正月，美阳女子向官府控告其养子不孝，声称其子把她作为妻子对待，并且还动手打她。王尊派遣官吏把这个儿子逮捕来进行审讯，他完全承认了自己的恶行。王尊说：“律无妻母之法，圣人所不忍书，此经所谓造狱者也。”“于是出坐廷上，取不孝子县著磔市，使骑吏五人张弓射杀之。吏民惊骇。”以母为妻的行为，违背了人类的基本伦常。这个不孝子的行为在汉代被称为禽兽行，王尊把他当作禽兽来对待，用弓箭射杀。清代的周寿昌在《汉书注校补》中注曰：“汉制，春不行刑。此以非常逆恶，不能缓至冬。即今律之绝不待时也。”

第二，举告父母。《二年律令·告律》：“子告父母，妇告威公，奴婢告主、主父母妻子，勿听，而弃告者市。”[⑤]儿子控告父母、媳妇控告婆婆，以及奴婢控告主人和家属，官府则不予受理，若对其劝告而不听，仍然要告的话，那么将用弃市之刑来处理控告者。就是说汉律

① 周天游.后汉纪校注[M].天津：天津古籍出版社，1987:226.

② [东汉] 班固.汉书[M].北京：中华书局，1962:142.

③ [东汉] 班固.汉书[M].北京：中华书局，1962:142.

④ [东汉] 班固.汉书[M].北京：中华书局，1962:3436.

⑤ 张家山汉墓竹简整理小组.张家山汉墓竹简[M].北京：文物出版社，2001:139.

对子女告发父母，认定为不孝罪。如武帝时衡山王刘赐废长子刘爽的太子位，改立次子刘孝为太子，并打算和淮南王刘安一起发动叛乱。刘爽得知这一消息后，派人前往首都长安告发。衡山王得知刘爽派人上书，恐涉及自己谋反之事，于是也上书控告刘爽不孝。“廷尉治验，公卿请逮捕衡山王治之……王闻，即自刭杀……及太子爽坐王告不孝，皆弃市。”[①]刘爽因告王父不孝而被弃市。章帝建初元年（76年），胶东侯贾敏“坐诬告母杀人，国除”[②]；章和元年（87年），齐王刘晃与弟利侯刚诬告母太姬宗，章帝诏：“晃、刚愆乎至行，浊乎大伦，《甫刑》三千，莫大不孝。朕不忍置之于理，其贬晃爵为芜湖侯，削户三千。”[③]

第三，对父母供养和侍奉不周到。《礼记·祭义》：“孝有三：大孝尊亲，其次弗辱，其下能养。”供养父母是最基本的孝行，如果做不到，将被处以弃市之罪。《张家山汉简·奏谳书》记载：“有生父而弗食三日，吏且何以论子？廷尉勃等曰：当弃市。”[④]儿子不给父亲提供饮食，致使其挨饿三天，官吏追究罪责，廷尉认为应当把儿子处以死刑。武帝时有兄弟二人约定按月轮流来养活他们的父亲，到了交接的日子，一方指责另一方供养欠缺，致使父亲身体瘦了，便告到官府。董仲舒认为兄弟均有赡养父亲的义务，而相互指责对方赡养不周，属于不孝，应当处以弃市[⑤]。但如果供养的对象不是父母而是祖父母，那么对供养不周的不孝行为，处罚相对较轻。《二年律令·户律》：“孙为户，与大父母居，养之不善。令孙且外居，令大父母居其室，食其田，

① [西汉] 司马迁.史记[M].北京：中华书局，1959:3097.

② [南朝宋] 范晔.后汉书[M].北京：中华书局，1965:667.

③ [南朝宋] 范晔.后汉书[M].北京：中华书局，1965:553–554.

④ 张家山汉墓竹简整理小组.张家山汉墓竹简[M].北京：文物出版社，2001:227.

⑤ 宁汉林.中国刑法简史[M].北京：中国检察出版社，1997:130.

使其奴婢，勿贸卖。”[①]孙子与祖父母共同生活期间，没有尽力去赡养，属不孝行为，要把其驱逐出门，并将其房屋、土地、奴婢转为祖父母所有。

父母长辈生病时不侍奉或侍奉不周也被看作是不孝行为而加以治罪。如梁平王刘襄之后曰任后，祖母曰李太后，李太后“病时，任后未尝请疾，死，又不侍丧”，任后在李太后生病期间，未能加以照料；而在李太后去世后，又未有服丧之举，这些均为不孝之行为，因此被人告发，“公卿治，奏以为不孝”，最终“枭任后首于市”[②]。在父亲得病期间，常山宪王刘勃既不侍奉，也不亲尝汤药，结果有人将其告发，有关部门依据法律判处其死刑，皇上觉得把刘勃杀了，有点不忍心，于是就把他废徙处房陵[③]。

第四，居丧违礼。《论语・为政》：“生，事之以礼；死，葬之以礼，祭之以礼。”父母去世，作为子女应依照礼制为其服丧，这是孝道精神的重要体现。服丧是人们为了对故去的人表达哀悼之情而奉行的一种行为方式，它最基本的要求就是服丧者必须尽“哀”。如果在服丧期间有违礼的行为，则属于不孝，要被严惩。从文献和简牍的记载中大致可以归纳出以下四种情况。

一是服丧期间不能发生性关系。张家山汉简《奏谳书》：“夫父母死，未葬，奸丧旁者，当不孝，不孝弃市。”如景帝三年冬，楚王来京城朝见皇帝，晁错揭发“楚王戊往年为薄太后服，私奸服舍”，请求皇帝把楚王杀了。景帝不忍心，最后下“诏赦，削东海郡”[④]。武帝元鼎元年（前116年），侯陈季须因为母亲长公主去世，“未除服奸，兄弟

---

① 张家山汉墓竹简整理小组.张家山汉墓竹简[M].北京：文物出版社，2001:178.

② [东汉] 班固.汉书[M].北京：中华书局，1962:2214–2215.

③ [东汉] 班固.汉书[M].北京：中华书局，1962:2434–2435.

④ [东汉] 班固.汉书[M].北京：中华书局，1962:1906.

争财，当死，自杀，国除。”[①]顺帝时，有个叫赵宣的人，在双亲去世后，他就住在墓道里，服丧二十多年。“乡邑称孝，州郡数礼请之。郡内以荐蕃，蕃与相见，问及妻子，而宣五子皆服中所生。”[②]时任乐安太守的陈蕃大怒，遂致其罪。

二是隐匿父母丧事。东汉甄邵“当迁为郡守，会母亡，邵且埋尸于马屋，先受封，然后发丧”。后来，此事被人告发，甄邵“遂废锢终身”[③]。

三是服丧期间不能嫁娶。成帝去世后，哀帝继位，司隶校尉解光上书弹劾曲阳侯王根：“（王）根骨肉至亲，社稷大臣，先帝弃天下，根不悲哀思慕，山陵未成，公聘娶故掖庭女乐五官殷严、王飞君等，置酒歌舞，捐忘先帝厚恩，背臣子义。及根兄子成都侯况幸得以外亲继父为列侯侍中，不思报厚恩，亦聘娶故掖庭贵人以为妻，皆无人臣礼，大不敬不道。”结果王根被“遣就国。免况为庶人，归故郡”[④]。安帝元初五年（118年），赵惠王“乾居父丧，私聘小妻，白衣出司马门，坐削中丘县”[⑤]。

四是服丧期间不能作乐。昭帝去世后，大臣们选定昌邑王继承帝位，但因其在为昭帝奔丧和居丧期间，“亡悲哀之心，废礼仪，居道上不素食，使从官略女子载衣车，内所居传舍。”“常与昌邑从官居禁闼内敖戏”“大行在前殿，发乐府乐器，引内昌邑乐人，击鼓歌吹坐俳倡。会下还，上前殿，击钟磬。”[⑥]也就是说昌邑王在为昭帝奔丧期间，以及居丧期间，都无悲哀之心，不吃素食，游戏作乐，结果被众大

① [汉] 司马迁.史记[M].北京：中华书局，1982:887–888.

② [南朝宋] 范晔.后汉书[M].北京：中华书局，1965:3159–3160.

③ [南朝宋] 范晔.后汉书[M].北京：中华书局，1965:2091.

④ [东汉] 班固.汉书[M].北京：中华书局，1962:4028.

⑤ [南朝宋] 范晔.后汉书[M].北京：中华书局，1965:559.

⑥ [东汉] 班固.汉书[M].北京：中华书局，1962:2940.

臣废去帝位。这说明在服丧期间，若有作乐、嫁娶等事，是违法的。

儒家经义对为父母复仇的行为给予支持。《礼记·曲礼上》："父之仇弗与共戴天，兄弟之仇不反兵，交游之仇不同国。"孟子认为："杀人之父，人亦杀其父；杀人之兄，人亦杀其兄。"[①]董仲舒说："春秋之义，臣不讨贼，非臣也。子不复仇，非子也。故许世子止不尝药，而诛为弑父。"[②]《白虎通义·嫁娶》亦曰："子得为父报仇者，臣子之于君父，其义一也。忠臣孝子所以不能已，以恩义不可夺也。故曰：父之仇，不与共天下；兄弟之仇，不与共国；朋友之仇，不与共朝；族人之仇，不与共邻。故《春秋》传曰：'子不复仇非子'。"《白虎通义·五行》还用阴阳五行说来强调复仇理论："五行所以更王何？以其转相生，故有终始也。木生火，火生土，土生金，金生水，水生木。是以木王，火相，土死，金囚，水休，王所胜老死、囚，故王者休。见王火相何？以知为臣，土所以死者，子为父报仇者也。五行之子慎之物归母，木王火相，金成，其火燋金。金生水，水灭火，报其理；火生土，土则害水，莫能而御……子之复仇，何法？法土胜水、水胜火也。"也就是说，儒家普遍认为，如果子女不为父母报仇，那就不配做父母的子女，亦即不孝的表现。

因此，为父母报仇常得到社会舆论的支持和肯定，政府对其行为常给予宽大处理。就汉代的法律而言，禁止复仇、杀人者被处死刑是其主流，但在实际操作中却并非如此。一般来说，对复仇者首先逮捕，然后利用各种手段对其宽大处理，是汉代处理这样一类案件的常态。由此可以看出，"宽宥复仇才是汉代法律的内在精神。"[③]如淮南厉王刘长认为母亲的死与辟阳侯审食其的不尽力有关，遂趁辟阳侯不注意，用铁锤

---

① 吴根友点注.四书五经[M].北京：中国友谊出版公司，1993:74.

② [汉] 董仲舒撰，张世亮等译注.春秋繁露[M].北京：中华书局，2012:115.

③ 侯欣一.孝与汉代法律[J].法学研究，1998（4）.

将其杀死。“文帝伤其志为亲，故不治，赦之。”[①]张歆任平皋县长期间，“有报父仇贼自出，歆召囚诣阁，曰：‘欲自受其辞。’既入，解械，饮食，使发遣，遂弃官亡命。逢赦出，由是乡里服其高义。”[②]桥玄担任齐国相，一孝子为父报仇，被囚禁在狱中。桥玄对他的孝行表示怜悯，打算给其减刑。县令路芝残暴酷烈，把这个孝子杀了，因害怕桥玄把他抓起来，就想带着印绶逃走。桥玄“自以为深负孝子，捕得芝，束缚藉械以还，笞杀以谢孝子冤魂”。[③]有个叫缑玉的女子为给父亲报仇杀死了夫家的亲戚，外黄县令梁配审理此案时依律判处缑玉死刑。年仅十五岁的诸生申屠蟠进谏说：“玉女弱，内无同生之谋，外无交游之助，直推父子之情，手刃莫大之仇。当时闻之，人无勇怯，莫不张胆增气，轻身重义，攘臂高谈，称羡其美。……蟠以玉之节义，历代未有，足以感无耻之孙，激忍辱之子。若其在昔，尚当旌闾表墓，以显后嗣，况事在清听，不加以义！”[④]梁配觉得他言之有理，奏谳朝廷，缑玉“得减死论，乡人美称之”[⑤]。

钟离意任堂邑令时，辖内有个叫防广的人为其父亲报仇，被抓入狱，他的母亲得病死了，防广悲痛哭泣拒绝吃饭，钟离意对他十分同情，于是作出决定，允许防广回家为母亲殡殓。防广把母亲安葬后，又回到狱中。钟离意“密以状闻，广竟得以减死论”[⑥]。赵娥的父亲不知因何被同县一个叫李寿的人杀害了，后来赵娥的哥哥、弟弟相继病死。李寿一家得知这一消息后，高兴异常，全家人聚在一起庆贺，认为从此

---

① [东汉] 班固.汉书[M].北京：中华书局，1962:2136.

② [南朝宋] 范晔.后汉书[M].北京：中华书局，1965:1479.

③ [宋] 李昉等.太平御览[M].北京：中华书局，1960:2204.

④ 袁宏.孝灵皇帝纪[M] //李兴和点校.后汉纪辑校（卷二十五）.昆明：云南大学出版社，2008:315.

⑤ [南朝宋] 范晔.后汉书[M].北京：中华书局，1965:1751.

⑥ [南朝宋] 范晔.后汉书[M].北京：中华书局，1965:1407.

赵家再没有人向自己报仇了。赵娥苦苦等候十余年才得以手刃仇人。随后其前往县衙自首，曰:“父仇已报，请就刑戮。”[①]禄福长尹嘉善之，解印绶，欲与俱亡，娥不肯去，曰:“仇塞身死，妾之明分也。治狱制刑，君之常典也。何敢贪生以枉官法？”乡人听说了这件事，纷纷前往观看，“莫不为之悲喜慷慨嗟叹也。”守尉不敢公开把她放了，暗地里让她找个地方躲起来。赵娥说：“匹妇虽微，犹知宪制。杀人之罪，法所不纵。今既犯之，义无可逃。乞就刑戮，陨身朝市，肃明王法，娥亲之愿也。”守尉知道赵娥不会自己逃走，就强行用车把她拉回了家。凉州刺史周洪、酒泉太守刘班把这一情况上报朝廷，称赞赵娥为烈义，并为其“刊石立碑，显其门闾”。太常弘农张奂也崇尚赵娥的行为，给其送去二十端帛，以示慰问。“海内闻之者，莫不改容赞善，高大其义。”曾担任过黄门侍郎的梁宽“追述娥亲，为其作传”。[②]

敬杨是涪县郭孟的妻子，杨文的女儿。她出生不久母亲就去世了。八岁时，“父为□盛所杀，无宗亲，依外祖郑。行年十七，适孟。……汉安元年，盛至孟家，敬杨以大杖打杀盛，将自杀；孟止之，与俱逃。”涪县县令派人去抓捕，在得知缘由后终止抓捕行动，正赶上大赦得以免罪，中平四年（187年），涪县县令向遵为敬杨“立图表之”[③]。

这种宽宥复仇行为的做法，在一定程度上对复仇之风的盛行起到了助长作用，损害了法律的尊严，激化了矛盾。因此，桓谭曾上书光武帝：“今人相杀伤，虽已伏法，而私结怨仇，子孙相报，后忿深前，至于灭户殄业，而俗称豪健，故虽有怯弱，犹勉而行之，此为听人自理而无复法禁者也。今宜申明旧令，若已伏官诛而私相伤杀者，虽一身逃亡，皆徙家属于边，其相伤者，加常二等，不得雇山赎罪。如此，则仇

---

① [南朝宋] 范晔.后汉书[M].北京：中华书局，1965:2797.

② [晋] 陈寿.三国志[M].北京：中华书局，1982:549.

③ [晋] 常璩.先贤士女总赞下・梓潼士女[M] //刘琳校注.华阳国志校注（卷十）.成都：巴蜀书社，1984:827.

怨自解，盗贼息矣。”[①]然而光武帝对此建议并未作答。东汉甚至一度出台了对复仇者加以保护的法律。“建初中，有人侮人父者，而其子杀之，肃宗贳其死刑而降宥之”[②]，后来便依此例判案。和帝时，又被整理成《轻侮法》对复仇者给予宽纵。但尚书张敏提出驳议：“夫轻侮之法，先帝一切之恩，不有成科班之律令也。夫死生之决，宜从上下，犹天之四时，有生有杀。若开相容恕，著为定法者，则是故设奸萌，生长罪隙。……天地之性，唯人为贵，杀人者死，三代通制。今欲趣生，反开杀路，一人不死，天下受敝。”[③]这项法令不久即被取消了。不过实际上两汉对复仇一般都是减免其罪的，这是国家大力提倡孝道影响的结果。事实上，儒家伦理已为复仇披上了合法的外衣。因为虽然复仇对于社会秩序的稳定有着不利的一面，但它却是孝悌之道的重要表现形式。唐代韩愈就曾指出：“子复父仇，见于《春秋》，见于《礼记》，又见于《周官》，又见于诸子史，不可胜数，未有非而罪之者也。最宜详于律，而律无其条，非阙文也。盖以为不许复仇，则伤孝子之心，而乖先王之训。”[④]

汉代极力对人们不孝的行为给予严厉惩罚，要求父母在世时人们须尽力去赡养与侍奉，既不能殴辱父母，也不能控告父母，在父母离世后要尽一切可能去服丧。积极把孝的伦理规范引入法律的惩罚标准中来，“其目的不外乎使做人之基、立国之本的‘孝’家庭伦理深植于广大百姓的思想中，即以国家法律强力将孝伦理推向社会。”[⑤]以此来使社会得以稳定，社会秩序得以巩固。

汉初对不孝罪的处罚较为严重，最重者为死刑。但到西汉中期以

① [南朝宋] 范晔.后汉书[M].北京：中华书局，1965:958.

② [南朝宋] 范晔.后汉书[M].北京：中华书局，1965:1502.

③ [南朝宋] 范晔.后汉书[M].北京：中华书局，1965:1503.

④ [后晋] 刘昫等.旧唐书[M].北京：中华书局，1975：2153.

⑤ 刘厚琴，田芸.汉代“不孝入律”研究[J].齐鲁学刊，2009（4）.

后，随着儒学正统地位的确立，对不孝罪的处罚日益减轻，甚至出现了用教化代替处罚的情况。《敦煌悬泉汉简释粹·贼律》："殴亲父母及同产，耐为司寇，作如司寇。其诟詈之，罚金一斤。"[①]如果对亲生父母以及父母的兄弟姐妹进行殴打的，要处以司寇的刑罚；而敢于辱骂的，则罚金一斤。这同西汉初年的处以"弃市"罪相比差距较大。《后汉书》载，穆姜是汉中郡程文矩的第二任妻子，生了两个男孩，而程文矩的前妻留下了四个儿子。文矩担任安众县令，死在官位。他的四个儿子怨恨并嫌弃后母，可是穆姜对他们却慈爱温和，更尽心地抚养他们，为他们提供的衣服、食物远远超过了亲生儿子。有人对穆姜说："这四个孩子非常不孝，你为什么不叫他们搬出去另外居住呢？"穆姜回答说："我是想用正义来引导他们，让他们自己逐渐走向善良。"后来前妻的大儿子程兴得了重病，穆姜亲自熬药和准备膳食，悉心照料。程兴病了很长时间最终痊愈，他把三个弟弟叫来，对他们说："继母慈仁，出自天受。吾兄弟不识恩养，禽兽其心。虽母道益隆，我曹过恶亦已深矣！"他领着三个弟弟到县里，陈述了母亲的恩德，也说明了自己的过失，请求官府予以处罚。县官把这一情况上报给郡守，郡守对其母亲的行为进行了表彰，免去了他们家的差役，"遣散四子，许以修革，自后训导愈明，并为良士。"[②]郡守没有惩罚不孝顺母亲的四个儿子，而是让他们改过自新。从这里可以看出，当时的官府已不再像西汉前期用重刑来处理不孝案件，更多的是用道德教化使其从内心深处认识错误，从而加以悔改，自觉地践行孝道。

2.孝行的表现

西汉的一些思想家已强调忠孝观念的重要性。陆贾说："在朝者

① 胡平生，张德芳.敦煌悬泉汉简释粹[M].上海：上海古籍出版社，2001:8.

② [南朝宋] 范晔.后汉书[M].北京：中华书局，1965:2793–2794.

忠于君，在家者孝于亲，于是赏善罚恶而润色之。”[①]贾谊说：“君仁臣忠，父慈子孝，兄爱弟敬，夫和妻柔，姑慈妇听，礼之至也。”[②]晁错说：“其行赏也，非虚取民财妄予人也，以劝天下之忠孝而明其功也。……其行罚也，非以忿怒妄诛而从暴心也，以禁天下不忠不孝而害国者也。”[③]董仲舒根据阴阳五行理论，用“土德”对忠孝作了论证，比较全面地对家国同构做出了论述，基本完成了忠孝观念的整合。孝成了忠在家庭领域里的缩小，忠变为孝在社会层面上的扩展。从此，这种把家国同构、由孝来劝忠的理论体系就成为汉代一个重要的政治理论，受到了统治者的高度重视。如桑弘羊称：“天子者，天下之父母也。四方之众，其义莫不愿为臣妾。”[④]严助说：“臣事君，犹子事父母。”[⑤]张敞说：“臣闻忠孝之道，退家则尽心于亲，进宦则竭力于君。”[⑥]韦彪曾说：“孔子曰：‘事亲孝，故忠可移于君。’是以求忠臣必于孝子之门。”[⑦]

由于统治者的提倡和奖掖，孝的观念在舆论上占据了主导地位，成为社会大众所认可的价值原则，成为一种现实的道德控制的社会力量，重孝行孝蔚然成风。“两汉是孝子辈出、孝行兴盛的朝代，古代二十四孝，汉代就占有九孝，占三分之一以上。”[⑧]《孝经·丧亲章》曰：“生事爱敬，死事哀戚，生民之本尽矣，死生之义备矣，孝子之事亲终矣。”《礼记·祭统》称：“孝子之事亲也，有三道焉，生则养，没则丧，丧毕则祭。养则观其顺也，丧则观其哀也，祭则观其敬而时也。尽

---

① 王利器.新语校注[M].北京：中华书局，2012:131.

② [西汉] 贾谊撰，方向东译注.新书[M].北京：中华书局，2012:179.

③ [东汉] 班固.汉书[M].北京：中华书局，1962:2294.

④ 北京钢铁学院冶金系工农兵学员编.盐铁论译注[M].北京：冶金工业出版社，1975:325.

⑤ [东汉] 班固.汉书[M].北京：中华书局，1962:2790.

⑥ [东汉] 班固.汉书[M].北京：中华书局，1962:3219.

⑦ [南朝宋] 范晔.后汉书[M].北京：中华书局，1965:918.

⑧ 秦进才，张玉.《孝经》与两汉的孝行[J].河北师范大学学报，2005（5）.

其三道者，孝子之行也。”概括了孝行的主要内容，两汉孝子的孝行完全符合这些说教。在两《汉书》中记载了不少这方面的事例。

（1）赡养父母。《孝经·庶人章》：“用天之道，分地之利，谨身节用，以养父母。”《论语·学而》：“事父母，能竭其力。”《孟子·离娄下》：“惰其四支，不顾父母之养，一不孝也。”《盐铁论·孝养》：“赡养者不必刍豢也，善供服者不必锦绣也。以己之所有尽事其亲，孝之至也。”仲长统在《昌言》中指出：“人之事亲也，不去乎父母之侧，不倦乎劳辱之事。唯父母之所言也，唯父母之所欲也。于其体之不安，则不能寝；于其餐之不饱，则不能食。”父母养育子女，使其能顺利长大成人；父母年老体衰的时候，子女应该承担起赡养父母的责任，这是来源于自然的血缘亲情和报恩心理的一种道德义务。因此，对父母予以奉养，应该是孝最基本的含义。正如《诗经·小雅·蓼莪》所言：“父兮生我，母兮鞠我，拊我畜我，长我育我；顾我复我，出入腹我，欲报之德，昊天罔极。”对贵族、官僚阶层来说，他们生活富裕，奉养父母没有任何问题，但对普通的老百姓而言，必须通过自己的辛勤劳动才能赡养父母以尽孝道。如孙期家里虽然贫穷，但他非常孝顺地侍奉母亲的，“牧豕于大泽中，以奉养焉。”[①]孙期是通过养猪的收入来赡养母亲。陈长“昼则躬耕，夜则赁书以养母”[②]，白天努力从事农业生产，晚上通过替人抄书来奉养母亲。班超“家贫，常为官佣书，以供养”[③]，通过为官府抄书来供养双亲。孔奋“事母孝谨，虽为俭约，奉养极求珍膳，躬率妻子，同甘菜茹”[④]，孔奋虽然自己和妻子吃粗劣的食物，却要把最好的食物让母亲来享用。刘茂在年少的时候父亲就去世了，独自与母亲生活在一起。“家贫，以筋力致养。孝行

---

① [南朝宋] 范晔.后汉书[M].北京：中华书局，1965:2554.

② 《北堂书钞》卷一百零一引谢承《后汉书》，文渊阁《四库全书》电子版。

③ [南朝宋] 范晔.后汉书[M].北京：中华书局，1965:1571.

④ [南朝宋] 范晔.后汉书[M].北京：中华书局，1965:1098.

著于乡里”[①]，通过努力劳动来赡养母亲。杨震在很小的时候，父亲就去世了，他独自与母亲住在一起。为了供养母亲，他租了一块地耕种。“诸生尝有助种蓝者，震辄拔，更以距其后，乡里称孝”[②]，杨震通过租种别人的土地来获取生活资料，以奉养母亲。李咸“孤特自立，家贫母老，常躬耕稼以奉养”[③]，李咸以亲自从事农业生产的方式来奉养母亲。茅容四十多岁，耕种于田野中，有一天，天降大雨，茅容和一些农民到树下避雨，大家都面对面地蹲着，只有茅容正襟危坐。郭林宗恰好路过看见，非常好奇茅容与众不同的表现，于是主动和他交谈，并请求在他家留宿，茅容答应了。第二天早上，茅容把家里的一只鸡杀了烹调，郭林宗认为肯定是给他做的，“既而以供其母，自以草蔬与客同饭”[④]，茅容让母亲食用鸡肉，而自己与客人一同食用蔬菜，其孝心可嘉。

汉代还发生过认外人做母亲加以赡养之事。九江太守陈子威，生下来就不知道母亲是谁，为此常感悲伤。他曾到京师游学，回来路过一个陵谷，看见一个六十多岁年纪的妇女，陈子威就问她姓什么。妇女回答：“我是陈家女李氏。”“您为什么独自行走？”妇女说：“我现在孤身一人，想去找亲戚。”陈子威再拜长跪说：“子威少失慈母，姓陈，舅氏亦李。又母与亡亲同年，会遇于此，乃天意也。’因载归家，供养以为母。”[⑤]陈子威没有机会对母亲尽赡养之孝，非常遗憾，遂以老妇为母以尽孝道。这反映了赡养父母在汉人心目中的分量是相当重的。汉代人普遍认为，不管是处在何种地位的人，都应尽自己最大的努力来获取物质资源以奉养双亲。《盐铁论·孝养》：“孝莫大以天下一

① [南朝宋] 范晔.后汉书[M].北京：中华书局，1965:2671.

② [南朝宋] 范晔.后汉书[M].北京：中华书局，1965:1670.

③ [南朝宋] 范晔.后汉书[M].北京：中华书局，1965:1511.

④ [南朝宋] 范晔.后汉书[M].北京：中华书局，1965:2228.

⑤ 吴树平.风俗通义校释[M].天津：天津人民出版社，1980:102.

国养，次禄养，下以力。故王公人君，上也。卿大夫，次也。夫以家人言之，有贤子当路于世者，高堂邃宇，安车大马，衣轻暖，食甘毳。无者，褐衣皮冠，穷居陋巷，有旦无暮，食蔬粝荤茹，媵腊而后见肉。老亲之腹非唐园，唯菜是盛。夫蔬粝，乞者所不取，而子以养亲，虽欲以礼，非其贵也。”如果只用粗糠烂菜来奉养双亲，让他们过着吃了上顿没下顿的日子，那么这样的人就称不上是一个孝子。

如果缺乏必要的物质条件，要想实现赡养父母、以尽孝道之目的，显然是困难的。所以汉代的知识分子，为了能更好地赡养父母，往往选择出来做官。《韩诗外传》即指出：“窘其身而约其亲者，不可与语孝。……家贫亲老者，不择官而仕。”①如周磐虽家中贫困，但也尽力去供养母亲。他曾经读《诗经》的《汝坟》末章，慷慨悲叹了一番，“乃解韦带，就孝廉之举”②。

官员如果对父母不能尽心奉养，则常成为被罢免之理由。如成帝时担任宰相的薛宣，后母在世时，常跟他的弟弟薛修住在一起，薛宣因此没有孝名。后薛宣被免职，诏书给的理由是：“君为丞相，出入六年，忠孝之行，率先百僚，朕无闻焉。”后虽再度出仕，但又被博士申咸弹劾：“不供养行丧服，薄于骨肉，前以不忠孝免，不宜复列封侯在朝省。”最终薛宣被“免为庶人，归故郡，卒于家”③。御史大夫何武的后母在郡里生活，何武派遣手下官吏接母亲来京城和自己一起生活，恰逢成帝去世，迎接的官吏恐路有盗贼，没有把何武的后母接来，“左右或讥武事亲不笃”。哀帝便以“君举错烦苛，不合众心，孝声不闻，恶名流行”④为理由，将其罢免。

（2）精心照料生病的父母。父母生病，儿女在身边精心照料也

① [西汉]韩婴撰，许维遹校释.韩诗外传集释[M].北京：中华书局，1980:1.

② [南朝宋]范晔.后汉书[M].北京：中华书局，1965:1311.

③ [东汉]班固.汉书[M].北京：中华书局，1962:3393–3395.

④ [东汉]班固.汉书[M].北京：中华书局，1962:3486.

是孝行的要求。《礼记·曲礼下》："君有疾饮药，臣先尝之。亲有疾饮药，子先尝之。" "亲有疾，饮药，子先尝之。医不三世，不服其药。"朱穆年仅五岁，就有孝顺的名声。"父母有病，辄不饮食，差乃复常。"[①]樊儵对待母亲非常孝顺，母亲生病，身上常常长有脓包，"儵昼夜匍伏，不离左右，至为吮痈。"[②]鲍昂侍父鲍德"有孝义节行。初，德被病数年，昂俯伏左右，衣不缓带"[③]。蔡邕的母亲生病卧床达三年之久，他"自非寒暑节变，未尝解襟带，不寝寐者七旬"[④]。父母生病，作为子女能陪伴在他们的身边，给予悉心照料，既是对他们的一种安慰，又有助于其战胜病魔，恢复健康。

（3）尊敬父母。孔子曾说："今之孝者，是谓能养。至于犬马，皆能有养；不敬，何以别乎？"[⑤]作为儿女，只从物质上奉养父母是不够的，还需要在精神上使父母得到最大的慰藉，让父母能够颐享天年。即要尊敬父母，这是"孝"行的重要表现。孟子也有类似之言："食而弗爱，豕交之也；爱而不敬，兽畜之也。"[⑥]只在物质上使父母的需要得到满足，而不敬爱他们，那么，就跟养动物一样了。《礼记·祭义》亦曰："孝子之有深爱者必有和气，有和气者必有愉色，有愉色者必有婉容。"孝敬父母，必须对父母和颜悦色，让父母感到愉悦。石奋"子孙胜冠者在侧，虽燕必冠，申申如也。僮仆訢訢如也，唯谨"[⑦]，把子孙对长辈毕恭毕敬的态度作为一种家族的优良传统予以保持。隽不疑担任京兆尹，每次巡视各县审查记录犯人的罪状，回来后，他的母亲总问

① [南朝宋] 范晔.后汉书[M].北京：中华书局，1965:1461.

② [宋] 李昉等.太平御览[M].北京：中华书局，1960:1901.

③ [南朝宋] 范晔.后汉书[M].北京：中华书局，1965:1023.

④ [南朝宋] 范晔.后汉书[M].北京：中华书局，1965:1980.

⑤ 吴根友点注.四书五经[M].北京：中国友谊出版公司，1993:10.

⑥ 吴根友点注.四书五经[M].北京：中国友谊出版公司，1993:73.

⑦ [东汉] 班固.汉书[M].北京：中华书局，1962:2194.

7. [东汉]班固.汉书[M].北京：中华书局，1962:2203.

有多少人被平反了，有多少人能活下来，如果被平反的人多，母亲就非常高兴，饭吃的多，说的话也多；若无被平反的，母亲就生气，拒绝吃饭。为使母亲高兴，“不疑为吏，严而不残。”[①]樊重三代人住在一起，每日“子孙朝夕礼敬，常若公家”[②]，子孙每天礼敬长辈如同在官府一样。戴良的母亲喜欢毛驴的叫声，于是“良常学之以娱乐焉”[③]。周燮“居家清处，非法不言，兄弟、父子、室家相待如宾，乡曲不善者皆从其教”[④]，周燮能以礼行事，使家庭和睦，父母心情自然愉悦。姜肱“性笃孝，事继母恪勤。母既年少，又严厉。肱感恺风之孝，兄弟同被而寝，不入房室，以慰母心”[⑤]。姜肱能尽力迎合后母，免其不快。鲍永“事后母至孝，妻尝于母前叱狗，而永即去之”[⑥]，鲍永妻是指桑骂槐，还是真的骂狗，我们不得而知，但在婆婆面前大声叫骂的做法显然欠妥，鲍永为了不让母亲委屈，宁肯把妻子休掉。姜诗对母亲非常孝顺，妻子也尽力奉养、顺从婆婆。母亲喜欢喝大江里的水，但那条江离家有六七里，妻子不怕辛苦，用水桶把江水挑回家里，让婆婆喝。“后值风，不时得还，母渴，诗责而遣之。”[⑦]姜诗因为妻子照顾母亲不周，为了不使母亲生气而将妻子赶走。这一做法似有过激之嫌，但这种在满足基本物质需求的前提下，孩子对父母存敬爱之心的理念和实践，直到今天仍然值得提倡。当今社会竞争激烈，儿女要在社会上立足，在事业上有所成就，就需要在外尽力拼搏，父母年老独居，孤独寂寞，精神无所依靠，因此儿女即使工作再忙，也要抽出时间，给他们打个电

① [东汉] 班固.汉书[M].北京：中华书局，1962:3037.
② [南朝宋] 范晔.后汉书[M].北京：中华书局，1965:1119.
③ [南朝宋] 范晔.后汉书[M].北京：中华书局，1965:2773.
④ [南朝宋] 范晔.后汉书[M].北京：中华书局，1965:1742.
⑤ [南朝宋] 范晔.后汉书[M].北京：中华书局，1965:1749.
⑥ [南朝宋] 范晔.后汉书[M].北京：中华书局，1965:1017.
⑦ [南朝宋] 范晔.后汉书[M].北京：中华书局，1965:2783.

话，道声平安，通过言语在精神上给年迈的父母以抚慰，使他们有被人惦念的幸福感，是有助于他们安度晚年的。

不允许别人侮辱父母，也是对父母尊敬的表现。彭修十五岁时，有一次与任郡吏的父亲回家被强盗劫持，情急之下，彭修拔出佩刀抓住盗帅说："父辱子死，卿不顾死邪？"强盗们认为："此童子义士也，不宜逼之。"[①]辞谢后而离去，使父亲的人身安全得以维护。董黯非常孝顺母亲，虽家庭贫困，靠打柴勉强糊口，却把母亲养得有点胖。邻居家很富有，但儿子不孝，其母亲非常瘦小。"不孝子疾黯母肥，常辱之。黯不报，及母终。负土成坟境，杀不孝子置冢前以祭。"[②]为免母亲为己担忧，所以在母亲去世后才报辱母之仇，充分体现了董黯孝敬母亲之心。阳球"郡吏有辱其母者，球结少年数十人，杀吏，灭其家"[③]，阳球为维护母亲的尊严，不惜触犯法律，杀了辱母之人及其家人。李充也有类似举动，"后遭母丧，行服墓次，人有盗其墓树者，充手自杀之。"[④]传统孝的合理性，主要体现在对父母的奉养和尊敬上。子女离不开父母的养育与教育，与父母长期共同生活，自然会对养育自己的父母产生多种感情，如依赖、尊敬和感激等。孝的主要内容就是奉养和尊敬，这种孝"包含着人类的自然心理和起码的道德准则。父母的养育之恩、抚育之情，人们是永远不应该忘记的，这也是人类社会持续发展的需要。劳动人民正是从这个角度接受'孝'的道德规范的。"[⑤]

重视对后母的敬事之孝，更体现了孝观念在汉代的深入人心。如冯豹十二岁时，父亲把母亲休了，又娶了后妻。后母不喜欢冯豹，有一次趁冯豹晚上睡觉，企图加害冯豹，所幸的是冯豹跑了。"敬事愈谨，而

---

① [南朝宋] 范晔.后汉书[M].北京：中华书局，1965:2673.

② [宋] 李昉等.太平御览[M].北京：中华书局，1960:2208.

③ [南朝宋] 范晔.后汉书[M].北京：中华书局，1965:2498.

④ [南朝宋] 范晔.后汉书[M].北京：中华书局，1965:2684.

⑤ 安作璋.说"孝"[J].山东师范大学学报，2003（5）.

母疾之益深，时人称其孝。”[①]薛包的母亲去世后，他为母亲服丧孝行突出。后来父亲娶了后妻，讨厌薛包，让他离家自己去过。薛包日夜哭泣，不想离开这个家，父亲把他暴打了一顿。实在没办法了，薛包就在屋外搭了一个草棚居住。“旦入而洒扫，父怒，又逐之。乃庐于里门，昏晨不废。积岁余，父母惭而还之。”[②]李昙年少时父亲去世，他亲自侍奉继母。继母性格酷烈，李昙“定省恪勤，妻子恭奉，寒苦执劳，不以为怨。得四时珍玩，先以进母”。[③]以上诸例均是继母对继子态度恶劣，而继子却能忍辱负重，以礼相待。而年已八十的胡广孝顺继母的做法，更堪为表率，“继母在堂，朝夕瞻省，傍无几杖，言不称老。”[④]

（4）尽力安葬父母。父母去世后，子女同样需要尽最大努力去安葬。孔子认为，孝就是这样去对待父母：“生，事之以礼；死，葬之以礼，祭之以礼。”[⑤]荀子亦曰：“丧礼者，以生者饰死者也，大象其生以送其死也。故如死如生，如亡如存，终始一也。”[⑥]子女应该像生前对待父母那样，竭尽全力、不留遗憾地为其送终。能否隆重地安葬父母是检验子女孝心的一个重要标志。由于人们的社会地位不同，经济实力各异，安葬父母时不可能达到一致的水平，但尽力而为则是共同的特点。如祭遵家里虽然很富裕，但他恭谨俭朴，不喜欢穿华丽的衣服。“丧母，负土起坟。”[⑦]范训“母亡，以布囊盛土，负以成圹”。[⑧]原涉出名后，认为以前为父亲办丧事时，把南阳人送来的礼金和物品都退还了，虽然自己获得了名声，但父亲的坟墓十分简陋，这与孝道不符。

---

① [南朝宋] 范晔.后汉书[M].北京：中华书局，1965:1004.
② [南朝宋] 范晔.后汉书[M].北京：中华书局，1965:1294.
③ [南朝宋] 范晔.后汉书[M].北京：中华书局，1965:1784.
④ [南朝宋] 范晔.后汉书[M].北京：中华书局，1965:1510.
⑤ 吴根友点注.四书五经[M].北京：中国友谊出版公司，1993:10.
⑥ 吴广义，崔文恒，侯晓菊.荀子评注[M].呼和浩特：远方出版社，2007:426.
⑦ [南朝宋] 范晔.后汉书[M].北京：中华书局，1965:738.
⑧ 王文台辑，周天游校.七家后汉书[M].石家庄：河北人民出版社，1987:162.

于是原涉“乃大治其冢舍，周阁重门”①。有人为把父母的丧事办得隆重一些，不惜耗尽家财。如崔寔在其父卒后，乃“剽卖田宅，起冢茔，立碑颂。葬讫，资产竭尽，因穷困”②。甚至有为了筹措丧葬费而不得不卖身为奴的，如董永年少丧母，他独自抚养父亲。父亲去世后无钱安葬，董永就贷了一万钱，并对给他贷钱的人说：“后若无钱还君，当以身作奴。”③

对父母的坟墓尽力保护，亦是尽孝的重要表现。王琳十余岁父母去世，当时天下大乱，民众四处奔逃，“唯琳兄弟独守冢庐，号泣不绝。”④祭肜早年就失去了父亲，“以至孝著称”。遇到天下大乱，野外看不到炊烟，而他“独在冢侧”。每当贼人路过时，看他这么小的年纪就有如此的志向节操，“皆奇而哀之”⑤。

厚葬在汉代已成为一种社会风气，当时的一些思想家对此多有揭露。如崔寔指出：“念亲将终，无以奉遣，乃约其供养，豫修亡殁之备，老亲之饥寒，以事淫佚之华称，竭家尽业，甘心而不恨。”⑥王符揭露道：“今京师贵戚，郡县豪家，生不极养，死乃崇丧。或至刻金缕玉，檽梓楩柟，良田造茔，黄壤致藏。多埋珍宝、偶人、车马，造起大冢，广种松柏，庐舍祠堂，崇侈上僭。宠臣贵戚，州郡世家，每有丧葬，都官属县，各当遣吏赍奉，车马帷帐，贷假待客之具，竞为华观。”⑦

汉代的厚葬有多方面之表现：一是坟丘高大，配套建筑众多。帝

---

① [东汉] 班固.汉书[M].北京：中华书局，1962:3716.

② [南朝宋] 范晔.后汉书[M].北京：中华书局，1965:1731.

③ [宋] 李昉等.太平御览[M].北京：中华书局，1960:1899.

④ [南朝宋] 范晔.后汉书[M].北京：中华书局，1965:1300.

⑤ [南朝宋] 范晔.后汉书[M].北京：中华书局，1965:744.

⑥ 严可均.全后汉文[M] //全上古三代秦汉三国六朝文.石家庄：河北教育出版社，1997:137.

⑦ [东汉] 王符撰，[清] 汪继培笺、彭铎校正.潜夫论笺校正[M].北京：中华书局，1985:207.

王、贵族官僚、豪强地主等有经济实力者，都追求墓上坟丘的高大。尽管国家法律对坟丘大小高低有规定："列侯坟高四丈，关内侯以下至庶人各有差。"[①]然而实际上贵族、官僚并不严格受其约束，追求坟丘的高大是当时的社会风尚。如长沙马王堆轪侯妻墓、阜阳双古堆汝阴侯墓等，都超出了规定标准。除坟丘外，尚有众多的配套建筑，如石碑、石阙、石刻人物、动物像和祠堂等。二是墓室种类繁多，葬具十分豪华，随葬品众多。汉代的墓室构造已趋向多样化，有石室墓、土坑木椁墓、砖室墓、壁画墓、画像砖墓、画像石墓等。汉代统治阶级十分重视葬具（棺材）的制造，从选用原料，到装饰棺具，均非常讲究。在帝王、贵族、官僚、富商及地主的墓中有着丰富的随葬品，几乎涵盖了其生前在衣食住行等方面所使用的物品[②]。

除厚葬外，汉代人追求孝名在丧葬上的表现，还体现在居丧的一些礼仪上。在服丧守孝期间，死者的亲属必须遵守某些礼的规范，如不能饮酒，不能吃肉，不能与妇女接近，不聘娶妻子，不访问朋友等。

先秦儒家主张子女应为故去的父母守丧三年。对于行三年丧的原因，孔子的观点是："子生三年，然后免于父母之怀。夫三年之丧，天下之通丧也。"[③]每个人出生三年后才能离开父母的怀抱，父母含辛茹苦地把其养大成人，为了报答父母的养育之恩，子女在父母故去后守三年之丧，是符合人之常情的。康有为在《论语注》中对孔子提出的"三年之丧"作了如下解释："孔子乃发明必须三年之意，人义莫尚于报恩，天生魂而不能成之，父传种，母怀妊，未极其劳；既生之后，抚育顾復，备极劬劳；必历三年，而后子能言能行，少能自立，而后免于父母之怀。此三年中子不能自为人，饮食衣服卧起便溺皆父母代之，然后

① [清] 纪昀等.周礼注疏[M] //四库全书荟要（第14册），长春：吉林人民出版社，1997:416.

② 郝建平.论汉代厚葬之风[J].临沂师范学院学报，2007（2）.

③ 吴根友点注.四书五经[M].北京：中国友谊出版公司，1993:32.

自立，得享人身之乐。虽其后爰育腹我之恩，昊天罔极，终身无以报之；然送死有已，復生有节，惟初生三年之恩，非父母不得成人，则必当如期以报之也。”①《礼记·三年问》对为何要为父母守三年之丧，作了进一步说明：血缘关系中，父母与子女的关系最亲，父母去世受打击最大的是其子女，这种巨大的痛苦需要有一个逐渐平复的过程，感情上的恢复期较长，这是实行三年服丧最主要的原因。服丧三年，是立足于人的感情而确立的礼仪制度。人们身穿丧服，手撑孝棍，住在十分简陋的房屋中，用柴草作垫席，用土块作枕头，吃薄粥，所有这些都是给极其悲痛的心情所作的外表装饰。鸟兽丧失同伴还能久久哀号徘徊，人对父母的感情到死也没有穷尽，如果父母早晨死了，晚上就忘了，那么就连鸟兽也不如了。

西汉初年，沿袭秦朝的制度，天下人要为帝、后服丧三年。文帝对其进行了改革，取消三年之丧，从下葬到脱下丧服只有36天。“自文帝遗诏之后，国家遵以为常。”②成帝时丞相翟方进“及后母终，既葬三十六日，除服起视事，以为身为汉相，不敢逾国家之制”③。哀帝在位时，又对三年之丧加以提倡，曾下诏表彰：“河间王良丧太后三年，为宗室仪表，益封万户。”④并对博士弟子为父母服丧三年者予以认可。杨树达先生指出：“成哀之世，实已有渐行三年之丧者……且其时行者，或为天子所褒扬……或为衣冠所叹慕……或为乡里所称许……其不行者，则为同列所讥弹……当时风气之所趋亦可见矣。”⑤王莽统治时对三年之丧也极力提倡，平帝驾崩后，他下令“天下吏六百石以上，

① 刘海鸥.从传统到启蒙：中国传统家庭伦理的近代嬗变[M].北京：中国社会科学出版社，2005:30.

② [东汉] 班固.汉书[M].北京：中华书局，1962:3417.

③ [东汉] 班固.汉书[M].北京：中华书局，1962:3416–3417.

④ [东汉] 班固.汉书[M].北京：中华书局，1962:336.

⑤ 杨树达.汉代婚丧礼俗考[M].上海：上海古籍出版社，2000:239–241.

皆服丧三年”。[①] 东汉光武帝去世时，曾遗诏丧葬遵从孝文皇帝定下的制度，“务从约省”[②]，所有大臣不得“告宁”。安帝时邓太后临朝执政，将居丧和选举结合，下诏要求：“长吏以下，不以亲行服者，不得典城选举。”当时有人上书，刺史、太守应该实行这一制度。邓太后将这一意见交由公卿讨论，大家都认为不宜实行。唯独刘恺认为：“诏书所以为制服之科者，盖崇化礼俗，以弘孝道也。今刺史，一州之表；二千石，千里之师。职在辨章百姓，宣美风俗，尤宜尊重典礼，以身先之。而议者不寻其端，至于牧守，则云不宜，是犹浊其源而望流清，曲其形而欲景直，不可得也。”[③]太后最终认同了刘恺的看法。对于二千石是否行三年丧，可谓几兴几废。服丧三年，并非真正的三年，而是二十五个月。对此，《白虎通·丧服》指出：“三年之丧何？二十五月。以为古民质，痛于死者，不封不树，丧期无数，亡之则除。后代圣人，因天地万物有始终，而为之制，以期断之。父至尊，母至亲，故为加隆，以尽孝子之恩。恩爱至深，加之则倍。故再期二十五月也。礼有取于三，故谓之三年。缘其渐三年之气也。故《春秋传》曰：‘三年之丧，其实二十五月’也。”《后汉书·陈忠传》亦称:“先圣缘人情而著其节，制服二十五月。”总体上看，西汉时能服三年之丧为父母者，并非像某些人所言只是个别现象[④]，尤其是东汉时，这种风气特别盛行。徐天麟曾指出：“士大夫至孝出于天性者，未尝不服三年之丧。在西都则公孙弘、原涉、河间王良；在东京则桓荣、韦彪、鲍昂及东平王敞、

① [东汉] 班固.汉书[M].北京：中华书局，1962:4078.

② [南朝宋] 范晔.后汉书[M].北京：中华书局，1965:85.

③ [南朝宋] 范晔.后汉书[M].北京：中华书局，1965:1307.

④ 清人赵翼曾指出：“统计两汉臣僚，罕有为父母服三年者，盖因习俗相沿，已成故事。然虽已成故事，而朝廷本未有不许行丧之令，故行不行，仍听人自便。”（赵翼著，王树民校证：《廿二史劄记校证》卷三《两汉丧服无定制》，中华书局，1984:69.）其言“两汉臣僚罕有为父母服三年者”与史实不符。

东海王臻兄弟，皆事亲尽爱，送终竭哀。”① 汉代之所以有许多人能为父母行三年之丧，其目的大致有二：一是对父母的养育之恩进行报答；二是获取“孝”的名声，为步入仕途创造条件。需要指出的是，能为父母服三年丧的仅限于社会中上层，因为他们有时间、有财力这样做，普通老百姓则难有条件行其事，“由于社会农业生产的需要，当时社会生产力虽比以前有所发展，但人们首要解决的还是温饱问题。只有通过辛勤耕作，才会解决这一问题。如若在父母死后只是守丧，势必耽误生产。”②

在汉代，有些人因故未能及时服丧或虽服丧但丧礼有缺，为了向世人显示自己的孝心，他们还会追行丧服或重行丧制。如何敞担任汝南太守，为政宽和，百姓感其恩遇礼待，“其出居者，皆归养父母，追行丧服。”③耿恭“母先卒，及还，追行丧制”④。袁绍年轻时担任淮阳县县长，不久，因母亲去世回乡奔丧而离职。为母亲服了三年丧后，他“追感幼孤，又行父服”。⑤刘臻及其弟刘俭追念父亲去世时，他们年岁小，“哀礼有阙，因复重行丧制”⑥。

父母去世后，子女出于对父母离世的不舍与痛苦，而表现出来的极其哀戚之情，是丧礼的基本要求。《论语·八佾》云：“临丧不哀，吾何以观之哉！”《曾子·大孝》云：“父母既殁，以哀祀之。”《礼记·檀弓下》亦曰：“丧礼，哀戚之至也。” 究竟怎样做才符合“哀”的要求呢？《孝经·丧亲章》为我们提供了答案：“孝子之丧亲也，哭不偯，礼无容，言不文，服美不安，闻乐不乐，食旨不甘，此哀戚之

① 徐天麟.东汉会要[M].上海：上海古籍出版社，2006:111-112.

② 张超.秦汉时期的丧葬研究[D].济南：山东师范大学，2010.

③ [南朝宋] 范晔.后汉书[M].北京：中华书局，1965:1487.

④ [南朝宋] 范晔.后汉书[M].北京：中华书局，1965:723.

⑤ [南朝宋] 范晔.后汉书[M].北京：中华书局，1965:2373.

⑥ [南朝宋] 范晔.后汉书[M].北京：中华书局，1965:1426.

情也。”父母去世时，人子必须声嘶力竭地去哭，举止行为不再像平常那样从容有礼，言语也不再有条理文采，穿得破乱不堪，饭吃不下，觉睡不好，如此才算是真正的痛苦。东汉时多有在服丧期表现出不同寻常的悲伤，越是如此越被人们认为是孝，甚至出现了不惜损伤身体之事例。如樊鯈对后母非常孝顺，后母去世时，他“哀思过礼，毁病不自支，世祖常遣中黄门朝暮送饘粥”。[①]韦彪的父母去世后，他悲痛地服丧三年，从不走出草棚子的门。“服竟，羸瘠骨立异形，医疗数年乃起。”[②]申屠蟠九岁时父亲死了，他“哀毁过礼”[③]。服丧期满后，他十多年不喝酒、不吃肉。每当父亲忌日，他常常三天不吃饭。张表因为父亲去世而生了病，眼睛什么也看不见，耳朵什么也听不见。服丧期满，经医疗救治，才慢慢痊愈。“每弹琴恻怆不能成声，见酒肉未尝不泣，宗人亲厚节会饮食宴，为其不复设乐。”[④]和熹邓后入宫前，父亲去世，她“昼夜号泣，终三年不食盐菜，憔悴毁容，亲人不识之”[⑤]。郭泰“遭母忧，欧血发病，历年乃疗”[⑥]。也有因哀伤过度而死者，如张武“遭母丧过毁，伤父魂灵不返，因哀恸绝命”[⑦]。可以说是“居丧过礼”在东汉时已成为一些士大夫自觉追求的一种孝道境界。

汉代官僚阶层在父母去世后，不论身处何地任何职，均要辞官奔丧，待守丧期满后政府会重新加以录用。如来历在顺帝永建元年被任命为车骑将军，“三年，母长公主薨，历称病归第；服阕，复为大鸿胪。”[⑧]霍谞曾任金城太守，他性格明达笃厚，能用恩信教化百姓，因

---

① [南朝宋] 范晔.后汉书[M].北京：中华书局，1965:1122.

② [南朝宋] 范晔.后汉书[M].北京：中华书局，1965:917.

③ [南朝宋] 范晔.后汉书[M].北京：中华书局，1965:1750.

④ [东汉] 刘珍撰，吴树平校注.东观汉记校注[M].北京：中华书局，2008:714.

⑤ [南朝宋] 范晔.后汉书[M].北京：中华书局，1965:418.

⑥ [南朝宋] 范晔.后汉书[M].北京：中华书局，1965:2226.

⑦ [南朝宋] 范晔.后汉书[M].北京：中华书局，1965:2682.

⑧ [南朝宋] 范晔.后汉书[M].北京：中华书局，1965:593.

而羌胡之人对其非常尊敬、服从。“遭母忧，自上归行丧。服阕，公车征，再迁北海相，入为尚书仆射。”[①]刘平被推举为孝廉，后来出任济阴郡丞，太守刘育对刘平十分看重，上书推荐了他。“会平遭父丧去官，服阕，拜全椒长。”[②]陈蕃最初被推举为孝廉，担任郎中，后来，他“遭母忧，弃官行丧。服阕，刺史周景辟别驾从事。”[③]袁绍“少为郎，除濮阳长，遭母忧去官。……后辟大将军何进掾，为侍御史、虎贲中郎将”[④]。去官行服的事例不仅见诸史书记载，在碑文中也有大量载录。如杨弼“伯邳从弟讳弼字颖伯，举孝廉，西鄂长，伯母忧去官，复举孝廉，尚书侍郎”[⑤]；王元宾“察孝廉，郎、谒者、考工苑陵叶封丘令……以母忧去官，服祥，辟司空府”[⑥]；郭旻“数迁敬陵园令、廷尉左平、治书侍御史。……以父忧去官，还拜郎中、侍御史。遭母忧，服除，复拜郎中、治书侍御史”[⑦]；陈球“换东城门候，虔恭职司，夙夜匪解，迁繁阳令……丧母去官，服除，辟司徒府，拜侍御史。”[⑧]张纳“察孝廉，除郎中，尚书侍郎……迁甘陵冤句令，亲病去官……辟司空司徒府，盘桓弗就。复辟大尉，举高第，拜侍御史”[⑨]；鲜于璜“上郡王府君察孝，除郎中，迁度辽右部司马，迁赣榆令。丧父去官，服终礼阕，复应三公之招，辟太尉府”。[⑩]政府官员如果不奔丧的话，则要受到处罚。《汉书·陈汤传》即记载有这方面的事例：“初元二年，元帝

---

① [南朝宋] 范晔.后汉书[M].北京：中华书局，1965:1617.
② [南朝宋] 范晔.后汉书[M].北京：中华书局，1965:1296.
③ [南朝宋] 范晔.后汉书[M].北京：中华书局，1965:2159.
④ [南朝宋] 范晔.后汉书[M].北京：中华书局，1965:2373–2374.
⑤ [宋] 洪适.隶释　隶续[M].北京：中华书局，1986:397.
⑥ [宋] 洪适.隶释　隶续[M].北京：中华书局，1986:438.
⑦ [宋] 洪适.隶释　隶续[M].北京：中华书局，1986:437.
⑧ [宋] 洪适.隶释　隶续[M].北京：中华书局，1986:110.
⑨ [宋] 洪适.隶释　隶续[M].北京：中华书局，1986:62.
⑩ 高文.汉碑集释[M].开封：河南大学出版社，1997:285.

诏列侯举茂材，勃举汤。汤待迁，父死不奔丧，司隶奏汤无循行，勃选举故不以实，坐削户两百。会薨，因赐谥曰：‘缪侯’。汤下狱论。”陈汤因父死不奔丧，不仅丢了官，而且被关进了监狱。东汉时甄邵“当迁为郡守，会母亡，邵且埋尸于马屋，先受封，然后发丧”。甄邵在前往洛阳途中，遇到河南尹李燮。李燮“使卒投车于沟中，笞捶乱下，大署帛于其背曰‘谄贵卖友，贪官埋母’”。并上书皇帝揭露甄邵的不孝之情，“邵遂废锢终身。”①

（5）祭祀祖先父母。《大戴礼记·盛德》云：“凡不孝生于不仁爱也，不仁爱生于丧祭之礼不明也。丧祭之礼所以教仁爱也，致爱故能致丧祭，春秋祭祀之不绝也，致思慕之死也。夫祭祀，致馈养之道也。死且思慕馈养，况于生而存乎？故曰：丧祭之礼明，则民孝矣。故有不孝之狱，则饰丧祭之礼也。”这是说，祭祀已故亲人是孝道教化的重要形式，故从皇帝到百姓，都热衷于此。西汉时在皇帝陵园中建有寝，在陵外还立有庙，这些都是祭祀的场所。东汉明帝制定了在陵上举行朝拜和祭祀的典礼。过去每逢元旦，皇亲国戚、中央官员及地方上计吏，均聚集在朝廷举行一种隆重的对皇帝朝贺的仪式，这就是所谓的“元会仪”。明帝即位后，为体现孝道，将“元会仪”搬到原陵上来举行，全体参加人员都朝拜和祭祀陵寝的神祇，从此，称这种仪式为“上陵礼”。如此一来，陵寝的地位获得了极大提高。

汉代人非常重视上墓对祖先进行祭祀的活动。王充曾指出：“古礼庙祭，今俗墓祀。”②官僚、贵族、豪强地主等有条件之人，均在墓前建有规模比较大的祠堂，作为祭祀已故亲人的场所。山东嘉祥县武氏石祠和长清县孝堂山石祠就是保留至今的东汉时期用石料建成的祠堂。家庭生活困难者，自然无财力建造祠堂，但也要设法定期到祖坟祭奠，

---

① [南朝宋] 范晔.后汉书[M].北京：中华书局，1965:2091.

② [东汉] 王充.论衡[M].上海：上海人民出版社，1974:357.

人们称之为“上冢”。汉武帝时有个叫朱买臣的人，家里非常贫寒，仅依靠出卖打来的柴火维持生计，妻子觉得他不可能有出头之日，遂离他而去，与他人结婚。有一次，朱买臣独自一人在砍柴的路上歌唱，“负薪墓间，故妻与夫家俱上冢，见买臣饥寒，呼饭饮之。”[①]就是一例。

“高大的帝王陵寝昭示着皇族的威严余香或延续，皇帝率百官的陵祭活动在庄严肃穆的气氛中感化人心，自然而然地引导臣民遵从孝道。从东汉起，民间墓地成为增强家族凝聚力的最佳场所。生命有限，居室陵替，但衣钵相传，孝道永存，孝道观念便在这样的环境中代代传承。”[②]

孝在汉代已成为为官的必要条件，作为察举重要科目的孝廉，其选举的条件就是孝行突出，此方面的例子颇多。若一个官员不符合孝道的要求，就要被免职。如御史大夫何武就因“孝声不闻，恶名流行，无以率示四方”[③]而被免职。

汉代孝道思想为社会所认同，深入人心，可从当时人多以孝为名这一现象中得到一定程度的反映。翻检《汉书》《后汉书》，我们可以看到不少用孝为名字的例子：如张孝仲、赵孝、刘孝、冯孝等。“《汉印文字徵》中有苏孝、剡孝、彭孝、尹孝、张孝亲等印，《汉碑集释》中有于孝、杨孝，张光字仲孝、程阳字孝遂等，这些都标志着人们对孝道的认同、信仰、追求和期望。”[④]

汉代统治者之所以要大力提倡孝道，其根本目的就是巩固统治，这种对孝道的重视是由当时的经济结构决定的。“汉代社会是建立在由个体家庭组成的小农经济基础之上的。这种小农经济稳定、繁荣则汉室安、天下治，反之，则必危、必乱。而要想使小农经济得以稳定、繁

① [东汉] 班固.汉书[M].北京：中华书局，1962:2791.

② 黄婉峰.汉代孝子图与孝道观念[M].北京：中华书局，2012:27.

③ [东汉] 班固.汉书[M].北京：中华书局，1962:3486.

④ 秦进才，张玉.《孝经》与两汉的孝行[J].河北师范大学学报，2005（5）.

荣，除了要有正确的政治、经济政策作保证外，维护个体小农家庭中父家长的绝对权威是十分重要的。只有这样，才能使个体小农家庭安定，推而广之才能使社会稳定。”[①]

汉代统治者提倡孝道的做法，对当时社会的稳定和发展具有一定的积极作用。孙筱先生就曾指出，两汉王朝能持续四百多年，成为中国古代史上不多见的盛世，与其立足于孝的基础而建构起新的社会伦理秩序有着极大关系。孝的观念与社会秩序结合在一起，使家庭血亲关系延伸到了社会，这在一定程度上有助于社会各阶层关系的协调、社会矛盾的缓和、社会秩序的安定。同时，也使小农经济的发展获得了一个相对比较安定的社会环境。西汉时期，农业生产呈现出繁荣的景象，户籍人口有大幅度的增加。这从一定程度上证明，汉王朝把孝作为核心来建立新的社会秩序的尝试是成功的，并为后代的社会治理提供了范例。[②]

四、奖励名节，以修正孝道之不足

汉代统治者力图以推崇孝道为手段，达到倡导人们尽忠目的之做法，存在着某些问题。由于父子是血亲关系，君臣则是社会关系，二者不能完全等同，过分强调孝的作用，使现实生活中的许多人视孝重于忠，在忠孝不能两全时，他们往往会舍忠而取孝。《汉书·王尊传》载：“（王）尊迁益州刺史。先是琅邪王阳为益州刺史，行部至邛崃九折阪，叹曰：‘奉先人遗体，奈何数乘此险！’后以病去。及尊为刺史，至其阪，问吏曰：‘此非王阳所畏道邪？’吏对曰：‘是。’尊叱其驭曰：‘驱之！王阳为孝子，王尊为忠臣。’”吕思勉先生就曾指出：“虽然从西汉中期开始，统治者与士大夫就极力强调忠孝一体，移

① 张锡勤，柴文华.中国伦理道德变迁史稿[M].北京：人民出版社，2008:210.
② 孙筱.汉代“孝”的观念的变化[J].孔子研究，1988（3）.

孝作忠，但汉代人对忠孝关系的理解似乎以重孝轻忠为主。”[①]

忠君观念淡薄的恶果在王莽代汉过程中得以暴露。顾炎武指出：“汉自孝武表彰六经之后，师儒虽盛，而大义未明。故新莽居摄，颂德献符者遍于天下。”[②]《汉书》中为王莽代汉摇旗呐喊的事例屡见不鲜。如当时吏民因为王莽不接受新野田而为其上书的达到487572人，“诸侯王、公、列侯，宗室见者皆叩头言，宜亟加赏于安汉公。”[③]王符就曾指出：“自成帝以降，至于莽，公卿列侯，下讫令尉，大小之官，且十万人，皆自汉所谓贤明忠正贵宠之臣也。莽之篡位，惟安众侯刘崇、东郡太守翟义思事君之礼，义勇奋发，欲诛莽。功虽不成，志节可纪。夫以十万之计，其能奉报恩，二人而已。由此观之，衰世群臣诚少贤也，其官益大者罪益重，位益高者罪益深尔。”[④]面对西汉遗留下来的忠君观念淡薄的历史教训，东汉统治者在继承西汉以孝治天下的基础上，特别注重加强君臣纲纪和礼制规范。“光武有鉴于此，故尊崇节义，敦厉名实。”[⑤]皮锡瑞亦指出：“后汉取士，必经明行修，盖非专重其文，而必深考其行。前汉匡、张、孔、马皆以经师居相位，而无所匡救。光武有鉴于此，故举逸民，宾处士，褒崇节义，尊经必尊其能实行经义之士。”[⑥]光武帝曾对冯勤说：“人臣放逐受诛，虽复追加赏赐赙祭，不足以偿不訾之身。忠臣孝子，览照前世，以为镜诫。能尽忠于国，事君无二，则爵赏光乎当世，功名列于不朽，可不勉哉！”[⑦]《白

① 吕思勉.秦汉史[M].上海：上海古籍出版社，2005:256.

② 顾炎武.两汉风俗[M] //黄汝成集释，秦克诚点校.日知录集释（卷十三）.长沙：岳麓书社，1994:469.

③ [东汉] 班固.汉书[M].北京：中华书局，1962:4070.

④ [东汉] 王符撰，[清] 汪继培笺、彭铎校正.潜夫论笺校正[M].北京：中华书局，1985:92.

⑤ 顾炎武.两汉风俗[M] //黄汝成集释，秦克诚点校.日知录集释（卷十三）.长沙：岳麓书社，1994:469.

⑥ 皮锡瑞.经学历史[M].北京：中华书局，1959:124.

⑦ [南朝宋] 范晔.后汉书[M].北京：中华书局，1965:910.

虎通·三教》称："夏人之王，教以忠，其失野，救野之失莫如敬。殷人之王，教以敬，其失鬼，救鬼之失莫如文。周人之王，教以文，其失薄，救薄之失莫如忠。继周尚黑，制与夏同。"按照三统循环的历史观，汉朝代周而兴，与夏同教，即应"教以忠"。为鼓励忠道，马融参照《孝经》的格式撰写了《忠经》一书，把"忠"提到了"天地神明"的高度："天之所覆，地之所载，人之所履，莫大乎忠。"①希望忠在理论上能与孝的"天经地义"相抗衡。可见，东汉的纲常名教在于强化君臣尊卑等级，强化人们服从权威、忠顺长上的社会伦常行为规范，以巩固统治秩序。

1.对重视名声、讲究气节之人的奖励。东汉统治者重视征辟聘用那些对名节十分讲究、能够遵守封建道德者，把其作为天下民众效法的楷模。"汉室中微，王莽篡位，士之蕴藉义愤甚矣！是时，裂冠毁冕，相携持而去之者，盖不可胜数。"②如卓茂与孔休、蔡勋、刘宣、龚胜、鲍宣六人，志同道合，"不仕王莽时，并名重当时。"③对于这些能够坚守"不仕二姓"理念、讲究气节之人，刘秀大力加以表彰。如封卓茂的诏书："前密令卓茂，束身自修，执节淳固，诚能为人所不能为。夫名冠天下，当受天下重赏，故武王诛纣，封比干之墓，表商容之闾。今以茂为太傅，封褒德侯，食邑二千户，赐几杖车马，衣一袭，絮五百斤。"卓茂去世后，刘秀"车驾素服亲临送葬"。④既封高官，又赐物品，还着丧服亲临送葬，给予的礼遇可谓极高。宣秉从小就修养高洁，在三辅地区很有名气。汉哀帝、平帝之际，他目睹王莽执掌政权，对汉宗室侵暴削弱，有最终登基的迹象，就逃到深山隐居，州郡多次相召，

---

① 《忠经·天地神明章》，《百子全书》（第一册）.

② [南朝宋] 范晔.后汉书[M].北京：中华书局，1965:2756.

③ [南朝宋] 范晔.后汉书[M].北京：中华书局，1965:872.

④ [南朝宋] 范晔.后汉书[M].北京：中华书局，1965:871.

他都称病拒绝出仕。“及莽篡位，又遣使者征之，秉固称疾病。”[①]光武帝即位后，以其为御史中丞，并下诏他与尚书令、司隶校尉享有专席而坐的荣宠，被称为“三独坐”。对于已经离世者，刘秀也尽力利用各种形式加以奖励。如光禄大夫龚胜在王莽秉政后，立刻辞官回乡。王莽称帝后，多次派遣使者迎龚胜到京师担任讲学祭酒、太子师友祭酒，均被龚胜以疾病缠身为由拒绝。后来实在推脱不了，于是对家人说：“吾受汉家厚恩，亡以报，今年老矣，乡暮入地，谊岂以一身事二姓，下见故主哉？”“遂不复开口饮食，积十四日死。”[②]光武帝“擢龚胜子赐为上谷太守”[③]。孔休在哀帝初年担任新都令，王莽秉权后，他辞官回到家中。王莽当上皇帝后，“遣使赍玄纁、束帛，请为国师，遂欧血托病，杜门自绝。”光武帝即位后，对于孔休的子孙“赐谷以旌显”。[④]刘宣是安众侯刘崇的从弟，知道王莽要篡权，于是改名换姓、携带经书隐居。“建武初乃出，光武以宣袭封安众侯。”[⑤]巴郡人谯玄，平帝时任中散大夫，王莽居摄后，他“变易姓名，闲窜归家，因以隐遁”。后来公孙述在蜀地称帝，多次请谯玄前来任职，谯玄一直没有答应。于是公孙述就派使者带着礼物前去征召，告诉使者若谯玄还是不愿意做官，就赐给他毒药。太守亲自带着诏书来到谯玄家里，对谯玄说：“你的高尚节操已经为人们所熟知，朝廷非常重视你，你实在不应该再推辞了，否则，将会招来杀身之祸。”谯玄仰天而叹，说道：“唐尧大圣，许由耻仕；周武至德，伯夷守饿。彼独何人，我亦何人。保志全高，死亦奚恨！”于是就接受了毒药。谯玄的儿子叩头向太守求情，表示愿意拿出一千万钱，来赎父亲的死罪。太守把这一情况向公孙述作了汇报，公孙

① [南朝宋] 范晔.后汉书[M].北京：中华书局，1965:927.

② [东汉] 班固.汉书[M].北京：中华书局，1962:3085.

③ [南朝宋] 范晔.后汉书[M].北京：中华书局，1965:872.

④ [南朝宋] 范晔.后汉书[M].北京：中华书局，1965:872.

⑤ [南朝宋] 范晔.后汉书[M].北京：中华书局，1965:872.

述最后答应了其子的请求。“玄遂隐藏田野，终述之世。”光武帝“策诏本郡祠以中牢”。[①]广汉人李业，平帝时为郎官，王莽执掌大权后，李业即“以病去官，杜门不应州郡之命”。公孙述听说李业非常有才能，想任命其为博士，李业声称自己有病而坚决不接受。公孙述觉得不能把李业召来是一个极大的耻辱，于是就派大鸿胪尹融带着诏书去见李业，若李业答应就封公侯，如果不答应就赐其毒酒。尹融对李业说：“当今天下四分五裂，谁能分清是非，您怎么敢用一人之身去试探不可测的深渊呢？朝廷对您的名望、品德十分仰慕，给您空着官位，到如今已经七年了。地方进贡来的山珍美味，朝廷都不会忘记送给您。您应该为了自己和子孙着想，去保全性命和名誉，这样做不是上策吗？”李业叹息说：“危国不入，乱国不居。亲于其身为不善者，义所不从。君子见危授命，何乃诱以高位重饵哉？”于是饮毒药而死。光武帝“下诏表其闾，《益部纪》载其高节，图画形象”。[②]

对于不仕王莽又不仕汉的士人，光武帝亦能给予理解和尊重，曾诏曰：“自古明王圣主必有不宾之士。伯夷、叔齐不食周粟，太原周党不受朕禄，亦各有志焉。其赐帛四十匹。”[③]“若薛方、逢萌聘而不肯至，严光、周党、王霸至而不能屈。群方咸遂，志士怀仁，斯固所谓‘举逸民天下归心’者乎！”[④]周党被迫入殿，却“伏而不谒”；王霸“拜称名，不称臣。有司问其故。霸曰：‘天子有所不臣，诸侯有所不友。’”[⑤]最有名的是严光，他曾“与光武同游学。及光武即位，乃变名姓，隐身不见”。后为刘秀访得，三聘方至，仍高卧不起。刘秀亲临卧所，“抚光腹曰：‘咄咄子陵，咄不可相助为理邪？’光又眠不应，

---

① [南朝宋] 范晔.后汉书[M].北京：中华书局，1965:2667–2668.

② [南朝宋] 范晔.后汉书[M].北京：中华书局，1965:2669–2670.

③ [南朝宋] 范晔.后汉书[M].北京：中华书局，1965:2762.

④ [南朝宋] 范晔.后汉书[M].北京：中华书局，1965:2757.

⑤ [南朝宋] 范晔.后汉书[M].北京：中华书局，1965:2762.

良久，乃张目熟视，曰：‘昔唐尧著德，巢父洗耳。士故有志，何至相迫乎？’帝曰：‘子陵，我竟不能下汝邪？’于是升舆叹息而去。”[1]对光武帝尊重隐逸之士的举动，南宋张南轩给予极高评价，认为这对培养东汉重名节的风俗起了积极作用。此后章帝、和帝、安帝也都下诏礼遇坚守节操、不为利禄所动、对儒家名教严格遵守的典范，各级政府也对道德品质好、对儒术有研究者加以任用。徐天麟就曾指出：“东汉之世，公卿尤以辟士相高。卓茂习《诗》《礼》为通儒，而辟丞相府史；蔡邕少博学好辞章，而辟司徒桥玄府；周举博学洽闻，为儒者宗，为辟司徒李郃府。又有五府俱辟如黄琼者，四府并命如陈纪者。往往名公巨卿，以能致贤才为高；而英才俊士，以得所依秉为重。是以誉望日隆，而一洗末世苟合轻就之风。”[2]可以说重名节已成了东汉士人普遍推崇的一种风气，是他们极力想达到的人生境界。

东汉中期以后，外戚、宦官交替控制政权，政治日趋腐朽黑暗，民不聊生，社会危机严重。面对如此的社会现实，一部分正直的官僚士大夫为国家的前途、命运所担忧，奋起与外戚、宦官进行斗争，并把这种举动看作是高洁品行的不二选择。如杨震在安帝时先后任司徒、太尉等职。他针对外戚、宦官的横行不法，先后五次上疏，揭露他们的罪恶。外戚、宦官想提拔的人，他一律不加任用。有一次，皇帝的舅舅大鸿胪耿宝向杨震举荐中常侍李闰的哥哥，希望能对其特殊照顾，加以提拔任用，杨震一口回绝。耿宝不放弃，认为可以利用自己皇亲国戚的身份和权势对杨震施加压力，亲自前往杨震的家门口等候，见到杨震后就加以质问：“李常侍国家所重，欲令公辟其兄，宝唯传上意耳。”言外之意，你若不举荐李闰之哥哥，就是违反皇帝的旨意。杨震义正词严地说：“如朝廷欲令三府辟召，故宜有尚书来。”“皇后兄执金吾阎显亦

---

① [南朝宋] 范晔.后汉书[M].北京：中华书局，1965:2762.

② [南宋] 徐天麟.东汉会要[M].上海：上海古籍出版社，2006:404.

荐所亲厚于震，震又不从。”[1]杨震终因批评时政积弊不避权贵，得罪了外戚、宦官，被免官回乡。他不堪受辱，对儿子和学生们说：“死亡对于每个人都是不可避免的。我承蒙圣上的厚爱，位居高位，痛恨狡猾的奸臣不能被诛杀，恶婢女作乱而不能被禁止，我还有什么面目来见天下人呢？我死后，只用杂木来作棺材，布单、被子只要把形体盖住就行，不要把我归葬到祖坟里，不要为我设立祭祠的场所。”遂饮鸩而卒[2]。杨震在同外戚、宦官的斗争中，始终刚正不阿，显示了他无所畏惧的胆识和崇高的士人气节。

顺帝时，公卿推举李固对策。其时，顺帝正欲加封拥立有功的乳母宋娥为山阳君，外戚梁冀亦由执金吾封为襄邑侯，而拥立有功的十九个宦官都被封为列侯。李固借机直言极谏，将矛头指向外戚和宦官：“宜令步兵校尉冀及诸侍中还居黄门之官，使权去外戚，政归国家。”[3]“又宜罢退宦官，去其权重，裁置常侍二人，方直有德者，省事左右；小黄门五人，才智闲雅者，给事殿中。”[4]冲帝、质帝时外戚梁冀权倾天下、飞扬跋扈，时任太尉的李固敢于同梁冀相抗争。质帝为梁冀毒杀，李固力主立年长的清河王刘蒜为帝，他对梁冀说：“今当立帝，宜择长年高明有德，任亲政事者，愿将军审详大计，察周、霍之立文、宣，戒邓、阎之利幼弱。”[5]梁冀利用权势最终立了他十五岁的妹夫蠡吾侯刘志为桓帝。为了除去李固这个眼中钉，梁冀对其进行诬陷，最终杀害了他。李固一生能以社稷为重，不顾个人安危，与黑暗势力相搏，彰显出刚强正直、舍生取义的气节。特别是其临终前劝谏朝臣胡广、赵戒所说的一番话，读来令人感佩，其文曰：“固受国厚恩，是以

① [南朝宋] 范晔.后汉书[M].北京：中华书局，1965:1763.

② [南朝宋] 范晔.后汉书[M].北京：中华书局，1965:1766–1767.

③ [南朝宋] 范晔.后汉书[M].北京：中华书局，1965:2075.

④ [南朝宋] 范晔.后汉书[M].北京：中华书局，1965:2077.

⑤ [南朝宋] 范晔.后汉书[M].北京：中华书局，1965:2083.

竭其股肱，不顾死亡，志欲扶持王室，比隆文、宣。何图一朝梁氏迷谬，公等曲从，以吉为凶，成事为败乎？汉家衰微，从此始矣。公等受主厚禄，颠而不扶，倾覆大事，后之良史，岂有所私？固身已矣，于义得矣，夫复何言！”[①]胡广、赵戒得书后都非常悲痛，长叹流涕。

延熹二年（159年），桓帝依靠宦官的力量诛灭了专权的外戚梁冀，从此宦官势力掌握朝政。他们“手握王爵，口含天宪”[②]，“兄弟姻戚，宰州临郡，辜较百姓，与盗无异……虐遍天下，民不堪命，起为寇贼。”[③]为此，士大夫、太学生便把斗争的矛头对准了宦官。“士子羞与为伍，故匹夫抗愤，处士横议，遂乃激扬名声，互相题拂，品核公卿，裁量执政，婞直之风，于斯行矣。”[④]开展清议运动，抨击时弊，揭露宦官的劣迹。与此同时，他们利用手中所掌握的权力，惩办那些为非作歹、残害百姓之徒。如刘祐担任大司农时，“中常侍苏康、管霸用事于内，遂固天下良田美业，山林湖泽，民庶穷困，州郡累气。祐移书所在，依品没入之。”[⑤]杜密任泰山太守和北海相时，“其宦官子弟为令长有奸恶者，辄捕案之。”[⑥]宦官张让的弟弟张朔为野王县令，十分残暴，甚至杀害孕妇。张朔害怕司隶校尉李膺逮捕他，便逃到洛阳，躲在哥哥张让家中。李膺亲率将士到张让家中把张朔逮捕，审讯后将其处死。士大夫打击宦官的行为激怒了他们，宦官集团进行了血腥的报复。面对死亡的威胁，士大夫们没有被吓到，而是仍然坚持了对名节的追求。赵翼曰：“盖其时宦官之为民害最烈，天下无不欲食其肉，而东汉

① [南朝宋] 范晔.后汉书[M].北京：中华书局，1965:2087.

② [南朝宋] 范晔.后汉书[M].北京：中华书局，1965:2509.

③ [南朝宋] 范晔.后汉书[M].北京：中华书局，1965:2521–2522.

④ [南朝宋] 范晔.后汉书[M].北京：中华书局，1965:2185.

⑤ [南朝宋] 范晔.后汉书[M].北京：中华书局，1965:2199.

⑥ [南朝宋] 范晔.后汉书[M].北京：中华书局，1965:2198.

士大夫以气节相尚，故各奋死与之撍拄，虽湛宗灭族有不顾焉。”[①]宦官搜捕党人时，有人曾劝李膺赶快逃走，李膺坚定地说:“事不辞难，罪不逃刑，臣之节也。吾年已六十，死生有命，去将安之？”[②]于是主动投狱而死，表现了为捍卫正义而宁死不屈的气节。范滂被捕后面对严酷的刑罚，脸上没有一丝惧色，“同囚多婴病，乃请先就格，遂与同郡袁忠争受楚毒。”[③]虽有人给他提供逃生的机会，但他却不愿连累别人：“滂死则祸塞，何敢以罪累君，又令老母流离乎！”范滂在狱中和家人诀别时，他的母亲激励他说：“汝今得与李（膺）、杜（密）齐名，死亦何恨？既有令名，复求寿考，可兼得乎？”[④]可见与生死比较起来，士大夫看重的仍是名节。“从杨震到李膺、范滂等人，为官一般都具有清正廉洁、不贪利禄；仗义执言、不避权贵；忧国忧民，不顾生死的特点。之所以如此，正是崇尚名节使然。”[⑤]对此，后人多有较高评价，朱熹说：“三代而下，惟东汉人才，大义根于其心，不顾利害，生死不变其节。”[⑥]梁启超亦称：“名节者，实东汉儒教一最良之结果也，虽其始或为‘为名为利’之一念所驱而非其本相乎；至其寖成风俗，则其欲利之第一性，或且为欲名之第二性所掩夺，而舍利取名者往往然矣。是孔学所以坊民之要具也。”[⑦]

2.对贞女烈妇的表彰。汉代统治者还极力提倡妇德，对所谓的贞女烈妇给予表彰。贞节是社会进入男权时代后，男子对女子在性关系上的一种单方面的独占，也就是要求女子不能改嫁或失身，只能从一而终。

---

① [清] 赵翼著，王树民校证.廿二史劄记校正.北京：中华书局，1984:114.

② [南朝宋] 范晔.后汉书[M].北京：中华书局，1965:2197.

③ [南朝宋] 范晔.后汉书[M].北京：中华书局，1965:2205.

④ [南朝宋] 范晔.后汉书[M].北京：中华书局，1965:2207.

⑤ 黄宛峰.刘秀的奖励名节与东汉士风[J].南都学坛，1989（1）.

⑥ [南宋] 黎靖德.朱子语类[M].北京：中华书局，1986:923.

⑦ 梁启超.论中国学术思想史变迁之大势[M].上海：上海古籍出版社，2001:68.

可以说，这是宗法社会时代对女性的必然要求。宗法社会对血缘关系非常看重，而家族的血统能够保持在纯正的状态中，就需要避免妻子与他人有不正当关系的发生。“从这个意义上说，宗法社会一开始形成的时候，贞节观念产生的客观条件就已经具备了。”[①]先秦时期贞节观念已经出现。《易・恒》曰：“恒其德，贞，妇人吉，夫子凶。象曰：妇人贞吉，从一而终也。”《礼记・丧服四制》云：“礼以治之，义以正之，孝子、弟弟、贞妇，皆可得而察焉。”何为贞妇？孔颖达解释道：“贞妇者，贞节之妇。”[②]《礼记・郊特牲》亦曰：“信，妇德也。一与之齐，终身不改，故夫死不嫁。”[③]也就是要求妇女从一而终、守寡而不改嫁。先秦时期贞节观念已经出现，但仅止于儒家理论上的鼓吹，对社会实践没有产生太大影响。在史籍中关于妇女遵从贞节之道的例子寥寥无几，而改嫁、男女之间发生不良关系的事例则多有记载。有学者指出，春秋时期已开始提倡贞节的观念，但人们的实际行动和观念意识是有一定距离的，在男女现实的关系中，贞节观念较为淡薄，而在贵族阶层中乱伦现象则有一定程度的存在，《左传》中就有三十多条有关婚外性关系的记载[④]。

西汉前期，统治者把主要精力放在医治战争创伤、恢复和发展社会经济上，因而黄老无为而治的主张占了上风。所谓“治道贵清静而民自定”[⑤]，儒家只是作为百家中的一员而存在，并未受到统治者的特别礼遇，因而其所提倡的贞节思想难以引起关注，也就无法影响人们的生活。其时夫妻关系比较松弛，贞节观不浓，改嫁之风盛行。如户牖富人

---

① 刘伟杰.由汉代妇女离异与再婚的状况看汉代人的贞节观[J].民俗研究，2007（1）.

② [清] 阮元.十三经注疏[M].北京：中华书局，1980:1696.

③ [清] 阮元.十三经注疏[M].北京：中华书局，1980:1456.

④ 王传满.夏商周：贞节观念滥觞[J].湖北经济学院学报，2008（4）.

⑤ [汉] 司马迁.史记[M].北京：中华书局，1982:2029.

张负的孙女曾五次改嫁，“五嫁而夫辄死”，最后嫁与陈平[①]。外黄女子对丈夫的平庸无才非常不满，在得知张耳是一有才之人后，与其丈夫离婚，改嫁张耳。史载：“外黄富人女甚美。嫁庸奴，亡其夫，去抵父客，父客素知张耳，乃谓妇：‘必欲求贤夫，从张耳。’女听，乃卒为请，嫁之张耳。”[②]朱买臣的妻子因不能忍受丈夫的穷酸以及贫困生活，而主动提出离婚：“买臣笑曰：‘我年五十当富贵，今已四十余矣。女苦日久，待我富贵报女功。’妻恚怒曰：‘如公等，终饿死沟中耳，何能富贵！’买臣不能留，即听去。”[③]蜀郡大冶铁商卓文孙的女儿卓文君寡居在家，司马相如来卓文孙家做客，“文君窃从户窥之，心悦而好之，恐不得当也。既罢，相如乃使人重赐文君侍者通殷勤。文君夜亡奔相如。”[④]武帝姐阳信长公主因其夫平阳侯曹寿有病，与曹寿离异，改嫁大将军卫青[⑤]。据《汉书・外戚传》记载，景帝王皇后先嫁金氏，其母请人“卜筮曰两女当贵，欲倚两女，夺金氏”，并把女儿送进太子宫。王皇后的母亲臧儿先嫁王仲，王仲去世后，又嫁长陵田氏。宣帝外祖母王媪初嫁王更得，王更得死后，再嫁王廼始。苏武出使匈奴被长期扣押，妻子以为苏武已死，“妇年少，闻已更嫁矣”[⑥]。以上事例涉及的家庭既有贵族官僚，也有平民，这说明当时改嫁现象的普遍存在，以及人们对妇女再嫁所持的开放与认可的态度。

西汉中期后，随着儒家思想被置于独尊地位而成为统治思想，儒家所强调的贞节观念得到了统治者的重视，对贞节者给予褒奖就是其重要表现。宣帝神爵四年（前58年），诏赐“颍川吏民有行义者爵，人

① [东汉] 班固.汉书[M].北京：中华书局，1962:2038.
② [东汉] 班固.汉书[M].北京：中华书局，1962:1829.
③ [东汉] 班固.汉书[M].北京：中华书局，1962:2791.
④ [汉] 司马迁.史记[M].北京：中华书局，1982:3000.
⑤ [东汉] 班固.汉书[M].北京：中华书局，1962:2490.
⑥ [东汉] 班固.汉书[M].北京：中华书局，1962:2464.

二级，力田一级，贞妇顺女帛”。[①]这是汉代朝廷第一次褒奖贞节的记载，是以经济奖励的形式出现的。到平帝时逐渐形成制度。元始元年（1），“天下女徒已论，归家，顾山钱月三百。复贞妇，乡一人。”[②]即每年一乡选拔贞妇一人，免除其徭役，以广教化。到了东汉时期，国家对贞节妇女经济赏赐较多，每当有重大的政治事件发生：“新皇帝登基、改元、立皇太子等，都要大赦天下，贞节妇女也往往会得到一些赏赐。”[③]东汉安帝元初元年（114年），诏赐“贞妇帛，人一匹”。[④]元初六年（119年），安帝再次诏赐“贞妇有节义十斛，甄表门闾，旌显厥行”[⑤]，既有物质奖励，又有“甄表门闾”的精神奖励，其目的就是把贞妇树为人们学习的榜样。延光元年（122年），安帝又诏赐“贞妇帛，人二匹”。[⑥]顺帝永建元年（126年），诏赐“贞妇帛，人三匹”。[⑦]桓帝建和元年（147年），诏赐“贞妇帛，人三匹”。[⑧]除了全国性的表彰外，皇帝有时会针对某一贞妇的行为下诏嘉奖。如犍为南安人谢姬是仪成的妻子，仪成不幸去世，谢姬认为自己壮年而又没有孩子，就预先制作了棺材、毒药，等到丈夫的棺材埋入墓中，谢姬吞药而死，于是人们就把她和其夫葬在一起。县里把这一情况上报郡，郡上报州，州又将其上报朝廷。“天子咨嗟，下诏书：每大赦，赐家帛四匹、

---

① [东汉] 班固.汉书[M].北京：中华书局，1962:264.

② [东汉] 班固.汉书[M].北京：中华书局，1962:351.

③ 张小稳.贞节观念历史演进轨迹的重构——汉唐间贞节观念的不断加强[J].妇女研究论丛，2008（6）.

④ [南朝宋] 范晔.后汉书[M].北京：中华书局，1965:220.

⑤ [南朝宋] 范晔.后汉书[M].北京：中华书局，1965:230.

⑥ [南朝宋] 范晔.后汉书[M].北京：中华书局，1965:235.

⑦ [南朝宋] 范晔.后汉书[M].北京：中华书局，1965:252.

⑧ [南朝宋] 范晔.后汉书[M].北京：中华书局，1965:289.

蜀谷二石。”[①]最高统治者对贞妇的表彰活动，使她们得到了实惠，既包括布帛、粮食的物质赏赐，也有赋税的减免，有的还被甄表门闾。这种表彰活动的舆论导向作用是十分明显的，必然在社会上产生重要影响。

随着统治者的提倡，西汉中期后，贞妇开始出现并逐渐增多。据近人董家遵统计，汉代节妇共有22人，其中绝大多数是西汉后期和东汉时人[②]。东汉时期，儒家的贞烈观念已逐渐成为广大妇女的内在信仰和追求，守节的妇女往往能够得到地方长官的认可与表彰。如有一盗贼企图非礼乐羊子的妻子，“乃先劫其姑。妻闻，操刀而出，盗人曰：‘释汝刀从我者可全，不从我者，则杀汝姑。’”为了免遭盗贼的非礼，她便“仰天而叹，举刀刎颈而死”。当地太守得知此事后，“即捕杀贼盗，而赐妻缣帛，以礼葬之，号曰‘贞义’”。[③]沛县刘长卿的妻子，生下一个男孩，孩子五岁时，长卿去世了。她为了避嫌疑，不肯回到娘家，并剪去自己的耳朵，以示不再嫁人的决心。她不再嫁人的理由是：“男以忠孝显，女以贞顺称。”“沛相王吉上奏高行，显其门闾，号曰‘行义桓厘’。”[④]荀爽之女荀采嫁给阿瑜，不久瑜卒，荀爽迫她再嫁郭奕，荀采誓死不从，自缢身亡，死前还在门上书“尸还阴”数字。纪配年十六嫁与廖伯为妻。廖伯早亡，纪配因为长得漂亮，担心人们前来求婚，就写了三首诗，以表明不再嫁人的决心，但求婚的人仍络绎不绝。“父母将许，乃断指明情，养子猛终义。太守薛鸿图象府庭。”[⑤]

---

① [晋] 常璩.先贤士女总赞中・犍为士女[M] //刘琳校注.华阳国志校注（卷十）.成都：巴蜀书社，1984:787.

② 施红.试论西汉前、中期妇女地位[J].北京师范学院学报，1989（2）.

③ [南朝宋] 范晔.后汉书[M].北京：中华书局，1965:2793.

④ [南朝宋] 范晔.后汉书[M].北京：中华书局，1965:2797.

⑤ [晋] 常璩.先贤士女总赞中・广汉士女[M] //刘琳校注.华阳国志校注（卷十）.成都：巴蜀书社，1984:768–769.

正流的丈夫死后，父亲想让她改嫁，正流投水自杀，所幸被亲人所救。“太守五方为之图象。”①贞玦十九岁时嫁给张惟，张惟去世后无子，贞玦就抚养哥哥的孩子，精心服侍公婆。资中人王冲想娶贞玦为妻，贞玦的叔父答复说看贞玦的意见。王冲任太守李严督邮，李严手下人带着羔雁，宣称奉太守之命来下聘礼。贞玦投水自杀，被救了上来。“后太守苏高为立表，太守蜀郡遣仁恕掾论曰‘贞玦’，太守章陵刘威又为作颂，故称述也。”②蜀郡玹何是赵宪的妻子，赵宪“早亡，无子，父母欲改嫁。何患愤自幽，乃不食，旬日而死。郡县为立石表”。③

西汉中期后贞节现象的出现，是与独尊儒术政策的确立、孝观念逐步加深分不开的。维持家庭稳定是提倡孝道的前提，如果家庭频繁分合，那么所谓行孝也就无法落实。而婚姻是家庭关系的基础，“夫婚姻之礼，人伦之大者也。”④“盖夫妇正则父子亲，人伦定矣。”⑤维持夫妻关系的稳定关乎家庭的稳定，而家庭的稳定又与国家的稳定相联结，这就是汉代统治者极力倡导贞节的原因。

西汉中期后贞节观念逐渐被人们所接受，对婚姻生活产生的影响日益加深，除了最高统治者的重视和地方政府的助推外，与一些思想家的理论构建是分不开的。

刘向在其所撰的我国历史上第一部女性传记《列女传》中，塑造了一批恪守贞节的妇女形象，赞扬了这些女性的贞节行为，表达了他的贞节思想。刘向认为，妇女守“贞”的最基本标志就是夫死而不改嫁，从

---

① [晋] 常璩.先贤士女总赞中・广汉士女[M] //刘琳校注.华阳国志校注（卷十）.成都：巴蜀书社，1984:769.

② [晋] 常璩.先贤士女总赞中・犍为士女[M] //刘琳校注.华阳国志校注（卷十）.成都：巴蜀书社，1984:786.

③ [晋] 常璩.先贤士女总赞中・蜀郡士女[M] //刘琳校注.华阳国志校注（卷十）.成都：巴蜀书社，1984:736.

④ [东汉] 班固.汉书[M].北京：中华书局，1962:265.

⑤ [东汉] 班固.汉书[M].北京：中华书局，1962:356.

一而终。“广汉冯季宰妻者，季氏之女，名珥，字进，早寡无嗣，奉养继姑，守心纯固，以义自防。珥母愍其孤苦，阴有所许，珥断发自明，乡人称之。”[①]丈夫在世，则更不能以各种理由离婚而改嫁他人。宋国一位女子嫁给蔡国人为妻，婚后丈夫得了重病，女方的母亲为了女儿的生活着想，劝她改嫁他人，而她坚持“适人之道，一与之醮，终身不改”的信念，对母亲的好意加以拒绝[②]。黎庄夫人是卫侯的女儿，嫁给黎庄公后，觉得两个人的爱好不一样，追求不同，而且经常两人见不到面，感到非常不得意。她的父母觉得夫人很贤能，黎庄公却不喜欢她，担心夫人被休掉后不能及时离开。于是就对夫人说，双方存在情义就会和睦相处，若双方没了情义就应各奔东西。现在人家根本不待见你，你为什么不离开呢？夫人回答说：“妇人之道，壹而已矣。彼虽不吾以，吾何可以离于妇道乎！”[③]黎庄夫人虽被黎庄公冷遇，但她认为“妇人之道，一而已矣”，不愿离去。齐杞梁妻遵从“三从”的原则，认为“夫妇人必有所倚者也。父在则倚父，夫在则倚夫，子在则倚子”，丈夫去世后，她感到自己“上则无父，中则无夫，下则无子”，对生活失去了信心，投淄水自杀[④]。息君夫人是息国国君的夫人。楚国出兵攻打息国，把息国打败，俘息国国君，让他看守城门，并霸占息国夫人。有一天，楚王外出游历，夫人趁机见到息君，对他说：“人生要一死而已，何至自苦。妾无须臾而忘君也，终不以身更贰醮。生离于地上，岂如死归于地下哉？”息君劝她不要做傻事，夫人不听，于是自杀而亡。息君得知夫人去世的消息后，也自杀了。“楚王贤其夫人，守节有义，乃以诸侯之礼合而葬之。”[⑤]息君夫人在国破家亡、丈夫和自己均被俘

---

① [宋] 李昉等.太平御览[M].北京：中华书局，1960:1721.

② 王照圆.列女传补注[M].上海：华东师范大学出版社，2012:148.

③ 王照圆.列女传补注[M].上海：华东师范大学出版社，2012:150.

④ 王照圆.列女传补注[M].上海：华东师范大学出版社，2012:159.

⑤ 王照圆.列女传补注[M].上海：华东师范大学出版社，2012:156–157.

虏的情况下，为了避免被羞辱，“不以身更贰醮”，自杀守节。董仲舒从道德说教的层面来强调贞洁问题，而刘向则用一个个鲜活的人物故事来展示守贞洁的重要性，从而为广大妇女树立了学习的榜样，使其所倡导的贞洁观念易于深入人心。

班固在《白虎通义》中对夫妇这样解释：“夫者，扶也，以道扶接也。妇者，服也，以礼屈服也。”[①]妻子要听从丈夫命令，妻子的命运完全由丈夫支配。班固还对三从之道进行了强调：“妇人无爵何？阴卑无外事。是以有三从之义：未嫁从父，既嫁从夫，夫死从子。”[②]不管丈夫有怎样的行为，妻子都不能与其离婚，而应该对其从一而终。所谓：“夫有恶行，妻不得去者，地无去天之义也。夫虽有恶，不得去也。故《礼记·郊特牲》曰‘一与之齐，终身不改’。”[③]

在中国漫长的历史发展中，忠孝伦理道德教育对协调家庭关系、维护社会稳定，培养人们对国家、对社会、对家庭的义务感和责任心等方面发挥了重要作用。当然，我们也不能无视传统忠孝教育的弊端，如强调对长官权威、家长制的绝对服从，一味要求下级对上级、晚辈对长辈的义务，完全剥夺了下级、晚辈的独立人格和自由，窒息了他们的朝气和聪明才智。这些都是我们必须抛弃的糟粕。继承和弘扬孝亲忠国的传统美德，对建设中国特色的社会主义文明具有深远的现实意义。只有在家庭范围内对父母孝敬，才有可能在社会关系领域出现“老吾老以及人之老，幼吾幼以及人之幼”的景象。从尽心竭力，诚厚待人，到忠于职守，再到忠于祖国，这是我们全面建设社会主义现代化国家迫切需要的时代精神。

---

① [东汉] 班固撰，[清] 陈立疏证.白虎通疏证[M].北京：中华书局，1994:376.

② [东汉] 班固撰，[清] 陈立疏证.白虎通疏证[M].北京：中华书局，1994:21.

③ [东汉] 班固撰，[清] 陈立疏证.白虎通疏证[M].北京：中华书局，1994:467.

五、以图画、碑刻形式进行封建忠孝节义等道德伦理观念的教育

忠臣孝子图主要刻画于画像石、壁画上，用以激励和教育人们以他们为榜样，孝亲忠君，由此达到治国平天下之目的。《孔子家语》记载了孔子对绘画寓褒善恶教化功能的看法："孔子馆乎明堂，睹四门墉，有尧舜之容，桀纣之像，而各有善恶之状，兴废之诫焉。又有周公相成王，抱之负斧扆南面以朝诸侯之图焉。孔子徘徊而望之，谓从者曰：此周所以盛也。夫明镜所以察行，往古者所以知今也。"[①]王延寿《鲁灵光殿赋》曰："忠臣孝子，烈士贞女，贤愚成败，靡不载叙。恶以诫世，善以示后。"曹植亦曰："观画者，见三皇五帝，莫不仰戴；见三季异主，莫不悲惋；见篡臣贼嗣，莫不切齿；见高节妙士，莫不忘食；见忠臣死难，莫不抗首；见放臣逐子，莫不叹息；见淫夫妒妇，莫不侧目；见令妃顺后，莫不嘉贵。是知存乎鉴戒者，图画也。"[②]阳球上奏汉灵帝说："图像之设，以昭劝戒……未闻竖子小人，诈作文颂，而可妄窃天官垂像图素者也。"[③]这说明汉代的绘画之所以选择这些题材，其用意不仅在于装饰，更主要在于对封建伦理道德的宣传。汉宣帝曾令画师把霍光、张安世、韩增、赵充国、魏相、丙吉、杜延年、刘德、梁丘贺、萧望之和苏武11位功臣的画像画在长安宫的麒麟阁上，并把其姓名、官职和爵位加以注明。王充称："宣帝之时，图画汉列士。或不在于画上者，子孙耻之。何则？父祖不贤，故不画图也。"[④]这说明图画人物具有榜样、示范、教化作用。东汉明帝追怀前世功臣，乃图画邓禹、吴汉等中兴二十八将于南宫云台。另外，把卓茂、窦融、李

① 王肃.孔子家语[M].上海：上海古籍出版社，1990:29.

② [唐] 张彦远.历代名画记[M] //隋唐文明（第四十四卷）.苏州：古吴轩出版社，2005:603.

③ [南朝宋] 范晔.后汉书[M].北京：中华书局，1965:2499.

④ [东汉] 王充.论衡[M].上海：上海人民出版社，1974:308.

通、王常也画在上面，共三十二人。唐代张彦远赞曰：“以忠以孝，尽在于云台；有烈有勋，皆登于麟阁。见善足以戒恶，见恶足以思贤。留乎形容，式昭盛德之事；具其成败，以传既往之踪。记传所以叙其事，不能载其容；赋颂有以咏其美，不能备其象，图画之制所以兼之也。”①两汉州郡及封国均在殿堂、官署、祠庙、府第的壁画上绘有名人肖像。据《后汉书》记载：“郡府厅事壁诸尹画赞，肇自建武，讫于阳嘉，注其清浊进退。所谓不隐过，不虚誉，甚得述事之实。后人是瞻，足以劝惧。”②此外，民间的冢墓、祠堂也多有忠臣孝子、烈士贞女等图案。郦道元在《水经注》引戴延之《西征记》曰：“焦氏山北数里，有汉司隶校尉鲁恭冢……冢前有石祠、石庙，四壁皆青石隐起，自书契以来，忠臣、孝子、贞妇、孔子及弟子七十二人形象，像边皆刻石记之，文字分明。”瞿中溶曾言：“汉人于冢墓、祠堂多刻古来帝王圣贤及孝子忠臣、烈士贞妇故事，以教诫其子孙。即上而朝廷之宗庙、明堂，与夫燕处之宫殿，亦皆图画于其壁。”③内容主要有周公辅成王、二桃杀三士、豫让刺赵襄子、荆轲刺秦王、完璧归赵、赵氏孤儿、李善保幼主、孝子图、贞妇图等。

在中国古代社会，忠是一个重要的伦理、道德观念，但出现较晚。甲骨文中无“忠”字，西周金文中也没有“忠”字。“从现存资料来看，其在春秋时期已经开始在社会生活和人们的道德意识中流行开来了。《左传》当中共见‘忠’字 70 余处，《国语》见 50 余处，连《论语》当中都有 18 处论及‘忠’，而且这些用法无一例外是在伦理道德的意义上来使用的，这充分说明‘忠’的观念在春秋时期就已经产生了直接而深刻的影响，并由此而成为与‘孝’同样重要的道德观念了”④。

---

① [唐] 张彦远.历代名画记[M]//隋唐文明（第四十四卷）.苏州：古吴轩出版社，2005:603.

② [南朝宋] 范晔.后汉书[M].北京：中华书局，1965:3389.

③ [清] 瞿中溶.汉武梁祠画像考[M].北京：北京图书馆出版社，2004.

④ 张继军.先秦时期“忠”观念的产生及其演化[J].求是学刊，2009（2）.

什么是“忠”？《说文解字》解释为：“忠，敬也，尽心曰忠。”朱熹《四书集注》认为：“尽己之谓忠。”陈淳在《北溪字义・忠信》中亦指出：“尽己是尽自家心里面，以所存主者而言，须是无一毫不尽方是忠。如十分底话，只说得七八分，犹留两三分，便是不尽，不得谓之忠。”忠的最初含义是尽心竭力诚恳地对待他人的态度，是调节人与人之间关系的基本道德准则。孔子在《论语》中多处表达了这样的意思，如：“居处恭，执事敬，与人忠。虽之夷狄，不可弃也。”[①]“吾日三省吾身，为人谋而不忠乎？与朋友交而不信乎？传不习乎？”[②]忠涉及的对象是广泛的，并不仅限于臣对君的忠，而是适用于社会中每一个人的道德原则。孔子也把忠作为君臣关系的重要原则，但他认为臣民并非绝对忠于君主，而是双方要遵从一定的道德原则，即“君使臣以礼，臣事君以忠”。[③]孟子进一步发展了孔子的主张：“君之视臣如手足，则臣视君如腹心；君之视臣如犬马，则臣视君如国人；君之视臣如土芥，则臣视君如寇仇。”[④]大臣对国君的态度，完全视君主对臣下的态度而定，如果君主对臣下十分轻视，那么臣下就不必对君主忠心。也就是说，臣忠是以君仁为前提的。秦汉以后，随着中央集权的专制制度建立和完善，忠的原始意义逐渐削弱，忠君日益成为对臣民单方面的、绝对的道德要求。这从“君为臣纲，父为子纲，夫为妻纲”的“三纲”中可以看出。汉代思想家对尊君之道多有阐述。如贾谊曰：“为人臣者主耳忘身，国耳忘家，公耳忘私，利不苟就，害不苟去，唯义所在。上之化也，故父兄之臣诚死宗庙，法度之臣诚死社稷，辅翼之臣诚死君上，守圄扞敌之臣诚死城郭封疆……顾行而忘利，守节而仗义，故

① 吴根友点注.四书五经[M].北京：中国友谊出版公司，1993:25.

② 吴根友点注.四书五经[M].北京：中国友谊出版公司，1993:9.

③ 吴根友点注.四书五经[M].北京：中国友谊出版公司，1993:11.

④ 吴根友点注.四书五经[M].北京：中国友谊出版公司，1993:56.

可以托不御之权，可以寄六尺之孤。”①作为忠臣，要有时刻为君主和国家献身的精神，而不能顾及自身的安危。《淮南子·主术训》曰：“入孝于亲，出忠于君，无愚智贤不肖，皆知其为义也。”一个人走上社会后，就要忠于国君，而不论其智力水平如何。《韩诗外传》卷一曰：“不仁之至忽其亲，不忠之至倍其君，不信之至欺其友。此三者，圣王之所杀而不赦也。”把背叛君主看作是最大的不忠，认为对不忠之人应该“杀而不赦”。荀悦说：“在职而不尽忠直之道，罪也。”②作为大臣如果不忠于国君，即是犯罪。王符指出：“人臣之誉，莫美于忠。”③作为大臣最好的荣誉就是对国君尽忠。

宣传为国尽忠的事例有周公辅成王、完璧归赵、曹沫刺桓公等。周公辅成王图见于画像石上，如武氏左石室第八石上有刻。画面中间为正面站立的周成王，身侧有一侍者躬身打着伞盖将成王罩住，以显其尊贵和威严。两旁以周公为首的大臣们一个个恭敬虔诚，或跪或恭立，正在向成王汇报工作，请求指示。长清孝堂山石祠画像石也有周公辅成王的故事。“幼龄成王正面而立，其上榜题刻有‘成王’二字，其旁左侧为周公，右侧为召公，周公之后三人随立。召公之后七人随立，均持笏作执礼状。中间一组共五人，相向互为执礼状。”④《史记·周本纪》记载了周公辅成王之事：周朝平定天下不久周武王就去世了，继位的成王年纪太小，周公恐怕诸侯叛乱，于是周公代替成王摄政。管叔、蔡叔对周公的举动表示怀疑，遂与武庚联合发动武装叛乱。“周公奉成王命，伐诛武庚、管叔，放蔡叔……周公行政七年，成王长，周公反政成王，北面就群臣之位。”

武梁祠后壁刻画了蔺相如完璧归赵的故事。画面上共有三人，右

---

① [东汉] 班固.汉书[M].北京：中华书局，1962:2257–2258.

② [东汉] 荀悦.杂言上[M] //黄省曾注，孙启治校补.申鉴注校补.北京：中华书局，2012:155.

③ [东汉] 王符撰，[清] 汪继培笺、彭铎校正.潜夫论笺校正[M].北京：中华书局，1985:356.

④ 王曦.长清孝堂山石祠汉画像石考释与文化艺术价值探析[D].济南：山东大学，2008.

为蔺相如；中间为秦王冠服佩剑带须，人物画像上题有“秦王”二字；中有题榜：“蔺相如赵臣也，奉璧于秦。”蔺相如身上佩戴旌节，身体向前倾，面转向后，右手拿着璧，双手高高举起，怒发冲冠正在呵斥秦王，正欲以头和璧撞柱。秦王怕璧撞坏急忙伸臂扬手向前阻止。《史记·廉颇蔺相如列传》中记载有这一故事。秦昭王听说赵国有一块稀世珍宝“和氏璧”，为了得到它，假称要用秦国的十五座城池来换取，出使秦国的赵国使臣蔺相如识破了秦国的这一阴谋。蔺相如大义凛然地表示，如果秦王不能兑现诺言，他将以头和璧“击柱”，与璧同归于尽。秦王看到此种情景，不得不说：“‘今杀相如，终不能得璧也，而绝秦赵之驩，不如因而厚遇之，使归赵，赵王岂以一璧之故欺秦邪！’卒廷见相如，毕礼而归之。”蔺相如以自己的机智和对国家的忠心保全了玉璧，维护了赵国的利益。

武梁祠西壁上刻有曹沫刺桓公的画像。画面中共有四人，盘膝执剑坐在雕花墩上的为齐桓公，在他前面弓身向右、左手平举、右手拿一把利刃刺向齐桓公腹下的是曹沫。左面站立、伸手想阻止曹沫的是鲁庄公，右面躬身抱简而立的是管仲。画面表现了曹沫机智勇敢地与侵略邻国的齐桓公的斗争精神。《史记·刺客列传》记载了这一故事：曹沫是春秋时鲁国人，是个非常勇武之人，在鲁庄公时担任将军。齐桓公任用管仲为相，进行改革，国力日益强盛，不断向外扩张领土。对南邻鲁国先后三次发动侵略战争，曹沫率军与齐军交战，由于双方实力悬殊，鲁军均打了败仗。鲁庄公面对强敌，没有办法，“乃献遂邑之地以和”。仍然以曹沫为将，守卫边防。齐桓公为了进一步扩展势力范围，想通过会盟的方式迫使鲁国就范，以获取更大的利益，于是就和鲁国约定在柯地会盟。鲁庄公没有选择的余地，只好前往赴会，曹沫主动要求护驾，得到了鲁庄公的批准。齐桓公和鲁庄公于坛上结盟后，曹沫手持匕首把齐桓公挟持了，齐桓公左右的随从谁也不敢动，齐桓公就问曹沫说：“你究竟想干什么？”曹沫说：“齐强鲁弱，而大国侵鲁亦甚矣。今鲁城坏即压齐境，君其图之。”齐桓公没办法，就答应将以前所侵占的鲁国国土归还。见齐桓公答应了，曹沫就把匕首扔掉，从坛上走下，面朝北方坐在众臣的位置上，脸色没有一点改变，说话也和原来一样。齐桓公非常生气，想放弃约定。管仲劝说道：“不可。夫贪小利以自快，弃信于诸侯，失天下之援，不如与之。”于是齐桓公就把以前所侵占的鲁国土地尽数交还给鲁国。

为主人尽忠的例子有李善保幼主，故事也见于画像石上。武梁祠后壁上的李善保幼主图刻的是地上放置一筐，一婴儿睡在筐中。左侧有一人，面向右边跪拜。上方题有“李氏孤儿，忠孝李善”。右边跪拜者为李善，中间筐内为李氏孤儿。《后汉书·独行列传》记载了李善的事迹：李善为南阳淯阳人，在本县李元家为仆役。光武帝建武年间，这里发生了严重的瘟疫，李元家中的人相继死去，只有一个刚生下来十几天的孤儿李续幸免于难。李元是大户人家，家道殷实，有千万资产。面对如此状况，李家的许多奴婢私下里商议，想把李续杀了，分掉主人家的财产。李善坚决反对这种不义之举，但考虑到仅凭自己孤身之力难以阻拦，于是他趁黑夜，背着李续逃到山阳瑕丘县。“亲自哺养，乳为生湩，推燥居湿，备尝艰勤。”李续虽然还在怀抱中，但李善对待他就像兄长一样，有事就跪着向他请示禀告，然后才去做。等到李续十岁，李善带他回到本县，收拾旧时产业。李善向官府告发了那些奴婢的罪行，官府把他们全部逮捕，并予以处决。当时钟离意担任瑕丘令，他得知李善的善行后，就上书给光武帝，请求对李善的忠心加以表彰，“光武诏拜善及续并为太子舍人”。

孝子图和贞妇图主要见于山东嘉祥武氏画像石祠、内蒙古和林格尔壁画墓。其中孝子图有丁兰侍木人、老莱子娱亲、闵子骞失棰、韩伯榆悲亲、董永卖身侍父等；贞妇图有贞妇、京师节女、七女为父报仇等。武梁祠的“孝子图不是零星、孤立出现，而是孝子系列图，且榜题清楚，场景丰富，可视为中国古代孝子图发展演变过程中重要的里程碑之一。祠堂东、西、北三面墙壁刻有孝义故事17幅”；“加上前石室、左石室的8幅孝子图，武氏祠孝子图共有20余幅。”[①]

孔子曰：“孝子之事亲也，居则致其敬，养则致其乐，病则致其忧，丧则致其哀，祭则致其严。五者备矣，然后能事亲。”[②]作为孝子侍奉父母，就要做到在日常生活中，尽心竭力地恭敬父母；饮食奉养要让父母得到最大的快乐；父母一旦不幸生病，要心怀忧虑之情加以照料；父母如果逝去了，要以最大的悲哀之情去料理后事；祭祀先人，要依照礼法严肃对待。这几方面做到位了，才能称得上子女对父母尽到了责任。汉画中多有这些方面题材的反映。

尽最大能力去奉养父母，使其吃饱穿暖，在物质方面最大限度满足父母的需要，是孝的最基本要求，是伦理道德的底线。《礼记·祭义》曰：“大孝尊亲，其次弗辱，其下能养。”仲长统也指出：“人之事亲也，不去乎父母之侧，不倦乎劳辱之事。唯父母之所言也，唯父母之所欲也。于其体之不安，则不能寝；于其餐之不饱，则不能食。”[③]这在汉画中有多个事例，如邢渠哺父图，在武梁祠、武氏祠、开封白沙镇汉画像石墓、内蒙古和林格尔汉墓壁画、泰安大汉口石墓门楣上都有出现。如武梁祠刻画的邢渠哺父图，人物上方有“邢渠哺父”四个字，邢渠的老父亲坐在榻上，上刻有“渠父”两字。邢渠跪在地上，一只手举着筷子，另一只手拿着食物，正在喂父亲吃饭。《太平御览》卷四百一十一引晋代萧广济《孝子传》对邢渠其人有如下记载：“邢渠失母，与父仲居。性至孝，贫无子，佣以给父。父老齿落不能食，渠常自哺之，专专然，代其喘息。仲遂康休，齿落更生，百余岁乃卒也。”邢渠家境贫寒，生活艰难，给人打工维持生计。但他对老父亲非常孝顺，

① 黄婉峰.汉代孝子图与孝道观念[M].北京：中华书局，2012:50–51.

② [清] 阮元.十三经注疏[M].北京：中华书局，1980:2555.

③ 仲长统.阙题八[M] //孙启治校注.昌言校注.北京：中华书局，2012:83.

老父亲年纪大了，牙齿掉了，不能嚼东西吃，邢渠就把饭菜嚼碎，亲自喂父亲。他的精心照料，使老父得以健康长寿，年逾百岁又生出新牙。

汉代现存7幅关于董永侍父的画像，主要分布在四川、山东及内蒙古地区，画面均为董永鹿车载父、田间劳作的情景。其中最典型的是武梁祠董永故事画像。画的右边是一棵小树，树下有一辆独轮车，车上放置一个水罐。一个老人在独轮车上坐着，左手握着手杖，右手前伸，好像在与董永交谈。老人的上方刻有“董父”两个字。董永在画面的右边，两手握着农具，回头看着父亲，左上方刻着“董永千乘人也”六个字。如此一幅简单的画面，把董永尽力耕种田亩来供养老父的形象生动地表现了出来。干宝的《搜神记》记载了董永的故事：“汉，董永，千乘人，少偏孤，与父居，肆力田亩，鹿车载自随。父亡，无以葬，乃自卖为奴，以供丧事。”[①]曹植的《灵芝篇》描述董永孝行：“董永遭家贫，父老财无遗，举假以供养，佣作致甘肥。债家填门至，不知何用归，天灵感至德，神女为秉机。”[②]

武氏祠还刻有赵狗哺父图。画面上两个人对坐，并且两嘴凑近似在喂饭。《太平御览》卷四百一十四引南朝刘宋师觉授《孝子传》载，赵狗年幼时就懂得孝顺，五六岁时“得甘美之物，未尝敢独食，必先以哺父。父出，辄待还而后食”。如果父亲过了时间还不回来，赵狗就倚在门上哭着等候父亲。父亲去世后，他住在父亲的冢侧，哭泣哀号，憔悴瘦弱得不成人样。只有五六岁的赵狗竟能把甘美的食物首先让给父亲吃，其孝心可嘉。

从物质上赡养父母固然必要，但给父母以精神方面的关照，让父母每一天都高高兴兴地生活，也是孝道的重要要求。孔子说：“啜菽饮

---

① [晋] 干宝.搜神记[M].北京：商务印书馆，1957:16.

② 逯钦立辑校.先秦汉魏晋南北朝诗[M].北京：中华书局，1988:428.

水，尽其欢，斯之谓孝。”[①]《礼记·内则》曰：“孝子之养老也，乐其心，不违其志，乐其耳目。”老莱子娱亲的故事即反映了这方面的内容。在武梁祠、武氏祠、浙江海宁汉代石墓、乐山柿子湾一号崖墓、和林格尔汉壁画墓中均有老莱子娱亲的画像。武氏祠画像石上刻画的老莱子娱亲的故事具有代表性。画面上，老莱子的父母亲相向坐在榻上，老莱子的妻子在母亲的前面侍奉进食。老莱子跪在地上，头微低，右臂向前斜伸，左臂弯曲上举，手持一物。在老莱子的上方有题榜曰：“老莱子楚人也，事亲至孝，衣服斑连，婴儿之状，令亲有欢。君子嘉之，孝莫大焉。”老莱子为让父母精神愉悦，竟然穿上五彩斑斓的衣服，做出婴儿的动作。《太平御览》卷四百一十三引南朝宋师觉授《孝子传》载：“老莱子者，楚人也。行年七十，父母俱存。至孝蒸蒸。常着班兰之衣，为亲取饮。上堂脚跌，恐伤父母之心，因僵仆为婴儿啼。”老莱子以古稀之年为使父母高兴，而扮作婴儿，可谓难能可贵。

伯瑜悲亲的故事画像见于武氏祠、武梁祠、乐山柿子湾一号崖墓、开封白沙镇汉画像石墓、和林格尔汉壁画墓等。其中武氏祠伯榆悲亲的图像较为典型。画中一妇人立着，左手前指，右手扶木杖，上有榜题“榆母”二字。双手掩面跪地之人即韩伯榆，上方有“伯榆伤亲年老，气力稍衰，笞之不痛，心怀楚悲”18字。韩伯榆的母亲向来对儿子要求很严，儿子有过错必责罚之。一次他又犯错，母亲照打不误。打着打着，韩伯榆哭了起来。母亲奇怪地问道：“过去打你从来不哭，这次你为什么要哭？”韩伯榆边哭边答：“往日我犯了错，您打我会感到疼痛，而现在您的气力不能使我感到疼痛了，所以才悲伤。”事见刘向《说苑》[②]。

闵子骞故事画像见于武氏祠、武梁祠、和林格尔汉壁画墓、乐山

---

① 吴根友点注.四书五经[M].北京：中国友谊出版公司，1993:231.

② 吴曾德.汉代画石像[M].北京：文物出版社，1984:132–152.

柿子湾一号崖墓和开封白沙镇汉画像石墓。武氏祠闵子骞故事图像中有一辆车，闵子骞的父亲站在车后，右臂抬起，手中有物。闵子骞跪在父亲面前，双手上扬，拉住他的手臂。小儿子在车上回头凝视。闵子骞身后是其后母，身体前倾，右手持物[①]。有题记曰："闵子骞与假母居，爱有偏移，子骞衣寒，御（车）失棰。"《太平御览》引师觉授《孝子传》记载了这一故事：闵子骞为鲁国人，是孔子的弟子，素以德行方正著称。闵子骞年幼时，母亲就去世了。不久，父亲娶了后母，生下一个男孩。后母对闵子骞非常冷酷，经常虐待，对自己亲生的孩子则疼爱有加。冬天，后母给亲生孩子做了厚厚的棉衣，给闵子骞做的衣服里装的是芦花。有一次，全家人一块儿乘车外出，父亲让闵子骞来赶车，闵子骞因手冻得实在厉害，拿不住鞭子，掉到了地上。父亲又让后母的亲生子来驾车，则驾得很好。父亲对闵子骞加以训斥。后来父亲看了两个孩子的衣服，才知道其中缘故，遂决定把妻子休了。对此，闵子骞劝谏说："大人有一寒子，犹尚垂心，若遣母，有二寒子也。"父亲觉得闵子骞说得有道理，就打消了休妻的念头。闵子骞对后母谦恭忍让，是为了维护家庭和睦，体现了其对老父亲的精神关怀和体谅。

闵子骞的故事反映的是继母与继子之关系。儒家主张继子要像对待亲生母亲那样侍奉后母，而不管后母有何不妥举动。《仪礼·丧服》曰："继母如母。《传》曰：'继母何以如母？继母之配父如因母同，故孝子不敢殊也。'"父亲与继母缔结婚姻，便具有了母亲的地位，继子就应该将其待为亲生母亲。汉代史籍中多有这方面的记载，如李昙"少孤，继母严酷，昙事之愈谨，为乡里所称法。养亲行道，终身不仕"[②]；冯衍之子冯豹"年十二，母为父所出。后母恶之，尝因豹

① 中国画像石编辑委员会.中国画像石全集（第一册，图版58）[M].济南：山东美术出版社；郑州：河南美术出版社，2000.

② [南朝宋] 范晔.后汉书[M].北京：中华书局，1965:1748.

夜寐，欲行毒害，豹逃走得免。敬事愈谨，而母疾之益深，时人称其孝”。[1]

顺从父命也是孝道的要求。所谓“孝莫大于严父，故父之所尊，子不敢不承；父之所异，子不敢同”[2]。武梁祠东壁所刻的“三州孝人”就是典型事例。画面中，左面向右站立者是义父；其前有两个人，一人躬立，一人跪拜，为义子。跪者上方榜题曰：“三州孝人也。”《太平御览》引萧广济《孝子传》记载，有来自三个州的三个人，他们都是孤身一人，这三个人恰好都在同一棵树下休息，就互相询问对方情况。其中岁数最大的老者说：“你们愿不愿意让我们联合起来干事？”另两个人都说愿意。于是三人认作父子关系。义父就让义子在大河中盖房子，眼看要盖成了，义父却说，不如在河边盖房子，义子又答应了。河边的房子几乎要建成了，义父又说，还是在河中盖房子好。两个义子又忙着去填河，很长时间也未能把河填住。有一个书生正好路过，也帮着他们往河里投土。这时书生的父亲来了，制止他们说，你们见过河能被土填没吗？只不过是观察你们的行为。说完父子两人走了。“明日俱至河边，望见河中土高丈余。”尽管义父的想法有些荒唐，但义子仍然听命于父亲。他们的此种行为被赞颂，并被视作行孝的典范而刻于石上，目的是希望人们学习。这反映出，“在汉代，已经开始出现以是否‘顺从父命’作为判断一个人孝与不孝的标准。顺即孝，不顺即为不孝”。[3]

父母有错，子女应该加以劝谏，这也是孝行的应有之义。《孝经·谏诤》载孔子曰：“昔者天子有争臣三人，虽无道不失其天下。诸侯有争臣三人，虽无道不失其国。大夫有争臣三人，虽无道不失其家。士有争友，则身不离于令名。父有争子，则身不陷于不义。故当不义，

① [南朝宋] 范晔.后汉书[M].北京：中华书局，1965:1004.

② [东汉] 班固.汉书[M].北京：中华书局，1962:3122.

③ 郭炳利.武氏祠历史故事画像反映的汉代儒家思想研究[D].济南：山东大学，2007.

则天不可以不争于父，臣不可以不争于君，故当不义则争之，从父之令，又焉得为孝乎。”孔子认为，当父亲有不义之举时，作为孝子应能谏诤，若一味盲从父亲的命令，就不能称为孝子。《大戴礼记·曾子事父母》曰：“父母之行，若中道则从，若不中道则谏……从而不谏，非孝也。”所谓中道，即符合公理、原则。仲长统亦言：“不可违而违，非孝也；可违而不违，亦非孝也……其得义而已矣。”[①]人们尊敬父母并非绝对地服从，若父母有不对之处，作为子女应予以劝谏。原榖的故事画像就反映这方面的内容。原榖故事的画像见于武梁祠、乐山柿子湾一号崖墓、开封白沙镇汉画像石墓、和林格尔汉壁画墓、朝鲜乐浪彩箧漆画等。武梁祠原榖故事的画像，表现的是原榖父亲狠心地将原榖祖父抛弃在外并准备返回时的情景。画的左边是原榖的祖父，他坐在地上，白发皤然，在其左上题“孝孙祖父”。画的中间是原榖，他手里拿着担舆，回头与父亲说话，其右上方题“孝孙”。画的右边是原榖的父亲，他举着左手，似乎在问原榖为什么要拿担舆，其上方题“孝孙父”。从原榖的动作来看，他正在规劝父亲不要抛弃祖父。《太平御览》卷五百一十九引无名氏《孝子传》曰：“原榖者，不知何许人。祖年老，父母厌患之，意欲弃之。榖年十五，涕泣苦谏。父母不从，乃作舆舁弃之。榖乃随收舆归。父谓之曰：‘尔焉用此凶具？’榖云：‘后父老不能更作得，是以取之耳。’父感悟愧惧，乃载祖归侍养，克己自责，更成纯孝，榖为纯孙。”原榖委婉地对父母不孝顺祖父的行为加以规劝，使其父认识到错误，从此用心尽孝，终成孝子，原榖也以“纯孝孙”而闻名。

为父母报仇，在汉代常被人们视为孝行的表现，这在汉画中也有反映。如武梁祠画像石中有魏汤父子的画像。画面中，有一名恶少年体型高大，气势汹汹，魏汤父子跪在地上求情。魏汤的故事，《太平御览》

① 仲长统.阙题八[M]//孙启治校注.昌言校注.北京：中华书局，2012:386.

卷三百五十二引《孝子传》记载，魏汤年少时母亲就去世了，他独自尽心尽力地赡养着父亲。父亲有一把刀，市场的南面有个少年想要得到它，魏汤对他说："这是我老父亲所喜爱的东西，不能给别人。"于是少年就殴打魏汤的父亲，魏汤叩头乞求少年不要再打了，但人家根本不听。恰好有一个书生路过，制止了少年。"后父寿终，汤乃杀少年，断其头以谢父墓焉。"魏汤为了父亲的安全，对恶少年殴打其父的行为加以隐忍，直到父亲去世后，他才手刃仇人，报了辱父之仇。

丁兰年少时父母双亡，长大成人后，一直以未能侍奉父母为憾事，便刻了一尊形似父亲的木人，在木人前好菜好饭供奉不断。丁兰夫妇俩还一早一晚跪在木人前，凡事无论大小都向木人禀告，"事之若生"。山东嘉祥武氏祠刻画的图像左边是丁兰父亲的木像，丁兰拱着手跪拜在木像面前，丁兰的妻子跪坐在右上方，上刻有题记："丁兰二亲终殁，立木为父，邻人假物，报乃借与。"有人认为："如此孝行即使不是虚伪做作，也仅仅是为了在世人面前表现自己的孝心。"[①]这一说法未免有些偏颇，难道其中就没有人内发而至诚的爱的情感吗？如果丁兰夫妇这样做是别有所图，或望得到乡里的赞誉而被举为孝廉，或望得到政府的奖励，那么史书应该有所记载，然而我们却找不到任何信息。当然本人并不否认，由于汉代政府把行孝与仕进联系起来，一些人为了步入仕途，不惜在孝行上标新立异，甚至弄虚作假，自毁身体者有之，延长服孝期限者有之。但同时也应看到，相当一部分人行孝仅仅是为了报答长辈的养育之恩，而并无他图。据《太平御览》卷四一四引孙盛《逸人传》记载，丁兰是河内人，很小的时候父母就去世了。长大后，一直以未能亲自侍奉父母为憾，就凭借记忆中的父母样子，刻了两个木头人，每天都摆上食物供养，夫妻两人还一早一晚向木人请安。有一天，邻居张叔的妻子向丁兰妻子借东西，丁兰妻子跪在木人前请示，木人露出了

① 陈苏镇.汉代政治与《春秋》学[M].北京：中国广播电视出版社，2001:442.

不高兴的样子，于是就没有把东西借给她。张叔喝醉了，借着酒劲儿来到丁兰家，对木人破口大骂，还用木棍敲打木人的头。丁兰回家后见木人不高兴，就问妻子缘故。妻子如实相告，丁兰拿着剑到张叔家，把他杀了。官吏来逮捕丁兰，丁兰向木人告别，木人眼里流出了眼泪。“郡县嘉其至孝通于神明，图其形象于云台也。”丁兰不仅未被官府治罪，反而图画在云台阁中，可见丁兰是被政府认定为向世人标榜孝行的榜样。曹植曾歌咏曰：“丁兰少失母，自伤早孤茕，刻木当严亲，朝夕致三牲。暴子见陵悔，犯罪以亡形。丈人为泣血，免戾全其名。”①

和林格尔汉代壁画墓中画有七女子为父亲报仇的生动画像。长安令不知因何把这七个女子的父亲杀了，为了给父亲报仇，七女子在长安令出行时，在渭水桥上围攻他。画面中有一座桥，许多车马在桥上，七个女子都头挽着高高的发髻，骑着马手拿刀剑，长安令坐在马车里，因为被惊吓，想要逃走。邢义田先生通过研究认为，安徽宿州褚兰石祠画像石、山东莒县东莞汉阙门、嘉祥武氏祠、临沂吴白庄汉墓、长清孝堂山石祠上，所刻画的均为“七女为父报仇”②的故事画像。

父母去世，作为子女应尽力去安葬，这亦是孝道的要求。武梁祠所刻画的“孝乌”画像就反映了这方面的内容。画像中有一棵大树，树上站立着一只大鸟，旁边是“孝乌”的题榜。

为故去的父母守墓亦是有孝心的表现，武梁祠刻画的“义浆杨公”画像就反映了这方面的内容。画面中两人相对，两人中间有一个陶罐，陶罐上有一把勺子，两人的上方，分别有“义浆杨公”和“乞浆者”的榜题。画面表现的是路人乞浆、杨公取水的场景。晋代干宝《搜神记》卷十一记载有义浆杨公之事：“杨公伯雍，洛阳县人也。本以侩卖为

---

① [南朝梁] 沈约.宋书[M].北京：中华书局，1974:627.

② 邢义田.格套、榜题、文献与画像解释——以一个失传的“七女为父报仇”汉画故事为例[M] //画为心声——画像石、画像砖与壁画，北京：中华书局，2011:92-137.

业。性笃孝。父母亡，葬无终山，遂家焉。山高八十里，上无水，公汲水，作义浆于坂头，行者皆饮之。”杨公在父母去世后，在高山上为父母守墓，因山上无水，他就从山下取来水，烧好后，供行人饮用。

对故去亲人加以祭祀也是孝道所要求的。“夫祭之为物大矣，其兴物备矣。顺以备者也，其教之本与！是故君子之教也，外则教之以尊其君长，内则教之以孝于其亲。是故明君在上，则诸臣服从；崇事宗庙社稷，则子孙顺孝。尽其道，端其义，而教生焉。”①祭祀之目的是教育人们既要尊其君长，又要对亲人尽其孝道。在江苏、河南、山东等地出土的汉画中就包含有关祭祀的内容；河南南阳发现的东汉墓中就出土了有关祭祀的图像，刻画有堂内所放的祭品，右边有六个耳杯，左边有五个盘子，中间是一个樽，两侧均有一个提梁壶，下面放置着肴馔；再如在山东沂南画像石墓中出土有三幅祭祀图，其中一幅刻在前室南壁横额上，图的中央有一个祠庙，前面两侧有子母双阙，二人拿篲侧身站立在旁。阙两旁的大道、广场上放着两个几，几上放着简册祭文。八位亲朋持笏或跪拜，或躬揖，正在祭祀。地上放着盒、壶、袋、箧等用来盛装祭品的用具，案上有两只作为牺牲的兔子。几棵树上系着马匹和祭羊。这些画面向我们展示了时人事死如生的孝亲伦理。从《四民月令》可以看出，汉代对已故亲人的祭祀是按时节进行的：“正月之旦，是谓正日。躬率妻孥，洁祀祖祢……及祀日，进酒降神毕，乃家室尊卑，无大无小，以次列坐于先祖之前，子、妇、孙、曾，各上椒酒于其家长，称觞举寿，欣欣如也。”“初伏，荐麦瓜于祖祢。”“冬至之日，荐黍羔，先荐玄冥于井，以及祖祢。”这说明祭祀已故亲人已成为人们日常生活中的一件大事。

关于这些孝子图所具有的作用，有的学者曾指出：“艺术是人类情感的符号形式，其本质是以生动的形象感人。孝子图是一种图像艺术，

① 吴根友点注.四书五经[M].北京：中国友谊出版公司，1993:133.

它的直观形象性给人带来的视觉冲击力是其他任何孝道说教所无法企及的。文字能对文人起什么作用，图画就能对文盲起什么作用。孝子图突出的是庶人之孝，是人类本身善良本性的感性升华。它一经生成，便在民间广为传播。汉代民间的孝道教育便是这样通过生动的形象、朴素的话语，渗透到社会的每一个角落。”①

汉图画中还有表现女子节义的内容。武梁祠后壁刻画了秋胡戏妻的故事。画面有两个人，左边是一冠服者，肩上挎着包囊，身体向右侧前倾面对妇人，这是秋胡；秋胡的前面，一个妇女站在桑树前，在她身旁有一个圆形篮子。她正在采桑叶并回头观看，右手扬起向秋胡表示拒绝，这个妇女就是秋胡妻。上方分别题榜为“鲁秋胡”“秋胡妻”。

武氏祠也有表彰节女舍身救父亲和丈夫的石刻图。画中一女子躺在屋里的床上，上有标题“京师节女”四字，左边有一人正挥刀向床上女子砍去。京师长安有一家人，男的与外人结下了怨仇。对方打听到怨家的妻子“仁孝有义”，便劫持她的父亲作为人质，要她交出丈夫以换取父亲。她想倘若不听从歹徒，则父亲性命难保，这是不孝；如果听从他们，则丈夫会被杀掉，这是不义。不孝不义，活在世上还有什么脸面？她假装答应，并告诉仇人，当天夜里睡在楼上东头的是我丈夫，为便于你们下手，我把窗户打开。回到家后，她让丈夫睡到别处，自己一人到楼上，打开窗户，闭门睡觉。半夜时分，仇人如约而至，一刀砍去，割下人头带走。第二天发现是女人头颅，仇人因误杀而懊悔莫及，更为此女舍己救人的“有义”行为感动，于是释放了她父亲，也不再去杀她的丈夫。刘向《列女传》记载了这一故事，“君子谓节女仁孝厚于恩义也。夫重仁义轻死亡，行之高者也。论语曰：‘君子杀身以成仁，无求生以害仁。’此之谓也。”②

---

① 黄宛峰.艺术教育 贵在情真——论汉画像石孝子图的特色[J].美育学刊，2011（4）.

② 王照圆.列女传补注[M].上海：华东师范大学出版社，2012:226.

武梁祠也刻有梁寡高行故事的画像。故事说的是一个梁国妇女，不仅人长得漂亮，人品亦很高，早年不幸亡夫守寡。许多富人向她求婚，均被拒绝，梁王听说了这件事，也派人送来聘金，妇人对使者说：“妇人之义，一往不改，以全贞信之节。今忘死而趋生，是不信也；见贵而忘贱，是不贞也；弃义而从利，无以为人。”她说完，便拿刀把自己的鼻子割下。使者把这一情况报告了梁王，梁王被这女子所感动，不再勉强她，尊其号曰“梁高行”。画面的左边是由两匹马拉着一辆车，使者站在马车旁边等待着梁高行的答复，梁高行的对面是奉金者。在图像的右边，有一块帷幔从屋顶垂下，帷幔下面端坐着一位头戴花冠的妇女，左手拿刀，右手持镜。图上有三处题榜：“梁高行”“使者”“奉金者”。刘向《列女传·贞顺传》记载了这一故事。梁高行为了拒绝梁王的聘娶，不惜自残身体，从而使贞节得以保全。

武梁祠东壁刻有齐义继母的画像石。画面中共有五个人，正中下方躺着一个人，上刻“死人”两字。右边有戴冠佩剑骑马之人，头上刻有“追吏骑”三字，是前来追捕的官吏。画面最左边依次有三人：一个是身穿长裙的妇女，头上刻有“齐继母”三字，左手前伸，指向前面跪地之人。一个男子站着，右手拿着一把匕首，头上题有“前母子”，另一男子跪地双手作揖，头上题有“后母子”。这两个人都向追吏表示死人乃自己所杀。《列女传》记载了这一故事。齐宣王时期，某地发生了一起打架事件，一个人被打死，地方官吏得知消息后，立即前往出事地勘验。只见死者身上有一伤口，尸体旁站着同父异母的两个青年。官吏问他们人是谁杀的，兄弟两人都争着说人是自己杀的。这件事情查了一年，也没得出结果，官吏只好报告给了齐宣王。宣王认为，如果把他们两人都赦免了，是放纵有罪的人，把他们都杀了，可能会诛杀无辜。他们的母亲肯定了解孩子的善恶，不如试着问一问她，愿意让谁活让谁死。于是派人将他们的母亲齐义继母叫来询问，这位母亲哭着答道，年龄小一点的，是我生的孩子；年龄大一点的，是丈夫前妻留下的孩子。

他父亲临死时，嘱托我要好好待他，我也答应了。现在既然答应了丈夫的托付，怎能忘记这一托付而不履行诺言呢？而把哥哥杀了让弟弟活着，是以私爱放弃公义；违背诺言，是欺骗死者。“夫言不约束，已诺不分，何以居于世哉？子虽痛呼，独谓行何？”现在到了她守信重义的时候，尽管对不起亲生儿子，但这是道义问题，不能马虎。齐宣王非常感动，不仅把两个儿子的死罪赦免，还赐号其为“义母”。刘向为之颂曰：“义继信诚，公正知礼，亲假有罪，相让不已，吏不能决，王以问母，据信行义，卒免二子。”①

武梁祠刻有鲁义姑姊的图像。画面中有两匹奔驰急行的马拉着一辆车，上面坐着两个人，旁边题有“齐将军”三字，前面一名骑兵正弯弓射箭，最前面的士兵追赶着一位妇女，那位妇女一手抱着孩子，一手拉着孩子正要转身，妇女的头上题有“义姑姊”“兄子”，站着的孩子脚下题有“姑姊儿”三字。这一故事在《列女传》中有记载：鲁义姑姊，是鲁国乡下的一名妇女。齐国出动军队去攻打鲁国，队伍行进到鲁国边境的一个小村落，看见一位乡村妇女怀里抱着一个小孩，手里领着一个小孩，正在路上行走。正要上前盘问时，只见这位妇女抱起刚才领着的小孩拔腿就跑，刚才被她抱着的小孩因被丢弃而大声哭泣。齐将急忙上前追赶，并命令她停下，否则将要开弓射箭，妇女听闻此言才被迫停了下来。齐将就问她抱着的是谁的孩子，扔下的又是谁的孩子，妇女说：“刚才抱着的是我哥哥的儿子，抛弃的是我的儿子，我不可能把两个孩子都带走，所以就只好把我自己的儿子丢下了。”齐将就问她为什么要将亲生儿子丢下，妇人说，自己的孩子，是私爱；哥哥的孩子，是公义。违背公义而偏向私爱，丢弃哥哥的孩子而保存自己的孩子，虽然值得庆幸，然而鲁君和百姓就不会认可我了。“夫如是，则胁肩无所容，而累足无所履也。子虽痛乎，独谓义何？故忍弃子而行义，不能无义而

---

① 王照圆.列女传补注[M].上海：华东师范大学出版社，2012:204–205.

视鲁国。”就是说保护哥哥的孩子是行义的要求。齐将听后很受感动，派人上报齐君，认为鲁国一个乡村女子还知道道义，何况士大夫？不要攻打鲁国了。最后，齐君将部队撤回。鲁国国君听到这件事后，“赐妇人束帛百端，号曰义姑姊。”就这样，一个女子的义举避免了一场战争。刘向称颂道：“齐君攻鲁，义姑有节，见军走山，弃子抱侄，齐将问之，贤其推理，一妇为义，齐兵遂止。”[①]

汉画中还有一些反映知恩图报、舍生取义的刺客故事，这些刺客“其言必信，其行必果，已诺必诚，不爱其躯”[②]，如荆轲刺秦王、豫让刺赵襄子、专诸刺吴王僚、聂政刺侠累、要离刺庆忌等。这些故事题材主要来源于《史记·刺客列传》。武梁祠西壁刻有“荆轲刺秦王”的图画。画面中间偏左有一根柱子，上面插有一把匕首，柱子左边有一人，正回首惊慌失措地逃避，其右侧刻有“秦王”二字。柱子右边有一人怒发冲冠，正跨步扬手奋力追赶，其腰被旁边一人紧紧抱着，右上题有“荆轲”二字。荆轲左上方，有一人惊恐地趴在地上，题记为“秦舞阳”。柱子右边地面上，有一个开着盖子的盒子，里面放着一颗人头，题“樊於期头”，生动地刻画了荆轲视死如归、勇敢无畏的精神。据《史记·刺客列传》记载，战国后期，秦国力图消灭关东六国，实现一统天下的夙愿。燕国的太子丹为避免灭亡便想派人刺杀秦王，荆轲和秦舞阳勇敢地承担此任。为了面见秦王、以实现行刺之目的，他们将秦国叛将樊於期的脑袋及燕国一块最肥美的土地进献给秦王。荆轲被任命为正使，秦舞阳为副使。出发那天，燕国为他们举行了隆重的送行仪式。车队行驶到易水河边，荆轲悲壮地唱道：“风萧萧兮，易水寒，壮士一去兮，不复还！”“於是荆轲就车而去，终已不顾。”秦王在咸阳宫接待他们。荆轲手捧装有樊於期头颅的匣子，秦舞阳手捧着督亢地图

---

① 王照圆.列女传补注[M].上海：华东师范大学出版社，2012:198–199.

② [汉] 司马迁.史记[M].北京：中华书局，1982:3181.

走上了宫廷台阶。秦舞阳因害怕不敢上前。荆轲先上殿献上匣子，秦王非常高兴。荆轲又把地图奉上并将其在秦王面前展开，等到地图全部打开时，露出一把锋利的匕首。秦王大惊，荆轲用左手抓起匕首，右手紧紧地揪着秦王衣袖，用力向秦王刺去。秦王情急转身挣破了袖子，绕大殿立柱逃窜。宫廷御医夏无且情急之中拿起药箱向荆轲扔去。荆轲没有提防，秦王趁机拔出佩剑将荆轲的左腿砍断。荆轲忍痛将匕首向秦王掷去，结果没有击中，反被秦王连刺数剑而死。

武梁祠刻画有“豫让刺赵襄子”的故事。画面中有三人，一辆马车向右行驶。车上坐着一个身躯高大冠服者，正倾身向前，前面有题榜“赵襄子”三字；其后一人是御者；马的前方一人手拿武器，正大跨步弯腰刺向赵襄子，此人即刺客豫让。《史记·刺客列传》对这一故事作了记述。生活在春秋末年晋国的豫让，曾在范氏、中行氏和智伯处做过事，但唯有智伯对他十分器重。智伯被赵联合韩、魏杀死，并三分其地后，赵、韩、魏就成了豫让的仇家，而最大的仇人当推赵襄子，是因为赵襄子曾把智伯的头砍下来作为饮器，这对已经去世的智伯是极大的侮辱。逃到山中的豫让立誓：“士为知己者死，女为悦己者容。今智伯知我，我必为报仇而死，以报智伯，则吾魂魄不愧也。”随后豫让两次寻找机会实施了刺杀行动。第一次，他改名换姓，把自己伪装成受刑之人，进入赵襄子的宫室中，找了个打扫厕所的活儿，怀里藏着匕首，准备行刺赵襄子。赵襄子发现了豫让的企图，手下人想把豫让杀了，赵襄子却认为他是一个义士，而智伯死后并无后代，他的家臣为他报仇，是一种义举，最终把豫让放了。但是，豫让并未停止刺杀行动。为了让别人认不出自己，他采用了自残的方式，在身上涂满漆，结果身上长满了毒疮，又口吞火炭，把嗓子变沙哑。第二次，他在赵襄子经过的桥下埋伏，准备行刺，赵襄子到了桥上，驾车的马惊了，赵襄子认为肯定是豫让，手下人一问，果然是他。这次赵襄子非常生气，质问豫让：“你不是曾经为范氏、中行氏效力过吗？智伯将他们都灭了，你不去为他们报仇，反而投靠智伯，现在智伯已经死了，你为什么只急切地要为智伯报仇呢？”豫让解释说：“臣事范、中行氏，范、中行氏皆众人遇我，我故众人报之。至于智伯，国士遇我，我故国士报之。”赵襄子觉得不能放过豫让，就让手下人把豫让包围起来。豫让对赵襄子说：“我听说贤明的君主对别人的优点从不埋没，忠诚的臣子能够做到为义而死。上一次您把我宽赦了，天下之人都称赞您的贤明。现在只求您能给我一件您的衣服，让我在其上刺上几剑，以此了却我报仇的心愿。即使是我死了，也不会有任何遗憾。”赵襄子认为豫让是大义之人，“乃使使持衣与豫让。豫让拔剑三跃而击之。”满足愿望后，豫让“遂伏剑自杀。死之日，赵国志士闻之，皆为涕泣”。豫让为报故主知遇之恩，自觉履行承诺，死而无怨，这充分地反映了他对故主的忠诚。

武梁祠刻有专诸刺吴王僚的故事。画面中共有四个人，右面坐在绣墩上、右手拿剑放在肩上的是吴王僚，人物的左上方有“吴王”两字。他面前放着一个盛有食物的盘子。中间双膝跪地、面向吴王的是专诸。专诸双手捧着一个盘子，盘子内放着一条鱼。专诸后面有两个人，手拿长矛，放在专诸的肩上，是吴王僚的两个卫士。这两个卫士右上有“二侍郎。专诸炙鱼，刺杀吴王”11个字的榜题。《史记·刺客列传》记述了这一故事。专诸是春秋末年吴国勇士，出身贫寒，以杀猪为业。吴国国王诸樊去世后，应由公子光继位，但几经辗转，僚却当上了国王。对此，公子光愤愤不平，他说：“如果按兄弟的次序，季札子应当被立为国王；若一定要把王位传给儿子的话，那么我是真正的嫡子，完全应当立我为君。”他秘密地供养一些有智谋的人，为的是能依靠他们的力量帮自己夺取王位。其时伍子胥从楚国逃到吴国，听说了专诸的才能，遂与之结交，并把他推荐给公子光。专诸了解到僚喜欢吃鱼，于是专心学习了烹调鲜鱼的技术。有一天，公子光准备酒席宴请吴王僚，并提前在地下室埋伏了身穿铠甲的武士。吴王僚知道公子光对自己有怨恨之心，所以派出卫队严加护卫，从王宫一直排列到公子光家里，连门户、台阶两旁，也都是吴王僚的亲信。夹道站立的侍卫，手里都拿着长矛。酒过数巡后，公子光假称脚病发作，疼痛难忍，要到地下室处理一下。这时专诸把一把短剑藏在鱼腹中，手捧托盘将鱼送到吴王僚的面前，专诸突然将鱼肚撕开，拿出匕首向吴王僚刺去，吴王僚当场毙命。吴王僚的护卫同时也把专诸杀死了。公子光立刻命令埋伏的甲士将吴王僚的手下杀尽，自立为王，他就是吴王阖闾。

这种借助于生动的人物故事来宣传忠孝节义等封建伦理道德的形式，具有形象性、具体性和可仿效性，而且多刻在石上，既适合多人来观看，也便于集体讲解，因而具有突出的教化效果。这些在宫殿、祠堂等处大量存在的历史人物画像及其中所蕴含的故事，在两汉政权以文教策略整顿地方社会秩序，并力图使核心价值观向下层社会传播之时，“是主要的文教通俗形式之一，也是帝国权力表达的文学形式。它在使普通的民众接受儒家观念的过程中起了不可估量的作用。”①

除画像石、壁画外，乡里的一些著名孝子去世后，有的还直接用“孝子”来为他的墓碑题名，例如《都乡都里孝子严举碑》②，通过对死者孝行的颂扬，以达到对活人进行孝道教育之目的。再如西汉宣帝时，东海郡出了一位孝妇，“少寡，亡子，养姑甚谨，姑欲嫁之，终不肯。”婆婆为避免拖累孝妇而自杀。婆婆的女儿向官府告状说：“这个妇人杀了我母亲。”官府派人将孝妇逮捕，孝妇坚决不承认自己杀了婆婆。狱吏就对她用刑拷打，孝妇实在挺不过去就自我诬陷而伏法。案件材料上报后，于公觉得这个孝妇赡养婆婆十多年，其孝行远近闻名，肯定不会把婆婆杀了。太守不听从于公的看法，于公极力争辩，但最终没有什么结果，于公在自己的府上痛哭了一番，借口有病而辞职。太守最终把这个孝妇杀了，结果“郡中枯旱三年”。继任的太守到岗后，“杀

---

① 徐建委.画像故事与两汉地方社会的文明进程[J].东岳论丛，2012（5）.

② [宋] 洪适.隶释　隶续 [M].北京：中华书局，1986:394.

牛自祭孝妇冢，因表其墓，天立大雨，岁孰。”[①]有学者认为：“表墓的方式之一是立碑。”[②]孝妇被冤死后，郡中连续三年大旱。后来新任太守上任，让人杀了一头牛，亲自到孝妇的坟前加以祭奠，并在其墓前竖石碑来表彰她的孝行。结果天上立即下起大雨，当年该郡农业获得大丰收。这一记载虽有“天人感应”的迷信成分在内，但太守对行孝之人予以立碑表彰，实则反映了地方官对管辖区内孝行的重视。曹娥是会稽上虞人，他的父亲曹盱，“能弦歌，为巫祝”，顺帝汉安二年（143）五月五日，曹盱在沿江跳舞迎神时不幸遇难，尸体一直未能找到。曹娥当时年仅十四岁，于是她沿江昼夜不停地号哭，过了十多天，也没有发现父亲的尸体，她便投入江中而死。“至元嘉元年，县长度尚改葬娥于江南道傍，为立碑焉。”[③]对此事《水经注》也有记载:“江之道南有曹娥碑……县令度尚，使外甥邯郸子礼为碑文，以彰孝烈。”[④]孝女叔先雄是犍为人，父亲叔泥和永建初年担任县功曹。县长派他去拜见巴郡太守，所乘之船遇到了湍急的水流，不幸遇难，尸体一直未能找到。叔先雄悲痛异常，日夜号啕大哭，觉得活着没有意思，常有投河自尽的想法。叔先雄有两个孩子，只有几岁，她给他们每人做了一个布袋，把珠宝装在里面，将布袋挂在孩子的脖子上。她多次要投河，家人一直严格地看护着她。过了一百多天，家人看护略有松懈，叔先雄乘机找了一条小船，到父亲落水的地方哭了一番，而后跳了下去。当晚，她的弟弟梦见姐姐托梦说：“再过六天，我将和父亲一起出来。”“至期伺之，果与父相持，浮于江上。郡县表言，为雄立碑，图象其形焉。”[⑤]叔先雄于父亲溺水处投江自尽，最后得到了当地政府“立碑”“图象其形”的

---

① [东汉] 班固.汉书[M].北京：中华书局，1962:3041–3042.

② 韩帅.汉代旌表女性考论[J].社会科学家，2010（6）.

③ [南朝宋] 范晔.后汉书[M].北京：中华书局，1965:2794.

④ 郦道元撰，王国维校.水经注校[M].上海：上海人民出版社，1984:1268.

⑤ [南朝宋] 范晔.后汉书[M].北京：中华书局，1965:2799–2800.

表彰。

旌表是官府代表最高皇权对被旌表者的一种肯定和特殊表彰，这些被表彰的女子是生活在最基层的乡里居民，乡里民众对她们的行为都非常熟悉，因而具有很大的权威性与可信性。广大妇女借助碑庙、图像等载体，对政府提倡的伦理纲常价值观有更好的了解。如此一来，既有利于贞贤孝顺成为广大女性认同的价值标准和行为准则，也对汉代儒学社会化的进程起到了推动作用①。碑文中对碑主的孝行加以颂扬的例子还有很多，如《夏承碑》："所在执宪，弹绳纠柱，忠洁清肃，进退以礼，允道笃爱，先人后己，克让有终，察孝不行。"②《梁相费汎碑》记费汎出仕前，"以孝友至行，闻于乡邑"。③碑铭文中所包含的孝，主要表现在颂扬祖宗、教化子嗣、宣扬孝行等方面。由于碑石坚固不易损坏，加之立碑可以使人声名远扬，故而孝子贤孙们想尽各种办法，来为故去的亲人立碑，以此显示对孝道的尊崇。"碑文中对碑主事迹的颂扬，体现了宣德崇孝的意思。不但立碑动机出于孝，就连碑文本身也处处显示出传统的孝文化精神。"④

六、统治者的示范教育

儒家学者历来强调以德治国，他们普遍认为，作为统治者，其道德品质的好坏，对于能否落实以德治国，有着决定性的意义。孔子说："政者，正也。子帅以正，孰敢不正？"⑤做官，就是首先端正自己，你自己端正了，谁还敢不端正？"其身正，不令而行；其身不正，虽令不从。"当统治者自身端正，做出表率时，不用下命令，被统治者也就

① 韩帅.汉代旌表女性考论[J].社会科学家，2010（6）.

② 高文.汉碑集释[M].开封：河南大学出版社，1997:348.

③ 严可均.全后汉文[M]//全上古三代秦汉三国六朝文.石家庄：河北教育出版社，1997:984.

④ 高英.汉代铭文研究[D].南京：南京师范大学，2011.

⑤ 吴根友点注.四书五经[M].北京：中国友谊出版公司，1993:23.

会跟着行动起来；相反，如果统治者自身不端正，而要求被统治者端正，那么，纵然三令五申，被统治者也不会服从的。“不能正其身，如正人何？”[①]不能使自身端正，怎么能端正别人呢？“上好礼，则民莫敢不敬；上好义，则民莫敢不服；上好信，则民莫敢不用情。”[②]只要统治者能做出表率，把礼仪、道义、诚信落到实处，百姓自然就会服从、尊敬、说真话。孟子说：“君仁莫不仁，君义莫不义，君正莫不正。一正君而国定矣。”[③]假如君主仁慈，民众就会仁慈，君主重义，民众也会重义，君主正直，民众同样会正直。君主如果能做到正直有为，那么，国家的安定昌盛就会实现。荀子曰:“君者，仪也，民者，景也；仪正而景正。君者，盘也。民者，水也；盘圆而水圆。”[④]君主，就像测定时刻的标杆；民众，就像这标杆的影子；标杆正直，那么影子也正直。君主，就像盘子；民众，就像盘里的水；盘子是圆形的，那么盘里的水也成圆形。《礼记·大学》曰：“上老老而民兴孝，上长长而民兴悌，上恤孤而民不倍，是以君子有絜矩之道也。”最高统治者如果能做到尊老、敬长，民间就能形成“孝悌”的观念，并付诸实践。《大戴礼记·主言》称：“上敬老则下益孝，上顺齿则下益悌，上乐施则下益谅，上亲贤则下择友，上好德则下不隐，上恶贪则下耻争，上强果则下廉耻。”统治者尊敬老人，下民则更孝敬；统治者重次列，下民则更顺长辈；统治者爱施舍，下民则更宽厚；统治者亲近贤者，下民就选择交友；统治者德行好，下民就不会隐藏错处；统治者不贪利，下民就耻于争斗；统治者廉洁谦让，下民就耻于供上的太少。以上言论都要求统治者成为社会道德的表率，以言传身教形式达到社会教化之目的。

汉代特别强调作为担负全国最大教育责任的帝王在教化民众中所应

---

① 吴根友点注.四书五经[M].北京：中国友谊出版公司，1993:24.

② 吴根友点注.四书五经[M].北京：中国友谊出版公司，1993:24.

③ 吴根友点注.四书五经[M].北京：中国友谊出版公司，1993:55.

④ 吴广义，崔文恒，侯晓菊.荀子评注[M].呼和浩特：远方出版社，2007:262.

起到的带头、表率作用。陆贾指出："夫王者之都，南面之君，乃百姓之所取法则者也，举措动作，不可以失法度。""故君之御下也，民侈应之以俭，骄淫者统之以理，未有上仁而下贼，让行而争路者也。"[①]刘向说："天子好利则诸侯贪，诸侯贪则大夫鄙，大夫鄙则庶人盗。上之变下，犹风之靡草也。"[②]上之所好，下必行之，统治者好利的结果是臣民自上而下的贪、鄙、盗。

汉代也重视各级官吏在施行伦常教化过程中的表率作用。《淮南子》："英俊豪杰，各以小大之材处其位，得其宜，由本流末，以重制轻，上唱而民和，上动而下随，四海之内，一心同归。背贪鄙而向义理，其于化民矣，若风之摇草木，无之而不靡。"[③]认为教育者的表率是对民众开展社会教化必不可少的环节，其所产生的影响既广泛又迅速[④]。董仲舒说："今之郡守、县令，民之师帅，所使承流而宣化也；故师帅不贤，则主德不宣，恩泽不流。今吏既亡教训于下，或不承用主上之法，暴虐百姓，与奸为市，贫穷孤弱，冤苦失职，甚不称陛下之意。"[⑤]强调推行教化是地方官吏的主要职责。因为教育者是"下民之所视效，远方之所四面而内望也。近者视而放之，远者望而效之"；"尔好谊，则民乡仁而俗善；尔好利，则民好邪而俗败"[⑥]。所以要取得好的教育效果，教育者必须处处以身作则。匡衡说："公卿大夫相与循礼恭让，则民不争；好仁乐施，则下不暴；上义高节，则民兴行。"相反，如果"朝有变色之言，则下有争斗之患……上有好利之臣，则下

① 王利器.新语校注[M].北京：中华书局，2012:77.

② [西汉] 刘向撰，向宗鲁校正.说苑校正[M].北京：中华书局，1987:110.

③ [西汉] 刘安撰，陈广忠译注.淮南子[M].北京：中华书局，2012：1207.

④ 郝建平.试论汉初的教育思想[J].西南大学学报，2005（3）.

⑤ [东汉] 班固.汉书[M].北京：中华书局，1962:2512.

⑥ [东汉] 班固.汉书[M].北京：中华书局，1962:2521.

有盗窃之民”[①]。刘恺说：“今刺史一州之表，二千石千里之师，职在辩章百姓，宣美风俗，尤宜尊重典礼，以身先之。”否则“是犹浊其源而望流清，曲其形而欲景直，不可得也”[②]。荀爽认为：“今公卿群僚皆政教所瞻，而父母丧不得奔赴，夫仁义之行，自上而始；敦厚之俗，以应乎下。……《春秋传》曰：‘上之所为，民之归也。’”[③]他们都把统治者的道德示范看作道德教化的重要途径，要求受教育者做到的自己首先做到，为受教育者树立良好形象。决不能光说不做，甚至说的与做的不一致，如此就会败坏教育者的名声，引起人们的反感，难以收到良好的教育效果。

汉代统治者主要从以下两个方面发挥自身在社会教育中的表率、示范作用。

一是皇帝以身作则，带头行孝悌。《孝经·天子章》载，孔子曰：“爱亲者不敢恶于人，敬亲者不敢慢于人。爱敬尽于事亲，而德教加于百姓，刑于四海，盖天子之孝也。”作为最高统治者的天子，对父母应该用亲爱恭敬之心尽力侍奉，并把道德教化推广到天下，直到黎民百姓，在行孝上给天下人做出榜样，使人们予以效仿，如此就能使国家得以长治久安。董仲舒指出：“君者，民之心也；民者，君之体也；心之所好，体必安之；君之所命，民必从之。故君民者，贵孝悌而好礼仪，重仁廉而轻财力，躬亲此职于上，而万民听生善于下矣。”[④]君主应该以身作则，躬行孝悌，成为万民的道德榜样。汉代皇帝除高祖刘邦、世祖刘秀外，自西汉惠帝、东汉明帝以下，帝王谥号无不标以“孝”字。颜师古说：“孝子善述父之志，故汉家之谥，自惠帝以下

---

① [东汉]班固.汉书[M].北京：中华书局，1962:3334.

② [南朝宋]范晔.后汉书[M].北京：中华书局，1965:1307.

③ [南朝宋]范晔.后汉书[M].北京：中华书局，1965:2051.

④ [汉]董仲舒撰，张世亮等译注.春秋繁露[M].北京：中华书局，2012:403.

皆称孝也。”[①]先秦的诸侯国君中也不乏以孝作谥者，如鲁孝公、秦孝公、燕孝王、赵孝成王等，但他们的这种做法没有延续下去，而汉代四百年间虽皇帝众多，但始终保留了谥号上的“孝”字。张守节即言：“五宗安之曰孝，慈惠爱亲曰孝，秉德不回曰孝，协时肇享曰孝。”[②]谥号是活着的人对于死者生平所给予的评价，是一种特殊称号，是时代政治舆论导向的体现，既对当时的社会政治产生影响，也对人们的道德观念产生着影响。“汉代统治者用皇帝的行为为社会树立了榜样，力图上行下效，影响整个社会，想依靠社会舆论和榜样感化的手段来固化人们内心的孝道信念。”[③]

汉高祖刘邦在天下平定、关中建都后，就将父亲接到京城长安，并下诏：“人之至亲，莫亲于父子，故父有天下传归于子，子有天下尊归于父，此人道之极也。……今上尊太公曰太上皇。”起初他每次见父亲先行父子之礼，后因大臣提醒，“天亡二日，土亡二王。皇帝虽子，人主也；太公虽父，人臣也。奈何令人主拜人臣！如此，则威重不行。”[④]太上皇才有所感悟，与刘邦先行君臣之礼。据宋人王益之《西汉年纪》卷二记载：“太上皇徙居长安深宫，凄惨不乐。帝窃因左右问其故，以平生所好，皆屠贩少年，沽酒斗鸡蹴鞠，以此为欢。今咸无焉，以故不乐。”父亲离开熟悉的环境，到了陌生的地方，有一点不适应。为了让父亲高兴，刘邦在长安城东设新丰县，一切仿照故乡情趣建设，使太上皇觉得如居故里，重新快乐了起来。刘邦孝父可谓是竭尽封建帝王之所能了。惠帝在当太子时即以“仁孝”著称，四位老者曾言：“窃闻太子为人仁孝，恭敬爱士，天下莫不延颈欲为太子死者。”[⑤]叔

① [东汉] 班固.汉书[M].北京：中华书局，1962:86.

② [汉] 司马迁.史记[M].北京：中华书局，1982:26.

③ 余从荣.汉代推行孝道教化的途径及启示[J].南昌大学学报，2005（1）.

④ [东汉] 班固.汉书[M].北京：中华书局，1962:62.

⑤ [西汉] 司马迁.史记[M].北京：中华书局，1982:2047.

孙通亦曰："今太子仁孝，天下皆闻之。"①即位不久就下命令，要求"郡国诸侯各立高祖庙，以岁时祠"②，通过立庙定时祭祀的方式表达对先父的思念之情。吕后对曾欲取代刘盈太子之位的戚夫人所生的儿子赵王刘如意恨之入骨，欲将其召来京城加以迫害。"孝惠帝慈仁，知太后怒，自迎赵王霸上，与入宫，自挟与赵王起居饮食。太后欲杀之，不得闲。"③惠帝对母亲严加防范，使其没有机会对赵王下手，为的是使母亲免于不慈不仁，这是孝的表现。赵王刘如意是惠帝的弟弟，而不因曾有欲代为太子之事而害，精心照料，以尽兄长之情义，这是悌的表现。吕后愤恨于刘邦在世时宠幸戚夫人，而冷落自己，所以把戚夫人的眼睛戳瞎，嗓子弄哑，手脚砍断，称"人彘"，关进厕所。面对母亲的行为，惠帝只能是"以此日饮为淫乐，不听政，故有病也"④。吕后之所以能够专权与惠帝的孝分不开的。惠帝也十分尊敬兄长，齐王进京朝见皇帝时，惠帝能做到"以为齐王兄，置上坐，如家人礼"⑤。

文帝以"仁孝闻于天下"⑥。袁盎曾这样描绘文帝的孝："陛下居代时，太后尝病，三年，陛下不交睫解衣，汤药非陛下口所尝弗进。夫曾参以布衣犹难之，今陛下亲以王者修之。过曾参远矣。"⑦人们常说久病床前无孝子，然而文帝对生病的母亲，能连续三年坚持陪伴在身边，精心照料，甚至母亲喝的汤药他都提前尝一尝。文帝的这一行为被时人认为远远超过了孝子曾参。文帝"亲尝汤药"的事迹被后人列入"二十四孝"，是唯一被列入"二十四孝"的最高统治者。文帝也颇重

① [西汉] 司马迁.史记[M].北京：中华书局，1982:392.
② [西汉] 司马迁.史记[M].北京：中华书局，1982:392.
③ [西汉] 司马迁.史记[M].北京：中华书局，1982:397.
④ [西汉] 司马迁.史记[M].北京：中华书局，1982:397.
⑤ [西汉] 司马迁.史记[M].北京：中华书局，1982:398.
⑥ [西汉] 司马迁.史记[M].北京：中华书局，1982:410.
⑦ [东汉] 班固.汉书[M].北京：中华书局，1962:2269.

兄弟之情谊，如淮南厉王刘长，是文帝的弟弟，“及孝文初即位，自以为最亲，骄蹇，数不奉法。上宽赦之。三年，入朝，甚横。从上入苑猎，与上同辇，常谓上‘大兄’”[①]。后淮南王因谋反牵连，被流放蜀地，途中病死，文帝得知这一消息后，不吃不喝，哭甚哀。最终封厉王的三个儿子为王。景帝即位之初，就为其父立太宗庙，并要求“郡国诸侯宜各为孝文皇帝立太宗之庙。诸侯王列侯使者侍祠天子所献祖宗之庙”[②]。景帝的母亲窦太后喜欢黄老学说，为迎合母亲的喜好，景帝“不得不读黄帝、老子，尊其术”[③]，汉初黄老政治能顺利推行与景帝对母亲的孝不无关系。对待太后喜爱的梁孝王，景帝也倍加宠爱，“王入则侍景帝同辇，出则同车游猎。”[④]在仪仗方面，梁孝王与景帝大体差不多：“得赐天子旌旗，出从千乘万骑。东西驰猎，拟于天子。”[⑤]梁孝王死后，太后非常悲痛，不吃饭，并声称是皇帝杀了他的儿子。景帝亦“哀惧，不知所为”，遂与长公主商议，为取悦母亲窦太后，决定分梁为五国，“尽立孝王男五人为王，女五人皆食汤沐邑”[⑥]。

武帝的母亲王太后，入宫前曾嫁过人，育有一女。武帝得知这一消息后，为了使母亲高兴，立即派人去寻找。找到后，“载至长乐宫，与俱谒太后，太后垂涕，女亦悲泣。帝奉酒，前为寿。钱千万，奴婢三百人，公田百顷，甲第，以赐姊。”[⑦]公孙弘曾上书对武帝之孝心加以颂扬：“今陛下躬行大孝，鉴三王，建周道，兼文武，厉贤予禄，量能授官。”[⑧]汉成帝一登上皇位，就封太后之弟五人为侯，其中王凤

---

① [东汉] 班固.汉书[M].北京：中华书局，1962:2136.

② [东汉] 班固.汉书[M].北京：中华书局，1962:138.

③ [西汉] 司马迁.史记[M].北京：中华书局，1982:1975.

④ [西汉] 司马迁.史记[M].北京：中华书局，1982:2084.

⑤ [西汉] 司马迁.史记[M].北京：中华书局，1982:2083.

⑥ [西汉] 司马迁.史记[M].北京：中华书局，1982:2086.

⑦ [东汉] 班固.汉书[M].北京：中华书局，1962:3948.

⑧ [西汉] 司马迁.史记[M].北京：中华书局，1982:2952.

担任大司马大将军领尚书事，执掌重权。河平二年（前27年）有日食发生，大臣王章借此上书皇帝弹劾王凤权力过大，“太后闻之为垂涕，不御食”[①]，成帝没有处理王凤，而王章则被下狱致死。匡衡对成帝的孝行也有赞扬之词：“陛下秉至孝，哀伤思慕不绝于心，未有游虞弋射之宴，诚隆于慎终追远，无穷已也。”[②]王莽的哥哥王曼去世后，王莽独自“事母及寡嫂，养孤兄子，行甚敕备”。在给儿子和侄子同一天娶亲的婚礼宴会上，他惦记母亲身体不舒服需按时服药，多次离席探望。阳朔年间，叔父大将军王凤生了病，“莽侍疾，亲尝药，乱首垢面，不解衣带连月。”[③]能连续几个月衣不解带服侍在病人的床前，亲自尝汤药，王莽的孝心于此可见一斑。有些学者认为王莽这样做是为了获得掌权叔父大将军王凤的认可，为其步入仕途打下基础，因而具有表演的成分在内。我们不否认这种可能性，即使如此，能像前述那样做，也是常人难以达到的。

明帝“性孝爱，追慕无已”[④]，他十分推崇孝道，并为此创建了上陵礼。永平元年（58年）春正月，明帝“率公卿已下朝于原陵，如元会仪”[⑤]。对于上陵礼所体现的孝道，蔡邕分析：“今见[其]仪，察其本意，乃知孝明皇帝至孝恻隐，不可易旧……以明帝圣孝之心，亲服三年，久在园陵，初兴此仪，仰察几筵，下顾群臣，悲切之心，必不可堪。”[⑥]由此可见，“明帝想通过创制此礼表达他对光武帝父子血缘亲情的眷顾，树立孝子的垂范作用，以此教化天下臣民行孝道之礼。”[⑦]

---

① [东汉] 班固.汉书[M].北京：中华书局，1962:4022.

② [东汉] 班固.汉书[M].北京：中华书局，1962:3341.

③ [东汉] 班固.汉书[M].北京：中华书局，1962:4039.

④ [南朝宋] 范晔.后汉书[M].北京：中华书局，1965:407.

⑤ [南朝宋] 范晔.后汉书[M].北京：中华书局，1965:99.

⑥ [南朝宋] 范晔.后汉书[M].北京：中华书局，1965:3103–3104.

⑦ 张爽.汉代礼制及其推行[D].长春：东北师范大学，2005.

《后汉书·皇后纪上·明德马皇后纪》载，明帝即位后，把马皇后立为贵人。当时马皇后前母姐姐的女儿贾氏也被选入宫中，生下后来的章帝。明帝因为马皇后没有孩子，就让她抚养章帝。马皇后尽心竭力抚育章帝，待他如自己的亲生儿子。“肃宗亦孝性淳笃，恩性天至，母子慈爱，始终无纤介之间”。和熹邓皇后五岁时即有孝行的表现：“太傅夫人爱之，自为剪发。夫人年高目冥，误伤后额，忍痛不言。左右见者怪而问之，后曰：‘非不痛也，太夫人哀怜为断发，难伤老人意，故忍之耳。’”①

二是皇帝带头躬行节俭。高帝七年（前200年），未央宫建成，刘邦前去观看，发现其十分“壮丽”，就责备负责修建的萧何：“天下匈匈，劳苦数岁，成败未可知，是何治宫室过度也！”②惠帝、文帝，景帝在位期间均无过分铺张浪费的行为，形成了节俭的风气，其中文帝的表现最为典型。文帝在位23年，“宫室苑囿车骑服御无所增益。有不便，辄弛以利民”。③宫室、园林、狗马、服饰、车驾等这些东西一点也未增加，若有妨碍百姓的事情，就放开法禁来便利民众。有一次，文帝打算在风光秀丽的骊山建造一座露台，他把工匠召来做预算，大约需上百斤黄金。文帝说：“百斤，中人十家之产也。吾奉先帝宫室，常恐羞之，何以台为！”④最终放弃了修建的打算。对此，南宋学者王楙给予高度评价：“考汉金一斤万钱，露台之资，十千缗耳，于恭俭大德未为损也，帝直以中人十家之产而不敢妄费，其爱惜天下之财如此。”⑤文帝在穿着上也十分朴素，经常穿黑色粗厚的丝织物做成的衣服，所宠幸的慎夫人也衣裙短小，从不像一些贵妇人那样拖在地上。住所的帷帐

① [南朝宋] 范晔.后汉书[M].北京：中华书局，1965:418.

② [东汉] 班固.汉书[M].北京：中华书局，1962:64.

③ [东汉] 班固.汉书[M].北京：中华书局，1962:134.

④ [东汉] 班固.汉书[M].北京：中华书局，1962:134.

⑤ 凌稚隆辑校，李光缙增补.史记评林[M].天津：天津古籍出版社，1998:221.

也不加以装饰，没有纹绣。文帝还拒绝接受贿赂，史载："时有献千里马者，诏曰：'鸾旗在前，属车在后，吉行日五十里，师行三十里，朕乘千里之马，独先安之？'"于是把千里马交还，还付给献马人路费。同时下诏说："朕不受献也，其令四方毋求来献。"①明确表示自己不接受贿赂，不允许天下人向他行贿。文帝之所以要这样做，其目的就是要为天下人做出表率，以便创建廉洁、勤俭的社会风尚，"以示敦朴，为天下先"②。

文帝没有像秦始皇那样大修坟墓，而是要求从简："治霸陵，皆瓦器，不得以金银铜锡为饰，因其山，不起坟。"③他临终前遗诏薄葬，说明了薄葬的原因：一是死乃天地间的自然现象，不要为他过分悲哀。"盖天下万物之萌生，靡不有死。死者天地之理，物之自然者，奚可甚哀"；二是厚葬破坏生产，不应提倡。"当今之时，世咸嘉生而恶死，厚葬以破业，重服以伤生，吾甚不取"；三是不想因自己的丧事而影响天下吏民的正常生活。"朕既不德，无以佐百姓。今崩，又使重服久临，以罹寒暑之数，哀人父子；伤长老之志，损其饮食，绝鬼神之祭祀，以重吾不德，谓天下何！"四是自己能天年而终，已是万幸，无可悲哀。"朕获保宗庙，以眇眇之身托于天下君王之上，二十有余年矣。赖天之灵。社稷之福，方内安宁，靡有兵革。朕既不敏，常畏过行，以羞先帝之遗德；惟年之久长，惧于不终。今乃幸以天年得复供养于高庙，朕之不明与嘉之，其奚哀念之有！"对于如何薄葬，亦具体规定：吏民哭吊三日即释服，不禁民间娶妇、嫁女、饮酒、食肉，丧服的麻带不超过三寸，送葬时不列车驾和兵器。不要发动民众来哭祭，宫中应当哭祭的人，只在早晚各哭十五声，礼毕就停止，并"布告天下，使知朕

① [东汉] 班固.汉书[M].北京：中华书局，1962:2832.
② [东汉] 班固.汉书[M].北京：中华书局，1962:134.
③ [东汉] 班固.汉书[M].北京：中华书局，1962:134.

意”[①]。正是因为汉文帝的薄葬，使其陵墓在赤眉军盗掘诸帝陵时幸免于难。史载：“赤眉樊崇等众数十万人入关……宗庙园陵皆发掘，唯霸陵、杜陵完。”[②]

对于文帝的节俭行为，后人多有记载。如贡禹曰：“至高祖、孝文、孝景皇帝，循古节俭，宫女不过十余，厩马百余匹。孝文皇帝衣绨履革，器亡雕文金银之饰。”[③]翼奉亦称：“窃闻汉德隆盛，在于孝文皇帝躬行节俭，外省徭役。其时未有甘泉、建章及上林中诸离宫馆也。未央宫又无高门、武台、麒麟、凤皇、白虎、玉堂、金华之殿，独有前殿、曲台、渐台、宣室、温室、承明耳。”[④]王符也指出：“孝文皇帝躬衣弋绨，足履革舄，以韦带剑，集上书囊以为殿帷，盛夏苦暑，欲起一台，计直百万，以为奢费而不作也。”[⑤]文帝的节俭行为，对当时的社会风气产生了积极影响，“当此之时，逸游之乐绝，奇丽之赂塞，郑、卫之倡微矣”[⑥]。对文帝的节俭行为也有持怀疑态度的，如应劭《风俗通义》言：“成帝尝问刘向以世俗传道文帝之事，而向皆以为不然。其说云：‘文帝虽节俭，未央前殿至奢，雕文五采，画华榱壁珰，轩楹皆饰以黄金，其势不可以囊为帷。’”[⑦]应劭是东汉晚期人，这一条史料来自何处，我们不得而知。而《史记》《汉书》中并未有这样的记述。以孤证不立的学术态度来看，这一记载的真实性值得怀疑。我们更相信同时代人司马迁《史记》的记载。当代个别学者依据《晋书》记载，认为文帝并非薄葬[⑧]。《晋书·索綝传》记载，当时三秦人

① [东汉] 班固.汉书[M].北京：中华书局，1962:134.

② [东汉] 班固.汉书[M].北京：中华书局，1962:4193.

③ [东汉] 班固.汉书[M].北京：中华书局，1962:3069–3070.

④ [东汉] 班固.汉书[M].北京：中华书局，1962:3175.

⑤ [东汉] 王符撰，[清] 汪继培笺，彭铎校正.潜夫论笺校正[M].北京：中华书局，1985:130.

⑥ [东汉] 班固.汉书[M].北京：中华书局，1962:2832.

⑦ [东汉] 应劭撰，王利器校正.风俗通义校正[M].北京：中华书局，2010:96.

⑧ 黄宛峰.汉文帝并非薄葬[J].南都学坛，1995（1）.

尹桓、解武等组织几千人，盗挖霸陵和杜陵，获得了许多珍宝。皇帝就问索綝，为什么汉代皇帝陵中有那么多东西？索綝回答，汉代的皇帝即位一年就为自己预修陵墓，天下的贡赋分作三份：一份供宗庙，一份供宾客，一份充山陵。汉武帝在位时间长，去世之时，茂陵已经放不进东西了，赤眉军只盗取了陵中一半的物品。“此二陵是俭者耳，亦百世之诫也。”这一记载是否真实，我们无法判断。需要指出的是，文帝的节俭行为，不仅有史书的记载，亦有考古材料的佐证：“（据）考古工作者调查，坐落在陕西关中的西汉诸陵中，唯有文帝的霸陵无封土可觅，历年来出土之文物，仅有瓦器而无金银之属，证明文帝确实是相当节俭的。”①

汉宣帝本始四年（前70年）曾下诏要求：“其令太官损膳省宰，乐府减乐人，使归就农业。”②即削减乐府的乐人，让他们回家从事农业生产。这样不仅节约了政府开支，同时也为社会增加了劳动力。元帝即位后，“天下大水，关东郡十一尤甚”，有鉴于此，元帝“罢建章、甘泉宫卫、角抵、齐三服官，省禁苑以予贫民，减诸侯王庙卫卒半”③。元帝撤掉了建章、甘泉宫的卫士，停止了角抵等游艺活动，废去为皇帝制作冠服的齐三服官，并减少皇家园林的数量，把腾出的土地分给贫民耕种。王莽虽出生在专权的外戚王氏之家，但因其父早亡，未及封侯，故早年的王莽只能和其母清贫度日，这种经历使他养成了俭朴的作风。史载，他早年“折节为恭俭”④。这种俭朴的作风并未因其地位的不断升高而有所改变，“爵位益尊，节操愈谦。散舆马衣裘，赈施宾客，家

① 林剑鸣.秦汉史[M].上海：上海人民出版社，1989:289.

② [东汉] 班固.汉书[M].北京：中华书局，1962:245.

③ [东汉] 班固.汉书[M].北京：中华书局，1962:1142.

④ [东汉] 班固.汉书[M].北京：中华书局，1962:4039.

无所余。”[①]每当听到地方发生灾害时，“莽辄素食”[②]。王莽不仅自己厉行节俭，也要求家人过俭朴的生活。有一次，王莽的母亲得病了，公卿列侯纷纷派遣夫人前往问候，王莽的妻子出来迎接她们，“衣不曳地，布蔽膝，见之者以为僮使”，大家一问，才知道原来是大司马的夫人，“皆惊”[③]。大司马的夫人穿着如同奴仆：衣服够不到地，麻布围裙不过膝盖，王莽对家人的严格要求可见一斑。对王莽的节俭，时任大司徒司直的陈崇曾记述：“恶衣恶食，陋车驽马，妃匹无二。”[④]“僮奴衣布，马不秣谷，食饮之用，不过凡庶。”“克身自约，籴食逮给，物物印市，日阕亡储。”[⑤]王莽穿粗布衣服，吃粗茶淡饭，车子陈旧，马匹驽钝，不娶第二房妻妾。家里的奴婢穿着布衣，马匹不喂谷物，饮食的费用没有超过老百姓。能对欲望加以克制，并能约束自己的行为，购买的粮食仅仅够食用，日用物品都必须去市场采购，勉强当天够用，家中并无储蓄。“为抑制奢侈世风，长期以来，王莽虽身居高位却以身作则，坚持节俭，这种行为非常难得，有其历史合理性，值得后人学习与借鉴，绝不能简单地视之为‘匿情求名’‘虚伪奸诈’之举。”[⑥]葛剑雄先生的评论可谓中肯：“王莽的这些行为，就是在一个风调雨顺、国泰民安的时代也已够得上典范了，何况是处在一个乱世和一群禽兽般的贵族之中？要说这是作假，如果政治家都愿意付出如此大的代价来作假，政治一定会清明得多，道德水平也一定会提高很多，至少比一帮贪官污吏要好得多。”[⑦]

---

① [东汉] 班固.汉书[M].北京：中华书局，1962:4040.

② [东汉] 班固.汉书[M].北京：中华书局，1962:4050.

③ [东汉] 班固.汉书[M].北京：中华书局，1962:4041.

④ [东汉] 班固.汉书[M].北京：中华书局，1962:4054.

⑤ [东汉] 班固.汉书[M].北京：中华书局，1962:4058.

⑥ 陈忠锋.王莽理想政治研究[D].上海：华东师范大学，2008.

⑦ 葛剑雄.泱泱汉风[M].长春：长春出版社，1997:205.

光武帝刘秀在位期间一直提倡节俭。“身衣大练，色无重采，耳不听郑卫之音，手不持珠玉之玩，宫房无私爱，左右无偏恩。建武十三年，异国有献名马者，日行千里，又进宝剑，贾兼百金，诏以马驾鼓车，剑赐骑士。损上林池御之官，废聘望弋猎之事。其以手迹赐方国者，皆一札十行，细书成文，勤约之风，行于上下。”[①]光武帝一生衣着朴实，生活无华，不喜欢歌舞音乐，不喜欢佩戴珠宝玉器。对远方异国进贡的名马宝剑，也都赐给骑士。“建都洛阳后，他首先想的不是大兴土木，修建宫殿，营建苑林，而是如何恢复和发展生产，稳定社会秩序，生活、公务尽量因陋就简；断然废除皇家弋猎之事，裁去上林池御之官。与此同时，又亲笔一一赐书各郡国依此办理。刘秀于战争年代登上帝位，因而一切服从战争需要，即使到了和平时期，他仍以平常人心态，一直保持平民作风。他一贯用度简约，即使到各处出巡，也总是轻车简从，从不追求仪仗、礼乐所展示的皇帝气派。直到平定蜀地公孙述后，才将其使用的那套‘鼓师、郊庙乐器、葆车、舆辇’，作为自己的‘法物’使用。刘秀不以公孙述之法物为不详，修旧利废，欣然使用，这远远不光是节俭的意义了。”[②]光武帝坚决反对地方向中央进贡礼品，并多次下诏制止，可地方的“郡国”仍时有上贡者。于是，建武十三年（37年），他再次下诏郡国，刹进贡之邪风：“往年已敕郡国，异味不得有所献御，今犹未止，非徒有豫养导驿之劳，至今乃烦扰道上，疲费过所。其令太官勿复受。明敕下以远方口实所以荐宗庙，自如旧制。”[③]秦始皇和西汉中期以后的皇帝多从民间选取女子充实后宫，因而耗费了大量资财：“秦并天下，多自骄大，宫备七国，爵列八品。……自武、元之后，世增淫费，至乃掖庭三千，增级十四。”[④]刘

① [南朝宋] 范晔.后汉书[M].北京：中华书局，1965:2457.

② 吴祥明.勤政廉政话刘秀[J].襄樊晚报，2014-7-19.

③ [南朝宋] 范晔.后汉书[M].北京：中华书局，1965:60.

④ [南朝宋] 范晔.后汉书[M].北京：中华书局，1965:399.

秀当上皇帝后，一改前代皇帝的做法，一方面减少后宫嫔妃的数量，另一方面降低了她们的待遇。“及光武中兴，斫雕为朴，六宫称号，唯皇后、贵人。贵人金印紫绶，奉不过粟数十斛。又置美人、宫人、采女三等，并无爵秩，岁时赏赐充给而已。”[①]这就为国家节省了大量开支。光武帝还大力提倡薄葬，建武七年（31年）下诏：“世以厚葬为德，薄终为鄙，至于富者奢僭，贫者单财，法令不能禁，礼义不能止，仓卒乃知其咎。其布告天下，令知忠臣孝子慈兄悌弟薄葬送终之义。”[②]光武帝还身体力行，做出表率。建武二十六年（50年）作寿陵，他下诏称，古代帝王安葬时，都用陶俑瓦器、不加装饰的木车和茅草做成的马，作为陪葬物，后人不知道其究竟葬在何处。文帝懂得生死的意义，景帝能够遵从孝道，因而虽遭天下大乱，而只有霸陵完好无损，难道不是令人高兴的事吗？要求“今所制地不过二三顷，无为山陵，陂池裁令流水而已”[③]；“迭兴之后，亦无丘垄，使合古法。今日月已逝，当豫自作。臣子奉承，不得有加。”[④]要效法文帝霸陵的俭朴，寿陵占地不要太大，不要建造高山大陵，只要让墓冢稍微隆起像小山丘那样，使得流水不停且不损坏墓圹而已。以后慢慢就没有丘垄，而合乎古法，使后世之人不知其处。死前遗诏曰：“朕无益于百姓，如孝文皇帝旧制，葬务从约省。刺史、二千石长吏皆无离城郭，无遣吏及因邮奏。”[⑤]直到生命的最后，刘秀也没忘记嘱咐臣下，不要为他的葬仪铺张，不要因此影响日常工作。“东汉初年，经过长期战争的破坏，人口锐减，经济凋敝，为了恢复和发展生产，必须对百姓实行休养生息的政策，这就要求整个统治阶级必须抑制自己的享受欲望，以减轻百姓的负担。刘秀作为

---

① [南朝宋] 范晔.后汉书[M].北京：中华书局，1965:400.

② [南朝宋] 范晔.后汉书[M].北京：中华书局，1965:51.

③ [南朝宋] 范晔.后汉书[M].北京：中华书局，1965:78.

④ [宋] 李昉等.太平御览[M].北京：中华书局，1960:432.

⑤ [南朝宋] 范晔.后汉书[M].北京：中华书局，1965:85.

皇帝，率先垂范，带头厉行节俭，在当时产生了很大影响，使‘勤约之风，行于上下’，对形成较好的官风和民风起了促进作用。”①

明帝颇有其父节俭之风，“身御浣衣，食无兼珍”②，针对当时丧葬奢靡的风气，明帝于永平十二年（69年）下诏予以严禁：“昔曾、闵奉亲，竭观致养，仲尼葬子，有棺无椁。丧贵致哀，礼存宁俭。今百姓送终之制，竞为奢靡。生者无担石之储，而财力尽于坟土。伏腊无糟糠，而牲牢兼于一奠。糜破积世之业，以供终朝之费，子孙饥寒，绝命于此，岂祖考之意哉！又车服制度，恣极耳目。田荒不耕，游食者众。有司其申明科禁，宜于今者，宣下郡国。”③在给自己修寿陵时，“制令流水而已，石椁广一丈二尺，长二丈五尺，无得起坟。万年之后，扫地而祭，杅水脯糒而已。过百日，唯四时设奠，置吏卒数人供给洒扫，勿开修道。敢有所兴作者，以擅议宗庙从事。”④要求在帝陵陵区不起坟，不建寝庙，不筑垣墙，不置陵邑，以节省费用。他在死前遗诏：“无起寝庙，藏主于光烈皇后更衣别室。”⑤天下臣民听闻后，无不感动。他们认为明帝“深执谦谦，自称不德，无起寝庙，扫地而祭，除日祀之法，省送终之礼。遂藏主于光烈皇后更衣别室。天下闻之，莫不凄怆”⑥。马皇后也有节俭之风，“常衣大练，裙不加缘。朔望诸姬主朝请，望见后袍衣疏粗，反以为绮縠，就视，乃笑。后辞曰：‘此缯特宜染色，故用之耳。’六宫莫不叹息。”⑦众妃嫔朝见马皇后时，见她穿着与众不同的衣服，最初以为是高级丝织物的新款式，近前才看清是粗

---

① 安作璋，孟详才.汉光武帝大传[M].北京：中华书局，2008:411.
② [南朝宋] 范晔.后汉书[M].北京：中华书局，1965:130.
③ [南朝宋] 范晔.后汉书[M].北京：中华书局，1965:115.
④ [南朝宋] 范晔.后汉书[M].北京：中华书局，1965:123–124.
⑤ [南朝宋] 范晔.后汉书[M].北京：中华书局，1965:123.
⑥ [南朝宋] 范晔.后汉书[M].北京：中华书局，1965:131.
⑦ [南朝宋] 范晔.后汉书[M].北京：中华书局，1965:409.

劣的衣服，大家都忍不住笑了。马皇后严肃地对她们说：“这种素缯特别适合染色，所以我才用它。”众妃嫔纷纷颂扬马皇后的美德。章帝建初元年，她曾诏曰:“吾为天下母，而身服大练，食不求甘，左右但著帛布，无香薰之饰者，欲身率下也。”①

章帝也力倡节俭，建初七年（82年）到地方巡行时，专门下诏：“精骑轻行，无它辎重。不得辄修道桥，远离城郭，遣吏逢迎，刺探起居，出入前后，以为烦扰。动务省约，但患不能脱粟瓢饮耳。所过欲令贫弱有利，无违诏书。”②元和元年（84年）到南方巡狩时，又下诏强调：“所经道上，郡县无得设储跱。命司空自将徒支柱桥梁。有遣使奉迎，探知起居，二千石当坐。”③就是说，皇帝外出巡行时，不带多余的车辆、行李和随从。所到之处，地方上不得为此修路架桥，不要派官吏在郊外迎接，打听起居，前呼后拥。凡是发现有在路上派人欢迎、探望起居者，主管的二千石官员要受到惩处！一句话，即不要扰民、不要折腾。章帝亦“遗诏无起寝庙，一如先帝法制”④，实行薄葬。

和帝亦有节俭之举。当时“旧南海献龙眼、荔支，十里一置，五里一候，奔腾阻险，死者继路”。南方的水果在向京师传递过程中，不少人因遭到虎狼毒害而死于途中，可谓劳民伤财。和帝得知这一情况后，下诏告诫执掌饮食的太官，不再接受这些东西。诏曰：“远国珍羞，本

---

① [南朝宋] 范晔.后汉书[M].北京：中华书局，1965:411.

② [南朝宋] 范晔.后汉书[M].北京：中华书局，1965:143.

③ [南朝宋] 范晔.后汉书[M].北京：中华书局，1965:147.

④ [南朝宋] 范晔.后汉书[M].北京：中华书局，1965:159.

以荐奉宗庙，苟有伤害，岂爱民之本？其敕太官，勿复受献。”①邓太后临朝称制后，对奢侈浪费的行为严令制止，以节约国库开支，减轻百姓的负担。她下诏要求对宫廷内官的衣服、食物进行限制；减少郡国的贡献，摒弃宫中一切珠宝珍玩；裁减冗员，遣散掖庭宫人。殇帝死后，邓太后“以连遭大忧，百姓苦役，殇帝康陵方中秘藏，及诸工作，事事减约，十分居一”②。当时是这样评价邓太后的：“每闻人饥，或达旦不寐，而躬自减彻，以救灾厄。”③“菲薄衣食，躬率群下，损膳解骖，以赡黎苗。”④

安帝也重视节俭。永初元年（107年），“秋九月庚午，诏三公明申旧令，禁奢侈，无作浮巧之物，殚财厚葬。”不久又下诏：“太仆、少府减黄门鼓吹，以补羽林士。厩马非乘舆常所御者，皆减半食。诸所造作，非供宗庙园陵之用，皆且止。”⑤

由上述可见，两汉前期最高统治者注重以身作则，以封建伦常约束自己的言行，对全国的吏治、民风产生了积极影响。因此，汉代各级官吏中不乏遵守道德楷模者，不乏言传身教而对民众进行道德教化者，而对他们的优良品行，最高统治者也多能给予嘉奖。如朱邑为大司农，虽身为列卿，然“居处俭节，禄赐以共九族乡党，家亡余财。”对朱邑廉洁的为官作风，宣帝特下诏予以褒扬：“大司农邑，廉洁守节，退食

① [南朝宋] 范晔.后汉书[M].北京：中华书局，1965:194.注引《谢承书》曰：“唐羌字伯游，辟公府，补临武长。县接交州，旧献龙眼、荔支及生鲜，献之，驿马昼夜传送之，至有遭虎狼毒害，顿仆死亡不绝。道经临武，羌乃上书谏曰：‘臣闻上不以滋味为德，下不以贡膳为功，故天子食太牢为尊，不以果实为珍。伏见交阯七郡献生龙眼等，鸟惊风发。南州土地，恶虫猛兽不绝於路，至於触犯死亡之害。死者不可复生，来者犹可救也。此二物升殿，未必延年益寿。’帝从之。”

② [南朝宋] 范晔.后汉书[M].北京：中华书局，1965:423.

③ [南朝宋] 范晔.后汉书[M].北京：中华书局，1965:426.

④ [南朝宋] 范晔.后汉书[M].北京：中华书局，1965:427.

⑤ [南朝宋] 范晔.后汉书[M].北京：中华书局，1965:207–208.

自公，亡疆外之交，束脩之馈，可谓淑人君子。遭离凶灾，朕甚闵之。其赐邑子黄金百斤，以奉其祭祀。”[①]盖宽饶任司隶校尉，“为人刚直高节，志在奉公。家贫。奉钱月数千，半以给吏民为耳目言事者。身为司隶，子常步行自戍北边，公廉如此。”[②]何并官至颍川太守，“性清廉，妻子不至官舍。”死后留下遗书：“告子恢，吾生素餐日久，死虽当得法赙，勿受。葬为小椁，亶容下棺。”他的儿子遵从父亲的意愿，“王莽擢恢为关都尉。”[③]唐尊在王莽治时任太傅，他认为“国虚民贫，咎在奢泰”，于是“乃身短衣小袖，乘牡马柴车，藉槁，瓦器，又历遗公卿。出见男女不异路者，尊自下车，以象刑赭幡污染其衣”。王莽对此大加赞赏，“下诏申敕公卿思与厥齐，封尊为平化侯”[④]。

宣秉建武初任御史中丞、司隶校尉、大司徒司直，非常节俭，“常服布被，蔬食瓦器”“所得禄奉，辄以收养亲族。其孤弱者，分与田地，自无担石之储”[⑤]；刘宠为牂牁太守，“初乘一马之官，布衣疏食，俭以为教。居郡九年，乘之而还，吏人为之立铭”[⑥]；第五伦为会稽太守，“躬自斩刍养马，妻执炊爨”，后因犯法征廷尉，永平五年离任时，“老小攀车叩马，啼呼相随，日裁行数里不得前。伦乃伪止亭舍，阴乘船去，众知，复追之。及诣廷尉，吏民上书守阙者千余人”[⑦]；郑纯任益州西部都尉，这里金银、琥珀、犀象、翠羽蕴藏丰富，“作此官者皆富及十世”，而“纯独清廉，毫毛不犯，夷汉歌叹”。明帝对郑纯大加赞赏，“乃改西部为永昌郡，以纯为太守。在官

① [东汉] 班固.汉书[M].北京：中华书局，1962:3636.
② [东汉] 班固.汉书[M].北京：中华书局，1962:3245.
③ [东汉] 班固.汉书[M].北京：中华书局，1962:3268.
④ [东汉] 班固.汉书[M].北京：中华书局，1962:4164.
⑤ [南朝宋] 范晔.后汉书[M].北京：中华书局，1965:927–928.
⑥ [晋] 常璩.广汉士女[M] //刘琳校注.华阳国志校注（卷十）.成都：巴蜀书社，1984:564.
⑦ [南朝宋] 范晔.后汉书[M].北京：中华书局，1965:1397.

十年卒，列画颂东观”。[①]

李恂章帝时为兖州刺史，“以清约率下，常席羊皮，服布被”[②]。《全后汉文》卷一百一《冀州从事张表碑》：“俾守犁阳，正身帅下，神化口通。”魏霸和帝时为巨鹿太守，妻子仍在乡里耕种，不随到任上。也经常想着哥哥和嫂子在家的勤苦，自己却独自享乐，所以“常服粗粝，不食鱼肉之味。妇亲蚕桑，子躬耕，与兄弟同苦乐，不得自异。乡里慕其行，化之”[③]；张纲为广陵太守，“正身导下，班宣德信”[④]；杨震被任命为东莱太守，在他上任路过昌邑的时候，因杨震对昌邑令王密有知遇之恩，为了报恩，王密趁夜色来拜见杨震，要把带来的十斤黄金送给杨震。杨震见状，非常生气地问道：“故人知君，君不知故人，何也？”王密回答说：“暮夜无知者。”杨震大声训斥道：“天知，神知，我知，子知。何谓无知！”[⑤]王密只好带着黄金离去，这就是杨震著名的“四知”。面对故人送来的黄金，杨震丝毫不为所动，断然拒绝，体现了一个官僚士大夫的清廉品格。杨震从不接受他人馈赠，只依靠官俸度日，故而生活清苦，“子孙常蔬食步行”。亲戚朋友经常劝他应为子孙置办一点产业，杨震不予理睬，“使后世称为清白吏子孙，以此遗之，不亦厚乎！”[⑥]宁愿把清白的声名留给子孙，也不谋些许私利，此种做法令人钦敬。桓帝时王畅任南阳太守，面对“帝乡”南阳贵戚众多、奢靡之风盛行的情况，带头“常布衣皮褥，车马羸败，以矫其敝”[⑦]。

---

① [晋] 常璩.广汉士女[M]//刘琳校注.华阳国志校注（卷十）.成都：巴蜀书社，1984:741.

② [南朝宋] 范晔.后汉书[M].北京：中华书局，1965:1683.

③ 汪文台辑，周天游校.七家后汉书[M].石家庄：河北人民出版社，1987:6.

④ [南朝宋] 范晔.后汉书[M].北京：中华书局，1965:1819.

⑤ [南朝宋] 范晔.后汉书[M].北京：中华书局，1965:1760.

⑥ [南朝宋] 范晔.后汉书[M].北京：中华书局，1965:1760.

⑦ [南朝宋] 范晔.后汉书[M].北京：中华书局，1965:1825.

灵帝时李咸为太尉，“约身率下，常食脱粟饭、酱菜而已”。他不和州郡的人私自来往，凡刺史、二千石送来的信，如果不是谈论公事就不拆看。后来年纪大了请求退休，被批准，“悉还所赐物，乘敝牛车，使子男御。”“家旧贫狭，庇阴草庐”①；刘宠先后为豫章、会稽太守，老百姓朴实拘谨，“乃有白首不入市井者，颇为官吏所扰。宠简除烦苛，禁察非法，郡中大化”。他被征召任将作大匠，老百姓送他礼物，他只“选一大钱受之”，“前后历宰二郡，累登卿相，而清约省素，家无货积”②；陈寔桓帝时任太丘县令，修德清静，百姓以安。中平三年，83岁去世。“临终顾命，留葬所卒。时服素棺，椁材周梓，丧事维约，用过乎俭。群公百僚，莫不咨磋”③；羊续灵帝时任南阳太守，为官清廉，自甘清贫，“时权豪之家多尚奢丽，续深疾之，常敝衣薄食，车马羸败”。手下府丞拿来一些新鲜的鱼送给羊续，羊续推脱不掉，遂在府丞走后，把鱼悬挂在院子里。府丞以为羊续喜欢，又给羊续送来一些鱼，“续乃出前所悬者以杜其意”，这就是后代广泛流传的“悬鱼拒贿”的故事。有一次，妻子领着儿子从老家来看望羊续，没承想羊续闭门拒不接待。原来，羊续身边“唯有布衾，敝衹裯，盐、麦数斛而已”，根本无法招待妻儿。羊续对儿子说：“‘吾自奉若此，何以资尔母乎？’使与母俱归。”④；刘虞灵帝、献帝时曾任太尉、太傅，“虽为上公，天性节约，敝衣绳履，食无兼肉，远近豪俊夙僭奢者，莫不改操而归心焉。”⑤

总之，汉代上自皇帝下到一般官吏，大都认识到，统治者的道德示范对民众的道德教化具有重要的影响，并身体力行，力图实现道德教

① [南朝宋] 范晔.后汉书[M].北京：中华书局，1965:1511.

② [南朝宋] 范晔.后汉书[M].北京：中华书局，1965:2478–2479.

③ 严可均.全后汉文[M] //全上古三代秦汉三国六朝文.石家庄：河北教育出版社，1997:892.

④ [南朝宋] 范晔.后汉书[M].北京：中华书局，1965:1110.

⑤ [南朝宋] 范晔.后汉书[M].北京：中华书局，1965:2354.

化之功，维护封建统治的长治久安。考察汉代的历史，我们会发现，这种道德示范教育在一定程度上起到了化民成俗的积极作用。因此，我们不同意一些学者的结论："这种依赖统治者言传身教而对人民进行道德教化并无多少功效，其原因在于在上位的统治者并不能真正起到这种道德示范作用，专制主义的政治权力是他们必然堕落的根本原因。"①这种观点似乎有绝对化之嫌，似乎在封建时代的官员就没有真正的道德楷模，果真如此，那么文景之治、昭宣中兴、光武明章之治的产生及循吏的涌现，又作如何解释？显然对不同历史时期应有具体分析，不能一概而论②。

七、发布诏书，宣传社会教化

诏书，亦有诏策、诏令之称，是古代最高统治者发布的重要文告。《说文解字》解释"诏"："告也，从言从召。"据刘勰《文心雕龙·诏策》载："皇帝御寓，其言也神，渊嘿黼扆，而响盈四表，唯诏策乎！昔轩辕唐虞，同称为命。命之为义，制性之本也。其在三代，事兼诰誓，誓以训戎，诰以敷政，命喻自天，故授官锡胤。《易》之《姤》象：'后以施命诰四方'。诰命动民，若天下之有风矣。降及七国，并称曰令。"战国以前，诏字常被人们用作上下间的相告；秦帝国明确规定：诏字是皇帝发布命令的专用词，其他人不能再用，诏

① 朱汉民.忠孝道德与臣民精神——中国传统臣民文化论析[M].郑州：河南人民出版社，1994:153.

② 我们也承认封建道德有其虚伪的一面，汉代许多儒者虽然口头上讲修身，讲道德，一旦进入官场便不能保持节操。如叔孙通"所事者且十主，皆面谀以得亲贵"（《史记·叔孙通传》）；公孙弘"徒怀诈饰智以阿主取容"（《史记·汲黯传》）；九江太守戴圣"行治多不法"（《汉书·何武传》）；贾逵"不修小节，当世以此颇讥焉"（《后汉书·贾逵传》）；马融"达生任性，不拘儒者之节""为梁冀草奏李固，又作《大将军西弟颂》，由是颇为正直所羞"（《后汉书·马融传》）。但廉洁奉公、勤于政事良吏的大量存在，同样也是不容否认的事实。

书也就变成了皇帝向臣民下达的专用文书。秦亡汉继，基本上承袭了秦朝的制度。东汉蔡邕在《独断》中指出："汉天子正号曰'皇帝'，自称曰'朕'，臣民称之曰'陛下'。其言曰'制诏'，史官记事曰'上'。车马、衣服、器械百物曰'乘舆'。所在曰'行在所'，所居曰'禁中'，后曰'省中'。印曰'玺'。所至曰'幸'，所进曰'御'。其命令一曰'策书'，二曰'制书'，三曰'诏书'，四曰'戒书'。"①《后汉书·光武帝纪》李贤引《汉制度》注曰："帝之下书有四：一曰策书，二曰制书，三曰诏书，四曰诫敕。策书者，编简也，其制长二尺，短者半之，篆书，起年月日，称皇帝，以命诸侯王。三公以罪免亦赐策，而以隶书，用尺一木，两行，唯此为异也。制书者，帝者制度之命，其文曰制诏三公，皆玺封，尚书令印重封，露布州郡也。诏书者，诏，告也，其文曰告某官云云，如故事。诫敕者，谓敕刺史、太守，其文曰有诏敕某官。它皆仿此。"相对其他三种文告，诏书在《汉书》《后汉书》中出现次数较多，应用范围较广，在皇帝发布的文告中居于主导地位。"由于诏书地位的重要性，从秦朝开始诏书便成为皇帝、皇后、太子发布指令的专用文书，并渐渐成为御用文告的统称，在中国古代的政治舞台上被历代政权相沿使用，一直到清宣统帝发布退位诏书。"②

汉代诏书的内容十分丰富，包括政治、经济、文化、军事、司法、外交等。其中不少有社会教化的意义，如尚贤、养老、重农、尊师、孝道、轻刑、薄赋、从谏等诏书的颁布，对国民了解国家的政策导向、形成政府所倡导的儒家价值观具有积极的推动作用。如减轻刑罚的诏书即要求官吏注重对民众的教育，而不是一味依赖于刑法的惩治。汉文帝前元十三年（前167年）发布了《除肉刑诏》："今法有肉刑三，而奸不

---

① 《蔡中郎集》外集卷四《独断》，中国哲学书电子化计划网。

② 张庆杭.诏书与两汉政治[D].南昌：江西师范大学，2008.

止，其咎安在？非乃朕德之薄而教不明与？吾甚自愧，故夫训道不纯而愚民陷焉。诗曰:孝悌君子，民之父母。今人有过，教未施而刑已加焉，或欲改行为善，而道亡由至，朕甚怜之！夫刑至断肢体，刻肌肤，终身不息，何其刑之痛而不德也，岂称为民父母之意哉？其除肉刑，有以易之。”①文帝把长期以来实行的残损肢体的肉刑废除，目的是让犯罪者能有改过自新的机会。景帝后元元年（前143年）诏曰：“狱，重事也。人有智愚，官有上下。狱疑者谳有司，有司所不能决，移廷尉。有令谳而后不当，谳者不为失。欲令治狱者务先宽。”②要求治狱者必须奉行宽的原则。宣帝地节四年（前66年）诏曰：“令甲，死者不可生，刑者不可息。此先帝之所重，而吏未称。今系者或以掠辜若饥寒瘐死狱中，何用心逆人道也！朕甚痛之。其令郡国岁上系囚以掠笞若瘐死者所坐名、县、爵、里，丞相、御史课殿最以闻。”③对地方官员用酷刑对待犯人、致其死亡的现象加以痛斥，明令严禁此类行为的出现，否则，在年终考核时将以不称职论处。光武帝建武五年（29年）诏曰：“其令中都官、三辅、郡、国出系囚，罪非犯殊死一切勿案，见徒免为庶人。”④除殊死之罪外，凡中都官、三辅、郡、国的囚徒一律免为庶人。大批释放囚徒，使其重获自由，他们必然感念皇帝的恩德，这既增加了社会生产力，也减少了不稳定的因素。章帝建初七年（82年）下诏：“及犯殊死，一切募下蚕室；其女子宫。系囚鬼薪、白粲已上，皆减本罪各一等，输司寇作。”⑤犯死罪的，一律下蚕室施以腐刑；在押的鬼薪、白粲以上的罪犯，都减本罪一等，发往边疆做苦工。和帝永元

---

① [东汉] 班固.汉书[M].北京：中华书局，1962:1098.

② [东汉] 班固.汉书[M].北京：中华书局，1962:150.

③ [东汉] 班固.汉书[M].北京：中华书局，1962:252–253.

④ 严可均.全后汉文[M].石家庄：河北教育出版社，1997:5.

⑤ [南朝宋] 范晔.后汉书[M].北京：中华书局，1965:143.

八年（96年）诏曰："郡国中都官系囚，减死一等，诣敦煌戍。"[①]郡国犯死罪者，免除死刑，流放敦煌戍守。

尊老养老的诏书，其目的在于提倡孝道，使全社会能形成尊老养老的风气。文帝元年三月（前179年），《养老诏》即宣称要"佐天下子孙孝养其亲"[②]；《劝学诏》要求主管官员重视教育，切实开展社会教育活动。武帝元朔五年（前124年）即下了《劝学诏》："详延天下方闻之士，咸荐诸朝。其令礼官劝学，讲议洽闻，举遗兴礼，以为天下先。太常其议予博士弟子，崇乡党之化，以厉贤材焉。"[③]

废除扰民的政策，体现了关注民生、以道德教化民众的精神。如和帝章和二年（88年）下诏，指出章帝实行盐铁官营的原因是"欲以防备不虞，宁安边境"，然而"吏多不良，动失其便，以违上意"，所以，章帝"遗戒郡国罢盐铁之禁，纵民煮铸，入税县官如故事"。和帝要求有关部门"申敕刺史、二千石，奉顺圣旨，勉弘德化，布告天下，使明知朕意"[④]。武帝时，为筹集军费发动战争，盐铁业被收归国家垄断经营。但这一政策的实行，也存在弊端：如官府制造的铁器多为大器，种类单一，难以满足不同地区的需要；制造铁器的地方距离人们生活的区域较远，运输成本较高，导致铁器价格高等。于是章帝在去世前要求郡国废除盐铁官营政策，让民众能够自由经营盐铁，政府仅设官收税。为将这一惠民政策继续执行下去，和帝特下诏要求刺史、二千石"奉顺圣旨"，目的就是要切实贯彻以德化民的方针。

诏书之所以对民众具有教化作用，与其发布流程有关。诏书发布的范围是全国性的，它的发布对象是天下的百姓大众。诏书经严格审核才加以颁布，程序是逐级下达。首先由中央的御史大夫来审阅，审阅合格

---

① [南朝宋] 范晔.后汉书[M].北京：中华书局，1965:182.

② [东汉] 班固.汉书[M].北京：中华书局，1962:113.

③ [东汉] 班固.汉书[M].北京：中华书局，1962:171–172.

④ [南朝宋] 范晔.后汉书[M].北京：中华书局，1965:167–168.

后发往丞相府，再由丞相府向中央各部门和地方各郡传达。郡太守收到诏书后，要抄录数份，然后派人按照诏书的不同内容下达给所辖各县。“县乡是两汉时期诏书落实的重要环节，许多诏书需要发到县乡执行或公布到全体居民，县乡都要认真办理。在边塞地区则由郡国都尉传达给部都尉，部都尉见到后分抄传至所属各侯官，侯官传达到所辖部，部再向燧传达。”[①]在汉代诏书的结尾多有“布告天下，使咸知朕意”“请宣布天下”“布告天下，令明知之”等字句。这说明，汉代诏书是需要逐级下传、令全体国民知晓的。

汉代诏书下达后，要对民众进行宣读。这是因为百姓整体文化水平较低，对引经据典的诏书内容不易理解，需要地方官员向他们宣读，史书有相关记载。《汉书·黄霸传》：“时上垂意于治，数下恩泽诏书，吏不奉宣。太守霸为选择良吏，分部宣布诏令，令民咸知上意。”《汉书·贾山传》：“臣闻山东吏布诏令，民虽老羸癃疾，扶杖而往听之。”基层官吏把民众召集在一起，进行口头宣读和宣讲，让民众能够明白知晓诏书所表达的信息。宣读诏书“属于一种一对多的人际传播，具有很强的灌输性、鼓动性。当时政府之所以施行这种方式，目的就是利用人际传播来实现传播内容最广范围的知情，以取得预期的宣传效果”[②]。

诏书宣讲后，还要将载有诏书的简册或木版挂于乡亭、市门、里门等人口密集、人们来往较为频繁的公共场所，目的是便于人们反复观看，以加深对诏书内容的理解。在汉简中即有这方面的记载：“知令，重写令，移书到，各明白大扁书市里、官所、寺舍、门亭、燧堠中，令吏民卒尽讼知之，且遣鄣吏循行问吏卒，凡知令者案论，尉丞令以下毋

---

① 张庆杭.诏书与两汉政治[D].南昌：江西师范大学，2008.

② 黄春平.从出土简牍看汉帝国中央的信息发布[J].新闻与传播研究，2006（4）.

忽，如律令，敢告卒人。”[①]“五月壬辰，敦煌太守彊、长史章、丞敞下都护西域骑都尉、将田车师戊己校尉、部都尉、小府官县，承书从事下当用者。书到明白大扁书乡亭市里高显处，令亡人命者尽知之，上赦者人数太守府别之，如诏书。”[②]

西汉中期后，最高统治者普遍受到儒家教育的熏陶，并把儒家学说作为治国的指导思想，因而出现了在诏书中引用儒家经典以增强说理效果之现象。以《诗经》为例，两汉帝王在诏书中引用《诗经》共计89次。其中，《汉书》29次，《后汉书》60次。在44次直接引用《诗经》的帝王诏书中，西汉20次，东汉24次，分别是：文帝1次，武帝4次，宣帝2次，元帝5次，成帝1次，哀帝2次，王莽5次，光武3次，明帝1次，景帝8次，和帝2次，殇帝1次，安帝2次，顺帝3次，桓帝4次[③]。包含大量儒学思想内容的诏书，通过行政手段被广泛传达，其受众面必然是广泛的，从最边远的烽燧及屯田驻地都有诏书的发现可证明这一点。不管你是何等身份，也不管你是中原百姓，还是边疆少数民族成员，只要你是大汉帝国的子民，就能读到诏书的抄件或亲自聆听到诏书的宣布。诏书的广泛传播，是汉代儒学传播最有影响力的一种方式。诏书的儒学化，既反映了西汉中后期国家主流政治价值观的转变，也是汉代政府用儒学来教化民众而采取的一项措施。“政府以诏书形式参与儒学的政治社会化过程，促进了儒学对当时民间社会的‘涵化’，推进了汉代社会以儒家价值观为核心的共同价值观的形成。”[④]

---

① 吴礽骧等.敦煌汉简释文[M].兰州：甘肃人民出版社，1991:142.

② 胡平生，张德芳.敦煌悬泉汉简释粹[M].上海：上海古籍出版社，2001:115.

③ 欧阳艳玉.两汉帝王诏令引《诗经》考察——基于两汉书记载的研究[J].经济与社会发展，2009（11）.

④ 夏增民.诏书与西汉时期的儒学传播[J].南都学坛，2008（5）.

八、皇帝巡行或派遣使者巡行天下，察民情，览风谣，举贤俊，宣明德化

1.皇帝的巡行。帝王巡行地方行政自先秦已有之，或称为巡狩、巡幸、巡游、巡行、巡视等。其在古代文献中多有记载。《孟子·梁惠王下》："天子适诸侯曰巡狩，巡狩者，巡所守也。"《白虎通义·巡狩》："巡者循也，狩者牧也，为天下巡行守牧民也。""道德太平，恐远近不同化，隐不得所者，故必亲自行之。谨敬重民之至也。"即天子必须亲自把道德教育推广到所统治区域的各个地方，以示重民之情。《礼记·王制》记载了周代的巡狩制度，从中可以看出，周天子巡行地方之目的是了解各地的民风，整顿吏治，推广教化。

"皇帝巡视是两汉政治生活的重要组成部分，是皇帝治理国家、整饬吏治的重要方式。两汉时期皇帝出巡更加常态化、制度化，特别是西汉中期以后的皇帝都十分注重巡视地方行政，并将其作为政治生活的重要组成部分，有利于皇帝对全国的控制。"[①]西汉中期后的皇帝多有巡行地方之举。据统计："汉武帝巡行34次，宣帝巡行15次，成帝巡行13次，光武帝巡行8次，明帝巡行7次，章帝巡行8次，和帝巡行4次，安帝巡行6次，顺帝巡行1次，桓帝巡行3次，灵帝巡行1次。"[②]汉代诸帝巡行地方时，除祭祀天地诸神、祖先，关注民生、劝课农桑，安定边疆、巩固统治外，考察吏治得失、奖勤罚懒，进行社会教育是其重要目的。皇帝在巡行地方时，发现地方官存在失职行为的，则会予以严惩，并对因其失职而造成的不良影响采取措施予以补救。如武帝元鼎五年（前112年），天子到地方郡国巡行，首先向东渡过黄河，"河东守不意行至，不辨，自杀"；接着向西到达陇西，陇西太守"以行

① 张国芝.汉代巡视制度研究[M].郑州：大象出版社，2014:36.

② 刘太祥.试论秦汉行政巡视制度[J].郑州大学学报，2004（5）.

往卒，天子从官不得食”而自杀；最后向北出萧关，到达新秦中，“新秦中或千里无亭徼，于是诛北地太守以下，而令民得畜收边县，官假马母，三岁而归，及息什一，以除告缗，用充仞新秦中”①。和帝永元六年（94年），“幸洛阳寺，录囚徒，举冤狱。收洛阳令下狱抵罪，司隶校尉、河南尹皆左降”②。对勤政为民的官吏，皇帝会给予物质奖励，甚至提拔。如宣帝神爵元年（前61年）巡幸河东地区，就曾“赐天下勤事吏爵二级”③。光武帝二十年到东部巡行时，路过小黄县，汉高祖母亲的陵园就在这里。当时虞延任部督邮，光武帝叫人把他找来，询问有关园陵的事情。虞延“进止从容，占拜可观，其陵树株蘖，皆谙其数，俎豆牺牲，颇晓其礼”，光武帝非常满意，让虞延跟随巡行，“延从送车驾西尽郡界，赐钱及剑带佩刀还郡，于是声名遂振”④。明帝永平二年（59年），西巡狩，到长安，“历览馆邑，会郡县吏，劳赐作乐”⑤。朱晖曾任临淮太守，任职期间，执法公平，民歌之：“强直自遂，南阳朱季，吏畏其威，民怀其惠。”后坐法免。章帝元和元年（84年），南巡行，召见朱晖，拜其为尚书仆射⑥。章帝章和元年（87年）到东方巡狩时，经过济阳，三老吏人一起给皇帝上书，陈述寒朗任职期间的良好表现。“帝至梁，召见朗，诏三府为辟首，由是辟司徒府”⑦。皇帝在巡行地方的过程中，考察地方的吏治状况，并据此对官员进行奖惩，这是对地方官员为官之道的教育，是社会教育的一个方面。

---

① [西汉] 司马迁.史记[M].北京：中华书局，1982:1438.

② [南朝宋] 范晔.后汉书[M].北京：中华书局，1965:179.

③ [东汉] 班固.汉书[M].北京：中华书局，1962:259.

④ [南朝宋] 范晔.后汉书[M].北京：中华书局，1965:1151–1152.

⑤ [南朝宋] 范晔.后汉书[M].北京：中华书局，1965:104.

⑥ [南朝宋] 范晔.后汉书[M].北京：中华书局，1965:1459–1460.

⑦ [南朝宋] 范晔.后汉书[M].北京：中华书局，1965:1418.

据《后汉书·儒林列传》记载："世祖巡狩汝南，召掾吏试经，防尤能诵读，拜为守丞。"光武帝巡行汝南，召集地方官员考核他们对儒家经典掌握的程度，并对优秀者予以提拔。明帝永平十年（67年），"南巡狩，幸南阳，祠章陵。日北至，又祠旧宅。礼毕，召校官弟子作雅乐，奏《鹿鸣》，帝自御埙篪和之，以娱嘉宾。还，幸南顿，劳飨三老、官属"①。明帝巡行中把地方学校的学生召集起来，演奏乐舞，以此对百姓进行教化。永平十五年（72年），明帝东巡到孔子宅，祭奠仲尼及七十二弟子后，"亲御讲堂，命皇太子、诸王说经。"②"在儒学故里，皇帝率太子及诸皇子说经，其象征意义远胜过说经本身，这是做给天下士人看的，表明皇帝、皇族对经学的推崇以带动、鼓舞经学的学习、研究"③。章帝元和二年（85年），东巡狩，至东郡。精通《尚书》、为人正直的张酺曾当过章帝的老师，后出京担任东郡太守。"引酺及门生并郡县椽吏并会庭中。帝先备弟子之仪，使酺讲《尚书》一篇，然后修君臣之礼。赏赐殊特，莫不沾洽"④，对张酺行弟子之礼，表现了章帝对老师的尊崇；让张酺讲《尚书》一篇，则显示了章帝对儒家经学的重视。而倡导尊师是汉代社会教育的一个重要内容。元和三年（86年），章帝北巡狩，下诏曰："朕惟巡狩之制，以宣声教。"⑤表明推广教化是巡狩的一个重要目的。皇帝在巡幸过程中，之所以要开展讲经、试经等活动，目的是推广儒家经学，宣传儒家思想，借以维护统治秩序。

皇帝在巡行中往往要对高年、鳏寡等社会弱势群体进行抚恤，其目的是在社会上树立尊老敬老、关注社会弱势群体的风尚，借以稳定社会

① [南朝宋] 范晔.后汉书[M].北京：中华书局，1965:113.

② [南朝宋] 范晔.后汉书[M].北京：中华书局，1965:118.

③ 史冠华.秦汉巡狩考述[D].西安：西北大学，2008.

④ [南朝宋] 范晔.后汉书[M].北京：中华书局，1965:1530.

⑤ [南朝宋] 范晔.后汉书[M].北京：中华书局，1965:154.

秩序。如汉武帝元封元年（前110年）登封泰山，诏曰："行所巡至，博、奉高、蛇丘，历城、梁父，民田租逋赋贷，已除。加年七十以上孤寡帛，人二匹。"[①]元封二年（前109年）祠泰山，"赐孤独高年米，人四石"[②]。章帝元和元年（84年），南巡狩，"赐鳏、寡、孤独、不能自存者粟，人五斛"[③]。和帝永元十五年（103年），南巡狩，"赐所过二千石长吏以下、三老、官属及民百年者钱布，各有差"[④]。顺帝永和二年（137年），"行幸长安，所过鳏、寡、孤独、贫不能自存者赐粟，人五斛"[⑤]。皇帝在巡行中也常有大赦、减刑、赎刑之举。为什么要这样做？《汉书·平帝纪》为我们道出了个中缘由："夫赦令者，将与天下更始，诚欲令百姓改行洁己，全其命也。往者有司多举奏赦前事，累增罪过，诛陷亡辜，殆非重信慎行，洒心自新之意也。"希望通过此举使犯罪者能够改过自新，重新做人，有助于形成稳定的社会秩序，其所蕴含的教化成分是不言而喻的。如武帝元封五年、太始四年、后元元年，巡幸中都曾"赦天下"。明帝永平十五年（72年），"东巡狩。辛丑，幸偃师。诏亡命自殊死以下赎：死罪缣四十匹，右趾至髡钳城旦舂十匹，完城旦至司寇五匹；犯罪未发觉，诏书到日自告者，半入赎。"章帝元和二年（85年），东巡狩，诏曰："大赦天下。诸犯罪不当得赦者，皆除之。"[⑥]

"汉中期以后帝王出巡地方逐步常态化，并且成为帝王加强对地方的控制，进行政治、经济、军事、文化统治的一种重要手段。由于天子巡行地方，亲自了解地方情况，有利于准确掌握各地民情和地方吏治，

①[东汉]班固.汉书[M].北京：中华书局，1962:191.

②[东汉]班固.汉书[M].北京：中华书局，1962:193.

③[南朝宋]范晔.后汉书[M].北京：中华书局，1965:147.

④[南朝宋]范晔.后汉书[M].北京：中华书局，1965:191.

⑤[南朝宋]范晔.后汉书[M].北京：中华书局，1965:267.

⑥[南朝宋]范晔.后汉书[M].北京：中华书局，1965:150.

为其在施政过程中制定正确的决策提供可能。”[①]“诸皇帝通过亲自巡视，宣扬中央政策，弘扬儒家治术和三纲五常等伦理思想，推行教化，加强思想文化专制统治，以期达到国家统一、政治稳定、人民顺从的局面。”[②]

2.遣使巡行。皇帝是全国的最高统治者，事务繁忙，不可能经常抽出时间去地方进行实地考察，这样就有了皇帝遣使巡行的制度，即派遣使者持节代表皇帝巡行地方。

汉代遣使巡行盛行于武帝之后，武帝之前只有一个遣使巡行的例子，文帝十二年（前168年）下诏：“其遣谒者劳赐三老、孝者帛人五匹，悌者、力田二匹，廉吏者帛人五匹，悌者、力田二匹，廉吏二百石以上率百石者三匹。及问民所不便安，而以户口率置三老孝悌力田常员，令各率其意以道民焉。”[③]文帝派遣巡行使者之目的，主要是让他们代表皇帝劳赐三老、孝悌、力田和廉吏，了解老百姓的疾苦，并按照各县户口人数的多少，来设置三老、孝悌、力田，使其成为百姓行为的准则、表率。西汉前期，几乎没有派遣巡行使的例子，与其时的政治、经济状况有关。其时朝廷把主要精力放在社会经济的恢复和发展上，采取了与民休息的政策，尽量不对民众进行骚扰。这一政策的实行取得了显著效果，出现了一个较为安定的社会局面。文帝时，“躬修玄默，劝趣农桑，减省租赋。而将相皆旧功臣，少文多质，惩恶亡秦之政，论议务在宽厚，耻言人之过失。化行天下，告讦之俗易。吏安其官，民乐其业，畜积岁增，户口浸息，风流笃厚，禁罔疏阔。”[④]因为没有太大的社会问题，就无需遣使巡行。武帝即位后，一方面由于前期积累，社会经济比较繁荣，另一方面各种社会矛盾开始显现，而汉武帝本人又颇

① 田振洪.汉代巡视制度及其历史启示[J].三明学院学报，2010（5）.

② 张国芝.汉代巡视制度研究[M].郑州：大象出版社，2014:40.

③ [东汉] 班固.汉书[M].北京：中华书局，1962:124.

④ [东汉] 班固.汉书[M].北京：中华书局，1962:1079.

具雄才大略，想有所作为，因而有遣使巡行之举。汉武帝元狩元年（前122年）诏曰："朕嘉孝弟、力田，哀夫老眊、孤、寡、鳏、独或匮于衣食，甚怜愍焉。其遣谒者巡行天下，存问致赐。曰：'皇帝使谒者赐县三老、孝者帛，人五匹；乡三老、弟者、力田帛，人三匹；年九十以上及鳏、寡、孤、独帛，人二匹，絮三斤；八十以上米，人三石。有冤失职，使者以闻。县、乡即赐，毋赘聚。'"[①]通过对三老、孝悌、力田的厚赐，鼓励他们能积极奉行社会教育的职能，稳定民心，以消除刘安、刘赐谋反事件造成的不良影响。元狩六年（前117年）诏曰："今遣博士大等六人分循行天下，存问鳏寡废疾，无以自振业者贷与之。谕三老孝弟以为民师，举独行之君子，征诣行在所。朕嘉贤者，乐知其人，广宣厥道，士有特召，使者之任也。详问隐处亡位，及冤失职，奸猾为害，野荒治苛者，举奏。"[②]这道诏书给予使者的职责是，救助社会弱势群体，举荐人才，平理冤狱，要求三老、孝悌发挥劝导百姓的作用，使百姓能够知晓政府货币改革的内容。

武帝以后各朝均有类似的遣使巡行措施。"据《汉书》和《后汉书》本纪所载，西汉遣出巡行使45次，东汉一代达44次。"[③]如昭帝始元元年（前86年），"遣故廷尉王平等五人，持节行郡国，举贤良，问民所疾苦、冤、失职者。"[④]让使者到地方推荐贤良人才，了解百姓的疾苦所在，纠察官吏的失职行为。宣帝本始元年（前73年），"遣使者持节诏郡国二千石谨牧民而风德化。"[⑤]派使者向地方主官传达皇帝的旨意，要求他们忠实地履行职责，把对百姓开展道德教育作为一件大事来抓。元康四年（前62年），"遣太中大夫强等十二人循行天下，存问

---

① [东汉] 班固.汉书[M].北京：中华书局，1962:174.

② [东汉] 班固.汉书[M].北京：中华书局，1962:180.

③ 刘太祥.汉代巡行使的职能和作用[J].史学月刊，1997（1）.

④ [东汉] 班固.汉书[M].北京：中华书局，1962:220.

⑤ [东汉] 班固.汉书[M].北京：中华书局，1962:239.

鳏寡，览观风俗，察吏治得失，举茂材异伦之士。”[①]五凤四年（前54年），“遣丞相、御史掾二十四人循行天下，举冤狱，察擅为苛禁深刻不改者。”[②]特别强调平理冤狱，因为其“能够迅速有效地处理民怨民愤，直接安抚民心，宣扬圣德，因此受到统治者的重视”[③]。元帝初元元年（前48年），诏曰：“方田作时，朕忧蒸庶之失业，临遣光禄大夫褒等十二人循行天下，存问耆老鳏寡孤独困乏失职之民，延登贤俊，招显侧陋，因览风俗之化。相守二千石诚能正躬劳力，宣明教化，以亲万姓，则六合之内和亲，庶几乎无忧矣。”[④]明确要求地方主官要“宣明教化”，切实开展社会教育工作。建昭四年（前35年），诏曰：“遣谏大夫博士赏等二十一人循行天下，存问耆老鳏寡孤独乏困失职之人，举茂材特立之士。相将九卿，其帅意毋怠，使朕获观教化之流焉。”[⑤]要求循行使者慰问社会弱势群体，并举荐人才。成帝即位之初，孔光被推举为博士，“数使录冤狱，行风俗，振赡流民，奉使称旨”[⑥]。孔光作为使者到地方去处理冤假错案，赈灾济贫，效果很好。建始三年（前30年），“郡国被水灾，流杀人民，多至千数。京师无故讹言大水至，吏民惊恐，奔走乘城。殆苛暴深刻之吏未息，元元冤失职者众。遣谏大夫林等循行天下。”[⑦]地方郡国遭受水灾，民心不稳，而吏治存在失误，故派使者深入实地了解情况。鸿嘉元年（前20年），下诏云：“刑罚不中，众冤失职，趋阙告诉者不绝。……临遣谏大夫理等举三辅、三河、弘农冤狱。”[⑧]地方官员在处理案件时，缺乏对司法精神的正确理解，

---

① [东汉]班固.汉书[M].北京：中华书局，1962:258.

② [东汉]班固.汉书[M].北京：中华书局，1962:268.

③ 张强，杨颖.两汉循行制度考述[J].南京师大学报，2008（3）.

④ [东汉]班固.汉书[M].北京：中华书局，1962:279.

⑤ [东汉]班固.汉书[M].北京：中华书局，1962:295.

⑥ [东汉]班固.汉书[M].北京：中华书局，1962:3353.

⑦ [东汉]班固.汉书[M].北京：中华书局，1962:306–307.

⑧ [东汉]班固.汉书[M].北京：中华书局，1962:315.

存在着司法不公的现象，致使“趋阙告诉者不绝”，为此，派遣使者巡行地方以处理冤狱。永始三年（前14年），“遣太中大夫嘉等循行天下，存问耆老、民所疾苦。其与部刺史举淳朴逊让有行者各一人。”① 要求使者慰问老者，了解民间疾苦，并向中央举荐相关人才。平帝元始四年（4年），“遣太仆王恽等八人置副，假节，分行天下，览观风俗”②。王莽篡汉后，“遣五威将帅行天下风俗”③。

东汉亦有遣使巡行之制。和帝即位后，“分遣使者，皆微服单行，各至州县，观采风谣”④，派遣使者到地方微服私访，了解民情民俗。和帝永元十一年（99年），“遣使循行郡国，禀贷被灾害不能自存者，令得渔采山林池泽，不收假税。”⑤派遣使者对地方上遭受灾害的百姓进行救济，使他们得以渡过难关，并开放山林池泽，让百姓打鱼砍柴而不用缴纳相关的税。对聚敛财富、中饱私囊的贪赃枉法之徒，巡行使可收案举劾；对勤于政事、造福一方者，巡行使可直接向皇帝推荐。如顺帝时，雷义“为守灌谒者，使持节督郡国行风俗，太守令长坐者凡七十人”⑥；顺帝汉安元年（142年），“遣侍中杜乔、光禄大夫周举、守光禄大夫郭遵、冯羡、栾巴、张纲、周栩、刘班等八人分行州郡，班宣风化，举实臧否”⑦。《后汉书·周举传》也载其事：“其刺史、二千石有臧罪显明者，驿马上之；墨绶以下，便辄收举。其有清忠惠利，为百姓所安，宜表异者，皆以状上。于是八使同时俱拜，天下号曰‘八俊’。”八使在“表异”方面究竟有哪些作为，并未详载，只记

① [东汉] 班固.汉书[M].北京：中华书局，1962:323.
② [东汉] 班固.汉书[M].北京：中华书局，1962:357.
③ [东汉] 班固.汉书[M].北京：中华书局，1962:3084.
④ [南朝宋] 范晔.后汉书[M].北京：中华书局，1965:2717.
⑤ [南朝宋] 范晔.后汉书[M].北京：中华书局，1965:185.
⑥ [南朝宋] 范晔.后汉书[M].北京：中华书局，1965:2688.
⑦ [南朝宋] 范晔.后汉书[M].北京：中华书局，1965:272.

载了一例，即杜乔巡察兖州，“表奏太山太守李固为政天下第一”[①]。出使者查访到贪污腐败劣迹的官员，涉及州刺史、郡守级别的，需要以驿马快递的形式上报给朝廷加以惩处；对县级官员，则可以直接就地法办。八使所纠劾处理的地方官究竟有多少，史书中未有明确记载，赵凯先生认为“当有数百人之多”，其中包括两千石的高级官员，甚至涉及中央级官员，如济阴太守氾宫、陈留太守梁让、蜀郡太守刘宣、汝南太守梁乾、济北相崔瑗、鲁相寇仪等。特别需要提到的是，豫州所辖六个郡国，有汝南郡、鲁国二地守相遭劾，占比约为33%；兖州所辖八个郡国，有济阴郡、陈留郡、济北国三地长官被劾，占比约为38%，可谓概率较高[②]。对于八使所劾奏的官员朝廷是如何处理的，史书上有记载。《后汉书·李固传》：“固乃与廷尉吴雄上疏，以为八使所纠，宜急诛罚，选举署置，可归有司。帝感其言，乃更下免八使所举刺史、二千石。”《后汉书·种暠传》：“时所遣八使光禄大夫杜乔、周举等，多所纠奏，而大将军梁冀及诸宦官互为请救，事皆被寝遏。皓自以职主刺举，志案奸违，乃复劾诸为八使所举蜀郡太守刘宣等罪恶章露，宜伏欧刀。又奏请敕四府条举近臣父兄及知亲为刺史、二千石尤残秽不胜任者，免遣案罪。帝乃从之。”由于这些被劾奏的官员或是外戚的党羽，或是宦官的爪牙，因而外戚和宦官联合起来加以解救，使顺帝一度不得不放弃对这些涉事官员的处置。只是李固、吴雄、种暠等一批正直官员连续上书，要求皇帝尊重八使的意见，惩治涉事官员。顺帝最终听从李固等人建议，对被八使劾奏的官员进行了处理。如济北相崔瑗被免职，蜀郡太守刘宣、鲁相寇仪被下狱处死。

可见汉代遣使巡行天下，主要是为了观览风俗，了解民情，平理冤狱，考察吏治得失，奖善惩恶，以督促各地整齐风俗，这一措施显然是

---

① [南朝宋] 范晔.后汉书[M].北京：中华书局，1965:2092.

② 赵凯.东汉顺帝“八使”巡行事件始末[J].南都学坛，2013（5）.

有利于宣行德教、美化风俗的。而从派遣使者的身份来看，多为博士、谒者、光禄大夫、谏大夫、太中大夫等，这些人基本上都有儒学背景。汉代派遣博士作为使者执行巡行任务的就有六次，如元鼎二年（前115年），“遣博士中等分循行”[①]；建昭四年（前35年），“临遣谏大夫博士赏等二十一人循行天下”[②]；阳朔二年（前23年），“遣谏大夫博士分行视”[③]。任博士者，多精通儒家经学。这从成帝阳朔二年的举博士诏书中可以看出：“古之立太学，将以传先王之业，流化于天下也。儒林之官，四海渊源，宜皆明于古今，温故知新，通达国体，故谓之博士。否则学者无述焉，为下所轻，非所以遵道德也。”[④]即要求博士德才兼备，不仅要有广博的知识，而且更能运用这些知识为现实社会服务，可以为人师表，尊为道德的风范。再如孔光为孔子十四世孙，出身儒学世家，“经学尤明”[⑤]。周举“博学洽闻，为儒者所宗，故京师为之语曰：‘《五经》从横周宣光。’”；[⑥]杜乔“少好学，治《韩诗》《京氏易》《欧阳尚书》”[⑦]；栾巴“学览经典”[⑧]；张纲“少明经学”[⑨]。博士巡行地方有利于社会教育的开展，因为循行包含开展教化的内容，故而选拔循行使者时特别注意对其学养的考量。与其他充任此职的人员相比，经学博士在观览风俗、宣传教化上具有更大优势。正如有学者指出，汉代派遣使者对地方进行巡行，了解地方的风土人情，一方面，儒学化的地方官员在地方行政过程中将儒家的价值观加以贯

---

① [东汉] 班固.汉书[M].北京：中华书局，1962:180，182.
② [东汉] 班固.汉书[M].北京：中华书局，1962:295.
③ [东汉] 班固.汉书[M].北京：中华书局，1962:310，313.
④ [东汉] 班固.汉书[M].北京：中华书局，1962:313.
⑤ [东汉] 班固.汉书[M].北京：中华书局，1962:3353.
⑥ [南朝宋] 范晔.后汉书[M].北京：中华书局，1965:2023.
⑦ [南朝宋] 范晔.后汉书[M].北京：中华书局，1965:2092.
⑧ [南朝宋] 范晔.后汉书[M].北京：中华书局，1965:1841.
⑨ [南朝宋] 范晔.后汉书[M].北京：中华书局，1965:1816.

彻，另一方面，中央政府也尽力用各种措施来使各地的风俗有较大的改观。随着儒学社会化的不断推进，社会底层也日益受到儒学的浸润，广大百姓渐渐接受儒家思想，儒家的价值观逐渐成为其时共同的社会价值观①。

本章小结

西汉初年，由于统治者把主要精力放在如何恢复发展社会经济、稳定社会秩序上，对于建立官办学校，不仅不迫切，而且缺乏必要的物力支持。这一时期，无论是中央还是地方，我们都看不到一点官学的影子。但这并不意味着统治者不重视教育。对民间力量所办的学校，政府持不干涉的态度，从而使民办教育由秦朝打击下的地下状态，重新走到台前，并逐步恢复和发展。与此同时，统治者对社会教育给予了高度关注，这从楚汉战争尚在进行中，政权落于谁手，形势还不明朗的情况下，刘邦就在自己的势力范围内设立“三老”这件事情中得到反映。特别是汉武帝接受了公羊学大师董仲舒的建议，以董仲舒改造后的儒家学说作为治国的指导思想，从此，儒家经学和儒家伦理道德成为官员选拔的主要标准，官吏队伍日益走向儒学化。这些儒学化的官吏在施政过程中，能自觉地遵循儒家“修身、齐家、治国、平天下”的理念，积极对民众进行教育。可以说，在对民众开展社会教育活动中，各级官吏发挥了重要作用。汉代的社会教育已走向制度化，正如有学者指出：“汉代循吏乃至所有地方官吏的教化实践绝对不是一种纯粹的个人行为，而首先是一种制度行为。它所秉承的并非经典儒教，而是早已化为政治共识的官僚意识和帝国理念。其原动力只能来自皇权政体的意识形态建制，所谓‘化自圣躬，流及蛮荒’，其走向与演化也必然为皇权意识形

① 夏增民.遣使巡行制度与汉代儒学传播[J].华中科技大学学报，2008（4）.

态体系所主导。”[①]从本质上说，汉代的社会教育是为维护皇权政治服务的。

社会教育在汉代受到了上自最高统治者下到地方官吏的普遍重视，成为建国安民、整饬风俗的根本措施。通过多种多样的形式和手段，如最高统治者的身教示范，发布诏令宣传教化，对道德楷模予以表彰、树为典型，大力提倡尊老养老，提倡孝道，建立以孝廉为核心的选官制度，遣使考察地方风俗、民情等，不拘一格地推行道德教化，逐步使儒家的伦理道德深入人心，社会上形成了以忠孝、仁爱、礼义为荣的风气。对于汉代的伦理状况，后人多给予高度赞扬。如《南史・孝义传论》：“汉世士务修身，故忠孝成俗。”邓子琴赞道：“德行之君子，乃云兴霞蔚，几于比屋可封，可谓中国历史上之伦理时代，诚可称述者矣。”[②]尽管这种伦理道德教育不可能从根本上遏制政治的黑暗、统治的腐败，但它使社会矛盾在一定时期内得到缓和，从而对巩固统治、延缓王朝的衰亡起重要作用。可以说，伦理道德教育作用的发挥是有条件的，它要受到政治的制约。政治清明之时，道德教育可以促进良好道德风尚的形成和社会的安定；而在政治腐败之际，道德教育则显得苍白无力。只有刷新政治，道德教育的作用才能最大限度地发挥出来。

官方是汉代社会教育的主导力量，无论中央政府，抑或地方政府均是社会教育的主要实施者，这是毋庸置疑的。但在汉代社会教育工作的舞台上并非官方在唱独角戏，官方并不是社会教育的唯一承担者，一些民间力量，也以其独具特色的方式对民众进行着社会教化活动，是官方社会教育的有力补充。它们共同构成了其时社会教化的网络，最大限度地把民众纳入国家的教化体系中，有利于国家核心价值观的宣传与落实。关于这一情况，我们将在后文予以阐释。

---

① 雷戈.两汉郡守的教化职能——秦汉意识形态建制研究之一[J].史学月刊，2009（2）.

② 邓子琴.中国风俗史[M].成都：巴蜀书社，1987.

第三章 汉代社会教育的内容

社会教育，一般是指统治者对整个社会，尤其是广大劳动人民实施的道德教育。社会教育之目的，就是要实现“化民成俗”。所谓化民，就是侧重于用统治阶级的道德观念来训练老百姓的思想、情感，达到“一民心”的结果；所谓成俗，就是侧重于以统治阶级的道德准则来整肃民风、民习，实现“齐风俗”[①]，从而达到“俗齐则和，心一则固，人于是乎可任使也”[②]的专制统治之目的。汉代社会教育的内容丰富多彩，一部分来自官方的政治性教化，一部分属于社会生产和社会生活所需的各种知识、技能及习俗规范，其中最主要的就是“三纲五常”封建伦理规范，它是经由董仲舒、班固等人加工而成的一套定型封建礼教。

一、以农业为本的劳动生产教育

农业是古代社会国民经济的基础，是人类自身存在和社会发展的必要前提，农业的发展状况，农业收成的丰歉，对国力的强弱、国运的盛衰以及民众的饥饱贫富，都有着重大影响，因而为历代统治者所重视。相传尧舜时期已设有主管农业生产的专官——后稷。西周是在农业发达的基础上强大起来的，因而一直把重农作为基本国策，当时就有“民之

① 毛礼锐.中国教育史简编[M].北京：教育科学出版社，1984:387.

② 《全唐文》卷六百七十《白居易十五・策林一》，中文百科在线网。

大事在农”[①]的说法。自战国时期进入封建社会后，发展农业与家庭手工业相结合的小农经济，成了历代政权奉行的基本国策。

战国时期的法家最早系统地提出了重农主张，并对重本抑末的理论作了阐释。商鞅变法时，秦国宣布百姓“僇力本业，耕织致粟帛多者复其身。事末利及怠而贫者，举以为收孥”[②]，并制定了一系列鼓励垦荒的措施。把本业与末利相对应提出，这是第一次。本业就是粟、帛耕织结合的自给自足的生产，农业之外的其他行业则为末业。就经济领域来说，商鞅认为工商业较农业容易获得赢利，因而在提倡重农的同时，主张对工商业加以禁限、打击。他说：“农之用力最苦而赢利少，不如商贾、技巧之人。苟能令商贾、技巧之人无繁，则欲国之无富不可得也。”[③]为了禁限、打击工商业，商鞅提出了一系列严厉措施：重征工商税，扩大对商家的徭役征派，不许商人经营粮食买卖等。其后韩非进一步对重本抑末的思想予以发展，明确地解释“末”为工商业，提出了治理国家一定要“使其商工游食之民少而名卑，以寡趣本务而趋末作”的主张。[④]他把财富等同于“粟”，因而把是否生产粟作为区分生产劳动和非生产劳动的标准，提出了只有农业劳动是生产劳动而工商业则非生产劳动的论点。他以石田为比喻说：“磐石千里，不可谓富。”因为“磐不生粟”。既然“商官技艺之士”也是“不垦而食”，不生产粮食的，他们的“不可谓富”，就是“与磐石一贯”[⑤]的。韩非把“商工之民”列为国家的“五蠹”之一，主张“除此五蠹之民”[⑥]。秦始皇统一六国后，以法家学说作为统治思想，继续倡导重农抑商的方针，如

① [春秋] 左丘明.国语[M].长春：时代文艺出版社，2008:2.

② [西汉] 司马迁.史记[M].北京：中华书局，1982:2230.

③ 国学整理社.商君书・外内[M] //诸子集成（第五册）.上海：上海书店出版社，1986:37.

④ 陈启雄.韩子浅解[M].北京：中华书局，1960:488.

⑤ 陈启雄.韩子浅解[M].北京：中华书局，1960:499.

⑥ 陈启雄.韩子浅解[M].北京：中华书局，1960:490.

琅邪台刻石上即有“皇帝之功，勤劳本事。上农除末，黔首是富”[①]的记载。

西汉初年，一些儒生开始参与政府某些重大政策的制定，他们不是从在野者的角度，而是立足于统治阶层的现实利益，宏观地审视整个社会。先前的儒家学说缺少为统治者服务的具体措施和实践经验，要最终取得思想的统治地位，必须对自身学说进行一些加工与改造，必须吸收其他学派的观点，其中就包括重农的思想理论。因为这一理论的提出者不仅意识到农业是人类生存之本、衣食之源，是富国强兵的支柱性、基础性产业，而且也意识到农民通过大量劳动与土地的简单、牢固地结合，可以保证社会秩序的稳定，避免出现政局动荡和流民问题。在这里，重农不单纯是一个经济问题，同时也是一个政治问题，是从根本上巩固政权的一个重要战略措施[②]。

汉初最早吸收法家思想、提出重农抑商理论的儒生是贾谊。汉文帝初期，汉政权已克服了吕氏叛乱的危机，经济上也有了好转，但“公私之积”仍然不多，经济困难还未完全摆脱。在这种背景下，贾谊上书文帝：“《管子》曰：‘仓廪实而知礼节。’民不足而可治者，自古及今，未之尝闻。古之人曰：‘一夫不耕，或受之饥；一女不织，或受之寒。’……今背本而趋末，食者甚众，是天下之大残也。……今驱民而归之农，皆著于本，使天下各食其力，末技游食之民转而缘南亩，则畜积足而人乐其所矣，可以为富安天下。”[③]要想安民，必先使民富足，要使百姓富足，途径有二：一是多生产，二是节省消费以广积贮。许多人“背本趋末”是造成生产少消费多、“公私之积，犹可哀痛”的主要症结，为改变这种状况，只有“重本抑末”。

① [西汉] 司马迁.史记[M].北京：中华书局，1982:245.

② 张涛.经学与汉代的经济政策[J].北京社会科学，1996（2）.

③ [东汉] 班固.汉书[M].北京：中华书局，1962:1128，1130.

晁错也上书文帝，阐述了他的重农思想。他认为，老百姓都很贫穷，而“贫生于不足，不足生于不农，不农则不地著，不地著则离乡轻家”[①]，为解决这一问题，政府“方今之务，莫若使民务农而已矣。欲民务农，在于贵粟；贵粟之道，在于使民以粟为赏罚。今募天下入粟县官，得以拜爵，得以除罪。如此，富人有爵，农民有钱，粟有所渫。夫能入粟以受爵，皆有余者也；取于有余，以供上用，则贫民之赋可损”[②]。以粟为赏罚则贫民之赋可损，商人会以他拥有的货币去买粟受爵，减少对土地的兼并。

“重本抑末”论在先秦是法家极力推崇的思想。到了汉代，经过贾谊、晁错这些在思想界和实际政策方面都有重大影响人物的积极宣扬，逐渐成为占支配地位的经济思想。

武帝时，董仲舒直接从儒家经义出发，阐述了重农思想。关中泾渭流域和三河地带是汉代主要的农业区，这个地区的自然条件较差，气候冷，降雨少。人们仍习惯种植菽粟等大秋作物，地力未能充分利用，因而粮食产量并不高。针对这种情况，他上书：“《春秋》五谷不书，至于麦禾不成则书之，以此见圣人于五谷最重麦与禾也。今关中俗不好种麦，是岁失《春秋》之所重，而损生民之具也。愿陛下幸诏大司农，使关中民益种宿麦，令毋后时。”[③]根据《春秋》以强调关中种麦。武帝采纳了这一建议，从而收到了比较好的经济效果，在麦田里播种秋熟作物，使关中地区一年有了夏秋两次收成，极大提高了单位面积的产量，在一定程度上缓和了关中粮食生产不足的矛盾。

此后，重农思想在儒家经学中占据了重要地位，就连统治者发布各种重农政策时，也常常要引用经义以增强说服力。如成帝阳朔四年（前

① [东汉] 班固.汉书[M].北京：中华书局，1962:1131.

② [东汉] 班固.汉书[M].北京：中华书局，1962:1133.

③ [东汉] 班固.汉书[M].北京：中华书局，1962:1137.

21年）下诏："夫《洪范》八政，以食为首，斯诚家给刑错之本也。先帝劭农，薄其租税，宠其强力，令与孝弟同科。间者民弥惰怠，乡本者少，趋末者众，将何以矫之？方东作时，其令二千石勉劝农桑，出入阡陌，致劳来之。《书》不云乎："'服田力啬，乃亦有秋。'其勖之哉！"[①]借经学而勉励各地官吏应积极劝勉农桑。章帝元和三年（86年）也曾诏令常山、魏郡、清河、巨鹿、平原、东平郡等地方官吏："《月令》，孟春善相丘陵土地所宜。今肥田尚多，未有垦辟。其悉以赋贫民，给予粮种，务尽地力，勿令游手。"[②]这是根据《月令》而鼓励垦殖。

为了使重农政策能够得到切实贯彻、落实，两汉政府采取了一系列有效措施，利用教化作为手段来引导广大农民自觉自愿地安心农业生产。

第一，皇帝颁布重农诏令，亲行藉礼，为天下先。从文帝开始，汉代皇帝多次发布诏令强调从事农业生产的重要性，把农业生产看作国家的根本，并开藉田，行"亲耕礼"，躬劝农耕，实际上起到重视农业生产的表率作用。

汉文帝二年（前178年）正月诏："夫农，天下之本也，其开藉田，朕亲率耕，以给宗庙粢盛。"[③]颜师古注引韦昭曰："藉，借也。借民力以治之，以奉宗庙，且以劝率天下，使务农也。"藉田礼周代已有之，《诗经·周颂·载芟》："载芟，春籍田而祈社稷也。"每逢春耕前，由天子、诸侯拿着耒耜在籍田上三推或一拨，进行象征性的耕种，称为"藉礼"，以表示对农业的重视。自宣王后籍田、亲耕的制度一度被废置，《国语·周语上》记载："宣王即位，不藉千亩。"汉文

---

① [东汉] 班固.汉书[M].北京：中华书局，1962:314.

② [南朝宋] 范晔.后汉书[M].北京：中华书局，1965:154.

③ [东汉] 班固.汉书[M].北京：中华书局，1962:117.

帝恢复了这一古制。文帝十三年（前166年）下诏曰："朕亲率天下农耕，以供粢盛。皇后亲桑，以奉祭服。其具礼仪。"[①]在皇帝亲耕的基础上，又行皇后亲桑之礼。"在用古礼治国，以藉田制来鼓励农耕，文帝在汉代确有首创之功。"[②]汉景帝后元二年（前142年）四月诏："雕文刻镂，伤农事者也；锦绣纂组，害女红者也。农事伤则饥之本也，女红害则寒之原也。夫饥寒并至，而能亡为非者寡矣。朕亲耕，后亲桑，以奉宗庙粢盛祭服，为天下先；不受献，减太官，省徭赋，欲天下务农蚕，素有蓄积，以备灾害。"[③]汉武帝在举贤良策问诏中指出："今朕亲耕藉田以为农先，劝孝弟，崇有德，使者冠盖相望，问勤劳，恤孤独，尽思极神。"[④]西汉时的藉田制度被东汉王朝所继承，明帝、顺帝、献帝均有亲耕藉田之举动。明帝永平四年（61年）诏："朕亲耕藉田，以祈农事。京师冬无宿雪，春不燠沐，烦劳群司，积精祷求，而比再得时雨宿麦润泽。其赐公卿半奉，有司勉遵时政，务平刑罚。"[⑤]对汉代皇帝亲耕之礼仪，《后汉书·礼仪志上》记载："正月始耕。昼漏上水初纳，执事告祠先农，已享。耕时，有司请行事，就耕位，天子、三公、九卿、诸侯、百官以次耕。力田种各耰讫，有司告事毕。是月令曰：'郡国守相皆劝民始耕，如仪。'"首先要祭祀先农，《汉注仪》载："春始东耕于藉田。官祠先农，先农即神农炎帝也。祠以一太牢，百官皆从。"[⑥]除天子亲耕外，三公、九卿、诸侯、百官也要依次亲耕。仪式结束后，还要向地方主管官员发布命令，要求他们劝导百姓开始春耕。

---

① [东汉] 班固.汉书[M].北京：中华书局，1962:125.

② 余光煜.从汉文帝诏令看文帝朝的重农政策[J].农业考古，2007（3）.

③ [东汉] 班固.汉书[M].北京：中华书局，1962:151.

④ [东汉] 班固.汉书[M].北京：中华书局，1962:2507.

⑤ [南朝宋] 范晔.后汉书[M].北京：中华书局，1965:107.

⑥ [南朝宋] 范晔.后汉书[M].北京：中华书局，1965:3107.

汉代皇帝发布重农诏令，并亲行耕籍之礼，其目的就是对全体国民进行重视农业生产的教化，这种做法，对于促进农业生产的发展，具有一定的积极意义。

第二，要求郡国官吏劝勉农桑。在汉代，作为地方最高行政长官的郡守，其职责是："常以春行所主县，劝民农桑，振救乏绝。秋冬遣无害吏案讯诸囚，平其罪法，论课殿最。"[①]郡守的一个重要职能就是劝课农桑，以便使所管理的地区农业生产能够得到发展。正因为地方二千石官员是国家重农政策的具体实施者，为使这一政策不致落空，朝廷多次下诏督促。如成帝阳朔四年（前21年）下诏："方东作时，其令二千石勉劝农桑，出入阡陌，致劳来之。《书》不云乎？'服田力啬，乃亦有秋。'其勖之哉！"[②]要求二千石官员重视农业生产，以改变百姓多弃农从商的现象。哀帝元寿二年（前1）诏令郡国上计吏："丞史归告二千石……明诏忧百姓困于衣食，二千石帅劝农桑，思称厚恩，有以赈赡之，无烦挠夺民时。"[③]明帝永平三年（60年）下诏："夫春者，岁之始也。始得其正，则三时有成。比者水旱不节，边人食寡，政失于上，人受其咎。有司其勉顺时气，劝督农桑，去其螟蜮，以及蟊贼，诚详刑谨罚，明察单辞，夙夜匪懈，以称朕意。"[④]告诫各级官吏要谨慎使用刑罚，切不可影响农业生产，从而保证重农政策得以顺利推行。章帝建初元年（76年）诏曰："比年牛多疾疫，垦田减少，谷价颇贵，人以流亡。方春东作，宜及时务。二千石勉劝农桑，弘致劳来。"[⑤]要求地方官员督促百姓不要耽误生产时节。和帝也曾"令郡县

① [南朝宋] 范晔.后汉书[M].北京：中华书局，1965:3621.

② [东汉] 班固.汉书[M].北京：中华书局，1962:314.

③ [南朝宋] 范晔.后汉书[M].北京：中华书局，1965:3561.

④ [南朝宋] 范晔.后汉书[M].北京：中华书局，1965:105.

⑤ [南朝宋] 范晔.后汉书[M].北京：中华书局，1965:132.

劝民蓄蔬食以助五谷，其官有陂池，令得采取，勿收假税二岁”。[①]傅筑夫先生指出：“这一类诏令的频繁颁发，说明两汉历届政府对于农业是非常重视的，反复提醒人们要特别注意农业生产，地方官吏应给予农民一切方便，不得有妨碍农时的任何举措和设施。不管能否由此产生实际效果，但皇帝既谆谆告诫，有关官吏自不得不照例奉行，即使已经变成了例行公事，也得做一些有利于农田水利的安排和设施，以便能为自己的考绩增加一条有利的记录。”[②]

为了督促地方官员重视农业生产，朝廷经常派使者到郡国劝农，并对地方官员进行相应的考核。如宣帝命蔡癸“以好农使劝郡国”[③]，成帝遣使者“举奏二千石劳来有意者”[④]等，均是显著的例子。朝廷也要求州郡对属下地方官吏的劝农情况，给予督促和考课。如安帝永初三年（109年）下诏：“长吏案行在所，皆令种宿麦蔬食，务尽地力，其贫者给种饷。”[⑤]汉代在对地方官吏进行考核时，已明确把能否发展农业生产作为一个重要标准。汉代考核地方官吏的主要方式是上计制，就是郡县长官每年年终向上级汇报工作业绩，而粮食收入、垦田数等即为主要内容。地方官吏如果在奖励开荒、兴修水利、增加户口等方面做出成绩，常常能获得国家的表彰。如渤海太守龚遂，因为他“躬率以节俭，劝民务农桑”，使“郡中皆有蓄积”[⑥]，受到了宣帝的表彰。成帝时天水太守陈立，也因“劝民农桑为天下最”而受到“赐金四十斤”的奖励[⑦]。

---

① [南朝宋] 范晔.后汉书[M].北京：中华书局，1965:177.

② 傅筑夫.中国封建社会经济史[M].北京：人民出版社，1982:648.

③ [东汉] 班固.汉书[M].北京：中华书局，1962:1141.

④ [东汉] 班固.汉书[M].北京：中华书局，1962:3050.

⑤ [南朝宋] 范晔.后汉书[M].北京：中华书局，1965:213.

⑥ [东汉] 班固.汉书[M].北京：中华书局，1962:3640.

⑦ [东汉] 班固.汉书[M].北京：中华书局，1962:3845.

在政府的大力提倡和儒家教育的长期熏陶之下，儒者官吏在任职期间，往往能自觉坚守儒家的“先富后教”之政治理想，将发展生产、推广教化作为自己的重要职责，尤以循吏最为突出。两汉时期的循吏，史书对他们的描述是“所居民富”①，他们在地方任职时，均致力于当地经济发展，两汉史籍中有诸多此类的例子。

文翁担任蜀郡太守，上任不久，即大力兴修水利，“穿湔江口”，从而使大片土地受益，“灌溉繁田千七百顷”②。召信臣在任南阳太守期间，喜欢做对老百姓有利的事情，心里总是想着让百姓富裕。他经常深入田间，亲自劝导农耕，住在乡间亭舍中，几乎没有在家安闲的时候。他对郡中水源深入调查，“开通沟渎，起水门提瘀数十处，以广灌溉，岁岁增加，多至三万顷。”③老百姓都从中获得了利益，家家都有了积蓄。他又为民众制定了使用水的规则，并刻石立在田边，以防止民众有争抢现象的发生。召信臣组织百姓兴修水利，扩大了农田的灌溉面积，使当地民众得以过上“蓄积有余”的生活。杜诗，建武七年（31年）任南阳太守，“修治陂池，广拓土田，郡内比室殷足。时人方于召信臣，故南阳为之语曰：‘前有召父，后有杜母。’”④既兴修水利，又开拓土地，从而收到了“郡内比室殷足”的效果。王景建初八年（83年）迁任庐江太守，以前当地百姓并不知道有牛耕，土地不能充分利用，生产的粮食无法满足需要。春秋时楚相孙叔敖曾组织人力修建了一个水利工程——芍陂，但因年久失修而废弃。王景组织民众，“修起芜废，教用犁耕，由是垦辟倍多，境内丰给”⑤。他把一些管理制度刻在石碑上，以约束百姓的行为；还把养蚕织丝的技术传授给当地百姓。

① [东汉] 班固.汉书[M].北京：中华书局，1962:3624.

② [晋] 常璩.蜀志[M] //刘琳校注.华阳国志校注（卷三）.成都：巴蜀书社，1984:31.

③ [东汉] 班固.汉书[M].北京：中华书局，1962:3642.

④ [南朝宋] 范晔.后汉书[M].北京：中华书局，1965:1094.

⑤ [南朝宋] 范晔.后汉书[M].北京：中华书局，1965:2466.

王景在任期间，既修复废弃的水利工程，又教民使用犁耕技术，不仅使耕地面积有了大幅度增加，而且使百姓的生活水平也有了显著的提高。和帝永元年间，汝南太守何敞，“修理鲖阳旧渠，百姓赖其利，垦田增三万余顷”[①]。

特别是那些前往边疆地区任职的循吏，他们常把内地先进的生产技术和经验，加以传播、推广，这显然有利于推动边疆地区经济的发展，对改变其落后面貌起到了积极作用。比如，茨充担任桂阳太守时，“教民种植桑柘麻纻之属，劝令养蚕织屦，民得利焉”。李贤注引《东观记》曰：“建武中，桂阳太守茨充教人种桑蚕，人得其利。至今江南颇知桑蚕织屦，皆充之化也。”[②]茨充把养蚕制丝的技术引入桂阳地区，使“民得利焉”。任延担任九真太守，其地尚未有牛耕，百姓生活艰难，“延乃令铸作田器，教之垦辟。田畴岁岁开广，百姓充给。”[③]任延教给当地民众制作铁制农具，不仅使耕地面积得以扩大，百姓生活也得到了极大改善。崔寔任五原太守时，“五原土宜麻枲，而俗不知织绩，民冬月无衣，积细草而卧其中，见吏则衣草而出。寔至官，斥卖储峙，为作纺绩、织纴、练緼之具以教之，民得以免寒苦。”[④]《太平御览》卷二十七引崔寔《政论》亦言，崔寔在五原太守任内，曾从雁门“迎织师，使巧手作机，乃纺以教民织”。崔寔教会五原地区的民众如何因地制宜种植麻类作物，并从外地聘请纺织经验丰富的技师对百姓进行相关技术的培训，使“民得以免寒苦”。

通过梳理汉代循吏在经济方面的作为，其发展经济的措施主要有以下几个方面：一是大兴水利建设。不少循吏认识到水利对农业生产的重要性，因而积极组织当地百姓开渠筑堤，引水灌溉农田。如任延任武

---

① [南朝宋] 范晔.后汉书[M].北京：中华书局，1965:1487.

② [南朝宋] 范晔.后汉书[M].北京：中华书局，1965:2460.

③ [南朝宋] 范晔.后汉书[M].北京：中华书局，1965:2462.

④ [南朝宋] 范晔.后汉书[M].北京：中华书局，1965:1730.

威太守时，设置专门管理水利的官员，修理沟渠引黄河水灌溉农田，使百姓获得了利益；二是积极推广先进的农业生产工具和生产技术，如铁制农具、牛耕、蚕织技术等；三是出台规章制度，以加强对农业生产的管理。如龚遂担任渤海太守时，针对“齐俗奢侈，好末技，不田作”的风气，规定百姓有带刀剑者，使卖剑买牛，卖刀买犊；春夏必须在田间劳作，秋冬要“多蓄果实菱芡”“令口种一树榆，百本薤、五十本葱、一畦韭，家二母彘、五鸡。”[①]童怀为不其令，“耕织种收，皆有条章”[②]，仇览为薄亭长时，“劝人生业，为制科令，至于果菜为限，鸡豕有数”。[③]四是赈济贫民，对贫穷百姓尽力救助。如黄霸在颍川任太守时，“养视鳏寡，赡助贫穷”[④]；“鳏寡孤独有死无以葬者，乡部书言，霸具为区处。”[⑤]任延任会稽都尉期间，“省诸卒，令耕公田，以周穷急”[⑥]；任九真任太守时，针对山民结婚无聘礼的情况，“令长吏以下各省俸禄以赈助之”[⑦]；第五访任张掖太守时，辖内有灾荒发生，“访乃开仓赈给以救其敝”[⑧]；仇览任蒲亭长时，积极“躬助丧事，赈恤穷寡”[⑨]。

汉代循吏在任期间皆把富民作为当务之急、为政之本，并把富民建立在发展生产、提高劳动生产率的基础上。他们认识到，只有百姓过上富足的生活，才能有安定平和的社会环境，社会再生产才能够正常进行，百姓才有可能足额向国家缴纳赋税、提供力役，国家才能长治久

① [东汉] 班固.汉书[M].北京：中华书局，1962:3640.
② [南朝宋] 范晔.后汉书[M].北京：中华书局，1965:2482.
③ [南朝宋] 范晔.后汉书[M].北京：中华书局，1965:2479.
④ [东汉] 班固.汉书[M].北京：中华书局，1962:3631.
⑤ [东汉] 班固.汉书[M].北京：中华书局，1962:3630.
⑥ [南朝宋] 范晔.后汉书[M].北京：中华书局，1965:2461.
⑦ [南朝宋] 范晔.后汉书[M].北京：中华书局，1965:2462.
⑧ [南朝宋] 范晔.后汉书[M].北京：中华书局，1965:2475.
⑨ [南朝宋] 范晔.后汉书[M].北京：中华书局，1965:2480.

安，为此他们采取了一些重农措施，取得了明显效果。凡是他们治理的地区，田亩、户口数都有较大增长，百姓生活比较安定、富足。如汝南太守邓晨在任时，“兴鸿郤陂数千顷田，汝土以殷，鱼稻之饶，流衍它郡”①；张堪在渔阳太守任中，在狐奴开垦稻田八千余顷，“劝民耕种，以致殷富。百姓歌曰：‘桑无附枝，麦穗两歧，张君为政，乐不可支。”②杨仁为什邡令，“垦田千余顷”③；第五访为新都令，三年时间，邻县归之户口十倍。为张掖太守，仅一年多时间，“官民并丰”④；巨鹿太守樊准，“课督农桑，广施方略，期年间，谷粟丰贱数十倍”。⑤

第三，教授、推广先进技术。汉代对农业技术教育也较为重视，当时农业技术传授的主要形式仍然是传统的父子世以相教，但政府为了使先进的生产工具和技术得到推广，有时也采取征调有关人员进行技术培训的方式，使其成为推行先进生产技术和工具的骨干力量。如武帝末年，为了使因长期征战而造成的国库空虚局面得以改变，任命赵过为搜粟都尉，开展提高单位面积产量和改进工具以发展农业生产的试验，并以政府的力量，将其成果加以推广。

赵过通过总结前人的经验，创造出了一种先进的农业耕作方法，被称为“代田法”。据《汉书·食货志》载：“过能为代田，一亩三圳，岁代处，故曰代田。”就是在一亩地上挖掘三条深、宽皆为一尺的“圳（沟）”，然后将种子播在沟里。幼苗出土后，除草时再把苗旁的垄土逐次锄下，培壅苗根。到盛夏时，垄土就全部培到沟里。第二年则把原来做垄的地方改为沟，沟改作垄，年年沟垄互换，故称代田法。圳垄异

① [南朝宋] 范晔.后汉书[M].北京：中华书局，1965:584.

② [南朝宋] 范晔.后汉书[M].北京：中华书局，1965:1100.

③ [南朝宋] 范晔.后汉书[M].北京：中华书局，1965:2574.

④ [南朝宋] 范晔.后汉书[M].北京：中华书局，1965:2476.

⑤ [南朝宋] 范晔.后汉书[M].北京：中华书局，1965:1128.

位是一种轮耕法。轮耕法发明以前，长期采用土地抛荒的休耕制来恢复地力，浪费了大量土地。代田法用圳垄异位的办法，使各部分土地在轮流耕种休息的基础上，达到整块土地的连年耕种，既有效恢复了地力，又充分利用了土地。代田法把土地作成圳垄，苗与苗保持一定的间距，有利于作物的生长。在农作物生长的过程中，不断地对作物根部培土，可以使作物扎根深入，充分吸收土壤中的水分，还可抵御风的侵袭，起到抗旱保墒的作用[①]。

赵过首先令离宫卒在离宫外墙内侧空地上试验，结果“课得谷皆多其旁田亩一斛以上”[②]，随后赵过把这种先进的耕作方法加以推广，“令命家田三辅公田，又教边郡及居延城。是后边城、河东、弘农、三辅、太常民皆便代田，用力少而得谷多。”[③]即先种试验田，然后以点带面逐步推广。这种耕作方法主要是在降雨量较少的西北、北方边郡和关中地区推行，明显地提高了粮食产量。在居延甚至还设有代田仓和专职官员。《居延汉简》二七三·三二记：“始元二年十一月戊戌，第二亭长舒受代田仓验见都丞延寿临。”又该简一四八·四七记：“始元三年，正月丁酉朔丁酉，第二亭长舒受代田仓验见。”代田仓的设立反映边郡地区推行代田法是卓有成效的。

赵过还改良了铁器、牛耕。《汉书·食货志》：“其耕耘下种田器，皆有便巧。率十二夫为田一井一屋，故亩五顷，用耦犁，二牛三人，一岁之收，常过缦田亩一斛以上，善者倍之。”又曰：“大农置工巧奴与从事，为作田器。”赵过不仅改良了生产工具，而且积极利用手中的权力，借助政府力量将其加以推广，在更广大的范围获取积极的效益。《汉书·食货志》曰：“二千石遣令、长、三老、力田及里父老善

---

① 林甘泉.秦汉经济卷（上）[M]，//中国经济通史.北京：经济日报出版社，1999:216–217.

② [东汉] 班固.汉书[M].北京：中华书局，1962:1139.

③ [东汉] 班固.汉书[M].北京：中华书局，1962:1139.

田者受田器，学耕种养苗状。”这些人或是地方上的实权人物，或是地方上有很大影响的人，集中对他们进行新农具、新技术的培训，然后由他们予以推广，必然会产生良好的效果。昭宣统治时期社会经济得到了恢复和发展，出现了为史家所称道的“中兴”局面，与此应有着一定的关系。

铁铧和耕牛是推行代田法必备的生产资料，缺乏铁铧、耕牛是广泛推行代田法的障碍。为了解决缺耕牛的困难，“平都令光教过以人挽犁，过奏光以为丞，教民相与庸挽犁。”[①]即通过换工进行协作生产以提高劳动生产率。用这样的办法进行耕作，人数较多的组一天可以耕田30亩，而人数较少的组一天也可耕田13亩，“以故田多垦辟”。[②]

西汉成帝时，著名农学家氾胜之曾在三辅地区传授先进的农业生产技术。《汉书·艺文志》有“氾胜之十八篇”，注云：“成帝时为议郎。师古曰：刘向《别录》云使教田三辅，有好田者师之，徙为御史。”又据《晋书·食货志》云：“昔汉遣轻车使者氾胜之督三辅种麦，而关中遂穰。”这说明氾胜之确曾负责过京城三辅地区的农业管理工作，并且取得了较好的成绩。氾胜之在“教田”的过程中，把关中地区农业生产经验加以总结，撰写了我国古代第一部具有科学价值的农业技术理论书籍《氾胜之书》。《氾胜之书》宋末元初失传，现存版本是从《齐民要术》等书中辑出来的，基本内容有耕作的总原则、选择播种日期、种子处理、个别作物的栽培技术、收获、留种及贮藏、区田法[③]。

区田法首先是整好土地，深挖做区，即方形的穴或带状的沟，其行株距或穴距都排成整齐的行列。在做区时添加“美粪”，增加土地的肥

---

① [东汉] 班固.汉书[M].北京：中华书局，1962:1139.

② [东汉] 班固.汉书[M].北京：中华书局，1962:1139.

③ 石声汉.氾胜之书今译[M].北京：科学出版社，1956:57.

力。播种前，要将种子浸渍在用兽骨煮成并搀以动物粪便的汁水里，这样具有防蝗虫、耐旱的作用。播种后注意中耕除草，次数尤不厌多，还有施肥、灌溉，麦地则在冬季积雪保墒。由于区田法实行深耕、密植、集中而有效地利用水肥、加强田间管理等一系列方法，保证了干旱环境中的农作物生长发育所必需的条件，从而取得较高的单位面积产量。1956年，河南辉县石泉农业试验站曾用区田法试种了一亩地的粟，结果产量确实高于一般的耕田，由此科学家们认为“区田对旱年有利”。[①]正因为区田法能提高单位面积产量，故其不仅在当时深受农民的欢迎，就是在后世也屡有采用者。如东汉明帝时，“以郡国牛疫，通使区种增耕。”[②]曹魏正始时，邓艾在两淮屯田，因牛疫缺乏耕牛，也推行区种法。

两汉时期，由于统治阶级对农业生产教育的高度重视、率先垂范，在一定程度上推动了农业生产的发展，改善了人民的生活，缓和了阶级矛盾，从而为社会的和谐与稳定提供了物质基础。

二、以廉洁奉公为主要内容的官吏教育

要把一个国家治理好，单靠君主一人之力是难以完成的，还需要从中央到地方各级官吏的共同努力。所谓“惟治乱在庶官”[③]，“吏者，民之本纲者也，故圣人治吏不治民。”[④]官员的素质直接关系到各项政策能否有效地贯彻落实，关乎国家的治乱盛衰。因此，先秦不少思想家提出了以贤能之人来治国的主张。墨子曰：“尚贤者，政之本也。”[⑤]

---

① 张履鹏.古代相传的作物区田法[J].农业学报，1957（1）.

② [南朝宋] 范晔.后汉书[M].北京：中华书局，1965:1305.

③ 吴根友点注.四书五经[M].北京：中国友谊出版公司，1993:125.

④ 王先慎集解.外储说右下[M] //钟哲点校.韩非子集解（卷十四）.北京：中华书局，2018:371.

⑤ 孙启治点校.墨子校注[M].北京：中华书局，2018:67.

把任用贤士为官看作是为政的根本："贤良之士众，则国家之治厚；贤良之士寡，则国家之治薄。"[①]一个国家治理的程度与贤士的多少有着极大关系。孟子指出："尊贤使能，俊杰在位，则天下之士皆悦，而愿立于朝矣。"[②]任用贤能之人为官有利于形成贤向善的社会风气。官吏应该具有良好的道德素质，成为民众的表率，从而取得较好的治理效果。孔子就曾指出："其身正，不令而行；其身不正，虽令不从。"[③]正因为如此，先秦统治者在选拔官吏时就已有道德方面的考量，并采取措施对官吏开展道德教育。

秦通过商鞅变法，确立了以法治国的原则，对官吏的权力、义务、职责等通过立法予以规定，以加强对其的监督与考核，同时也注重对官吏为官道德的要求，这可从出土文献中得到反映。1975 年在湖北云梦睡虎地秦墓出土的竹简中有一篇《为吏之道》的简文，就是官吏在道德方面应具备的规范及行为准则。开篇即言："凡为吏之道，必清洁正直，谨慎坚固，审悉毋私，微密纤察，安静毋苛，审当赏罚，严刚毋暴，廉而毋刖，毋复期胜，毋以愤怒决。宽裕忠信，和平毋怨，悔过毋重。慈下毋陵，敬上毋犯，听谏毋塞。审智民能，善度民力，劳以率之，正以矫子　反赦其身，止欲去愿。"[④]官吏必须有廉洁、正直、谨慎、无私、宽容、忠信等的道德品质。具体而言："吏有五善：一曰忠信敬上，二曰清廉毋谤，三曰举事审当，四曰喜施善行，五曰恭敬多让。五者毕至，必有大赏。"[⑤]如果具有这五种品德，就会获得奖赏。同时又提出"吏有五失"，对官吏可能出现的过失行为予以告诫。湖南大学岳麓书院收藏的一批秦简，据专家考证抄写于秦统一全国之后，其中的一

① 孙启治点校.墨子校注[M].北京：中华书局，2018:65.

② 吴根友点注.四书五经[M].北京：中国友谊出版公司，1993:44.

③ 吴根友点注.四书五经[M].北京：中国友谊出版公司，1993:24.

④ 彭浩，刘乐贤.秦简牍合集（壹）[M].武汉：武汉大学出版社，2016:300.

⑤ 彭浩，刘乐贤.秦简牍合集（壹）[M].武汉：武汉大学出版社，2016:304.

篇简文《为吏治官及黔首》，在内容上与《为吏之道》有相似之处，是对官吏进行道德教育的教材，涉及官吏的品性修养、日常工作守则、善官与恶官的评价标准等。同样有“吏有五善”“吏有五失”等内容，如“吏有五善：一曰忠信敬上，二曰精廉无谤，三曰举吏审当，四曰喜为善行，五曰恭敬多让。五者毕至必有天当。”[①]两篇简文在不同地点发现，在一定程度上说明秦对官吏为官之道的教育得到了贯彻落实。从简文“清洁正直”“清廉毋谤”等表述中我们可以看出秦朝重视对官吏的廉洁要求，已有了廉政意识。尽管秦朝为整顿吏治采取过一些措施，但由于统治时间短暂，效果有限。秦始皇过分迷信暴力，以严刑酷法来治民，最终激化了社会矛盾，导致二世而亡。

汉朝建立以后，吸取前代的经验教训，重视官吏队伍的建设，一方面修订法律，以立法的形式对官吏的行为予以规范，另一方面采取措施加强对官吏队伍的道德教育，提高其道德修养，使他们能真正成为民众的表率，对社会道德风尚起到引导作用。

（一）廉洁道德教育

廉洁是我国传统道德中的一个重要内容，历来受到人们重视，一些人甚至将其视为国家政治的根本，《晏子春秋·内篇问下》曰：“廉者，政之本也。”《管子·牧民》把廉与礼、义、耻看作是立国的四根柱子，认为“四维不张，国乃灭亡”。对于廉洁的含义，汉代学者有如下之解释。东汉刘熙《释名·释言语》：“廉，敛也，自检敛也。”东汉王逸对《楚辞·招魂》“朕幼清以廉洁兮”中“廉洁”注释为：“不受为廉，不污为洁。”实际上廉洁就是“不贪婪”“不多得”的一种道德操守。就是官员不能利用手中的权力，非法占有他人的财物或公共财物。汉人也特别强调官吏廉洁的品德对政治生活的重要性，如汉宣帝认

---

① 朱汉民，陈松长.岳麓书院藏秦简（壹）[M].上海：上海辞书出版社，2010:121.

为："吏不廉平，则治道衰。"[①]官吏在行政时，如果不能做到廉洁、公平，那么国家的政治就会越来越糟糕。刘向说："临官莫如平，临财莫如廉，廉平之守，不可攻也。"[②]官吏要以公平的态度对待一切，面对资财能够坚持廉洁的操守，如果人们能够拥有公平和廉洁的美德，可永远立于不败之地。官员拥有廉洁的美德，能在人格上展现出强大的感召力，对整个官员队伍道德建设起到积极的示范作用。否则，就会产生巨大的负面影响，危及官员队伍的道德形象。

正因为官吏的廉洁关乎国家政治的清明、政权的稳固，故汉代统治者对其十分重视，采取了一些措施来对官吏进行廉洁道德的教育，力图使从政者能够具有廉洁的职业道德。

其一，通过察举升迁的办法来教育官吏应具有廉洁的品行。汉代对行为廉洁的官吏，设置专门的察廉科目，予以选拔升迁，以保证廉洁之人有做官升迁的渠道，借以激励人们予以效仿。察举廉吏究竟起于何时，限于文献记载的不足，学界尚无明确定论。但从目前能见到的资料来看，汉文帝时应该已有察举廉吏的举动，这从文帝所下诏书中可以窥知："孝悌，天下之大顺也；力田，为生之本也；三老，众民之师也；廉吏，民之表也。朕甚嘉此二三大夫之行。今万家之县，云无应令，岂实人情？是吏举贤之道未备也。"[③]这是要求地方官向朝廷推荐包括廉吏在内之人。景帝曾下诏要求为廉士步入仕途提供便利，其诏曰："今訾算十以上乃得宦，廉士算不必众。有市籍不得宦，无訾又不得官，朕甚愍之。訾算四得宦，亡令廉士久失职，贪夫长利。"[④]这说明汉初对做官者有身份和财产方面的要求，景帝将原来訾算十才能为官的条件降低到訾算四，从而为廉士入仕创造了条件。即使汉武帝时岁举孝廉正式

① [东汉] 班固.汉书[M].北京：中华书局，1962:263.

② [西汉] 刘向撰，向宗鲁校正.说苑校正[M].北京：中华书局，1987:164.

③ [东汉] 班固.汉书[M].北京：中华书局，1962:124.

④ [东汉] 班固.汉书[M].北京：中华书局，1962:152.

成为一种制度，举廉吏的科目仍然存在，宣帝诏书可以说明这一点："举廉吏，诚欲得其真也。"[①]甚至到东汉时，察廉已变成了每年都举行的科目。光武帝曾在建武十二年下诏要求三公岁察廉吏各二人，光禄岁察廉吏三人，中二千石岁察廉吏各一人，廷尉、大司农各二人，将兵将军岁察廉吏各二人[②]。

汉代对廉洁品行突出的官吏予以升迁。如尹翁归曾担任过市吏，"公廉不受馈，百贾畏之"，后来被"举廉为缑氏尉"，因为治理得法，"迁补都内令，举廉为弘农都尉"[③]；黄霸任职左冯翊二百石卒史期间，"领郡钱谷计，薄书正，以廉称，察补河东均输长，复察廉为河南太守丞"[④]；薛宣"以大司农斗食属察廉，补不其丞"，琅邪太守赵贡到所属县考察，见到了薛宣，非常欣赏他的才能，于是"察宣廉，迁乐浪都尉丞"[⑤]；班彪"复辟司徒玉况府……后察司徒廉为望都长"[⑥]。用升迁的方式奖励廉洁的官吏，有助于官僚队伍清廉风气的塑造。

其二，通过对廉洁之官的赏赐来教育其他官吏努力养成廉洁的品德。汉代对具有清廉品德的官吏大力褒奖，有的赐予黄金，有的赐予丝织品，有的赐予粮食，有的则在其去世后给予高规格的礼遇，有的对其后代给予任用。如公孙弘在武帝时先后任御史大夫、丞相之职，虽贵为三公，但生活非常节俭，"奉禄甚多，然为布被"，每顿饭吃粗粮，肉菜只有一个，奉禄主要用来供给宾客和故旧的衣食，因此，"家无所余"。汉平帝元始年间，曾下诏予以褒奖："汉兴以来，股肱在位，身行俭约，轻财重义，未有若公孙弘者也。……夫表德章义，所以率世厉

① [东汉]班固.汉书[M].北京：中华书局，1962:152.
② [东汉]班固.汉书[M].北京：中华书局，1962:274.
③ [南朝宋]范晔.后汉书[M].北京：中华书局，1965:3559.
④ [东汉]班固.汉书[M].北京：中华书局，1962:3206–3207.
⑤ [东汉]班固.汉书[M].北京：中华书局，1962:3628.
⑥ [东汉]班固.汉书[M].北京：中华书局，1962:3385.

俗，圣王之制也。其赐弘后子孙之次见为適者，爵关内侯，食邑三百户。”[①]尹翁归任东海太守，“清洁自守，语不及私”，去世后，“家无余财”。宣帝下诏加以褒奖：“翁归廉平乡正，治民异等。”不幸早年离世，“赐翁归子黄金百斤，以奉其祭祠”[②]；张堪任蜀郡太守时，既能“仁以惠下，威能讨奸”“赏罚必信”，又能廉洁自律，离任时，只是“乘折辕车，布被囊而已”，光武帝“下诏褒扬，赐帛百匹”[③]；董宣建武年间任洛阳令，任职期间，非常廉洁，把所得的赏钱全部分给属下。他去世后，“布被覆尸”“有大麦数斛、敝车一乘”。光武帝知道后非常伤心，“赐艾绶，葬以大夫礼。”[④]

祭遵建武年间担任征虏将军，“为人廉约小心，克己奉公”，所得赏赐都分给手下的士兵，“家无私财，身衣韦绔，布被，夫人裳不加缘”。临终前，祭遵嘱咐家人用牛车将尸体拉回，在洛阳薄葬。对于他的去世，光武帝非常悲痛，命“百官先会丧所，车驾素服临之，望哭哀恸。还幸城门，过其车骑，涕泣不能已”[⑤]。丧礼完成后，光武帝又亲自用太牢之礼祭祀祭遵，如同宣帝对待霍光的丧事一样。后来给祭遵举行葬礼时，光武帝再次亲临现场，赐给祭遵将军、侯印绶，朱轮容车，令将士列阵为祭遵送葬；葬礼举行完毕，又亲自到祭遵的坟上进行吊唁，并前往家中慰问家属。郭丹建武年间先后任并州牧、左冯翊、司徒等职，但其“家无遗产，子孙困匮”，明帝巡幸到南阳时曾访求过郭丹的后代。郭丹“长子宇，官至常山太守。少子济，赵相”[⑥]。钟离意明帝时被征拜为尚书。当时，担任交阯太守的张恢因贪赃枉法而被召回

---

① [南朝宋] 范晔.后汉书[M].北京：中华书局，1965:1327，1329.

② [东汉] 班固.汉书[M].北京：中华书局，1962:3209.

③ [东汉] 班固.汉书[M].北京：中华书局，1962:2620–2624.

④ [东汉] 班固.汉书[M].北京：中华书局，1962:3209.

⑤ [南朝宋] 范晔.后汉书[M].北京：中华书局，1965:1100–1101.

⑥ [南朝宋] 范晔.后汉书[M].北京：中华书局，1965:2490.

洛阳处死，财产全部充公。不久，明帝下令把这些赃款赃物赐给大臣，钟离意坚决不要分给他的珠宝。明帝不解，就问他原因，钟离意解释："臣闻孔子忍渴于盗泉之水，曾参回车于胜母之间，恶其名也。此臧秽之宝，诚不敢拜。"[①]由此，明帝看出钟离意是一个清廉之人，就赐他库钱三十万，并升任其为尚书仆射。郑均章帝时任尚书、议郎，他多次提出好的建议而被皇帝采纳。郑均"束脩安贫，恭俭节整"，后因身体有病而辞职，章帝赐其千斛的谷子，并要求地方官员每年八月去慰问，"赐羊酒，显兹异行"，后来又亲自到郑均家里看望他，"敕赐尚书禄以终其身"[②]。桥玄东汉末年任度辽将军、司空、司徒等职，"谦俭下士，子弟亲宗无在大官者"，去世时"家无居业，丧无所殡，当时称之"[③]。建安七年曹操进军官渡时，曾"遣使以太牢祀桥玄"[④]。赏赐钱物、任用后代和给予高规格的礼遇，极大地肯定了官吏的廉洁行为，是对他们最实用的安慰与褒奖，对激励在职官员廉洁行事有着积极作用。

其三，通过严惩官吏贪污腐败的行为，来教育官吏奉行廉洁的重要性。贪婪是廉洁的对立面，官员对自己的欲望不节制甚至放纵，那他就会成为一个贪婪之人，最终走向腐败。汉代对官吏利用手中权力谋取私利的行为，予以严厉处罚。当时有"主守盗"的罪名，就是指以非法的手段占有官府财产的行为，即"非其所取而取之，谓之盗"[⑤]。汉代对此种行为处以重刑，"守县官财物而即盗之，已论命复有笞罪者，皆弃市。"[⑥]当然，在具体执行时，会根据赃物多少而有所区别，但轻罪重罚是其特点。张家山汉简《二年律令·盗律》规定："盗臧（赃）直

---

① [南朝宋] 范晔.后汉书[M].北京：中华书局，1965:741.

② [南朝宋] 范晔.后汉书[M].北京：中华书局，1965:942.

③ [南朝宋] 范晔.后汉书[M].北京：中华书局，1965:1407.

④ [南朝宋] 范晔.后汉书[M].北京：中华书局，1965:946.

⑤ 吴根友点注.四书五经[M].北京：中国友谊出版公司，1993:844.

⑥ [南朝宋] 范晔.后汉书[M].北京：中华书局，1965:1696.

（值）过六百六十钱，黥为城旦舂。六百六十到二百廿钱，完为城旦舂。不盈二百廿十到百一十钱，耐为隶臣妾。不盈百一十钱到廿二钱，罚金四两。不盈廿二钱到一钱，罚金一两。”《张家山汉简》中记载了一个案例：“醴阳令恢盗官米二百六十三石八斗。恢秩六百石，爵左庶长……从史石盗醴阳已乡县官米二百六十三石八斗，令舍人伍兴、义与石卖，得金六斤三两、钱万五千五十，罪，它如书。兴、义言皆如恢。问：恢盗赃过六百六十钱，石亡不讯，它如辭。鞫：恢，吏，盗过六百六十钱，审。当：恢当黥为城旦，毋得以爵减、免、赎。律：盗赃值过六百六十钱，黥为城旦；令：吏盗，当刑者刑，毋得以爵减、免、赎，以此当恢。”[①]醴阳县令恢指使手下盗取所管公粮出售，所得赃款收入私囊。事情败露后，恢被处以“黥为城旦”的刑罚。田延年在担任主管财政的大司农期间，负责筹备为汉昭帝修建陵园的物资。为了运沙土，田延年租用民间百姓三万辆牛车。按照当时的市场价，雇人拉一车沙土，需要付给一千钱。田延年却虚报账目，将一车沙土费用说成两千钱，向朝廷报销了六千万钱，其中三千万装进了自己的口袋。这件事情被人告发，丞相上奏田延年“主守盗三千万，不道”，使者召田延年前往廷尉处，结果他自杀了，“国除”[②]。尽管田延年曾在霍光废黜昌邑王刘贺之事上立有大功，但终因贪污数额巨大，自知难逃法律的严惩，为了避免受辱，只能自杀谢罪。汉宣帝时，丞相司直弹劾御史大夫萧望之，称其作为九卿之上的大臣，本应为人们所敬仰，却“不奉法自修，踞慢不逊攘，受所监臧二百五十以上，请逮捕系治”[③]，结果，萧望之被左迁为太子太傅。冯野王汉元帝时任左冯翊，“池阳令并素行贪污，轻野王外戚年少，治行不改。”冯野王指令督邮掾赵都立案审查，“得

① [南朝宋] 范晔.后汉书[M].北京：中华书局，1965:1697.

② 吴根友点注.四书五经[M].北京：中国友谊出版公司，1993:844.

③ [东汉] 班固.汉书[M].北京：中华书局，1962:1099.

其主守盗十金罪，收捕”，池阳令抗拒逮捕，赵都就把他杀了。[①]汉成帝时，翟方进任丞相，上奏说，陈咸任郡守时，对待官吏和民众非常残酷。“主守盗，受所监。”又贿赂宠臣陈汤以求取荐举，“苟得无耻，不宜处位”[②]，结果陈咸被免职。可见，汉代对官吏以权谋私的行为给予的处罚有：降职、免职、缴纳罚金、黥为城旦、处死等。

汉代对官吏接受贿赂也给予严惩，张家山汉简《二年律令·盗律》中就有惩治受贿和行贿行为的条文：“受赇以枉法，及行赇者，皆坐其臧（赃）为盗。罪重于盗者，以重者论之。”凡接受贿赂者，要按照盗窃罪的性质来惩处，如果其罪已超过处罚盗窃罪的最高限度，就按最重罪行的量刑标准来处理。如汉景帝时爰盎担任吴相，“使吏案盎受吴王财物，抵罪，诏赦以为庶人。”[③]爰盎因私自接受吴王的财物而被免为庶人。薛宣任左冯翊时，池阳令向上级部门推举廉吏狱掾王立，还没等到上级部门召见，就听说王立曾收取囚犯家的钱。薛宣为此责成池阳县令，县令把狱掾王立抓起来审问，得知是他的妻子“独受系者钱万六千”，王立实际上并不知情，事后王立“惭恐自杀”，狱掾王立因妻子私自接受犯人家属所贿赂的钱，而选择“杀身以自明”[④]。我们不能确定王立是否参与其事，但从其最终选择自杀来看，说明汉初对官吏受贿行为给予高压打击的法律，威慑力极强。再如平丘侯王迁，“地节二年，坐平尚书听请受赃六百万，自杀。”[⑤]

汉代对因赃坐罪的官吏，给予终身禁锢、不得为吏的限制。贡禹曾上书元帝说，文帝在位时，“贵廉洁，贱贪污，贾人、赘婿及吏坐

① 张家山汉墓竹简整理小组.张家山汉墓竹简[M].北京：文物出版社，2001:219.

② [东汉]班固.汉书[M].北京：中华书局，1962:2665–2666.

③ [东汉]班固.汉书[M].北京：中华书局，1962:3281.

④ [东汉]班固.汉书[M].北京：中华书局，1962:3390.

⑤ [东汉]班固.汉书[M].北京：中华书局，1962:3302.

赃者，皆禁锢不得为吏。”[①]可见汉初已有赃吏被禁锢终身的规定。西汉禁锢终身的对象仅限于犯罪者本人，到东汉时，禁锢的对象扩展到了赃吏的子辈和孙辈，显然是加大了打击贪官的力度。如安帝初年，“清河相叔孙光坐臧抵罪，遂增锢二世，衅及其子”[②]，孙光因为坐赃犯罪影响到其子也被禁锢。安帝时担任尚书的陈忠曾上书“解臧吏三世禁锢”[③]，说明当时禁锢的对象已延及赃吏的孙辈，即三代人都要被禁锢。以立法的形式对官吏的贪污行为予以严惩，在一定程度上，对其他官吏起到了引以为戒、警示自己廉洁奉公的作用。有一个例子可以佐证：东平任城人郑均，年少时就喜欢研究黄老学说。他有一个哥哥担任县吏，经常接受别人的礼物，郑均多次劝谏，但是他不听。于是郑均外出打工，一年后回家把挣得的钱帛交给哥哥，并对他说：“物尽可复得，为吏坐臧，终身捐弃。”哥哥被郑均的话所警醒，“遂为廉洁”[④]。郑均的哥哥显然是意识到“坐臧”被禁锢的严重后果而走上正道的。

汉代统治者采取多种措施对官吏进行廉洁道德的教育，其目的是使其在道德上具有自我约束力，自觉抵制外界的诱惑，不义之财不贪，身外之物不取，养成不贪不腐、廉洁自律的政治品格，从而成为民众之表率，使百姓效仿，最终使民风淳朴。这种廉洁道德的教育对吏治建设起到了积极作用，两汉时期涌现出了一大批廉洁奉公的官吏，他们将廉洁品格作为个人的价值理想和价值追求，对于激浊扬清、反腐倡廉具有积极的意义。

（二）奉公道德教育

“公”自先秦以来一直是一个重要的道德规范。对于“公”的含

---

① [东汉] 班固.汉书[M].北京：中华书局，1962:2902.

② [东汉] 班固.汉书[M].北京：中华书局，1962:2273.

③ [东汉] 班固.汉书[M].北京：中华书局，1962:3390.

④ [东汉] 班固.汉书[M].北京：中华书局，1962:694.

义，古人有着大致相同的看法。《春秋·元命苞》称：“公之为言公正无私也。”韩非子认为：“自营者谓之私，背私谓之公。”[①]贾谊说：“兼覆无私谓之公，反公为私。”[②]这就是说，公平、公正、无私就是所谓的“公”。

对官吏来说，公正是处理政事的前提，所谓“公平者，职之衡也”[③]，只有处理问题公平合理，才能使政事顺利推行，达到治理天下之目的。所谓“公正无私，一言而万民齐”[④]，若官吏具有公正的道德品质，且能在处理一切事务时坚守公正的原则，不谋私利，公道处事，敢于伸张正义，就会赢得民众的支持。如果官吏失去了公正原则，就会使权力被滥用和异化，就会走向腐败，从而失去民心，危及政权。

正因为官吏具有公正的品德，是关系国家政权稳定的大事，故汉代统治者高度重视，并采取了诸多措施来开展对官吏的奉公道德教育。

其一，对具有奉公行为者予以升迁。张释之文帝时任公车令，一次，皇太子和梁孝王共乘一辆车入朝，到了司马门却没按照规定下车。张释之上前将车拦住，不准他们进入宫殿，并以“不下宫门不敬”对两人进行弹劾。后来薄太后派使者诏赦太子、梁王，张释之才放他们入殿。文帝从这件事看出张释之具有公正行事的品格，就提拔他任中郎将、廷尉。任职廷尉期间，张释之坚持依法办事，执法务求公平，从无曲法奉迎之举，即使涉及皇帝也是如此。这从“惊驾案”足以说明这一点。文帝出行经过中渭桥，有一人从桥下突然走出，驾车的马因此受到惊吓，文帝险些从马车上摔下。随从将那人逮捕，交给廷尉治罪。张释之经过审问了解实情后，按律罚其交四两黄金结案。文帝认为这样的判决太轻了，张释之解释说“法者天子所与天下公共也”，法律如此

① 王先慎集解.五蠹[M]//钟哲点校.韩非子集解（卷十九）.北京：中华书局，2018:491.

② [西汉]贾谊撰，方向东译注.新书[M]，北京：中华书局，2012：52.

③ 吴广义，崔文恒，侯晓菊.荀子评注[M].呼和浩特：远方出版社，2007:171.

④ [汉]刘安撰，何宁集释.淮南子集释[M].北京：中华书局，1998:1335.

规定，却要加重处理，这将使法律无法取信于民众。如果当时皇帝下令将其处死也就罢了，现在既然把案子交给廷尉处理，“廷尉，天下之平也，一倾而天下用法皆为轻重，民安所措其手足？”①文帝最终认同了张释之的意见。黄霸为河南太守丞，“处议当于法，合人心，太守甚任之，吏民爱敬焉。”宣帝即位后听说黄霸“持法平”，召来朝廷任廷尉正，黄霸不负皇帝所望，“数决疑狱，庭中称平”②。朱邑为人淳朴厚道，与故旧的感情深厚，“然性公正，不可交以私”，由太守卒史升迁为北海太守、大司农，“天子器之，朝廷敬焉。”③

第五访担任新都令，“政平化行”④，仅三年时间，邻近县的民众纷纷迁来，致使户口增加了十倍，因此被提拔为张掖太守。周泽任黾池令，“奉公克己，矜恤孤羸，吏人归爱之。”⑤永平五年，升任右中郎将，十年，拜为太常。孙堪曾在郡县任职，“公正廉洁，俸禄不及妻子，皆以供宾客”⑥，后被征为侍御史，再迁尚书令。永平十一年，拜光禄勋。冯鲂“性矜严公正，在位数进忠言，多见纳用”，永平十四年（71年），明帝下诏恢复冯鲂的爵士。第二年，明帝到东方巡视郡国，让冯鲂留在南宫宿卫。建初三年（78年），冯鲂因老病申请退休，章帝予以批准。“其冬为五更，诏鲂朝贺，就列侯位。”⑦可见汉代正是通过升迁官职的方式，来激励官吏积极行奉公之事。

其二，对奉公者或给予物质奖励，或在其死后立祠加以祭奠。如郅恽在东汉初年担任看守洛阳东城门的小官，一次，光武帝外出打猎，

---

① [西汉] 司马迁.史记[M].北京：中华书局，1982:2754–2755.

② [东汉] 班固.汉书[M].北京：中华书局，1962:3628–3629.

③ [东汉] 班固.汉书[M].北京：中华书局，1962:3628–3629.

④ [东汉] 班固.汉书[M].北京：中华书局，1962:3635.

⑤ [南朝宋] 范晔.后汉书[M].北京：中华书局，1965:2475.

⑥ [南朝宋] 范晔.后汉书[M].北京：中华书局，1965:2578.

⑦ [南朝宋] 范晔.后汉书[M].北京：中华书局，1965:2579.

在外逗留时间较长，回来时城门已按规定时间关闭，光武帝派人让郅恽开门，但他按章办事，不听诏令，“拒关不开”。光武帝无奈，只得绕道从东中门入城。第二天，郅恽又上书光武帝说，从前周文王不敢沉迷游猎，而是把民众的疾苦放在心上。“而陛下远猎山林，夜以继昼，其如社稷宗庙何？”光武帝认同郅恽的行为和上书，“赐布百匹，贬东中门候为参封尉。”[①]董宣建武初年担任洛阳令。湖阳公主的一个家奴在光天化日之下当街杀人，然后扬长而去，躲进公主府中，地方官不能进去搜捕。后来董宣得知公主于某日外出，那个家奴会随行，便与随从在途中等候。当湖阳公主的车马驶近时，董宣“乃驻车叩马，以刀画地，大言数主之失，叱奴下车，因格杀之”。湖阳公主觉得自己的面子丢尽了，便到宫中向弟弟光武帝告状。光武帝听了姐姐的哭诉，非常生气，命人将董宣召来，“欲棰杀之”。董宣对光武帝说：“陛下圣德中兴，而纵奴杀良人，将何以理天下乎？”说完以头撞柱，血流满面。光武帝见董宣对自己忠心耿耿，假如在朝堂上将董宣处死或者董宣自杀了，会给天下人留下一个杀害正直大臣的不良印象。但姐姐已提出要求，总得给予回应，所以就命令内侍抱住董宣，让他向公主叩头认错。董宣认为自己依法行事并无过错，“两手据地，终不肯俯”。光武帝十分赞赏董宣这种刚正不阿、不畏权势的骨气，秉公执法、宁可赴死不废法的精神，特下诏嘉奖，“赐钱三十万”，董宣将这些赏钱“悉以班诸吏”[②]。从此“强项令”的名声被广泛传播。

第五伦任乡啬夫期间，“平徭赋，埋怨结，得人欢心”；后任督铸钱掾，“平铨衡，正斗斛，市无阿枉，百姓悦服”；光武帝时先后任会稽太守、蜀郡太守，明帝时又升任司空。无论担任何职，第五伦均能“奉公尽节，言事无所依违”。手下官吏陈述的书面意见凡是对国家有

① [南朝宋] 范晔.后汉书[M].北京：中华书局，1965:1031.

② [南朝宋] 范晔.后汉书[M].北京：中华书局，1965:1149.

利的，他都封好上报，“其无私若此”。有人问第五伦有无私心，第五伦回道：“曾经有人送给我一匹千里马，我没有接受。此后，每当朝廷让我们选荐人才时，我心里总是想到这个人，不过我始终没有举荐他。我的侄子生病了，我一晚探望他十次，回到家倒头就睡；但儿子生病了，我虽然不去探望他，可是却整夜睡不着。依你说，我有没有私心？”正因为第五伦能拒绝贿赂，所以在选举时才能做到公平、公正。章帝继位后，第五伦觉得自己年老多病难以胜任工作，多次提出退休的请求。章帝最终批准，下诏“以二千石奉终其身，加赐钱五十万，公宅一区”；在其去世后，“诏赐秘器、衣衾、钱布”①。王涣明帝时任洛阳令，“以平正居身，得宽猛之宜”。对长期得不到公正判决的疑难案件，王涣通过细致的调查、审核，一一予以完结，同时对一些坏人坏事多次揭发。京城的人们给予高度评价。安帝永初二年（108年），邓太后下诏表彰：“尽心奉公，务在惠民，功业未遂，不幸早逝，百姓追思，为之立祠。自非忠爱之至，孰能若斯者乎！”②明帝时，张翕任巴郡太守，“政化清平，得夷人和”，任职十七年去世，“夷人爱慕，如丧父母”，明帝下诏嘉奖：“为立祠堂。”③对奉公处事的官吏进行物质奖励和精神激励，目的是要其他官员也能向这个方面努力，从而形成良好的政治环境。

其三，对违反奉公之德的官吏予以处罚。汉代对官吏不公正的司法审判、枉法裁判的行为给予处罚。汉代继承秦朝的做法，有不直、故纵的罪名。张家山汉简《二年律令·具律》：“其轻罪也故以重罪劾之，为不直。”官吏审判案件时，将重罪轻判或者轻罪重判，是一种故意犯罪行为。如新畤侯赵弟，在太始三年（前94年），“坐为太常鞫狱不

---

① [南朝宋] 范晔.后汉书[M].北京：中华书局，1965:1031.

② [南朝宋] 范晔.后汉书[M].北京：中华书局，1965:3490.

③ [南朝宋] 范晔.后汉书[M].北京：中华书局，1965:2853.

实，入钱百万赎死，完为城旦”[①]；商利侯王山寿，在元康元年（前65年），“坐为代郡太守故劾十人罪不直，免”[②]；故纵就是官吏对罪犯本应判刑却故意不判或故意减轻罪犯罪责使其够不上刑罚的违法行为。这在《二年律令·具律》中有相关规定：“鞫狱故纵，不直，及诊、报、辟故弗穷审者，死罪，斩左止为城旦，它各以其罪论之。”如昭帝始元年间，“廷尉李种坐故纵死罪弃市”[③]。昭帝元凤年间，“少府徐仁、廷尉王平、左冯翊贾胜胡皆坐纵反者”，结果徐仁自杀，王平、胜胡被处以腰斩之刑[④]。

汉代对察举选官中不能实事求是、公正对待的官员给予严厉处罚。如宣帝时，河南太守严延年以廉洁的名义向上推举手下一名狱吏，但实际上此人收取过赃物，结果“延年坐选举不实贬秩”[⑤]。元帝曾下诏要求列侯推举茂才，富平侯张勃与陈汤有交情，认为他有才能，遂将其推举。陈汤等待升迁的时候，父亲去世，他竟然不回乡奔丧，有关部门上奏指责陈汤道德品质有缺陷，“勃选举故不以实”[⑥]，被削减二百封户。光武帝建武二十年（44年），大司徒戴涉因所荐举的人盗金被关进监狱，窦融也受牵连被免了大司空之职[⑦]。汉顺帝时左雄担任尚书令对选举制度进行改革，济阴太守胡广等十几人都因选举不实被免职[⑧]。

汉代严禁官吏培植私人势力，结党营私。西汉建立后实行郡国并行制，为了防止诸侯王与官吏的结党行为，制定了相关法律。据载：“景遭七国之难，抑损诸侯，减黜其官。武有衡山、淮南之谋，作左

① [南朝宋] 范晔.后汉书[M].北京：中华书局，1965:1396–1402.
② [东汉] 班固.汉书[M].北京：中华书局，1962:668.
③ [南朝宋] 范晔.后汉书[M].北京：中华书局，1965:2470.
④ [南朝宋] 范晔.后汉书[M].北京：中华书局，1965:2853.
⑤ [东汉] 班固.汉书[M].北京：中华书局，1962:661.
⑥ [东汉] 班固.汉书[M].北京：中华书局，1962:668.
⑦ [东汉] 班固.汉书[M].北京：中华书局，1962:222.
⑧ [东汉] 班固.汉书[M].北京：中华书局，1962:229.

官之律，设附益之法。”[①]汉代还规定：“诸侯有罪，傅相不举奏，为阿党。”[②]如淮南王刘安来京城时，曾送给侍中严助许多钱财，双方关系非常好，“交私论议”。淮南王谋反，事情牵连到严助，武帝不想杀严助，但是廷尉张汤“以为助出入禁门，腹心之臣，而外与诸侯交私如此，不诛，后不可治。助竟弃市”[③]。严助因交通王侯而被杀。明帝十三年，有司奏楚王刘英“招聚奸猾，造作图谶，擅相官秩，置诸侯王公将军二千石，大逆不道，请诛之”，明帝废了刘英的王爵，将其迁徙到丹阳泾县。第二年，刘英自杀，王国被除，但这个案子并未结束，“坐死徙者以千数”[④]，数千人因为党附的罪名或死或被流放。官员之间若结为小团体同样受到严厉打击。哀帝时，大司空朱博上书，大司马傅喜“阿党大臣，无益政治”[⑤]，结果傅喜被罢官。安帝延光四年（125年），“大将军耿宝、中常侍樊丰、侍中谢恽、周广、乳母野王君王圣，坐相阿党”[⑥]，最终樊丰、谢恽、周广入狱而死，耿宝自杀，王圣被迁徙到鸿门。韩演桓帝时任司徒，专权的大将军梁冀被处死，“演坐阿党抵罪，以减死论，遣归本郡”[⑦]。汉代对官吏有违奉公道德的行为予以打击，一定程度上对其他官吏起到了警示作用，有利于纯洁官吏队伍，弘扬正气，进而稳固统治。

（三）忠君道德的教育

何为“忠”，《说文解字》：“敬也，尽心曰忠，从心。”学术界一般认为“忠”的道德观念产生于春秋时期，在其演化过程中，大致

① [东汉] 班固.汉书[M].北京：中华书局，1962:3670.

② [东汉] 班固.汉书[M].北京：中华书局，1962:3007.

③ [南朝宋] 范晔.后汉书[M].北京：中华书局，1965:807.

④ [南朝宋] 范晔.后汉书[M].北京：中华书局，1965:2020.

⑤ [东汉] 班固.汉书[M].北京：中华书局，1962:395.

⑥ [东汉] 班固.汉书[M].北京：中华书局，1962:2002.

⑦ [东汉] 班固.汉书[M].北京：中华书局，1962:2790.

有如下一些含义：忠于职守，公而忘私，尽心竭力地去做有利于国家人民的事，对君主尽忠等。当然“忠”德最主要的要求是大臣必须效忠国君。孔子曾提出：“臣事君以忠。”[①]汉代的陆贾也指出：“在朝者忠于君。”[②]《淮南子》曰：“二心不可以事君。”[③]郅寿说：“忠臣尽节，以死为归。”[④]作为臣子，对君主尽忠要一心一意，竭尽全力地把自己的工作做好，为君主献出一切，即使是生命也在所不惜。

汉代统治者重视官吏的忠君道德教育，并为此采取了多种措施加以实施。

其一，对在忠君方面表现突出者给予加官晋爵的奖赏。西汉建国之初，刘邦已初步意识到官吏忠德的重要性，并有意提倡。季布曾是项羽手下将领，“数窘汉王”。项羽战败后，刘邦曾出千金缉拿季布，后来把季布抓获，有人建议：“臣各为其主用，季布为项籍用，职耳。”[⑤]刘邦觉得有理，就将季布释放，并拜其为郎中。与此形成鲜明对照的是，丁公为项羽属下大将，曾在刘邦与项羽作战、刘邦失利时，偷偷将刘邦放走。项羽败亡后，丁公投奔刘邦，想着自己有恩于刘邦，肯定会得到重用。没想到刘邦令人将其捆绑，在军营中游行示众，说：“丁公为项王臣不忠，使项王失天下者，乃丁公也。”然后将丁公斩首，“使后世为人臣毋效丁公”[⑥]。刘邦的相关举动既是对忠主之士的肯定，也表明了对不忠之臣予以惩戒的态度。此后的汉代统治者均将臣对君忠视为官吏必备的政治素质，大力提倡，多方激励。昭帝初立时，左将军上官桀父子与盖主、燕王共谋作乱，时任谏大夫的杜延年把这一情况报告

① [南朝宋] 范晔.后汉书[M].北京：中华书局，1965:1429–1430.

② [东汉] 班固.汉书[M].北京：中华书局，1962:3407.

③ [南朝宋] 范晔.后汉书[M].北京：中华书局，1965:242.

④ [南朝宋] 范晔.后汉书[M].北京：中华书局，1965:1536.

⑤ 吴根友点注.四书五经[M].北京：中国友谊出版公司，1993:11.

⑥ [西汉] 陆贾著，王利器校注.新语校注[M].北京：中华书局，2012:132.

了秉政的大将军霍光，上官桀等人被处死。杜延年因告发奸人，“有忠节”，因此被提拔为太仆、右曹、给事中[①]。元帝时陈咸任御史中丞，执法公正。当时“中书令石显用事颛权，咸颇言显短”，因而得罪了石显。石显罗织罪名，将陈咸“下狱掠治，减死，髡为城旦，因废”。成帝即位后，大将军王凤认为陈咸敢于揭露石显的罪行，“有忠直节”，上奏皇帝任命陈咸为长史。不久又升为冀州刺史，“奉使称意，征为谏大夫”[②]。

那些为国家利益而殉职者，其继承人可以得到封赏。济南相韩千秋征讨南越，作战勇敢，不幸牺牲。为表彰其对国家的忠心，“武帝封子延年为侯”[③]。温序建武年间任护羌校尉，一次，他到辖内巡视，被隗嚣的部将扣留，并劝他背叛朝廷，共谋大事。温序义正词严地拒绝，他说：“受国重任，分当效死，义不贪生苟背恩德。”最后“伏剑而死”。光武帝听说了这件事后，命人将其尸体运到洛阳，赐墓地安葬，并“除三子为郎中”[④]。对为国捐躯者的家属进行封赏，既是对死难者忠于君主行为的肯定，也是对其家属的一种安慰，同时也对其他官吏起到激励的作用。汉代也重视对危难之时挺身而出舍己救主者的褒奖。如建武二年（26年），刘茂任弘农郡门下掾，赤眉军二十多万人来攻，“杀长吏及府掾史”。刘茂背起太守孙福，藏在一个空洞中，幸免于死。他们白天躲藏，晚上出来找吃的，过了一百多天，赤眉军撤走了，他们才回到郡府。第二年，光武帝下诏访求天下义士。孙福上书推荐刘茂：“茂与弟触冒兵刃，缘山负食，臣及妻子得度死命，节义尤高。宜蒙表耀，以厉义士。”[⑤]即征刘茂任议郎，不久升宗正丞，后又授侍中

① [西汉] 刘安撰，陈广忠译注.淮南子[M].北京：中华书局，2012:907.

② [南朝宋] 范晔.后汉书[M].北京：中华书局，1965:1034.

③ [东汉] 班固.汉书[M].北京：中华书局，1962:2662.

④ [东汉] 班固.汉书[M].北京：中华书局，1962:2900–2901.

⑤ [南朝宋] 范晔.后汉书[M].北京：中华书局，1965:2671.

之职。安帝永初二年（108年），强盗毕豪等进入平原县境内，县令刘雄率人乘船追击。追上后，与贼人作战，刘雄战败被捉住，贼人用矛去刺他。这时小吏所辅上前“叩头求哀，愿以身代雄”，贼人去刺所辅，“贯心洞背即死”。后来东郡太守把毕豪等人逮捕，并上报朝廷。安帝下诏予以褒奖，“除父奉为郎中”①。对下级舍身救护上级的行为进行褒赏，其目的是激励下级对上级的忠心，进而维护上下的等级秩序。

其二，通过物质赏赐或精神奖励的方式对忠臣的行为予以肯定。霍光曾先后辅佐昭宣二帝，对朝廷可谓忠心耿耿，因此得到了大量封赏。宣帝下诏称霍光“宿卫忠正，宣德明恩，守节秉谊，以安宗庙”②，在河北、东武增加霍光的封户一万七千户，使所食封户达到二万户。

汉代还通过授予名誉称号、图画形象、刻石旌表等方式对忠臣给予精神激励。铫期建武初年任魏郡太守、卫尉，任职期间，“忧国爱主，其有不得于心，必犯颜谏诤”。铫期去世后，光武帝亲临治丧，赐敛服，“赠以卫尉、安成侯印绶，谥曰忠侯。”③马援曾为刘秀统一天下立下了很大的战功。统一后，马援虽年事已高，仍西破陇羌，南征交趾，北击乌桓，因而被封为新息侯；章帝时“使五官中郎将持节追策，谥援曰忠成侯”④。梁商在顺帝时担任大将军之职，他谦虚平和，注重推荐有才能的人，先后征辟巨览、陈龟作为掾属，李固、周举作为从事中郎，“京师翕然，称为良辅”。去世后，朝廷“赐谥忠侯”⑤，这是以赐予包含忠字谥号的形式来表彰忠臣。汉宣帝在位时，对霍光、张安世、韩增、赵充国、魏相、丙吉、杜延年、刘德、梁丘贺、萧望之、苏武11名忠臣进行表彰，命人“图画其人于麒麟阁，法其形貌，署其官爵

① [南朝宋] 范晔.后汉书[M].北京：中华书局，1965:2672.
② [东汉] 班固.汉书[M].北京：中华书局，1962:2454.
③ [南朝宋] 范晔.后汉书[M].北京：中华书局，1965:2672.
④ [东汉] 班固.汉书[M].北京：中华书局，1962:2947.
⑤ [东汉] 班固.汉书[M].北京：中华书局，1962:2467.

姓名”[①]；明帝继位后，追忆为打下东汉江山立下汗马功劳的功臣，特命人“图画二十八将于南宫云台”[②]，包括邓禹、马成、吴汉、贾复、耿弇、寇恂、祭遵等人。安帝永初年间，阴平武都羌反，攻入汉中郡，太守郑廑率众与其交战，结果失败。主簿段崇等人奋力保护太守，最后身死。朝廷又任命邓成为汉中太守，邓成以程信为五官掾。程信率领士卒与再次进犯的羌人大战，大败羌人。程信“被八创，二十五人战死。自是后，羌不敢南向”。安帝下诏嘉奖段崇、程信等人，并“列画东观，每新太守到，必先存问其家”[③]，这是用图画形象的方式对忠臣予以奖励。安帝元初五年（118年），因为郡县赋敛繁多，永昌、益州及蜀郡夷人发动叛乱，人数达到十多万，他们杀害官吏，烧毁城市和村庄，以至于“骸骨委积，千里无人”，安帝下诏令益州刺史张乔选拔能士讨伐。张乔派从事杨竦领兵平叛，杨竦采用军事进攻和招抚相结合的办法将叛乱平息。未及州府将功劳上报朝廷，杨竦不幸因伤势发作离世。刺史张乔异常悲痛，于是令人“刻石勒铭，图画其像”[④]，旌表扬杨竦的功劳。桓帝延熹二年（159年），中常侍单超等五人因在诛大将军梁冀的行动中立下功劳，被封为列侯，专权选举。白马令李云公开上书，对当时政治的黑暗予以揭露：“今官位错乱，小人谄进，财货公行，政化日损，尺一拜用不经御省。是帝欲不谛乎？”结果触怒皇帝，被捕入狱，最后死在狱中。后来冀州刺史贾琮巡视辖内，经过李云的墓地拜祭，并“刻石表之”[⑤]。巴肃为勃海高城人，灵帝时任议郎，曾和窦武、陈蕃等密谋诛杀专权宦官，结果消息泄露，窦武等遇害，巴肃亦

① [南朝宋] 范晔.后汉书[M].北京：中华书局，1965:2168.

② [南朝宋] 范晔.后汉书[M].北京：中华书局，1965:733.

③ [南朝宋] 范晔.后汉书[M].北京：中华书局，1965:852.

④ [南朝宋] 范晔.后汉书[M].北京：中华书局，1965:1177.

⑤ [东汉] 班固.汉书[M].北京：中华书局，1962:2468.

坐党禁锢，并被杀害。“刺史贾琮刊石立铭以记之”[①]。汉代以图画形象、刻石旌表等方式对忠臣进行表彰，既是对忠臣行为的高度认可，又力图使忠臣的形象能深入人心，以达到激励示范的作用，从而为宣传国家的主流伦理价值观服务。

其三，以立法的形式对有不忠行为的官吏予以严惩，从反面角度教育官吏若不履行忠君之德要承担严重后果。汉代为了体现君主至高无上的权威，对臣子提出的要求是绝对忠君敬上，严厉惩罚破坏君臣关系、挑战君主权威的不忠不敬行为。“通过对不忠行为的惩治，以协调政治关系，保证君主专制政治统治的稳定发展。”[②]汉代处理侵犯皇权、政权的犯罪行为名目很多，主要有谋反、叛降、诽谤妖言、违礼不敬等。谋反就是企图推翻现政权，是最严重的不忠犯罪。对此种犯罪，刑罚是“夷三族”。张家山汉简《二年律令·贼律》：“以城邑亭障反……及谋反者，皆要斩。其父母、妻子、同产，无少长皆弃市。”不仅谋反者本人被腰斩，其亲属也要受弃市之刑。如汉高帝十年，代相陈豨发动叛乱，有人告发淮阴侯韩信准备和陈豨联合谋反。吕后找理由将韩信诱骗入宫，“斩之长乐钟室”，并“夷信三族”[③]。同年，有人告发梁王彭越谋反，“廷尉王恬开奏请族之。上乃可，遂夷越宗族，国除”[④]。投降敌人是对国家的背叛，是对皇帝不忠的表现，汉代对此种行为往往也采取株连家属的刑罚。武帝时，大将李陵征讨匈奴，结果李陵战败后投降匈奴。消息传回京师，武帝下令“族陵家，母弟妻子皆伏诛”[⑤]。之所以要采取连坐的方式来处理谋反、叛降罪，目的就在于警示人臣不要有非分之想，必须绝对忠于君主，否则，将给家族带来灭顶之灾。

---

① [南朝宋] 范晔.后汉书[M].北京：中华书局，1965:789.

② 常璩著，任乃强校注.华阳国志校补图注[M].上海：上海古籍出版社，1987:71.

③ [南朝宋] 范晔.后汉书[M].北京：中华书局，1965:2853–2854.

④ [南朝宋] 范晔.后汉书[M].北京：中华书局，1965:1852.

⑤ [南朝宋] 范晔.后汉书[M].北京：中华书局，1965:2203.

汉昭帝元凤年间，人们传说泰山附近有块大石头自己竖了起来，上林苑中枯萎倒卧在地的大柳树立了起来，重新长出了绿叶。议郎眭弘认为，大石自立，枯柳复生，说明要有普通老百姓成为天子了。汉帝应该诏告天下，寻找贤能之人，把帝位禅让给他。秉政的大将军霍光，给眭弘定罪“妖言惑众，大逆不道”①，眭弘因此被杀。宣帝时，有人弹劾光禄勋杨恽，说他胡乱引用灭亡国家的例子来诽谤当今社会，缺乏作为大臣的礼节。廷尉经过审理后，得出的结论是杨恽“不竭忠爱，尽臣子义，而妄怨望，称引为妖恶言”，属于“大逆不道”，请求将其逮捕予以处理。宣帝鉴于杨恽曾有告发霍氏谋反之功，不忍心杀他，把其免为庶人。后来杨恽在写给朋友孙会宗的信中，有对皇帝怨恨的表露，被人告发，廷尉判杨恽“大逆无道，腰斩。妻子徙酒泉郡”②。汉代制定了一系列旨在尊崇皇帝神圣权威的礼仪制度，这些制度官吏必须严格遵守，如果违反则受惩罚。诏书是皇帝旨意的代表，官吏必须无条件地执行，否则就是对皇帝的不敬，要受到严惩。如汉武帝下达告缗令，指派杨可主持告缗之事。左内史义纵认为这是扰乱民众的行为，就派人把杨可的部下抓了起来。武帝知道后非常生气，让杜式严查此事，最终定义纵为破坏执行诏书的罪行，“弃纵市”③，将义纵处以弃市之刑。汉代将不忠纳入法律体系中，力图通过对官吏不忠行为的惩罚，使忠的伦理内化于官吏群体的思想中，使他们做到忠君敬上，进而影响民众的行为。

总之，汉代统治者已认识到：“官员在整个国家运转和社会道德建设中处于‘本’和‘纲’的地位，其道德水平决定了国家的长治久安，影响社会的风气和民众道德价值取向。”④因此，高度重视对官吏为官

---

① 刘厚琴.汉代“不忠入律”研究[J].济南大学学报，2007（5）.

② [东汉] 班固.汉书[M].北京：中华书局，1962:1878.

③ [汉] 司马迁.史记[M].北京：中华书局，1982:2594.

④ [东汉] 班固.汉书[M].北京：中华书局，1962:2457.

道德的教育，通过正面教育和反面警示相结合的手段，对官吏开展以廉洁奉公、忠君爱国等为主要内容的官德教育。一方面重视正面教育，把那些在廉洁奉公、忠君爱国等方面表现突出的官吏树为榜样，从物质上和精神上大力表彰，如升迁封侯、赐田宅、赐钱、增食邑、荫官子孙、授予名誉称号、图画形象、刻石旌表等；另一方面，也重视反面警示教育，对那些贪污腐化、为政不公、对君主权威不忠不敬的官吏严厉惩处，如降职、免职、杀头、株连全家等。

三、以移风易俗为主的社会风俗教育

我国对风俗的重视可谓历史悠久，早在西周时就已建立采风制度。春秋战国时，诸子中多有关注风俗问题者。就现有资料来看，最早提出"风俗"一词的是《诗经》，"美教化，移风俗"即其表述。荀子特别强调风俗的作用："政令行，风俗美，以守则固，以征则强，居则有名，动则有功。"[①]对"风俗"一词作出较为科学解释的是东汉史学家班固，他指出："凡民函五常之性，而其刚柔缓急，音声不同，系水土之风气，故谓之风；好恶取舍，动静亡常，随君上之情欲，故谓之俗。"[②]东汉末年的应劭对"风俗"也作过阐释："风者，天气有寒煖，地形有险易，水泉有美恶，草木有刚柔也。俗者，含血之类，像之而生，故言语歌讴异声，鼓舞动作殊形，或直或邪，或善或淫也。圣人作而均齐之，咸归于正，圣人废，则还其本俗。"[③]二人都认为，风俗的形成既离不开自然环境，也离不开社会环境，是二者共同作用的结果。他们特别重视社会环境中教化对风俗的作用，班固提出的"随君上之情欲"，应劭主张的"圣人作而均齐之"，均体现了这一点。所谓风

---

① [东汉] 班固.汉书[M].北京：中华书局，1962:3154.

② [东汉] 班固.汉书[M].北京：中华书局，1962:2898.

③ [东汉] 班固.汉书[M].北京：中华书局，1962:3655.

俗，就是指“一定地区的人们在自然环境和社会环境制约下约定俗成的并世代传承的模式化了的行为准则和生活方式”[①]，风俗有着传承性和稳定性等特征，能够影响民众的思想和行为。

汉代诸多思想家、政治家都认识到风俗对治理国家的作用，贾山说：“风行俗成，万世之基定。”[②]良好的社会风俗，是奠定万世基业的基础。崔寔指出：“夫风俗者国之脉诊也，年谷如其肌肤，肌肤虽和而脉诊不和，诚未足为休。”[③]社会风气就如同国家的脉象，谷子的收成就像是国家的肌肤，一个国家治理得如何，不仅要考察粮食收成的好坏，还要关注社会风气是否清明。假如社会风气不端，国家的肌体就被侵蚀，社会的稳定就难以保证。应劭指出：“为政之要，辩风正俗，最其上也。”[④]认为匡正风俗是执政者治国理政的首要之务。

正因为汉代统治者已认识到风俗与国家的治乱兴衰有着密切关系，而风俗既有好坏美恶的不同，也有鲜明的地域性，这就需要政府以移风易俗的手段使恶俗薄风变为美俗厚风，对不同地区的风俗加以整饬，使“九州异俗”成为“六合同风”。而这一切都离不开社会教化，为此，汉代的统治者采取了一系列措施来开展社会风俗教育，以期实现“移风易俗，天下皆宁”[⑤]之目的。

第一，制定礼制，以礼来规范社会风俗。汉代的思想家和统治者重视礼在治国中的重要作用，所以从汉朝建立之初就开始了构建礼制的活动，到东汉时最终形成了较为完善的礼制体系。

汉朝建立后，汉高祖有鉴于秦二世而亡的历史教训，“悉去秦苛仪

---

① 李振秋，杨建超.中国古代官德教育的历史考察[J].柳州师专学报，2009（2）.

② 吴广义，崔文恒，侯晓菊.荀子评注[M].呼和浩特：远方出版社，2007:236.

③ [东汉] 班固.汉书[M].北京：中华书局，1962:1640.

④ [东汉] 应劭撰，王利器校注.风俗通义校注[M].北京：中华书局，2010:8.

⑤ 丁广惠.中国传统礼俗考[M].哈尔滨：黑龙江教育出版社，2012:14.

法，为简易”[①]，对秦朝的一些烦琐礼仪予以废止，但这种宽松的环境使皇帝威仪受到了挑战。那些开国功臣多数来自社会下层，没有条件接受文化教育，根本不知道朝廷礼仪为何物。他们喝了酒就争功劳，“醉或妄呼，拔剑击柱”[②]，完全不顾及君臣名分，汉高祖感到很苦恼。儒生叔孙通主动提出愿与其弟子一起制定朝仪，得到首肯后，他“颇采古礼与秦仪杂就之”[③]。长乐宫建成后，新朝仪正式施行。朝会时，文武官员分左右站立，依官职大小依次向皇帝朝贺。在酒宴上，大家按着爵位的高低依次给皇帝祝酒，没有一个敢喧哗失礼。汉高祖终于发出了“我今天才真正体会到了作为皇帝的尊贵”之感慨。叔孙通制定朝仪，就是为了让人们懂得尊卑秩序，以维护皇权的威严。惠帝即位后，叔孙通担任太常，又受命制定了祭祀宗庙的仪法和其他一些仪法。可以说，叔孙通开创了汉代的礼制。

到汉武帝时出现了汉代第一个制礼的高潮。汉武帝认为，汉朝应该有属于自己的礼仪制度，否则，典章制度不能传给后代，是对不起子孙的做法。所以，他召集儒生制定礼仪制度，“以太初之元改正朔，易服色，封泰山，定宗庙百官之仪，以为典常，垂之于后云。”[④]通过汉武帝时的制礼举措，汉代礼制可谓已初具规模。西汉后期，朝中的重要岗位已被儒生所占据，他们极力主张用古礼改造汉初以来的礼制，掀起了恢复“古礼”运动。特别是王莽执政后，托古改制，对礼制进行了全面修改。“从国家的宗庙、社稷、封国、车服、刑罚等制度，以及人民的养生、送死、嫁娶、奴婢、田宅、器械等品级，他没有不改定的。”[⑤]

东汉建立之初，由于多年战乱，旧有的礼仪制度已被毁坏，因此，

① [西汉] 司马迁.史记[M].北京：中华书局，1982:2722.
② [西汉] 司马迁.史记[M].北京：中华书局，1982:2722.
③ [西汉] 司马迁.史记[M].北京：中华书局，1982:2722.
④ [西汉] 司马迁.史记[M].北京：中华书局，1982:1161.
⑤ 顾颉刚.秦汉的方士和儒生[M].上海：上海古籍出版社，2005:61–62.

急需进行礼制的建设，光武帝、明帝和章帝在这方面均有作为。光武帝建武二年（26年）在南郊设祭坛，开始举行郊祀之礼。同年，又“立高庙于洛阳。四时祫祀，高帝为太祖，文帝为太宗，武帝为世宗，如旧”①，确立了宗庙礼制。光武帝还让儒家学者制定了封禅礼仪，并于建武中元元年（56年）率群臣“登封泰山。甲午，禅于梁阴”②，行封禅之礼。“自郊庙婚冠丧纪礼仪义，多所正定”③，初步使汉家的礼制得到恢复。光武帝虽营建了明堂、辟雍和灵台，但未行其礼就去世了。明帝继位后，亲自实行礼仪，“宗祀光武皇帝于明堂，养三老五更于辟雍，威仪既盛美矣。”④明帝还对宗庙之礼、丧葬之礼进行改革，特别对养老之礼和孝道极力推广。汉章帝在位期间，也特别关注礼制建设，特指定礼学大家曹褒主持制礼之事。曹褒领命后，“依准旧典，杂以《五经》谶记之文，撰次天子至于庶人冠婚吉凶终始制度，以为百五十篇”⑤，章帝予以认可。不久，章帝去世，和帝继位，曹褒“为作章句，帝遂以《新礼》二篇冠”⑥。由于一些大臣的反对，曹褒制定的新礼制未能施行。但经过东汉前期几代统治者的努力，礼仪制度已逐渐完备。

在夏、商、西周时期，礼的适用范围只限于奴隶主贵族阶层，是调节贵族之间关系的一种行为规范，对于平民、奴隶来说，他们是无权问津仪礼规范的，所谓“礼不下庶人”即反映了这一现象。春秋战国时期，天下大乱，礼崩乐坏，贵族社会日趋崩溃，面对这一社会现状，儒家学者积极对周礼予以改造，使其变成了全体社会成员均要学习和践行

---

① [南朝宋] 范晔.后汉书[M].北京：中华书局，1965:3193.

② [南朝宋] 范晔.后汉书[M].北京：中华书局，1965:3166.

③ [南朝宋] 范晔.后汉书[M].北京：中华书局，1965:1193–1194.

④ [东汉] 班固.汉书[M].北京：中华书局，1962:1035.

⑤ [南朝宋] 范晔.后汉书[M].北京：中华书局，1965:1203.

⑥ [南朝宋] 范晔.后汉书[M].北京：中华书局，1965:1203.

的道德要求和行为标准，使礼仪精神开始向社会下层渗透。汉代的制礼活动继承了前代儒者的精神，所创制的礼仪内容广泛，涉及婚丧嫁娶、社会交往、信仰节庆等诸多方面，这些礼仪规则通过礼乐教化的实践逐步向民间和大众渗透，最终为全体社会成员所认同和遵循，从而使各地的风俗有了同质的内容，在一定程度上推动了风俗大一统局面的出现。

汉代除在朝廷举办“养老礼”外，还在地方上举行“乡饮酒礼”以敬老养老。地方上乡民聚在一起饮酒欢乐，并没有固定的礼节规矩。“到了周代，乡饮酒礼才逐渐发展成为礼节仪式比较完善的礼仪，成为嘉礼的一种。”[①]贾公彦对周代乡饮酒礼进行研究，认为其有四种：“案此宾贤能谓之乡饮酒一也。又案《乡饮酒义》云:‘六十者坐，五十者立侍。’是在党正饮酒亦谓之乡饮酒礼二也；乡射乡州长春秋习射于序，先行乡饮酒礼，亦谓之乡饮酒礼三也；案《乡饮酒义》又有乡大夫、士饮国中贤者，用乡饮酒四也。”[②]周代之所以多在学校举行乡饮酒礼，究其原因，学校是尊老养老和接受教化的地方，也是举行重大公共活动的场所，在这里举行乡饮酒礼比较方便，影响力较大。对于举行乡饮酒礼的一些礼仪，《礼记·乡饮酒义》记载：“乡饮酒之义，主人拜迎宾于庠门之外，三揖而后至阶，三让而后升，所以致尊让也。六十者坐，五十者立侍，以听政役，所以明尊长也。六十者三豆，七十者四豆，八十者五豆，九十者六豆，所以明养老也。民知尊长、养老，而后乃能入孝悌，民入孝悌，出尊长养老，而后成教，成教而后国可安也。”主人走出乡学门外迎宾，行再拜礼；主人与宾入门，彼此行三次作揖之礼才来到堂阶前；在升阶前，主人与宾又互相谦让三次，然后主人升堂，宾也升堂。这都是为了表示对对方的尊重和谦让。六十岁的可

① 李娜.周代乡饮酒礼探析[D].曲阜：曲阜师范大学，2014.

② 贾公彦.仪礼注疏[M] //张元济编.四库丛刊续编（第1册）.上海：上海书店出版社，1934:1.

以坐着，五十岁的只能站立陪侍，听候差使；给六十岁的设菜肴三豆，七十岁的四豆，八十岁的五豆，九十岁的六豆，这是表明对老人家的尊重。通过参加乡饮酒礼，人们自然会明白尊老养老的道理，回家后就能做到孝悌。人们在家里有孝悌的行为，在社会上懂得尊长养老，良好的风气就能形成。社会风气良好，国家自然就安定了。对乡饮酒礼尊老的教化功能，汉代人多有强调。如《盐铁论·未通》："乡饮酒之礼，耆老异馔，所以优耆耄而明养老也。"《白虎通·乡射》："所以十月行乡饮酒之礼何？所以复尊卑长幼之义。""汉代以孝悌治天下，仅从大家熟知的举孝廉和对孝悌的褒奖不绝于书就可见一斑。汉代统治者在全社会张扬孝悌尊老的精神，自然会在各个方面不遗余力地采取措施向全社会贯彻，而乡饮酒礼的作用恰恰满足了统治者的需要，当属不遗余力的范畴。"[①]按照常理，西汉应该继续实行乡饮酒礼，只是史书尚无明确记载。不过有的学者考证认为汉代皇帝通过赐酺即行乡饮酒礼，文帝、景帝、武帝均有此举动[②]。《史记正义》这样解释酺："古者祭酺，聚钱饮酒，故后世听民聚饮，皆谓之酺。《汉书》每有嘉庆，令民大酺，是其事也。彼注云，因祭酺而与其民长幼相酬。郑注，所谓祭酺、合醵也，酺音蒲。"[③]乡饮酒礼以尊老敬老为主旨，目的是教化社会。东汉光武帝接受伏湛的建议下令施行乡饮酒礼。无论情况多么紧急，伏湛都能讲求文德，把礼乐看作是政治教化的首要问题，即使在混乱中也不能弃而不用。因此，建武三年（27年），他"奏行乡饮酒礼，遂施行之"[④]。此后乡饮酒礼逐步普及。明帝时对乡饮酒礼作了进一步的完善与发展，永平二年（59年）三月，明帝率群臣举行了盛大的"养老礼"，同时规定："郡、县、道行乡饮酒于学校，皆祀圣师周公、

---

① 李俊方.汉代的赐酺与养老礼[J].兰州学刊，2008（4）.

② 李俊方.汉代的赐酺与养老礼[J].兰州学刊，2008（4）.

③ [宋] 司马光.资治通鉴[M]，北京：中华书局，1956:502.

④ [南朝宋] 范晔.后汉书[M].北京：中华书局，1965:895.

孔子，牲以犬。”[①]李忠为丹阳太守，鉴于越地民众有着不爱学习的风俗，男婚女嫁的礼仪远远落后于中原地区，于是“乃为起学校，习礼容，春秋乡饮，选用明经，郡中向慕之”[②]。乡饮酒礼的实行对引导社会风俗、稳定地方统治秩序具有积极意义，正如班固所言：“乡饮之礼废，则长幼之序乱，而争斗之狱蕃。”[③]

第二，统一节日礼俗，也有利于社会成员对风俗的认同。以腊日为例，从汉代开始腊日的节日名称被正式确立，并有了固定的时间，即冬至过后的第三个戌日为腊日。腊日是人们在年终祭祀先祖和庇护农业生产农神的活动，一是为了向农神表示感谢，二是祈求来年能够丰收顺畅。应劭就指出：“腊者，猎也，言田猎取兽以祭祀其先祖也。或曰腊者，接也，新故交接，故大祭以报功也。”[④]汉代腊日的伦理因素有较充分的体现，这从重视迎祭家祖中可以看出来。腊日所用祭品从西汉后期逐渐固定为羊。祭祖之后，家族成员都要美服盛饰聚会宴乐，要向长辈致礼，“其进酒尊长，及修刺贺君、师、省老，如正日”[⑤]，以体现敬老尊贤的孝悌之道。腊日是亲人团聚的日子，人们会想尽各种办法，回家与亲人共度节日。如严延年任职河南太守时，其母亲知道他公务繁忙，特从千里之外的老家东海郡赶来洛阳，与儿子一起过腊日。第五伦在外地为官，因母亲年老不能长途远行，母子难以相聚，每到腊日时，他“常悲恋垂泣”[⑥]。

这些礼俗一旦被社会成员所认同，就成为渗透到社会每个角落的风俗，从而规范着上自天子下至黎民百姓的行为，有利于大一统王朝的稳

---

① [南朝宋] 范晔.后汉书[M].北京：中华书局，1965:3108.

② [南朝宋] 范晔.后汉书[M].北京：中华书局，1965:756.

③ [东汉] 班固.汉书[M].北京：中华书局，1962:1028.

④ [东汉] 应劭撰，王利器校注.风俗通义校注[M].北京：中华书局，2010:379.

⑤ [东汉] 崔寔撰，缪启愉辑释.四民月令辑释[M].北京：农业出版社，1981:109.

⑥ [宋] 李昉等.太平御览[M].北京：中华书局，1960:155.

定与和谐。

通过发挥统治者的表率作用来引领社会风俗。作为统治者的君主和官僚，他们自身的行为往往易被人们仿效，从而在一定程度上影响社会风俗。董仲舒认为："天子大夫者，下民之所视效，远方之所四面而内望也。近者视而放之，远者望而效之。"如果"尔好谊，则民乡仁而俗善"，反之"尔好利，则民好邪而俗败"[①]，上位者自身行为端正，才能成为民众的典范。王符指出："世之善否，俗之薄厚，皆在于君。"[②]移风易俗的关键在于君主能否以身作则。在这种强调君主作为关乎风俗好坏的观念影响下，汉代的皇帝比较重视自身的示范作用。

汉文帝是汉代帝王中以身作则的典型代表。他在位期间宫殿、花园、车马、服饰没有任何增加，凡是对民众不利的事情，一律放弃。虽贵为一国之主，但他在穿衣上并不讲究，只穿粗丝织物做成的衣服。住所的帷帐没有纹绣，没有任何装饰。文帝不仅本人厉行节俭，而且要求家属也要节俭，他宠幸的慎夫人所穿的衣裙，不像当时贵妇们流行的那样拖在地上，而是非常短小，以便节省材料。为了抑制厚葬的风气，文帝大力提倡薄葬。在为自己修造霸陵时，以节俭为原则，不使用金银铜锡作为装饰，全部使用瓦器，不建坟丘。他在临终前下遗诏批判了厚葬的陋俗，要求丧事必须简办，官吏和民众哭吊三日就脱去丧服，对民间嫁娶、饮酒、食肉的行为不予禁止，丧服的麻带不要超过三寸，送葬时不要陈列军队和兵器。对文帝的行为，后人给予高度评价，如桓谭说："汉太宗文帝，有仁智通明之德，承汉初定，躬俭省约，以惠休百姓，救赡困乏。除肉刑，减律法，薄葬埋，损舆服，所谓达于养生送终之实者也。"[③]朱熹认为："三代以下，汉之文帝，可谓恭俭之主。"[④]景帝

---

① [东汉] 班固.汉书[M].北京：中华书局，1962:2521.

② [东汉] 王符撰，[清] 汪继培笺，彭铎校正.潜夫论笺校正[M].北京：中华书局，1985:380.

③ [清] 严可均.全后汉文[M]，石家庄：河北教育出版社，1997:146.

④ [宋] 黎靖德编，王星贤校.朱子语类[M].北京：中华书局，1986:3224.

在位期间继续保持其父的作风，也无铺张浪费之事。他曾下诏："朕亲耕，后亲桑，以奉宗庙粢盛、祭服，为天下先；不受献，减太官，省徭赋。"①公开表示自己要亲自耕种田地，皇后亲自种桑养蚕，来给祭祀祖庙时提供谷物和祭服，同时不接受进献的物品，减少膳食。班固曾有评价："至于孝文，加之以恭俭，孝景遵业，五六十载之间，至于移风易俗，黎民醇厚。"②这说明文景二帝以身作则的行为，对移风易俗起到了一定的积极作用。

光武帝刘秀一生都保持着勤俭的作风。他身穿粗陋衣服，衣服没有第二种颜色，耳朵不听靡靡之音，手不把玩珠玉一类的器物。他还裁减了上林禁苑的官员，废除了游览打猎之类的事情。皇帝赐给地方和诸侯国的手书，全部一简十行，用小字书写。在他的影响下，"勤约之风，行于上下"③，朝廷上下形成了勤俭节约的风气。对盛行的厚葬之风，他非常忧虑，力图加以纠正。他下诏提倡薄葬，并身体力行。对于给自己修造的寿陵，他要求占地面积不超过二三顷，不建造高大的陵丘。刘秀死前遗诏要求简约葬仪："如孝文皇帝旧制，葬务从约省。刺史、二千石长吏皆无离城郭，无遣吏及因邮奏。"④

明帝继承了光武帝刘秀的节俭之风，"身御浣衣，食无兼珍"⑤；明帝也提倡薄葬，对所建造的寿陵，要求不能铺张浪费，"制令流水而已，石椁广一丈二尺，长二丈五尺，无得起坟。"⑥他在死前遗诏："无起寝庙，藏主于光烈皇后更衣别室"⑦，从而使西汉即有的"陵旁

---

① [东汉] 班固.汉书[M].北京：中华书局，1962:151.

② [东汉] 班固.汉书[M].北京：中华书局，1962:153.

③ [南朝宋] 范晔.后汉书[M].北京：中华书局，1965:2457.

④ [南朝宋] 范晔.后汉书[M].北京：中华书局，1965:85.

⑤ [南朝宋] 范晔.后汉书[M].北京：中华书局，1965:130.

⑥ [南朝宋] 范晔.后汉书[M].北京：中华书局，1965:123.

⑦ [南朝宋] 范晔.后汉书[M].北京：中华书局，1965:123.

立庙”做法得以废除，开启了“同堂异室”的设置方式，这一方式有节约开支的含义在内。章帝也极力提倡节俭，外出巡行时，一切要求从简，即轻车简出，所到之处，地方上不得为此修路架桥，不要派人到郊外迎接，不要扰民，饮食不要奢华，粗茶淡饭即可。章帝亦“遗诏无起寝庙，一如先帝法制”[①]，实行薄葬。

除皇帝外，两汉官吏中也有不少人注重道德修养，以自己良好的品行影响着民风，所谓：“今刺史一州之表，二千石千里之师，职在辩章百姓，宣美风俗，尤宜尊重典礼，以身先之。”[②]宣帝时龚遂任渤海太守，他发现齐地民众不重视农业生产，喜欢从事手工业和商业活动，追求奢侈的生活。于是他“躬率以俭约，劝民务农桑”，结果使当地的风气发生了极大改变，以至于“郡中皆有蓄积，吏民皆富实”[③]。魏霸和帝时任巨鹿太守，到了郡里后，从不派遣手下人回到乡里，不让妻子到官舍。“常服粗粝，不食鱼肉之味。妇亲蚕桑，子躬耕，与兄弟同苦乐，不得自异”，经常吃的是粗茶淡饭，不知道鱼肉是何滋味。妻子亲自种桑养蚕，儿子亲自耕田，与兄弟同甘共苦。魏霸为人们作出了榜样，“乡里慕其行，化之。”[④]桓帝时王畅任南阳太守，他针对南阳地区权贵众多、奢靡风气盛行的现状，带头“常布衣皮褥，车马羸败，以矫其敝”[⑤]，力图以自己的带头行为来对奢侈者进行教化，从而达到纠正奢靡之风的目的。

总的来看，汉代统治者注重以封建的伦理道德规范自己的言行，以身作则，引导民众向他们看齐，社会风俗在一定程度上起到了潜移默化的示范作用。

---

① [南朝宋] 范晔.后汉书[M].北京：中华书局，1965:159.

② [南朝宋] 范晔.后汉书[M].北京：中华书局，1965:1307.

③ [东汉] 班固.汉书[M].北京：中华书局，1962:3640.

④ 汪文台辑，周天游校.七家后汉书[M].石家庄：河北人民出版社，1987:6.

⑤ [南朝宋] 范晔.后汉书[M].北京：中华书局，1965:1110.

第三，地方官依靠行政手段整顿风俗，开展风俗教育。汉代的地方官吏都负有教化民众、整顿风俗的职责，所谓“郡国二千石谨牧养民而风德化”[①]，县令长“显善劝义，禁奸罚恶，理讼平贼”[②]。因此，他们在任期间，多能利用手中所掌握的权力，从农业生产、婚丧嫁娶等多个方面，对辖区内的风俗予以整顿，力图使其与大一统王朝的要求相适应，与国家的主流价值观相符合。

（1）整顿农业生产风俗。农业是汉王朝最主要的产业类型，农业所提供的产品多少，不仅关系着人们的衣食，也关乎汉王朝的立国之本，因此，农业生产的状况，就成为中央政府考核地方官员的最主要的指标。正因为如此，地方官员普遍重视辖区内农业生产，积极采取各种措施，改变当地落后的农业生产风俗，以推动农业生产的发展。如长江中下游以南的江南地区，由于气候湿热，人口稀少，经济比较落后。史载：“江南地广，或火耕水耨。民食鱼稻，以渔猎山伐为业。”渔猎和采集经济在经济生活中占有较大比重。虽然种植水稻，但耕作方式落后，是粗放的火耕水耨，生产效率极其低下。火耕水耨这样的农业生产风俗，显然是不利于农业生产发展的。“东汉建立后，一批勤于政事的‘循吏’在南方地区任职，在所辖地区积极推广先进的生产技术和生产工具，为改变本地原有的生产风俗和经济面貌做出了重要贡献。”[③]任延光武帝时任九真太守，当地人们常年以打猎为业，不知牛耕是何物，老百姓经常到交趾去买粮食，生活非常穷困。任延令百姓“铸作田器，教之垦辟”，取得了良好效果，“田畴岁岁开广，百姓充给。”[④]王景在章帝时为庐江太守，当地的百姓不懂得牛耕技术，虽然土地较多，但粮食产量较低，无法满足人们的需要。王景“教用犁耕，由是垦辟倍

① [东汉] 班固.汉书[M].北京：中华书局，1962:239.

② [南朝宋] 范晔.后汉书[M].北京：中华书局，1965:362.

③ [东汉] 班固.汉书[M].北京：中华书局，1962:1666.

④ 彭卫，杨振红.中国风俗通史（秦汉卷）[M].上海：上海文艺出版社，2002:511.

多，境内丰给”[①]。在诸多官吏的努力下，南方的农业生产风俗发生了显著变化，这就是牛耕技术逐渐得到推广。“考古发掘在今江苏、安徽、福建、广西等地发现了汉代的铁犁铧，广东佛山澜石东汉墓的陶水田模型中则出土了犁田模型，进一步证明这些地区已经开始使用牛耕。”[②]牛耕技术的使用有力推动了这些地区社会经济的发展，对改善百姓生活、增强国力、稳定社会秩序发挥了重要作用。

（2）整顿婚丧嫁娶风俗。婚丧嫁娶是每个家庭无法回避的大事，因而受到统治者的重视。早在西周时，婚姻上已形成了六道程序的六礼风俗，也就是纳采、问名、纳吉、纳征、请期、亲迎。《礼记·昏义》和《仪礼·昏礼》可以说是先秦时期各地婚姻礼俗的总集。而丧葬礼俗在《礼记》中也有大量记载，这方面的内容占到全书篇目的三分之一，分量可谓不轻。汉代也重视婚丧嫁娶礼俗，在继承前代习俗的基础上，形成了有特色的婚丧嫁娶礼俗。当然这些婚丧嫁娶礼俗的推广有一个从中央到地方渐进的过程，不少地方官在移风易俗时，把建立婚丧嫁娶礼俗作为重要内容。如韩延寿任颍川太守时，召集郡中有威信的长者数十人，依照古代的礼仪，制定了嫁娶、丧葬祭祀的礼仪，并让“文学校官诸生皮弁执俎豆，为吏民行丧嫁娶礼”，得到了民众的认可，“百姓遵用其教”[③]。特别是在边疆地区任职的官员，更注重婚丧嫁娶礼俗的建立和整顿。如卫飒任桂阳太守时，“修庠序之教，设婚姻之礼”，建立了婚姻的礼仪规范，收到了较好效果，“期年间，邦俗从化”。[④]任延任九真太守时，当地百姓没有婚姻礼法，人们只是凭各自的情欲喜好，无固定的妻子，根本不懂得父子之情和夫妇之理。任延下文给所属各县，要求“使男年二十至五十，女年十五至四十，皆以年齿相配”，凡

---

① [东汉] 班固.汉书[M].北京：中华书局，1962:2336.

② [南朝宋] 范晔.后汉书[M].北京：中华书局，1965:2466.

③ 广东省文物管理委员会.广东佛山市郊澜石东汉墓发掘报告[J].考古，1964（9）.

④ [东汉] 班固.汉书[M].北京：中华书局，1962:3210.

因家庭贫穷而拿不出聘礼的，就由长吏以下的官员用各自俸禄的一部分来赞助，结果“同时相娶者二千余人”[①]。经过地方官员不懈的努力，婚丧嫁娶礼俗逐渐被各地民众所接受，这显然有利于儒家思想的传播，也有助于统治的巩固。

（3）整顿信仰风俗。汉代的民间信仰体现在社会生活的各个方面，在人们的生产生活中，民间信仰已成为不可或缺的组成部分。正常的民间信仰在凝聚人心、增强民众的集体认同感和维持社会秩序等方面发挥着积极作用，但也存在一些不合礼法的祭祀活动，即所谓的淫祀。这些淫祀活动，不仅加重了百姓的经济负担，劳民伤财，冲击了地方经济，而且严重影响了社会秩序的稳定。如光武帝建武年间，位于今河南省新乡市一带的维汜，妄称自己是神，有数百名弟子，这些人都被当地政府处死。后来他的弟子“李广等宣言维汜神化不死，以诳惑百姓”，李广还纠集徒党，将皖城攻下，自称“南岳大师”[②]。后朝廷命马援征调各郡兵士一万多人，才将叛乱平定。汉代的不少官员对淫祀活动的危害有清醒的认识，他们上书朝廷，要求对其加以控制。

一些地方官利用手中的权力对淫祀之风予以打击。宋均担任楚地辰阳县长时，辖区内的人们很少去求学，却相信巫术和鬼神，鉴于此，宋均在当地建立学校，并“禁绝淫祀”，人们认可他的这一做法，“人皆安之”。后来宋均升任九江郡太守，辖区内有两座山，“民共祠之，众巫遂取百姓男女以为公妪，岁岁改易”，乃至于老百姓不敢做嫁娶方面的事。对这一扰民的陋习，宋均坚决予以取缔，他颁布命令称：“自今以后，为山娶者皆娶巫家，勿扰良民。”[③]从此以后，这种事就再也看不到了。建武年间，第五伦任会稽太守，这里的民众“常以牛祭神，

① [南朝宋] 范晔.后汉书[M].北京：中华书局，1965:2459.

② 贺科伟.移风易俗与秦汉社会[M].北京：中国社会科学出版社，2014:175.

③ [南朝宋] 范晔.后汉书[M].北京：中华书局，1965:838.

百姓财产以之困匮”，第五伦给所属各县下发文书，要求晓谕百姓，“其巫祝有依托鬼神诈怖愚民，皆案论之。有妄屠牛者，吏辄行罚。”最终杜绝了这一陋习，“百姓以安”[①]。朱虚侯刘章文帝时被封为城阳王，死后，琅玡、青州、渤海等地的城市乡村，纷纷为他立祠，“造饰五二千石车，商人次第为之，立服带绶，备置官属，烹杀讴歌，纷籍连日，转相诳曜，言有神明，其谴问祸福立应，历载弥久，莫之匡纠。”陈蕃任乐安太守、曹操任济南国相时，曾先后禁断过景王祠，但后来又有反弹。应劭任营陵令，这一地区“多淫祀，糜财妨农，长乱积惑，其侈可忿，其愚可愍”，于是发布了对景王祭祀加以禁绝的命令：“今条凡禁，申约吏民，为陈利害，其有犯者，便收朝廷；若私遗脱，弥弥不绝，主者髡截，叹无及已。”[②]打击那些既劳民伤财又对国家统治秩序造成危害的民间信仰，在一定程度上驱除了愚昧，有利于维护基层社会的稳定。

我们也要看到，汉代在打击淫祀的同时，对符合儒家伦理道德标准的民间祭祀是支持的。比如不少循吏在为官期间，曾对辖内的社会教化、经济发展和社会安定付出了巨大心血，因而受到当地民众的爱戴，人们用设祠的方式加以纪念。对于这种民间信仰，汉代政府是认可的。如曾任蜀郡太守的召信臣去世后，“岁时郡二千石率官属行礼，奉祠信臣冢，而南阳亦为立祠。”[③]邓太后也曾下诏对民间立祠纪念洛阳令王涣的行为予以肯定：“尽心奉公，务在惠民，功业未遂，不幸早逝，百姓追思，为之立祠。自非忠爱之至，孰能若斯者乎！”[④]与儒家伦理道德标准相符合的人物一旦成为民众追捧的对象，就会在很大程度上影响其信仰习俗，其道德魅力会为民众所效仿。最终，儒家的伦理道德准则

① [南朝宋] 范晔.后汉书[M].北京：中华书局，1965:1411，1413.

② [南朝宋] 范晔.后汉书[M].北京：中华书局，1965:1397.

③ [东汉] 应劭撰，王利器校注.风俗通义校注[M].北京：中华书局，2010:394–395.

④ [东汉] 班固.汉书[M].北京：中华书局，1962:3643.

成为控制民间信仰的重要手段，对符合主流文化要求的行为规范起到积极的推动作用。

（4）对生子不举陋俗的整治。先秦时期就流行生子不举的陋俗，人们认为在某些时间出生的子女不利于父母，对父母造成妨害，于是生下后就将其杀死。孟尝君田文就险些遭此厄运。田文的父亲田婴有四十多个孩子，其中小妾所生的儿子田文五月五日出生，田婴告诉这个小妾"勿举也"，就是不要抚养。田文的母亲偷偷将其养大，田婴得知后非常生气，责问她为什么把这个孩子留下。田文就问父亲，为什么不能抚养五月生的孩子。父亲回答："五月子者，长与户齐，将不利其父母。"[①]认为五月生的孩子长大后会对父母造成伤害。这种禁忌习俗在汉代仍十分盛行。《太平御览》卷三六一引《西京杂记》的记载，成帝时大臣王凤也是五月五日出生，父亲不想抚养，他的母亲以田文为例加以劝说："田文五月五日生，父婴敕其母勿举，母窃举之。后为孟尝君。以古事推之，非不祥。遂举之。"东汉时胡广也因生于五月而被抛弃，《太平御览》卷二一引《世说》的记载，胡广本来姓黄，"五月生，父母恶之，乃置之瓮，投于江。"有一胡姓老者看见一个瓮顺流而下，里面有小儿的啼哭声，就把这个瓮截住，把孩子救出来，作为自己的儿子养大成人。胡广"遂七登三司，流誉当世。广后不治其本亲服，云：我本亲已以为死人也。世以为深讥焉"。对于这种愚昧禁忌习俗，东汉著名思想家王充进行了批评，指出，当时"讳举正月、五月子。以为正月、五月子杀父与母，不得举也。已举之，父母祸死，则信而谓之真矣"。他通过举孟尝君田文的例子，说明"世俗所讳，虚妄之言也"[②]。

当时还盛行因生活贫穷而不举子的现象。汉宣帝时，王吉上书指

① [南朝宋] 范晔.后汉书[M].北京：中华书局，1965:2470.

② [汉] 司马迁.史记[M].北京：中华书局，1982:2352.

出，夫妇是人伦的大纲，是一个人长寿或夭折的萌芽。民间的风俗嫁娶年龄太小，他（她）还不了解如何为人父母，就有了孩子，因此教育存在着缺陷，孩子多夭折。他认为“聘妻送女亡节，则贫人不及，故不举子”。因为缺衣少食，担心无法将孩子养大成人而不举子。汉元帝时，贡禹也上书提到民间存在着贫困人家杀子的现象。他认为，古代的民众没有人头税，汉武帝为了解决征伐四夷而导致的财政开支增加问题，规定三岁的孩子就要缴纳口钱，致使“民重困，至于生子辄杀，甚可悲痛”[①]，建议孩子到七岁时再缴纳口钱。

“新生命的不断诞生是人类能够世代繁衍，生生不息的基础。生育问题，不仅关系到一个家庭的兴旺发达，更关乎一个民族的繁衍生息，更是一个国家国力兴衰和持续发展的根本。”[②]汉代的一些地方官员对生子不举的行为进行打击，力图扭转这一落后的风俗。如武威地区凡是二月、五月生的孩子，以及出生时间与父母同月的，被认为有害于父母，而被其杀死。张奂出任武威太守后，对当地民众进行相关教育，并“严加赏罚”，最终“风俗遂改，百姓生为立祠”[③]。王吉担任沛相时，“若有生子不养，即斩其父母，合土棘埋之。”[④]宗庆任长沙太守后，鉴于当地民众因贫困而衣食不足、生下孩子往往不养的现象，他“切让三老，禁民杀子”，结果“比年之间，养子者三千余人。男女皆以‘宗’为名也”。[⑤]贾彪任新息县长期间，针对当地百姓因生活困难而多不养子的情况，“严为其制，与杀人同罪。”数年间，抚养孩子的人达到数千人。为了感谢贾彪，人们将生下的男孩取名为“贾子”，

---

① [东汉] 班固.汉书[M].北京：中华书局，1962:3064.

② [东汉] 班固.汉书[M].北京：中华书局，1962:3075.

③ 贺科伟.移风易俗与秦汉社会[M].北京：中国社会科学出版社，2014:157.

④ [南朝宋] 范晔.后汉书[M].北京：中华书局，1965:2139.

⑤ [南朝宋] 范晔.后汉书[M].北京：中华书局，1965:2501.

女孩取名为“贾女”[①]。汉代的地方官吏利用行政手段对生子不举的陋习加以整顿，目的是维护人口生产的正常进行，以便增加政府的财政税收，取得了显著的效果。

汉代的风俗内涵非常丰富，涵盖人们生产生活的各个环节，包括衣食住行、婚丧嫁娶、农业生产、节日、游艺、社会交际等诸多方面。汉代统治者通过制定礼仪制度、以身作则起表率作用、利用行政手段等多种方式对民众进行风俗教育，在一定程度上起到了移风易俗、稳定统治的作用。

本章小结

汉代社会教育的内容具有丰富性，既有伦理道德教育，也有生产劳动教育，还有官吏教育和社会风俗教育等，其中伦理道德教育是社会教育的主体内容。

在古代社会，农业处于国民经济的主导地位，农业生产的好坏与国家的治乱安危直接相关联。对此，汉代的执政者有清醒认识，因而能够采取措施大力进行农业生产劳动教育。一方面最高统治者发布劝农诏书，宣传农业生产的重要性，以此来引导全社会对农业生产的关注；另一方面把农业生产的好坏作为考核地方官员政绩的标准，以此来提高地方官员重视农业生产的意识，这也是汉代多数地方官在任上把农业生产作为为政第一要务的原因。同时，为了推广先进的生产工具和技术，政府有时还开办培训班，通过培训农业生产的骨干力量，达到由这些人教授基层民众之目的。通过农业生产劳动教育，推动了农业生产的发展，加强了对农民的控制，有利于政权的巩固。

各级官吏是国家机器正常运转的关键因素，其道德素质状况影响着民众的道德价值取向和社会风气。因此，汉代的统治者把对官吏为官

① 汪文台辑，周天游校.七家后汉书[M].石家庄：河北人民出版社，1987:130.

之道的教育作为政治生活中的一件大事来抓，以廉洁奉公、忠君爱国等作为官吏教育的重要内容。廉洁就是要求官吏在享受自身俸禄之外，不得利用手中的权力去谋取物质利益，更不能贪污受贿。奉公就是要求官吏在处理事务时，能够秉公办事，特别是执法宽平，严禁严苛。汉代皇帝的诏书中对官吏多有执法宽平的要求，如景帝下诏："狱，重事也。人有智愚，官有上下。狱疑者谳有司，有司所不能决，移廷尉。有令谳而后不当，谳者不为失。欲令治狱者务先宽。"明确要求执法要宽平。宣帝也曾下诏说，刑狱，与百姓的生命息息相关。只有做到使活着的人不抱怨，死去的人不怨恨，才是一个称职的官吏。如今的一些官吏却不是这样，"用法或持巧心，析律贰端，深浅不平，增辞饰非，以成其罪。奏不如实，上亦亡由知。""二千石各察官属，勿用此人，吏务平法。"[①]对用法不平的现象进行了严厉斥责，要求官吏务必执法公平。忠君爱国就是要求大臣必须效忠国君，竭尽全力地干好本职工作即是忠君爱国的一个重要表现。汉代一方面对廉洁奉公、忠君爱国等方面有突出表现的官吏给予物质奖励和精神表彰，使他们成为全体官员学习的楷模、榜样，另一方面则对有贪污腐化、为政不公等行为的官吏予以严惩，以警示其他官吏，不要以身试法。通过这种正反两方面对比强烈的为官道德教育，有利于官员道德水平的提高和官僚队伍作风的转变，对政治的清明有明显的促进作用。

"风俗是社会群体自发规范的生活方式、行为模式，它依赖人们的语言、行为、思维方式、心理习惯世代相承，生活在这个氛围中的人，耳濡目染，逐渐形成人们的心理定势和行为模式，并对人们的生活、言行产生一定的约束效应。"[②]对风俗在国家治理中的重要作用，汉代统治者已有清晰认识，因此重视对百姓开展社会风俗的教育。汉代的风俗

① [东汉] 班固.汉书[M].北京：中华书局，1962:150.

② [东汉] 班固.汉书[M].北京：中华书局，1962:255-256.

教育涉及婚丧嫁娶、农业生产、节日、教育等。汉代重视制定儒家礼仪，并通过教化的途径使其由上层社会逐步传播和渗透到基层社会，最终为全体社会成员认同和遵循，从而对人们的行为方式起到规范和调节的作用。统治者也注重以自己的言行来为民众做表率，这在一定程度上对社会风俗有积极影响。地方官积极关注所辖地区的风俗状况，并能利用手中所掌握的权力对落后风俗加以整顿，这对移风易俗、稳定统治秩序有重要作用。

第四章　汉代的社会教育思想

先秦时期的一些思想家、政治家已对社会教育问题作了思考，并提出了诸多颇有见地的主张。周公在吸取了商朝灭亡教训的基础上，提出了“明德慎罚”的主张：“惟乃丕显考文王，克明德慎罚。不敢侮鳏寡，庸庸，祗祗，威威，显民，用肇我区夏。”①所谓“明德”，就是崇尚道德，为政者通过加强自身道德修养，来对百姓进行道德教化。所谓“慎罚”，就是要认真对待刑罚，在合理限度内使用刑罚，既不乱罚无罪，也不滥杀无辜。也就是说，文王执政时，能够崇尚德政，谨慎使用刑罚，不欺负无依无靠之人，任用该任用的人，尊敬该尊敬的人，惩罚该惩罚的人，以显示于民。要把教化与惩罚结合起来，刑罚并非单纯为了惩罚罪人，而是要劝民为善，以防止他们走上犯罪的道路：“要囚殄戮多罪，亦克用劝；开释无辜，亦克用劝。”②在中国思想史上，周公第一次明确地把道德教化与刑罚结合起来，对后世儒家“德主刑辅”思想的形成起了启蒙作用。

春秋战国时期，社会处于大变革中，诸子蜂起，百家争鸣，以孔子为代表的儒家学派对社会教育的阐释用力最多。孔子非常重视对百姓的社会教育：“道之以政，齐之以刑，民免而无耻。道之以德，齐之以

① 贺科伟.移风易俗与秦汉社会[M].北京：中国社会科学出版社，2014:199.

② 吴根友点注.四书五经[M].北京：中国友谊出版公司，1993:132.

礼，有耻且格。”[1]虽然行政命令、刑罚使人民在一定程度上畏惧而不敢犯罪，但无法消除他们的犯罪动机。只有通过社会教育，引导他们讲求道德，用礼来规范他们的行为，这样他们不但懂得廉耻，而且会心悦诚服地归服。孔子提倡普遍的社会教育，主张“有教无类”[2]，即在教育对象上没有身份、地域的限制，人人都可以受教育。孔子反对“不教而杀”，民众有过失，是因为官吏没有尽到教化的职责，罪并不在于民。若对有过失的民众大开杀戒，就是暴虐的行为，“不教而杀谓之虐”[3]。

孟子也十分重视社会教育的作用，认为教育可以使人明白做人的道理，懂得人与动物的区别，从而使自己的人格逐步得到完善：“人之有道也，饱食、暖衣，逸居而无教，则近于禽兽。”[4]他还指出：“善政，不如善教之得民也。善政民畏之，善教民爱之。善政得民财，善教得民心。”[5]良好的政令与良好的教化相比，后者更能获得民心。政令只能使民众畏惧，而教化却能使民众真心爱戴。良好的政令仅能得到民众的财富，而良好的教化则能获得民心。所以统治者要以人伦之道教化民众：“父子有亲，君臣有义，夫妇有别，长幼有叙，朋友有信。”[6]如此就达到“人人亲其亲，长其长，而天下平”[7]之目的。孟子认为，要想让民众接受社会教育，首先必须保障他们基本的物质生活条件：“明君制民之产，必使仰足以事父母，俯足以畜妻子，乐岁终身饱，凶年免于死亡。然后驱而之善，故民从之也轻。”[8]“百亩之田，勿夺

① 吴根友点注.四书五经[M].北京：中国友谊出版公司，1993:139.
② 吴根友点注.四书五经[M].北京：中国友谊出版公司，1993:139.
③ 吴根友点注.四书五经[M].北京：中国友谊出版公司，1993:29.
④ 吴根友点注.四书五经[M].北京：中国友谊出版公司，1993:35.
⑤ 吴根友点注.四书五经[M].北京：中国友谊出版公司，1993:49.
⑥ 吴根友点注.四书五经[M].北京：中国友谊出版公司，1993:71.
⑦ 吴根友点注.四书五经[M].北京：中国友谊出版公司，1993:49.
⑧ 吴根友点注.四书五经[M].北京：中国友谊出版公司，1993:54.

其时，数口之家可以无饥矣。谨庠序之教，申之以孝悌之义颁白者不负戴于道路矣。老者衣帛食肉，黎民不饥不寒，然而不王者，未之有也。”[①]如果民众在生活上“仰不足以事父母，俯不足以畜妻子，乐岁终身苦，凶年不免于死亡，此惟救死而恐不赡，奚暇治礼义哉？”[②]这说明，孟子已认识到，社会教育的有效开展是以经济的发展为前提的。

荀子继承了孔孟“富而后教”的理论，强调在富民基础上开展对民众的社会教育工作：“不富无以养民情，不教无以理民性。故家五亩宅，百亩田，务其业而勿夺其时，所以富之也。立太学，设庠序，修六礼，明七教，所以道之也。《诗》曰：‘饮之食之，教之诲之。五事具矣。’”[③]一方面重视对人民的社会教育，另一方面又看重刑罚，主张把社会教育与刑罚结合起来：“明礼义以化之，起法正以治之，重刑罚以禁之。”[④]只有这样才能使社会教育收到最大的效果。如果单纯靠社会教育或单纯靠镇压，则会出现弊端：“故不教而诛，则刑繁而邪不胜；教而不诛，则奸民不惩；诛而不赏，则勤属之民不劝。”[⑤]

汉代的思想家继承了先秦儒家重视社会教育传统，立足于现实，对社会教育问题进行了系统思考，为后世提供了关于社会教育问题丰富而深刻的思想认识。

一、陆贾的社会教育思想

陆贾，楚人。汉初著名思想家、政治家。楚汉战争时投奔刘邦，口才很好，经常作为刘邦的使臣出使诸侯国。西汉王朝建立后，陆贾奉命出使南越，对自立为南武王的赵佗陈其利害，晓以大义，使赵佗最终北

---

① 吴根友点注.四书五经[M].北京：中国友谊出版公司，1993:38.

② 吴根友点注.四书五经[M].北京：中国友谊出版公司，1993:38.

③ 吴根友点注.四书五经[M].北京：中国友谊出版公司，1993:38.

④ 吴根友点注.四书五经[M].北京：中国友谊出版公司，1993:605.

⑤ 吴根友点注.四书五经[M].北京：中国友谊出版公司，1993:540.

面称臣。

陆贾是汉代最早倡导儒家社会教育的政论家之一。天下刚刚稳定后，陆贾经常向刘邦讲论《诗》《书》等儒家经典。刘邦出身草莽，没有什么文化，所以对此非常反感，责骂陆贾："乃公居马上而得之，安事诗书！"[①]陆贾并未给刘邦留面子，反驳道："居马上得之，宁可以马上治之乎？且汤武逆取而以顺守之，文武并用，长久之术也。昔者吴王夫差、智伯极武而亡；秦任刑法不变，卒灭赵氏。乡使秦已并天下，行仁义，法先圣，陛下安得而有之？"[②]陆贾对历史上正反两面的经验教训作了总结，指出，夺取天下与治理天下在策略上是不同的，夺取天下是"逆取"，而治理天下需要"顺守""文武并用"，不能单独依靠"刑法"，而需要法先圣，实行仁义。刘邦觉得非常有道理，就让他写一点秦为什么失天下、汉为什么得天下，以及古代成败经验教训的文章。陆贾接受任务后，写了十二篇文章，阐述秦亡的教训和汉兴的经验。陆贾每奏上一篇，刘邦都大加赞赏，"号其书曰《新语》。"[③]《新语》是研究陆贾社会教育思想的最主要资料。

陆贾继承了先秦儒家的社会教育思想，特别强调以仁义为本，刑罚为用，为汉代社会教育政策的确立起了思想先导的作用。

（一）社会教育的作用

秦始皇在前辈奠定的雄厚实力基础上，以坚定不移的决心，仅用了十年时间，就建立了一个疆域辽阔的统一大帝国。然而大秦帝国仅维持了十五年，就在农民起义的暴风雨中瓦解、灭亡。对于秦二世而亡的教训，陆贾认为是秦片面尚法重刑的结果："秦始皇设刑罚，为车裂之诛，以敛奸邪，筑长城于戎境，以备胡、越，征大吞小，威震天下，将

① 吴根友点注.四书五经[M].北京：中国友谊出版公司，1993:205.

② [西汉] 司马迁.史记[M].北京：中华书局，1982:2699.

③ [西汉] 司马迁.史记[M].北京：中华书局，1982:2699.

帅横行，以服外国，蒙恬讨乱于外，李斯治法于内，事逾烦天下逾乱，法逾滋而天下逾炽，兵马益设而敌人逾多。秦非不欲治也，然失之者，乃举措太众、刑罚太极故也。”[①]

从秦帝国迅速灭亡的历史教训中，陆贾认识到了人民力量的强大：“夫欲富国强威，辟地服远者，必得之于民。”[②]要想国家富强，必须赢得民众的支持，这就需要根据现实状况，采取与民休息的政策，最终建设成一个理想的社会：“是以君子之为治也，块然若无事，寂然若无声，官府若无吏，亭落若无民，闾里不讼于巷，老幼不愁于庭，近者无所议，远者无所听，邮无夜行之卒，乡无夜召之征，犬不夜吠，鸡不夜鸣，耆老甘味于堂，丁男耕耘于野。”[③]陆贾认为，要实现这样的社会理想，就必须通过对百姓的社会教育：“夫法令者所以诛暴也，故曾、闵之孝，夷、齐之廉，此宁畏法教而为之者哉？故尧、舜之民，可比屋而封，桀、纣之民，可比屋而诛，何者？化使其然也。”[④]他强调实施社会教育的重要性，认为要使百姓具备良好的道德，行善为仁，只有依靠社会教育。把学校作为实施教化的基地，是我国传统教育的宝贵经验。陆贾也非常看重这一点，《新语》中两次提到“兴学校”。《道基篇》云：“民知畏法而无礼，于是中圣乃设辟雍庠序之教，以正上下之仪，明父子之礼，君臣之义，使强不凌弱，众不暴寡，弃贪鄙之心，兴清洁之行。”《至德篇》云：“于是赏善罚恶而润色之，兴辟雍庠序而教诲之。然后贤愚异议，廉鄙异科，长幼异节，上下有差，强弱相扶，小大相怀，尊卑相承，雁行相随，不言而信，不怒而成。岂恃坚甲利兵，深刑刻法朝夕切切而后行哉。”把教育看作治国的根本。

陆贾虽然主张将社会教育作为治国之本，但并不否认刑罚的作用，

---

① [西汉] 司马迁.史记[M].北京：中华书局，1982:2699.

② [西汉] 陆贾撰，王利器校注.新语校注[M].北京：中华书局，2012:116.

③ [西汉] 陆贾撰，王利器校注.新语校注[M].北京：中华书局，2012:28.

④ [西汉] 陆贾撰，王利器校注.新语校注[M].北京：中华书局，2012:65.

只不过是反对一味依靠刑罚，把“深刑刻法”作为治理国家的方法。刑罚只作为治国的辅助工具，与推行道德教化相比较，刑罚的成效有很大差距，“怀德者众归之，恃刑者民畏之，归之则充其侧，畏之则去其域。”①刑罚只能消极地对犯罪活动加以惩治，根本不能积极地劝人为善。“法令者所以诛恶，非所以劝善。”②而治国的根本目的是劝人为善，要实现这一目标只能通过教化的途径。陆贾称这种以道德教育为主、以刑罚为辅的思想为“中和”③：“是以君子尚宽舒以苞其身，行身中和以致疏远；民畏其威而从其化，怀其德而归其境，美其治而不敢违其政。民不罚而畏，不赏而劝，渐渍于道德，被服于中和之所致也。”④

陆贾通过分析自然现象，解释了统治者对民众开展社会教育的可能性：“近河之地湿，而近山之木长者，以类相及也。高山出云，丘阜生气，四渎东流，百川无西行者，小象大而少从多也。”⑤“人是生活在社会之中的，在特定的社会和一定的文化氛围中，人们耳濡目染，同化为具有某种文化特质的社会人。而教化就是使人在社会化过程中得以明确为与不为的界限，通晓社会行为的准则，并将这种准则内化为自己的道德规范，成为自身价值判断的标准，融入社会，服务于社会。这就是一个小从大、少从多，以类相及、四渎东流的过程。”⑥

（二）社会教育的内容

陆贾强调以儒家仁义道德学说为社会教育的主要内容。他特别推

① [西汉]陆贾撰，王利器校注.新语校注[M].北京：中华书局，2012:117.

② [西汉]陆贾撰，王利器校注.新语校注[M].北京：中华书局，2012:65.

③ [西汉]陆贾撰，王利器校注.新语校注[M].北京：中华书局，2012:64.

④ 郝建平.德教为主，刑罚为辅——汉代思想家对治国方略探讨[J].信阳师范学院学报，2005（1）.

⑤ [西汉]陆贾撰，王利器校注.新语校注[M].北京：中华书局，2012:65.

⑥ 郝建平.德教为主，刑罚为辅——汉代思想家对治国方略探讨[J].信阳师范学院学报，2005（1）.

崇儒家的仁义思想，认为万物由天产生，由大地养育，圣人通过仁义道德与天地相合来成就万物，“故圣人怀仁仗义，分明纤微，忖度天地，危而不倾，佚而不乱者，仁义之所治也。”[①]因此，“仁义”是宇宙间一切事物行为的指导准则。第一，仁义是支配自然的法则：“阳气以仁生，阴节以义降，鹿鸣以仁求其群，关雎以义鸣其雄。”[②]第二，仁义是维系人类社会存在的道德基础：“百姓以德附，骨肉以仁亲，夫妇以义合，朋友以义信，君臣以义序，百官以义承，曾、闵以仁成大孝，伯姬以义建至贞，守国者以仁坚固，佐君者以义不倾，君以仁治，臣以义平。”[③]以君臣、父子、夫妇、朋友之间关系为代表的社会伦理秩序，靠仁义道德来维系。第三，儒家经典的核心是仁义原则的体现：“《春秋》以仁义贬绝，《诗》以仁义存亡”“《书》以仁序九族”“《礼》以仁尽节，《乐》以礼升降。”[④]总的来看，“宇宙间万事万物莫不体现仁和义的原则，仁义成为贯穿于古今、万事万物之‘道’的纲要，也就是宇宙间事物赖以生成的根据和最高指导原则。”[⑤]

陆贾列举历史上治乱成败的事例，论证施行仁义则国家强盛、天下大治，反之则国家灭亡、天下大乱：“圣人居高处上，则以仁义为巢，乘危履倾，则以圣贤为杖，故高而不坠，危而不仆。昔者，尧以仁义为巢，舜以稷、契为杖，故高而益安，动而益固。处宴安之台，承克让之涂，德配天地，光被八极，功垂于无穷，名传于不朽，盖自处得其巢，任杖得其人也。秦以刑罚为巢，故有覆巢破卵之患，以李斯、赵高为杖，故有顿仆跌伤之祸，何者？所任者非也。故杖圣者帝，杖贤者王，

① 谌玉洁.《新语》与汉代社会教化[D].南京：南京师范大学，2011.

② [西汉] 陆贾撰，王利器校注.新语校注[M].北京：中华书局，2012:30.

③ [西汉] 陆贾撰，王利器校注.新语校注[M].北京：中华书局，2012:30.

④ [西汉] 陆贾撰，王利器校注.新语校注[M].北京：中华书局，2012:30.

⑤ [西汉] 陆贾撰，王利器校注.新语校注[M].北京：中华书局，2012:35.

杖仁者霸，杖义者强，杖谗者灭，杖贼者亡。”[①]所以“仁者以治亲，义者以利尊。万世不乱，仁义之所治也。”[②]“谋事不并仁义者后必败。”[③]

陆贾“强调社会的正常运作和人伦的合理延续离开儒家仁义道德学说是无法实现的，而儒家仁义道德学说需要通过自上而下的教化才能深入到社会的每一个角落”[④]，所谓 “仁者道之纪，义者圣之学。学之者明，失之者昏，背之者亡”。[⑤]

（三）社会教育的方法

陆贾认为社会教育的主要方法是依靠统治者个人的示范，作为统治者必须特别注意用自身的模范行为使被教育者潜移默化。“故上之化下，犹风之靡草也。王者尚武于朝，则农夫缮甲兵于田。故君子之御下也，民奢应之以俭，骄淫者统之以理，未有上仁而下贼，让行而争路者也。故孔子曰：‘移风易俗。’岂家令人视之哉？亦取之于身而已矣。”[⑥]也就是说，统治者要起到表率作用，实行仁义、崇尚道德，使上行下效，从而实现移风易俗、建立良好社会风尚的目标[⑦]。

陆贾以历史上的一些例子，来强调这种“上行下效”的社会教育效应，说明最高统治者的道德行为对民众产生积极影响，而其不道德的行为对民众产生消极的影响：“昔者，周襄王不能事后母，出居于郑，而下多叛其亲。秦始皇骄奢靡丽，好作高台榭，广宫室，则天下豪富制屋宅者，莫不仿之，设房闼，备厩库，缮雕琢刻画之好，博玄黄琦玮之

---

① 李景明.中国儒学史（秦汉卷）[M].广州：广东教育出版社，1998:64.
② [西汉] 陆贾撰，王利器校注.新语校注[M].北京：中华书局，2012:34.
③ [西汉] 陆贾撰，王利器校注.新语校注[M].北京：中华书局，2012:29.
④ 朱海龙，黄明喜.陆贾教化思想探析[J].华南师范大学学报，2004（3）.
⑤ [西汉] 陆贾撰，王利器校注.新语校注[M].北京：中华书局，2012:34.
⑥ [西汉] 陆贾撰，王利器校注.新语校注[M].北京：中华书局，2012:67.
⑦ 郝建平.试论汉初的教育思想[J].西南师范大学学报，2005（3）.

色，以乱制度。齐桓公好妇人之色，妻姑姊妹，而国中多淫于骨肉。楚平王奢侈纵恣，不能制下，检民以德，增驾百马而行，欲令天下人饶财富利，明不可及，于是楚国逾奢，君臣无别。”①

陆贾提醒统治者说：“安危之要，吉凶之符，一出于身，存亡之道，成败之事，一起于善行。尧舜不易日月而兴，桀纣不易星辰而亡。天道不改而人道易也。”②“世衰道失，非天之所为也，乃国君者有以取之也。”③

正因为统治者的言行影响着民众的价值取向和整个社会的风气，因而其需要加强自身道德修养，提高道德水平。“夫建大功于天下者必先修于闺门之内，垂大名于万世者必先行之于纤微之事。是伊尹负鼎，屈于有莘之野，修达德于草庐之下，躬执农夫之作，意怀帝王之道，身在衡门之里，志图八极之表，故释负鼎之志，为天子之佐，克夏立商，诛逆征暴，除天下之患，辟残贼之类，然后海内治，百姓宁。曾子孝于父母，昏定晨省，调寒温，适轻重，勉之于糜粥之间，行之于衽席之上，而德美重于后世。此二者，修之于内，著之于外，行之于小，显之于大。”④要从力所能及的事情开始，循序渐进。“夫力学而诵诗、书，凡人所能为也；若欲移江、河，动太山，故人力所不能也。如调心在己，背恶向善，不贪于财，不苟于利，分财取寡，服事取劳，此天下易知之道，易行之事也，岂有难哉？”⑤也就是说，统治者要以身作则，注重端正自己的作风，时刻起模范带头作用，如此便能达到对民众潜移默化教育之目的。

陆贾面对秦亡汉兴的历史巨变，积极总结经验教训，提出以仁义

① [西汉] 陆贾撰，王利器校注.新语校注[M].北京：中华书局，2012:67.

② [西汉] 陆贾撰，王利器校注.新语校注[M].北京：中华书局，2012:152.

③ [西汉] 陆贾撰，王利器校注.新语校注[M].北京：中华书局，2012:155.

④ [西汉] 陆贾撰，王利器校注.新语校注[M].北京：中华书局，2012:89.

⑤ [西汉] 陆贾撰，王利器校注.新语校注[M].北京：中华书局，2012:91.

为本、刑罚为用的社会教育思想，开启了汉代重视社会教育的先河。对于陆贾的贡献，前人多有中肯评价："《新语》陆贾所造，盖董仲舒相被服焉；皆言君臣政治得失。言可采行，事美足观，鸿知所言，参二经传，虽古之圣言，不能过增。"[①]

二、贾谊的社会教育思想

贾谊（前200年—前168年），洛阳人，西汉初年著名政论家、思想家，十八岁时就"以能诵诗属书闻于郡中"[②]。文帝即位后，贾谊因"颇通诸子百家之书，文帝召以为博士"[③]。贾谊提出了一些有益建议，为文帝所赏识，破格提拔他为太中大夫，结果受到一些元老重臣的排挤，被外调为长沙王太傅，后转任梁怀王太傅。不久，梁怀王不慎坠马而死，贾谊认为自己没有尽到应有的职责，深感歉疚，不幸抑郁而死。贾谊从总结秦亡教训出发，提出了他的社会教育理论。著作有《新书》以及录于《史记》《汉书》中的奏疏，这些是研究贾谊社会教育思想的可靠材料。

（一）社会教育的必要性

贾谊强调社会教育的必要性是以他的民本思想为前提的。"民本思想的实质是要解决这样一个问题：统治者的权力和权威是来自人民的拥护而不是上天赋予的；统治者地位的维持和一切活动，特别是像战争等活动的成败，靠的是人心向背而不是上帝的保佑。"[④]先秦时期已有民本的思想。孔子强调重民："所重：民、食、丧、祭。"[⑤]把民众放在治理国家的第一位。作为统治者要爱民："节用而爱人，使民以

① [西汉] 陆贾撰，王利器校注.新语校注[M].北京：中华书局，2012:104.

② [东汉] 王充.论衡[M].上海：上海人民出版社，1974:438.

③ [西汉] 司马迁.史记[M].北京：中华书局，1982:2491.

④ 王兴国.贾谊评传[M].南京：南京大学出版社，1992:133.

⑤ [西汉] 司马迁.史记[M].北京：中华书局，1982:2491.

时。”[①]还要富民：“‘庶矣哉！’冉有曰：‘既庶矣，又何加焉？’曰：‘富之。’”[②]孟子认为：“民为贵，社稷次之，君为轻。是故得乎丘民而为天子。”[③]把民众摆在了国家、君主的前面，只有获得民众的支持才能得到天下。他以桀纣为例说明得民心的重要性：“桀纣之失天下也，失其民也；失其民者，失其心也。得天下有道：得其民，斯得天下矣。得其民有道：得其心，斯得民矣。得其心有道：所欲与之聚之，所恶勿施尔也。”[④]要想赢得民心，得到他们的支持，就要满足他们的需要。给民众以固定的产业，因为“有恒产者有恒心，无恒产者无恒心。”[⑤]还要与民同忧乐：“为民上而不与民同乐者，亦非也。乐民之乐者，民亦乐其乐。忧民之忧者，民亦忧其忧。乐以天下，忧以天下，然而不王者，未之有也。”[⑥]荀子形象地把君、民的关系比作船、水的关系：“君者，舟也；庶人者，水也。水则载舟，水则覆舟。”[⑦]国君的统治离不开民众的支持，荀子认为百姓是国家富强的决定性因素：“用国者，得百姓之力者富，得百姓之死者强，得百姓之誉者荣。”[⑧]

强大的秦帝国在农民起义的风暴中灭亡了，这使贾谊进一步看到了民众的伟大力量，他在继承先秦民本思想的基础上，对民众的地位和作用进行系统论述，强调民众是国家的根本，明确表达了“民惟邦本”的主张：“闻之于政也，民无不为本也。国以为本，君以为本，吏以为本。故国以民为安危。君以民为威侮，吏以民为贵贱。此之谓民无不为

① 吴根友点注.四书五经[M].北京：中国友谊出版公司，1993:34.
② 吴根友点注.四书五经[M].北京：中国友谊出版公司，1993:9.
③ 吴根友点注.四书五经[M].北京：中国友谊出版公司，1993:24.
④ 吴根友点注.四书五经[M].北京：中国友谊出版公司，1993:74.
⑤ 吴根友点注.四书五经[M].北京：中国友谊出版公司，1993:54.
⑥ 吴根友点注.四书五经[M].北京：中国友谊出版公司，1993:48.
⑦ 吴根友点注.四书五经[M].北京：中国友谊出版公司，1993:39.
⑧ 吴根友点注.四书五经[M].北京：中国友谊出版公司，1993:171.

本也。”国家、君主、官吏都要把民众作为根本，国家的安危，国君的威侮，官吏的贵贱，都以是否有利于民众作为标准。贾谊从多个方面论述了“民惟邦本”的表现：“闻之于政也，民无不为命也。国以为命，君以为命，吏以为命。故国以民为存亡，君以民为盲明，吏以民为贤不肖。此之谓民无不为命也。闻之于政也，民无不为功也。故国以为功，君以为功，吏以为功。国以民为兴坏，君以民为强弱，吏以民为能不能。此之谓民无不为功也。闻之于政也，民无不为力也。故国以为力，君以为力，吏以为力。故夫战之胜也，民欲胜也；攻之得也，民欲得也；守之存也，民欲存也。故率民而守，而民不欲存，则莫能以存矣；故率民而攻，民不欲得，则莫能以得矣；故率民而战，民不欲胜，则莫能以胜矣。”[①]也就是说，国家的兴衰成败，国君的强弱，官吏的贤或不肖，不是由天意决定的，而是取决于民众。战争的胜败也取决于民心的向背。

贾谊认为：“王者有易政而无易国，有易吏而无易民。故因是国也而为安，因是民也而为治。”[②]政令可以改变，官吏也可以更换、选择，但民众却是永恒的不可更换、选择的，作为统治者必须认真面对老百姓，以民为本。“一夫不耕，或为之饥；一妇不织，或为之寒。”[③]这说明贾谊已认识到了民众在物质生产中的重要作用，他们是社会物质财富的主要创造者，是国家经济之本。

贾谊认为：“故夫民者，大族也，民不可不畏也。故夫民者，多力而不可适（敌）也。呜呼！戒之哉！戒之哉！与民为敌者，民必胜之。”[④]民众的数量多，在人口中占绝大多数，而且其力量是不可战胜的，他们既可以推翻一个政权，也能使新政权走向繁荣昌盛。因此，贾

① [西汉] 贾谊撰，方向东译注.新书[M].北京：中华书局，2012:275.

② [西汉] 贾谊撰，方向东译注.新书[M].北京：中华书局，2012:275–276.

③ [西汉] 贾谊撰，方向东译注.新书[M].北京：中华书局，2012:288.

④ [西汉] 贾谊撰，方向东译注.新书[M].北京：中华书局，2012:137.

谊告诫统治者，绝对不能与民众为敌，否则，最终只能走向灭亡："夫民者，至贱而不可简也，至愚而不可欺也。故自古至于今，与民为仇者，有迟有速，而民必胜之。"[①]

通过以上分析，贾谊得出了如下结论："夫民者，万世之本也，不可欺。凡居于上位者，简士苦民者是谓愚，敬士爱民者是谓智。"[②]"故夫士民者，国家之所树而诸侯之本也，不可轻也。呜呼！轻本不祥，实为身殃。戒之哉！戒之哉！"[③]民众在国家的政治、经济中具有重要作用，统治者要重视民众的力量，为政应以民为本。

民众是国家立国的根本，而民众又具有这样的特点："夫民之为言也，瞑也；萌之为言也，盲也。故惟上之所扶而以之，民无不化也。故曰：民萌，民萌哉，直言其意而为之名也。夫民者，贤、不肖之材也，贤、不肖皆具焉。故贤人得焉，不肖者伏焉；技能输焉，忠信饰焉。故民者，积愚也。"[④]民众愚昧不觉，必须对其加以教化。只有把民众教化好，才能把国家治理好，国家富足的目的才能实现："夫民者，诸侯之本也；教者，政之本也；道者，教之本也。有道，然后教也；有教，然后政治也；政治，然后民劝之；民劝之，然后国丰富也。"[⑤]

（二）社会教育的可能性

贾谊论述社会教育的可能性是以他对人性问题的认识为基础的。人性问题历来为中国古代的思想家所重视，最早对其进行探讨的是孔子，他提出了"性相近也，习相远也"[⑥]的命题。认为人先天的天赋相差不大，之所以后天存在着较大差距，是受到了不同的环境、教化的影

---

① [西汉] 贾谊撰，方向东译注.新书[M].北京：中华书局，2012:282.

② [西汉] 贾谊撰，方向东译注.新书[M].北京：中华书局，2012:277.

③ [西汉] 贾谊撰，方向东译注.新书[M].北京：中华书局，2012:282.

④ [西汉] 贾谊撰，方向东译注.新书[M].北京：中华书局，2012:284.

⑤ [西汉] 贾谊撰，方向东译注.新书[M].北京：中华书局，2012:289.

⑥ [西汉] 贾谊撰，方向东译注.新书[M].北京：中华书局，2012:290.

响。人性究竟是善的还是恶的，孔子未加说明。孟子是第一个明确提出人性善的思想家。他把人性看作人与禽兽的区别所在，是人之所以成为人的本质所在。孟子认为人生下来就是善的：“人之性善也，犹水之就下也。人无有不善，水无有不下。”①人先天就具有四种善心：“恻隐之心，人皆有之。羞恶之心，人皆有之。恭敬之心，人皆有之。是非之心，人皆有之。”②这些善心分别是仁、义、礼、智：“恻隐之心，仁也；羞恶之心，义也；恭敬之心，礼也；是非之心，智也。”③这些道德意识是天赋的，人生来就有，并不是外加的：“仁义礼智，非由外铄我也，我固有之也。”④那么，既然人性是善的，为什么社会上有恶人存在？孟子认为是这些人没有把先天的善的本性存而养之，扩而充之，或者是受到了不良的社会环境、教化的影响，致使这种善的本性丢失了。“非天之降才尔殊也，其所以陷溺其心者然也。”⑤而君子则能把“善性”保持和发扬，“君子所以异于人者，以其存心也。君子以仁存心，以礼存心。”⑥要想把散失的善的本性找回来并保存和发扬，只有通过教化：“学问之道无他，求其放心而已矣。”⑦

荀子不赞成孟子的“性善论”，提出了“性恶论”：“今人之性，生而有好利焉，顺是，故争夺生而辞让亡焉；生而有疾恶焉，顺是，故残贼生而忠信亡焉；生而有耳目之欲，有好声色焉，顺是，故淫乱生而礼义文理亡焉。”⑧人的本性都是好利疾恶的，如不加节制而任其发展，必然会导致社会的混乱。既然人性是恶的，那么，人的善是怎么来

① 吴根友点注.四书五经[M].北京：中国友谊出版公司，1993:31.
② 吴根友点注.四书五经[M].北京：中国友谊出版公司，1993:64.
③ 吴根友点注.四书五经[M].北京：中国友谊出版公司，1993:65.
④ 吴根友点注.四书五经[M].北京：中国友谊出版公司，1993:65.
⑤ 吴根友点注.四书五经[M].北京：中国友谊出版公司，1993:65.
⑥ 吴根友点注.四书五经[M].北京：中国友谊出版公司，1993:65.
⑦ 吴根友点注.四书五经[M].北京：中国友谊出版公司，1993:58.
⑧ 吴根友点注.四书五经[M].北京：中国友谊出版公司，1993:66.

的？他认为人之所以能为善，全在于后天之努力，即所谓“人之性恶，其善者伪也。”[①]要想改变人之恶性，就离不开人为的社会教化：“今人之性恶，必将待师法然后正，得礼仪然后治。今人无师法则偏险而不正，无礼仪则悖乱而不治。”[②]

贾谊在继承前人人性思想的基础上，提出了“人性非甚相远”的观点，并十分强调“习”，亦即社会教育的重要作用：“殷为天子，二十余世，而周受之。周为天子，三十余世，而秦受之。秦为天子，二世而亡。人性非甚相远也，何殷、周之君有道之长，而秦无道之暴也？其故可知也。”[③]殷、周传承了数十代，而秦朝只传了两代就灭亡了。并非各朝天子之人性存在着较大差距，而是受到了不同的环境、教化的影响：“习与正人居之，不能无正也，犹生长于齐之不能不齐言也；习与不正人居之，不能无不正也，犹生长于楚之不能不楚言也。故择其所嗜，必先受业，乃得尝之；择其所乐，必先有习，乃得为之。孔子曰:‘少成若天性，习惯如自然。’是殷、周之所以长有道也。”[④]他以秦国胡亥之恶为例，说明人的善恶不是先天所生，而是后天在周围环境的影响和教化下形成：“其俗固非贵辞让也，所上者告讦也；固非贵礼义也，所上者刑罚也。使赵高傅胡亥而教之狱，所习者非斩劓人，则夷人之三族也。故今日即位，明日射人，忠谏者谓之诽谤，深为之计者谓之妖言，其视杀人若艾草菅然。岂胡亥之性恶哉？其所以习道之者非理故也。”[⑤]胡亥的凶残并非他的本性恶，而是后天秦国的恶劣习俗和不当的教育所造成。这表明，人性虽差距不大，但后天人们具有不同的道德品质，其原因主要在于后天环境、教化的不同：“夫胡越之人，生而

① 吴广义，崔文恒，侯晓菊.荀子评注[M].呼和浩特：远方出版社，2007:538.

② 吴广义，崔文恒，侯晓菊.荀子评注[M].呼和浩特：远方出版社，2007:538.

③ 吴广义，崔文恒，侯晓菊.荀子评注[M].呼和浩特：远方出版社，2007:1.

④ [西汉] 贾谊撰，方向东译注.新书[M].北京：中华书局，2012:152.

⑤ [西汉] 贾谊撰，方向东译注.新书[M].北京：中华书局，2012:153.

同声，嗜欲不异，及其长而成俗也，累数译而不能相通，行有虽死而不相为者，则教习然也。”[①]人刚出生，在许多方面非常相似，但后来却有了不同的习惯，至死也不改变自己的习俗，这是因为长期社会教育的结果。

贾谊一方面认为“人性非甚相远性”，另一方面又把材性分为三个等级：“抑臣又窃闻之曰，有上主者，有中主者，有下主者。上主者，可引而上，不可引而下；下主者，可引而下，不可引而上；中主者，可引而上，可引而下。……故材性乃上主也，贤人必合，而不肖人必离，国家必治，无可忧者。若材性下主也，邪人必合，贤正必远，坐而须亡耳，又不可胜忧矣。故其可忧者，唯中主尔，又似练丝，染之蓝则青，染之缁则黑，得善佐则存，不得善佐则亡，此其不可不忧者耳。”[②]把分为上主、中主、下主，其依据是他们的不同“材性”，也就是不同的先天素质。上主具有善的材性，下主具有恶的材性，对这两种人社会教育起不到什么作用。中主的材性是可以为善也可以为恶，这由他们接受何种社会教育或环境的影响所决定，对这部分人社会教育是发挥作用的。民众与中主具有一致性。“夫民者，贤、不肖之材也，贤、不肖兼具焉。”[③]民众之性包含善的方面，但是自己不能发挥出来，必须通过王者的社会教育。“人有仁、义、礼、智、信之行，行和则乐兴，乐兴则六，此之谓六行。”“然而人虽有六行，微细难识，唯先王能审之。凡人弗能自至，是故必待先王之教，乃知所从事。是以先王为天下设教，因人所有，以之为训；道人之情，以之为真。是故内本六法，外体六行，以与《诗》《书》《易》《春秋》《礼》《乐》六者之术以为大义，谓之六艺。令人缘之以自修，修成则得六行矣。”[④]一般人难以觉

① [西汉] 贾谊撰，方向东译注.新书[M].北京：中华书局，2012:159.

② [西汉] 贾谊撰，方向东译注.新书[M].北京：中华书局，2012:160.

③ [西汉] 贾谊撰，方向东译注.新书[M].北京：中华书局，2012:165-166.

④ [西汉] 贾谊撰，方向东译注.新书[M].北京：中华书局，2012:289.

察自身的仁、义、礼、智、信、乐“六行”，所以需要统治者的社会教育。统治者对民众进行社会教育的内容是儒家的六经。贾谊提出的“材性”有三等之说，在中国教育思想史上可谓首开“性三品”说之先河。此后，不少思想家对此作了进一步论证[①]。

综上所述，贾谊认为人性并非固定不变的，而是可变的，这就为社会教育的开展提供了可能性。

（三）社会教育的作用

同陆贾一样，贾谊也对秦兴亡的历史教训作了反思，对陆贾“逆取顺守”的思想作了进一步论述：“秦以区区之地至万乘之势，序州而朝同列，百有余年矣。然后六合为家，崤函为宫。一夫作难而七庙堕，身死人手，为天下笑者，何也？仁义不施，而攻守之势异也。”[②]“夫并兼者高诈力，安危者贵顺权，推此言之，取与守不同术也。秦虽离战国而王天下，其道不易，其政不改，是其所以取之也。孤独而有之，故其亡可立而待也。借使秦王论上世之事，并殷、周之迹，以制御其政，后虽有淫骄之主，犹未有倾危之患也。”[③]秦帝国在极短时间内走向灭亡，原因何在？贾谊认为，夺取政权必须依靠法术诈力，但巩固政权就需改变统治策略，把仁义教化作为治国之本。秦帝国的迅速灭亡，就在于一统天下后，一味借助严刑苛法等暴力手段治理国家，而漠视道德教化的作用。秦王朝过度依赖刑法，轻视教化，使社会风俗日趋败坏：“商君遗礼义，弃仁恩，并心于进取，行之二岁，秦俗日败。故秦人家富子壮则出分，家贫子壮则出赘。借父耰锄，虑有德色；毋取箕帚，立而谇语。抱哺其子，与公并倨；妇姑不相说，则反唇而相稽。其慈子耆利，不同禽兽者亡几耳。”[④]社会风俗的败坏，带来的恶劣后果是王

① [西汉] 贾谊撰，方向东译注.新书[M].北京：中华书局，2012:257–258.
② 郝建平.汉代思想家关于教育对人发展作用的认识[J].阴山学刊，2005（3）.
③ [西汉] 贾谊撰，方向东译注.新书[M].北京：中华书局，2012:7.
④ [西汉] 贾谊撰，方向东译注.新书[M].北京：中华书局，2012:10.

朝的覆灭："秦灭四维而不张，故君臣乖乱，六亲殃戮，奸人并起，万民离叛，凡十三岁，而社稷为虚。"[①]在贾谊看来，秦遗风余俗仍然影响着汉初社会，道德沦丧的现象非常突出，"今俗侈靡，以出伦逾等相骄，以富过其事相竞。今世贵空爵而贱良，俗靡而尊奸，富民不为奸而贫为里骂，廉吏释官而归为邑笑，居官敢行奸而富为贤吏，家处者犯法为利为材士。故兄劝其弟，父劝其子，则俗之邪至于此矣。"[②]当今世俗奢靡铺张，以超出别人作为夸耀的资本，以超出实际需要来显示富有。富有的平民因不搞歪门邪道陷入贫穷被乡邻辱骂，廉洁官员退休回家被街坊耻笑。敢做坏事而富有的官吏被看作好官，不做官的通过违法获利而被视为有才之士。更有甚者，"到大父矣，贼大母矣，踝妪矣，刺兄矣。盗者虑探柱下之金，掇寝户之帘，攓两庙之器，白昼大都之中剽吏而夺之金。矫伪者出几十万石粟，赋六百余万钱，乘船而行诸侯，此其无行义之尤至者已。"[③]甚至有杀害祖父母、养母、兄长的恶劣行为。也有偷挖别人房屋柱子下的金子，取走别人家的门帘，盗取两庙的祭器，光天化日下抢劫官吏夺取金钱的行为。要使社会风俗淳厚，人们具有较好的道德水平，唯一有效的方法是社会教育。贾谊通过历史上治国成功和失败的例子，强调以仁义教化或法令刑罚来治国会导致不同的结果。以仁义教化来治理国家，就会出现长治久安的局面；而一味依靠法令刑罚来治国，其结果只能是快速灭亡。

贾谊特别强调礼的作用，把礼看作一切社会制度和行为规范的准则："道德仁义，非礼不成；教训正俗，非礼不备；分争辩讼，非礼不决；君臣、上下、父子、兄弟，非礼不定；宦学事师，非礼不亲；班朝治军、莅官行法，非礼威严不行；祷祠祭祀，供给鬼神，非礼不诚

---

① [东汉] 班固.汉书[M].北京：中华书局，1962:2244.

② [东汉] 班固.汉书[M].北京：中华书局，1962:2246.

③ [西汉] 贾谊撰，方向东译注.新书[M].北京：中华书局，2012:82.

不庄。是以君子恭敬、撙节、退让以明礼。”[①]礼不仅可以纯正社会风俗，解决各种纠纷，使社会秩序井然，还具有明确等级、分别尊卑的政治功能：“礼者，所以固国家，定社稷，使君无失其民者也。主主臣臣，礼之正也；威德在君，礼之分也；尊卑大小，强弱有位，礼之数也。礼，天子爱天下，诸侯爱境内，大夫爱官属，士庶各爱其家，失爱不仁，过爱不义。故礼者，所以守尊卑之经、强弱之称者也。”[②]“君仁臣忠，父慈子孝，兄爱弟敬，夫和妻柔，姑慈妇听，礼之至也。君仁则不厉，臣忠则不贰，父慈则教，子孝则协，兄爱则友，弟敬则顺。夫和则义，妻柔则正，姑慈则从，妇听则婉，礼之质也。”[③]只要人们严格遵守礼所规定的行为规范，“就可以使社会呈现等级秩序不紊、成员间关系协调的安定和谐状态。”[④]

贾谊认为礼和法的功效、作用不同：“夫礼者禁于将然之前，而法者禁于已然之后，是故法之所为用易见，而礼之所为生难知。”[⑤]礼具有防患于未然的作用，它的效果远胜于刑罚的威慑。要使礼治之目的得以实现，就必须依靠社会教育。社会教育所起的作用是“贵绝恶于未萌，而起教于微渺，使民日迁善远罪而不自知也”[⑥]，也就是提高人们的思想水准，使百姓犯上作乱的思想根源得以断绝，从而在不知不觉中避恶迁善。社会教育的效果不像刑罚禁止邪行、惩罚恶人那样立竿见影，需经历一个比较长的过程才能显现。作为一个有智慧的统治者，一定要对社会教育给予高度重视[⑦]。治理国家主要有两个途径：一

① [东汉] 班固.汉书[M].北京：中华书局，1962:2253.

② [西汉] 贾谊撰，方向东译注.新书[M].北京：中华书局，2012:177–178.

③ [西汉] 贾谊撰，方向东译注.新书[M].北京：中华书局，2012:178–179.

④ [西汉] 贾谊撰，方向东译注.新书[M].北京：中华书局，2012:179.

⑤ 王兴国.贾谊评传[M].南京：南京大学出版社，1992:72–73.

⑥ [东汉] 班固.汉书[M].北京：中华书局，1962:2252.

⑦ [东汉] 班固.汉书[M].北京：中华书局，1962:2252.

是社会教育，二是法令，二者不能互相替代。他打比喻说："屠牛坦一朝解十二牛，而芒刃不顿者，所排击，所剥割，皆象理也。然至髋髀之所，非斤则斧矣。仁义恩厚者，此人主之芒刃也；权势法制，此人主之斤斧也。势已定，权已足矣，乃以仁义恩厚因而泽之，故德布而天下有慕志。今诸侯王皆众髋髀也，释斤斧之制，而欲婴以芒刃，臣以为刃不折则缺耳。"[①]社会教育好比是"芒刃"，而法制则等同于"斤斧"，不同形势下使用的工具不一样。就比如解剖牛，枝节的地方需要用锋利的刀子，而遇到大骨头，就必须使用斤斧。二者有着截然不同的实行后果，统治者要善于利用："道之以德教者，德教洽而民气乐；驱之以法令者，法令极而民风衰。"[②]国家的安危，取决于统治者对这两种治民之术的选择取舍："人主之所积，在其取舍。以礼义治之者，积礼义；以刑罚治之者，积刑罚。刑罚积而民怨背，礼义积而民和亲。"[③]文武两手并用，道德教化、刑罚兼施，而道德教化是重点，是第一位的，刑罚是第二位的。

（四）社会教育的方法

贾谊认为，最高统治者及其整个官僚集团个人品质的好坏直接影响着民众的行为，因而应加强道德修养以为民众之榜样："人主仁而境内和矣，故其士民莫弗亲也；人主义而境内理矣，故其士民莫弗顺也；人主有礼而境内肃矣，故其士民莫弗敬也；人主有信而境内贞矣，故其士民莫弗信也；人主公而境内服矣，故其士民莫弗戴也；人主法而境内轨矣，故其士民莫弗辅也。""故君能为善，则吏必能为善矣；吏能为善，则民必能为善矣。故民之不善也，失之者吏也；故民之善也，吏之功也。故吏之不善也，失之者君也；故吏之善者，君之功也。是故君明

① 郝建平.德教为主，刑罚为辅——汉代思想家对治国方略探讨[J].信阳师范学院学报，2005（1）.

② [西汉] 贾谊撰，方向东译注.新书[M].北京：中华书局，2012:60.

③ [东汉] 班固.汉书[M].北京：中华书局，1962:2253.

而吏贤，吏贤而民治矣。故苟上好之，其下必化之，此道之政也。”[①]官吏是治民的关键，负有教导民众之职责，因此，国君选拔官吏一定要慎重，“民之治乱在于吏，国之安危在于政。故是以明君之于政也慎之，于吏也选之，然后国兴也。”[②]国君要想选拔到良吏，应该让民众参与进来，以民众评价作为选拔标准，只有得到民众称誉、爱戴之人，君主才能任用。“故夫民者虽愚也，明上选吏焉，必使民与焉。故士民誉之，则明上察之，见归而举之；故士民苦之，则明上察之，见非而去之。故王者取吏不妄，必使民唱，然后和之。故夫民者，吏之程也，察吏于民，然后随之。夫民至卑也，使之取吏焉，必取其爱焉。故十人爱之有归，则十人之吏也；百人爱之有归，则百人之吏也；千人爱之有归，则千人之吏也；万人之爱有归，则万人之吏也。故万人之吏，选卿相焉。”[③]

总之，贾谊在对秦朝迅速覆灭的深刻反思中，提出了民为国本的主张。既然民众是国家的根本，而他们又是愚昧的，因此对他们进行社会教育是有利于巩固统治的。民众之所以接受社会教育，是因为人在出生之初，其性情、品质无多大的差别，而之所以后来成为贤愚善恶之人，关键在于个人所受环境和社会教育的影响不同。贾谊主张，道德教化与法制同为治理国家必不可少的手段，但道德教化与法比较起来，其作用大于法，通过潜移默化的教化，可以起到防微杜渐的作用，使民众向善而远恶。这对统治者来说，无疑是一种最好的统治术了。二者在治国中的地位不同，道德教化是第一位的，法制处于辅助地位，即以道德教化为本，以法为用，反对严刑峻法，法的施用最终是为实现道德教化治国的政治理想。

① [西汉] 贾谊撰，方向东译注.新书[M].北京：中华书局，2012:251.
② [西汉] 贾谊撰，方向东译注.新书[M].北京：中华书局，2012:288.
③ [西汉] 贾谊撰，方向东译注.新书[M].北京：中华书局，2012:288.

三、董仲舒的社会教育思想

董仲舒（前179年—前104年），西汉时期著名的政治家、思想家、教育家。他自幼刻苦好学，因而得以精通五经，尤其对《公羊春秋》有深入研究。景帝时，他被任命为博士，讲授《公羊春秋》。汉武帝即位后，召集贤良文学之士对策，董仲舒上对策三篇，史称“天人三策”，得到武帝的赏识，先后被派到江都易王刘非、胶西王刘端那里担任国相十余年，后辞职回家。此后，专心讲学著述。董仲舒一生著述很多，现在还流传的有《春秋繁露》及《天人三策》等。

董仲舒以儒家学说为基础，同时吸收法家、道家、阴阳家的思想，建立了一个以“天人合一”为宗旨的思想体系，被汉武帝所采纳，从此，儒家思想取得了正统地位。董仲舒的思想体系中包含丰富的社会教育思想。他在继承先秦儒家社会教育思想的基础上，通过对秦迅速灭亡的历史教训的反思，结合汉代社会的实际情况，论述了自己独到的社会教育理论。这一社会教育理论与王权相结合，而由理论走向现实化、实践化，进而对此后的中国封建社会产生了重要影响。

（一）社会教育的可能性与必要性

董仲舒从人性善恶的角度来论述社会教育的可能性与必要性。先秦时期，孟子主张性善，荀子主张性恶，告子认为性无善无不善，世硕认为性有善、恶等，均从不同角度表达了对人性的看法。董仲舒在借鉴前人成果的基础上，对人性问题作了深入的理论思考，提出了“性有善质恶质”“性待教而善”的观点。

董仲舒将人性分为上、中、下三等，也就是上等的“圣人之性”、中等的“中民之性”与下等的“斗筲之性”。上等的圣人之性至善，圣人的任务就是教民成性，故而圣人的性不可以用来命名性。这等于说圣人生来性善，并以此教化别人，而他们根本不需要后天教化。斗筲之性是天生至恶而不能改变，和禽兽相近，根本无法对其进行教化，也不可用来命名性。只有中民所具有的性，虽然有善质，但还不是善，经过教化可以使其为善。大多数人具有中民之性，圣人教化的对象就是他们："圣人之性，不可以名性；斗筲之性，又不可以名性；名性者，中民之性。"[①]在董仲舒看来，教化只对"中民之性"起作用，对圣贤和小人无效。对圣人之性、斗筲之性、中民之性的界定，笔者赞同周桂钿先生的观点："董仲舒所谓'圣人之性'仅指极少数圣人，并非包括一切封建统治者。'斗筲之性'仅指极少数严重危害社会的大恶人，并非指劳动人民。所谓'中民之性'即指绝大多数人的本性，包括上自皇帝，下到平民百姓乃至奴隶在内。"[②]

董仲舒用天道阴阳学说的理论来阐释其人性论："性者，生之质也。"[③]"质朴之谓性。"[④]"性者，天质之朴也。"[⑤]"无所待而起，生而所自有也。"[⑥]这就是说，人性是人生下来自然具有的资质。对于人性本善的观点，董仲舒予以批驳，认为人的自然本性与善的名称在本质上是不同的："诘性之质于善之名，能中之与？既不能中矣，而尚谓之质善，何哉？性之名不得离质，离质如毛，则非性已。"[⑦]这种生来就有的质朴的资质得自于天："人受命于天，有善善恶恶之性。"[⑧]"今善善恶恶，好荣憎辱，非人能自生，此天施之在人者也。"[⑨]为什么说人性来源于天呢？这是因为天人合一，人是天的副本："人之形体，化

① "圣人""中民""斗筲"究竟指社会上的那些人，目前学界意见尚不统一。可参阅王永祥.董仲舒评传[M].南京：南京大学出版社，1995:257–265.

② [西汉] 董仲舒撰，张世亮等译注.春秋繁露[M].北京：中华书局，2012:388.

③ 周桂钿.秦汉思想史[M].石家庄：河北人民出版社，2000:188.

④ [东汉] 班固.汉书[M].北京：中华书局，1962:2501.

⑤ [东汉] 班固.汉书[M].北京：中华书局，1962:2515.

⑥ [西汉] 董仲舒撰，张世亮等译注.春秋繁露[M].北京：中华书局，2012:389.

⑦ [西汉] 董仲舒撰，张世亮等译注.春秋繁露[M].北京：中华书局，2012:389.

⑧ [西汉] 董仲舒撰，张世亮等译注.春秋繁露[M].北京：中华书局，2012:375.

⑨ [西汉] 董仲舒撰，张世亮等译注.春秋繁露[M].北京：中华书局，2012:33.

天数而成；人之血气，化天志而仁；人之德行，化天理而义；人之好恶，化天之暖清；人之喜怒，化天之寒暑；人之受命，化天之四时。人生有喜怒哀乐之答，春秋冬夏之类也。喜，春之答也；怒，秋之答也；乐，夏之答也；哀，冬之答也。天之副在乎人。”①这种生来就有的性既不是善也不是恶，而是既包含善质也包含恶质：“人之诚，有贪有仁。仁、贪之气，两在于身，身之名，取诸天。天两有阴阳之施，身亦两有贪、仁之性。”②人身同时具有贪和仁两种性，是受之于天的阴阳之气。天的阳气形成了仁，阴气形成了贪，贪和仁均为人性生来具有的一部分。他进一步指出：“天地之所生，谓之性、情。性、情相与为一瞑。情亦性也，谓性已善，奈其情何？故圣人莫谓性善，累其名也。身之有性、情也，若天之有阴、阳也。言人之质而无其情，犹言天之阳而无其阴也。”③由天而生的质包括性与情两个方面，人的性、情和天的阳、阴相匹配，仁、善与贪、恶分别是由性和情产生的，但性是善质，而情则是恶质，而并非已经是善的或恶的。这样，天的阴阳之气就成了人之善恶的来源，人的善恶之性便拥有了来自天道的根据。董仲舒指出：“阳之出也，常悬于前而任事；阴之出也，常悬于后而守空处。此见天之亲阳而疏阴，任德而不任刑也。”④既然天是亲阳而疏阴的，那么人性中“性”的比重远比“情”要大，这意味着人性中善质是主要的。由于情表现为人性中的贪，是人性中的恶质，是人性向恶发展的根源，如果任其发展，就会给社会和他人带来危害。因此，就必须限制其发展，途径就是依靠社会教育：“天有阴阳禁，身有情欲栣，与天道一也。是以阴之行不得干春夏，而月之魄常厌于日光，乍全乍伤。天之禁阴如此，安得不损其欲而缀其情以应天？天所禁，而身禁之，故曰身犹

① [西汉] 董仲舒撰，张世亮等译注.春秋繁露[M].北京：中华书局，2012:62.
② [西汉] 董仲舒撰，张世亮等译注.春秋繁露[M].北京：中华书局，2012:398.
③ [西汉] 董仲舒撰，张世亮等译注.春秋繁露[M].北京：中华书局，2012:376.
④ [西汉] 董仲舒撰，张世亮等译注.春秋繁露[M].北京：中华书局，2012:380.

天也。禁天之所禁，非禁天也。必知天性不乘于教，终不能柸。”[①]既然人性包含善质和恶质两种因素，那么人就具有两种发展趋势：向善或向恶。可以效仿天道，通过社会教育使人性中的善得到发扬光大，人性中的恶得到有效抑制。董仲舒将人性和天道联系在一起，对人的本性及其存在从宇宙生成的高度进行了阐释，从而使儒家的人性理论有了一个新的提升。

虽然人性包含着善的因素，但这并不是现实的善，善的因素只有通过人为的教化活动，才能成为现实之善：“今万民之性，待外教然后能善，善当与教，不当与性。”[②]性是人天生就有的自然之质，而善则是后天接受教育的结果。他打了一个形象的比喻：“性如茧、如卵，卵待覆而为雏，茧待缫而为丝，性待教而为善。”[③]茧缫了以后才能成为丝，卵孵了以后才能成为小雏，性教了以后才能成为善。“性比于禾，善比于米。米出禾中，而禾未可全为米也；善出性中，而性未可全为善也。善与米，人之所继天而成于外，非在天所为之内也。天之所为，有所至而止，止之内谓之天性，止之外谓之人事，事在性外，而性不得不成德。”[④]性和善就如同禾与米一样，禾需要经过加工才能变成米，性需要经过加工才能成为善，这说明善虽是由性产生的，但善与性是不能完全等同的，就如同米来自禾中但与禾有差别一样。善是后天形成的，天赋之性并不就是现成的善。也就是说，性有着变善的可能性，但可能性并非现实，也不见得一定变成现实，如果想使这种可能性演化为现实，唯一的途径就是实行社会教育：“性有似目，目卧幽而瞑，待觉而后见。当其未觉，可谓有见质而不可谓见。今万民之性，有其质而未能觉，譬如瞑者待觉，教之然后善。当其未觉，可谓有善质，而不可谓

① [西汉] 董仲舒撰，张世亮等译注.春秋繁露[M].北京：中华书局，2012:465.
② [西汉] 董仲舒撰，张世亮等译注.春秋繁露[M].北京：中华书局，2012:376–377.
③ [西汉] 董仲舒撰，张世亮等译注.春秋繁露[M].北京：中华书局，2012:381.
④ [西汉] 董仲舒撰，张世亮等译注.春秋繁露[M].北京：中华书局，2012:380–381.

善。与目之瞑而觉，一概之比也。”[①]人性如同眼睛，人睡觉时闭着眼睛，醒来后睁开眼睛才能看见。当人未醒的时候，只能说具有看见的质，但不能说已经看见了。万民之性就如睡眠中的眼睛，只能等醒了以后才能有所见，必须通过社会教育才能把潜在的善质转变为现实之善。未受社会教育之前，只能说具有善质，但不能说已经是善了。“善，教训之所然也，非质朴之所能至也。”[②]

对于善质、善行与教化的关系，董仲舒做了这样的阐释：“性者，天质之朴也；善者，王教之化也。无其质，则王教不能化；无其王教，则质朴不能善。”[③]“如果人心中没有善的素质，那么王教不能使他们化成善人，人们之所以能够接受教化，这本身可以推知人性中有能与善相应的成分。人性有善质是善的内因，王教是善的外因。内外结合才能成善。”[④]

对于什么是善，董仲舒认为孟子的标准太低，即以人之下的禽兽为参照物来判定人性，他推崇具有高尚道德精神的圣人之善：“孟子下质于禽兽之所为，故曰性已善；吾上质于圣人之所为，故谓性未善。”“性有善端，童之爱父母，善于禽兽，则谓之善。此孟子之善。循三纲五纪，通八端之理，忠信而博爱，敦厚而好礼，乃可谓善。此圣人之善也。”[⑤]达到圣人之善并不容易，需要通过社会教育。

董仲舒认为，民众性中所蕴含的善之因素，如果不能及时加以引导、给予教化，就会向恶的方面转化，而最终成为“奸邪”之人，对社会造成危害：“教化立而奸邪皆止者，其堤防完也；教化废而奸邪并出，刑罚不胜者，其堤防坏也。古之王者明于此，是故南面而治天下，

① [西汉]董仲舒撰，张世亮等译注.春秋繁露[M].北京：中华书局，2012:378.

② [西汉]董仲舒撰，张世亮等译注.春秋繁露[M].北京：中华书局，2012:378.

③ [西汉]董仲舒撰，张世亮等译注.春秋繁露[M].北京：中华书局，2012:388.

④ [西汉]董仲舒撰，张世亮等译注.春秋繁露[M].北京：中华书局，2012:389–390.

⑤ 周桂钿.秦汉思想史[M].石家庄：河北人民出版社，2000:175.

莫不以教化为大务。”[①]社会教育具有防微杜渐的作用，能够将百姓反抗的念头尽早泯灭，如果把社会教育放弃了，就如同把防范百姓造反的堤防自动拆除了，如此一来，无法有效地遏制百姓的反抗斗争，最终使封建王朝土崩瓦解[②]。这就强调了实施社会教育的必要性。

董仲舒认为，对民众进行社会教育，使其为善，是上天在人间的代表——帝王义不容辞的责任：“天子受命于天，诸侯受命于天子，子受命于父，臣妾受命于君，妻受命于夫，诸所受命者，其尊皆天也，虽谓受命于天亦可。”[③]天子的权力是上天授予的。天子担负着与天沟通的重任：“古之造文者，三画而连其中，谓之王。三画者，天、地与人也，而连其中者，通其道也。取天地与人之中以为贯而参通之，非王者孰能当是？是故王者唯天之施，施其时而成之，法其命而循之诸人，法其数而以起事，治其道而以出法，治其志而归之于仁。”[④]既然上天要求帝王教民成善，他们就必须无条件地承担起这一责任：“天生民性有善质而未能善，于是为之立王以善之，此天意也。民受未能善之性于天，而退受成性之教于王，王承天意以成民之性为任者也。”[⑤]董仲舒通过上天的权威，极力提升社会教育的地位，把其视为上天赋予帝王的不能推卸的责任，是上天意志的体现，从而有力地说明了这一工作的神圣性和不可违背。他指责孟子的性善论：“今按其真质，而谓民性已善者，是失天意而去王任也。万民之性苟信已善，则王者受命尚何任也？”[⑥]如果万民的性已经善了，就没有必要对其进行教化了。“民是

① [西汉] 董仲舒撰，张世亮等译注.春秋繁露[M].北京：中华书局，2012:383.

② [东汉] 班固.汉书[M].北京：中华书局，1962:2503.

③ 周军伟.先秦秦汉的教民思想与实践论述[J].山东师范大学学报，2005（5）.

④ [西汉] 董仲舒撰，张世亮等译注.春秋繁露[M].北京：中华书局，2012:559.

⑤ [西汉] 董仲舒撰，张世亮等译注.春秋繁露[M].北京：中华书局，2012:421.

⑥ [西汉] 董仲舒撰，张世亮等译注.春秋繁露[M].北京：中华书局，2012:381.

蒙昧的，未善的，需要教化才能善，这是天意。”[1]君主接受天命，他的一个重要任务就是对民众开展教化使之为善。

由此可见，董仲舒认为人性并非已善或已恶，而是包含着潜在的善质和恶质。要想把潜在的善质转变为现实之善，并能抑制潜在的恶质转变为现实之恶，只有通过社会教育。正因为人性有善质和恶质，社会教育才有实施的可能和必要。

（二）社会教育的作用

到了西汉中期，在社会经济发展的大背景下，贵族官僚、地主、富商大贾等对土地兼并的情况更加严重，而且法律也日趋严酷。汉武帝任用张汤、赵禹等人，对法律进行修订，“律令凡三百五十九章，大辟四百九条，千八百八十二事，死罪决事比万三千四百七十二事。文书盈于几阁，典者不能遍睹。”[2]“今郡国被刑而死者，岁以万数，天下狱二千余所，其冤死者多少相覆，狱不减一人，此和气所以未洽也。原狱刑所以蕃若此者，礼教不立，刑法不明，民多贫穷，豪桀务私，奸不辄得，狱犴不平之所致也。”[3]实际上社会危机已经在蕴藏着。面对这一社会现实，董仲舒在借鉴先秦诸子关于社会教化和法律思想的基础上，结合汉代社会的实际，用天人感应的理论，对教主法辅的关系作了深入阐释，使其得以系统化、理论化、神秘化，并为其披上了神权的光环，从而变成了神圣的、不可动摇的原则。他说：“天道之大者在阴阳。阳为德，阴为刑；刑主杀而德主生。是故阳常居大夏，而以生育养长为事；阴常居大冬，而积于空虚不用之处，以此见天之任德不任刑也。”[4]上天是好仁恶戾、贵阳贱阴的。既然君主是秉承天意而治理的，那么就应当“近天之所近，远天之所远；大天之所大，小天之所

---

① [西汉]董仲舒撰，张世亮等译注.春秋繁露[M].北京：中华书局，2012:381.

② 周桂钿.秦汉思想史[M].石家庄：河北人民出版社，2000:171.

③ [东汉]班固.汉书[M].北京：中华书局，1962:1101.

④ [东汉]班固.汉书[M].北京：中华书局，1962:1109.

小。是故天数右阳而不右阴，务德而不务刑。刑之不可任以治世也，犹阴之不可任以成岁也。为政而任刑，谓之逆天，非天道也”。①“因为刑主杀而德主生，所以德归于阳，刑归于阴，就像夏季草木滋长归于阳、冬季草木萧杀归于阴一样。根据阳主阴从的观点，‘任德教而不任刑’这一原本属于人为的社会政策也就被说成是‘天意’，是统治者必须遵循的治国之道，同时也被高度神圣化了。”②

董仲舒从历史的角度对社会教育在治理国家中的重要作用作了说明：“圣王之继乱世也，扫除其迹而悉去之，复修教化而崇起之。教化已明，习俗已成，子孙循之，行五六百岁，尚未败也。”以社会教育来治国，就能端正习俗，稳定社会，从而使国运昌盛。他举例说明：“五帝三王之治天下，不敢有君民之心，什一而税，教以爱，使以忠，敬长老，亲亲而尊尊，不夺民时，使民不过岁三日。民家给人足，无怨望忿怒之患、强弱之难，无谗贼妒疾之人。”③“武王行大谊，平残贼，周公作礼乐以文之，至于成康之隆，囹圄空虚四十余年。此教化之渐而仁谊之流，非独伤肌肤之效也。”④而秦统一以后，“师申商之法，行韩非之说，憎帝王之道，以贪狼为俗，非有文德以教训于下也。”⑤结果是秦“立为天子十四岁而国破亡矣”。⑥董仲舒通过历史上正反两面的经验教训，强调了社会教育在国家兴衰存亡中的决定性作用，是否实行社会教育会产生两种截然不同的结果。

董仲舒一方面总结历史上的经验教训，另一方面针对汉朝的现实

---

① [东汉] 班固.汉书[M].北京：中华书局，1962:2502.

② [西汉] 董仲舒撰，张世亮等译注.春秋繁露[M].北京：中华书局，2012:417–418.

③ 王炳照、阎国华.中国教育思想通史（第二卷）[M].长沙：湖南教育出版社，1994:64–65.

④ [西汉] 董仲舒撰，张世亮等译注.春秋繁露[M].北京：中华书局，2012:103–104.

⑤ [东汉] 班固.汉书[M].北京：中华书局，1962:2510.

⑥ [东汉] 班固.汉书[M].北京：中华书局，1962:2510.

状况，来说明以社会教育治国的重要性。他认为，秦朝灭亡后，它的遗毒至今还存在："使习俗薄恶，人民嚚顽，抵冒殊扞，孰烂如此之甚者也。……汉得天下以来，常欲善治而至今不可善治者，失之于当更化而不更化也。古人有言曰：'临渊羡鱼，不如退而结网。'今临政而愿治七十余岁矣，不如退而更化；更化则可善治，善治则灾害日去，福禄日来。"[①]董仲舒提出了"更化"的主张，认为只有改变秦朝单纯依靠刑罚的错误做法，实行以社会教育治国的新路线，才能实现"善治"之目的。对于社会教育的作用，董仲舒如此阐释："道者，所由适于治之路也，仁义礼乐皆其具也。故圣王已没，而子孙长久安宁数百岁，此皆礼乐教化之功也。王者未作乐之时，乃用先王之乐宜于世者，而以深入教化于民。教化之情不得，雅颂之乐不成，故王者功成作乐，乐其德也。乐者，所以变民风，化民俗也；其变民也易，其化人也著。"[②]这就是说，社会教育对于移风易俗有重要作用，只有通过社会教育才能使广大民众发自内心地认可现实的政治，取得化民于无形之中的良好效果，这是依靠刑罚手段根本无法达到的。"经由教化以规范人心，敦厚风俗，是实现德治理想的重要途径。"[③]

治国虽然以社会教育为主，但并非把刑罚弃之不用，他认为德教和刑罚，对封建统治的维持和巩固，都是必不可少、不能或缺的。这是因为"天地之数，不能独以寒暑成岁，必有春夏秋冬；圣人之道，不能独以威势成政，必有教化"。[④]董仲舒把社会教育比作阳，把刑罚比作阴，只有阴阳调和，天下万物才能正常生育发展："天使阳布施于上而主岁功，使阴伏于下而时出佐阳；阳不得阴之助，亦不能独成岁。终阳以成岁为名，此天意也。""天之志，常置阴空处，稍取之以为助。

---

① [东汉] 班固.汉书[M].北京：中华书局，1962:2504.

② [东汉] 班固.汉书[M].北京：中华书局，1962:2504–2505.

③ [东汉] 班固.汉书[M].北京：中华书局，1962:2499.

④ 刘泽华.中国政治思想史（秦汉魏晋南北朝卷）[M].杭州：浙江人民出版社，1996:100.

故刑者德之辅，阴者阳之助也。”[①]“庆为春，赏为夏，罚为秋，刑为冬。庆赏罚刑之不可不具也，如春夏秋冬不可不备也。庆赏罚刑，当其处，不可不发；若暖暑清寒，当其时，不可不出也。庆赏罚刑各有正处，如春夏秋冬各有时也。”[②]就好像四时不能或缺一样，庆赏罚刑不可偏废。治理国家离不开刑罚，但刑罚不能滥用，必须公正：“刑罚不中，则生邪气；邪气积于下，怨恶蓄于上。上下不和，则阴阳缪庚而妖孽生矣。此灾异所缘起也。”[③]如果刑罚不公正，就会有灾异现象产生。道德教化和刑罚都是治理国家的有效手段，但二者并非平列的，而是有多少的区别：“天出阳为暖以生之，地出阴为清以成之。不暖不生，不清不成。然而计其多少之分，则暖暑居百而清寒居一。德教之于刑罚犹此也。故圣人多其爱而少其严，厚其德而简其刑，以此配天。”[④]在阳气和阴气的共同作用下，天下万物得以产生和运行，因而二者在自然界中都有着不容忽视的价值，但它们的地位和价值是不同的，阳气占百份而阴气只占一份。如同阴阳两气一样，社会教育与刑罚在治国中的地位也不同，社会教育的地位要远高于刑罚。他得出的结论是：“教，政之本也；狱，政之末也。其事异域，其用一也，不可不以相顺，故君子重之也。”[⑤]虽然它们在各自领域都为巩固封建统治发挥着作用，但二者地位并不平等，为“本”“末”的关系。对被统治者要先施以教化，在教化不起作用时，再使用刑罚。刑罚的使用是针对那些不接受道德教化或经过教化仍冥顽不化的人。为什么社会教育是本、刑罚是末呢？他认为，刑罚是治表的、被动的。他引用孔子的话加以说明：“导之以政，齐之以刑，民免而无耻。”如果只用政令引导百姓，

---

① [西汉] 董仲舒撰，张世亮等译注.春秋繁露[M].北京：中华书局，2012:401.

② [西汉] 董仲舒撰，张世亮等译注.春秋繁露[M].北京：中华书局，2012:436.

③ [西汉] 董仲舒撰，张世亮等译注.春秋繁露[M].北京：中华书局，2012:470–471.

④ [东汉] 班固.汉书[M].北京：中华书局，1962:2500.

⑤ [西汉] 董仲舒撰，张世亮等译注.春秋繁露[M].北京：中华书局，2012:465.

用刑罚约束百姓，虽然他们能避免犯罪，但并没有意识到犯罪的可耻，这是因为刑罚只能消极地禁人为恶，而缺乏强人为善的力量。社会教育的作用是防患于未然，引导民众向善，改变和矫正民众的不良习性，是刑狱无法做到的："天令之谓命，命非圣人不行；质朴之谓性，性非教化不成；人欲之谓情，情非度制不节。是故王者上谨于承天意，以顺命也；下务明教化民，以成性也；正法度之宜，别上下之序，以防欲也；修此三者，而大本举矣。"①只有把社会教育与法治结合起来，才能建立良好的社会秩序。这一主张适应了统治者维护君主专制、巩固大一统、追求长治久安的要求，因而被统治者赏识和采纳。

（三）社会教育的方法

第一，君主要以身作则，起表率作用。董仲舒既赋予封建君主教化万民的职能，又对教化者的自身德行提出要求，认为要使社会教育取得成效，君主的身教起着至关重要的作用。君主必须有德才能成为最高统治者："故德侔天地者，皇天右而子之，号称天子。"②只有德行与天地堪比之人，上天才能保佑其作天子。"国之所以为国者，德也。……是故为人君者固守其德，以附其民；固执其权，以正其臣。"③国家之所以立国，其依据就是德行，因此，国君一定要有良好的德行，而且要把这种德行牢牢地固守下去，只有这样，才能使百姓真心归附自己，使臣下能够端正自己的行为，从而有效地统治国家。为此，他提出的教化方法是"显德以示民"："先王显德以示民，民乐而歌之以为诗，说而化之以为俗。故不令而自行，不禁而自止。从上之意，不待使之，若自然矣。"④"王者有明著之德行于世，则四方莫不响应，风化善于彼

① [西汉]董仲舒撰，张世亮等译注.春秋繁露[M].北京：中华书局，2012:96.

② [东汉]班固.汉书[M].北京：中华书局，1962:2515–2516.

③ [西汉]董仲舒撰，张世亮等译注.春秋繁露[M].北京：中华书局，2012:557.

④ [西汉]董仲舒撰，张世亮等译注.春秋繁露[M].北京：中华书局，2012:204.

矣。”[①]君主的道德品性对民众的感化和影响直接关系到化民成俗之目的能否实现：“尔好谊，则民乡仁而俗善；尔好利，则民好邪而俗败。由是观之，天子大夫者，下民之所视效，远方之所四面而内望也。近者视而放之，远者望而效之，岂可以居贤人之位而为庶人行哉！”[②]“故尧、舜行德则民仁寿，桀、纣行暴则民鄙夭。夫上之化下，下之从上，犹泥之在钧，唯甄者之所为，犹金之在熔，唯冶者之所铸。”[③]最高统治者对民众进行教化还是施予暴政，与民众的未来有着直接关系，因此统治者应该把良好的道德品质展示给民众，让他们效仿，从而达到“上之化下，下之从上”之目的。

君主如何正己？董仲舒认为关键要在“正心”上下功夫：“故为人君者，正心以正朝廷，正朝廷以正百官，正百官以正万民，正万民以正四方。四方正，远近莫敢不壹于正，而无有邪气奸其间者。是以阴阳调而风雨时，群生和而万民殖，五谷孰而草木茂，天地之间被润泽而大丰美，四海之内闻盛德而皆徕臣，诸福之物，可致之祥，莫不毕至，而王道终矣。”[④]只有君主加强道德修养、以身作则，成为民众的楷模，才能使百官正；百官正，才能使万民正，如此，“才能改变社会上的不良习俗，净化社会风气，也只有这样，才能上下和洽，国家富裕，四海来臣，实现封建社会的治世。”[⑤]董仲舒“正君”的思想实际上就是儒家长期提倡的“正心、修身、齐家、治国、平天下”的思想，它要求领导者要严于律己，把正己作为正人的前提，同时也是对儒家“内圣外王”传统的继承。

第二，要选拔贤才充实各级政府机构，使其担当起实施社会教育的

① [西汉] 董仲舒撰，张世亮等译注.春秋繁露[M].北京：中华书局，2012:333.
② [西汉] 董仲舒撰，张世亮等译注.春秋繁露[M].北京：中华书局，2012:537.
③ [东汉] 班固.汉书[M].北京：中华书局，1962:2521.
④ [东汉] 班固.汉书[M].北京：中华书局，1962:2501.
⑤ [东汉] 班固.汉书[M].北京：中华书局，1962:2502–2503.

重任："天积众精以自刚，圣人积众贤以自强；天序日月星辰以自光，圣人序爵禄以自明；天所以刚者，非一精之力，圣人所以强者，非一贤之德也。故天道务盛其精，圣人务众其贤；盛其精而壹其阳，众其贤而同其心；壹其阳，然后可以致其神，同其心，然后可以致其功；是以建治之术，贵得贤而同心。"①君主想把国家治理好，就必须依靠众贤的力量，而百官由众贤来担任，对民众具有示范和激励的作用。然而现实状况不容乐观："今之郡守、县令，民之师帅，所使承流而宣化也；故师帅不贤，则主德不宣，恩泽不流。今吏既亡教训于下，或不承用主上之法，暴虐百姓，与奸为市，贫穷孤弱，冤苦失职，甚不称陛下之意。是以阴阳错缪，氛气弃塞，群生寡遂，黎民未济，皆长吏不明，使至于此也。"②郡守、县令作为地方官，本应成为民众的师长和表率，并能按照皇帝旨意，积极开展对百姓的教化活动，但现实情况是，他们既不能正确领会皇帝的精神，又不能对民众实施教化，反而勾结奸人，残害百姓，因而多数是不称职的。为什么会这样呢？原因就在于："夫长吏多出于郎中、中郎，吏二千石子弟选郎吏，又以富訾，未必贤也。"③官员的来源主要有三种：一是官员的子弟被选拔到朝廷任郎中、中郎，一旦地方官有缺额，就从中选任；二是捐钱买官；三是靠熬年头熬上来。"累日以取贵，积久以致官，是以廉耻贸乱，贤不肖浑淆，未得其真。"④这些官员未必是贤人。要想选拔出贤才，就需要地方长官举荐。他的建议是，由地方长官定时定额向中央举荐辖区内的人才，中央对其是否具有真才实学加以考察，并据此对举荐的官员赏罚。这样既选拔了贤才，又考察了地方长官的能力。同时，根据道德与才能来任职的

① 高春菊.独以寒暑不能成岁，独以威势不能成政——董仲舒社会教化思想研究[J].衡水学院学报，2007（3）.

② [西汉]董仲舒撰，张世亮等译注.春秋繁露[M].北京：中华书局，2012:199.

③ [东汉]班固.汉书[M].北京：中华书局，1962:2512.

④ [东汉]班固.汉书[M].北京：中华书局，1962:2512.

做法，使贤才与不肖者界限分明，对推动教化具有积极作用。

第三，通过普设学校以推广教化、改善社会习俗。董仲舒认为兴学重教作为治国的根本之一，应该受到统治者的高度重视："立辟雍庠序，修孝悌敬让，明以教化，感以礼乐，所以奉人本也。"①为此，他提出建议："立太学以教于国，设庠序以化于邑，渐民以仁，摩民以谊，节民以礼，故其刑罚甚轻而禁不犯者，教化行而习俗美也。"②通过广泛的宣传教育，人们接受三纲五常的伦理道德，并把其作为指导原则，最终都变成忠于、顺从君主的子民。"兴学对推广教化确有重大意义，一是学校自身的教育活动即是教化的组成部分，二是学校（特别是地方庠序）除内部教学外，多承担地方有关教化的任务，如演礼司乐，宣讲表彰等，三是学校招生标准及培养出来的学生风范对民众也有示范和激励作用。"③

第四，社会教育要以富民为前提。董仲舒继承了孔子的富而教之思想，认为要使社会教育落到实处，取得实效，就必须首先解决民众的安居乐业问题。同前代诸多思想家一样，董仲舒也有民本的思想，强调作为统治者必须重民："天之生民，非为王也，而天立王以为民也。故其德足以安乐民者，天予之；其恶足以贼害民者，天夺之。"④民意也是天意，君主要维护自己的统治，首先要顺从天意，了解民意，重视民心的向背，把其作为统治是否稳固的标准。君主因有民众的存在才被设立，谁能重视民众的利益，让他们过上快乐幸福的生活，谁就能保住君主的地位，否则，就将被民众推翻。"五帝三皇之治天下，不敢有君民之心。"⑤五帝三皇尚且重视民心，后代的君王就更应该如此

① [东汉] 班固.汉书[M].北京：中华书局，1962:2513.

② [西汉] 董仲舒撰，张世亮等译注.春秋繁露[M].北京：中华书局，2012:194.

③ [东汉] 班固.汉书[M].北京：中华书局，1962:2503–2504.

④ 王炳照，阎国华.中国教育思想通史（第二卷）[M].长沙：湖南教育出版社，1994:70.

⑤ [西汉] 董仲舒撰，张世亮等译注.春秋繁露[M].北京：中华书局，2012:277.

了。董仲舒还进一步指出了民对君的重要性："君者，民之心；民者，君之体。"[①]"一国之君，其犹一体之心也。"[②]他把君主比作心，把民众比作身体，民众是立国的根本，有身体是有心的前提，如果身体不存在了，心也无法独自存在。他还说："王者，民之所往；君者，不失其群也。故能使万民往之，而得天下之群者，无敌于天下。"[③]君主只有得到民众支持，才能保住政权，并能无敌于天下。因此统治者必须爱民而不能害民："《春秋》之法，凶年不修旧，意在无苦民尔。苦民尚恶之，况伤民乎？伤民尚痛之，况杀民乎？故曰，凶年修旧则讥，造邑则讳。是害民之小者，恶之小也；害民之大者，恶之大也。"[④]他的建议是："限民名田，以赡不足，塞并兼之路。盐铁皆归于民。去奴婢，除专杀之威。薄赋敛，省徭役，以宽民力。然后可善治也。"[⑤]要限制占有土地的数量，取消盐铁官营，实行轻徭薄赋的政策。同时禁止官吏经营工商业与民争利："身宠而载高位，家温而食厚禄，因乘富贵之资力，以与民争利于下，民安能如之哉！……故受禄之家，食禄而已，不与民争业，然后利可均布，而可家足。此上天之理，而亦太古之道。"[⑥]在民众满足了衣食之需，得以休养生息、安居乐业的基础上，再对其进行社会教育。所谓"先饮食而后教诲""治民者先富之，而后加教"[⑦]，把社会教育建立在经济基础上的观点，是符合教育规律的。正如韦政通先生指出："从理想的观点，人的价值应以能满足道德的要求为优先。从现实的观点，如要人实现任何价值，生活的基本需求必须

---

① [西汉] 董仲舒撰，张世亮等译注.春秋繁露[M].北京：中华书局，2012:103.

② [西汉] 董仲舒撰，张世亮等译注.春秋繁露[M].北京：中华书局，2012:403.

③ [西汉] 董仲舒撰，张世亮等译注.春秋繁露[M].北京：中华书局，2012:634.

④ [西汉] 董仲舒撰，张世亮等译注.春秋繁露[M].北京：中华书局，2012:138.

⑤ [西汉] 董仲舒撰，张世亮等译注.春秋繁露[M].北京：中华书局，2012:48.

⑥ [东汉] 班固.汉书[M].北京：中华书局，1962:1134.

⑦ [东汉] 班固.汉书[M].北京：中华书局，1962:2520–2521.

先满足。……要使社会成员在生活中做到彼此相安，道德的教养只能收到部分效果，最主要的还是要先解决生活的基本需要。”①

总之，董仲舒通过对孟子和荀子的人性学说的批判继承，阐述了自己的人性主张，认为人性包含善恶两种因素，存在着向善向恶发展的两种可能性。他还进一步利用天之阴阳分析人之性情，提出“性善情恶”的观点，从而深化了人性理论。既然人性存在着向善向恶的两种可能性，就需要采取措施遏制人的恶性而发展人的善性，社会教育正具有这样的功能。依靠绝大多数人性中所具有的善质，来开展社会教育工作的，主要是上天在人间的代表——君主。这就为社会教育开展的可能性和必要性提供了理论依据。社会教育思想经过这样一番精心的装饰，“不仅由于阴阳五行学说本身的神秘性而带有了某种不可违反的权威性，而且使得社会民众对教化的认可度大为提高，这正是因为教化的提出符合一般民众的逻辑思路，易于理解和接受，从而有助于教化真正在全社会范围内的展开。”②董仲舒主张以社会教育治国、以刑罚为辅助手段，并用天道阴阳思想加以论证，从而使儒家传统的德主刑辅思想得到了理论上的完善，从此，历代统治者将其奉为治国理念，对中国封建社会产生了深远而广泛的影响。

四、扬雄的社会教育思想

扬雄，字子云，蜀郡成都人，生于公元前53年（汉宣帝甘露元年），卒于公元18年（新莽天凤五年），西汉后期著名的思想家、文学家、语言学家，世代以农桑为业。扬雄在很小的时候就喜欢学习，对章句之学不感兴趣，只是弄通字词的意思罢了，“博览群书无所不读”。性格平易宽和，有口吃毛病，说话不流利。他喜欢安静地思考问题，嗜

---

① [西汉] 董仲舒撰，张世亮等译注.春秋繁露[M].北京：中华书局，2012:321.

② 韦政通.中国思想史（上）[M].上海：上海书店出版社，2004:60.

好欲望几乎没有，“不汲汲于富贵，不戚戚于贫贱。”[①]家里穷得连一石余粮也没有，但能非常安然地去面对。扬雄非常推崇同乡司马相如所写的赋，经常模仿写一些。扬雄四十多岁时来到京师，大司马车骑将军王音欣赏他的文章，任命其为门下史，后来又把他推荐给了非常喜欢辞赋的汉成帝，担任黄门侍郎。这期间他写下了《甘泉赋》《河东赋》《长扬赋》《羽猎赋》等作品。由于扬雄无显赫的家庭背景，也无权贵作为靠山，而本人又不善巴结逢迎，故长期不得升迁。直到王莽当皇帝后，扬雄才“以耆老久次转为大夫”，仅在天禄阁校书而已。本来王莽是依靠符命当上皇帝的，但他即位后，对帮他造符命的人大开杀戒。刘歆的儿子刘棻被流放边地，扬雄曾教刘棻作过奇字，担心受到牵连，见治狱使者来，就从天禄阁上跳下，几乎摔死。王莽未对扬雄加以追究，遂一直在大夫的位置上默默无闻，直到71岁去世。

扬雄前期热衷于创作辞赋，但后来他认识到，辞赋只是“雕虫篆刻”，“壮夫不为也”[②]，转而潜心研究哲学和伦理等问题。扬雄一生的著述很多，他“意欲求文章成名于后世，以为经莫大于《易》，故作《太玄》；传莫大于《论语》，作《法言》；史篇莫善于《仓颉》，作《训纂》；箴莫善于《虞箴》，作《州箴》”[③]，其中《太玄》和《法言》影响较大。《太玄》探讨的主要是哲学问题，文字艰涩，不易读懂。《法言》探讨了政治、伦理道德、教化等问题，语言平实，容易理解，是我们研究其社会教育思想的主要资料。

（一）社会教育的可能性与必要性

扬雄也是围绕人性的善恶问题，来分析社会教育的可能性与必要性的。扬雄既不赞成孟子的性善论，也不同意荀子的性恶论，而是将二

① 康喆清.董仲舒教化思想研究[D].南京：南京理工大学，2013.

② [东汉]班固.汉书[M].北京：中华书局，1962:3514.

③ [西汉]扬雄.法言[M].北京：中华书局，2012:30.

者综合，提出了人性善恶混的观点："人之性也善恶混，修其善则为善人，修其恶则为恶人。"[①]对此，司马光评论道："故杨子以为人之性善恶混。混者，善恶杂处于心之谓也，顾人所择而修之何如耳。修其善则为善人，修其恶则为恶人，斯理也，岂不晓然明白矣哉！如孟子之言，所谓长善者也；如荀子之言，所谓去恶者也。杨子则兼之矣。"[②]认为扬雄在综合孟子性善论和荀子性恶论的基础上，纠正了二者各自的偏颇。后世学者也有中肯评述："人性中同时具有善和恶两种对立因素，它们是内在的、与生俱来的，至于后天哪种因素占优势，则取决于'修'，发展善的因素就成为善人，发展恶的因素就成为恶人。"[③]

扬雄特别重视学习对修养人性的作用："学者，所以修性也。视、听、言、貌、思，性所有也。学则正，否则邪。"[④]学习是为了修养人性，如果努力学习，人就向善的方向发展，否则，就向恶的方向发展。扬雄对老子"绝学无忧"的观点进行了批判："夫人而不学，虽无忧，如禽何！"[⑤]如果一个人不去学习，那么，即使他没什么忧患，也和禽兽差不多了。有人认为学习没什么用，对此，扬雄进行了反驳："或曰：'学无益也，如质何？'曰：'未之思也。夫有刀者礲诸，有玉者错诸。不礲不错，焉攸用？礲而错诸，质在其中矣；否则辍。'"[⑥]刀要经过磨砺，玉石要经过琢磨，才能有用处，人的优良素质通过学习可以发扬光大。"或问：'鸟有凤，兽有麟，鸟、兽皆可凤、麟乎？'曰：'群鸟之于凤也，群兽之于麟也，形性。岂群人之于圣乎？'"[⑦]

---

① [东汉] 班固.汉书[M].北京：中华书局，1962:3583.

② [西汉] 扬雄.法言[M].北京：中华书局，2012:56–57.

③ 汪荣宝.法言义疏[M].北京：中华书局，1987:85–86.

④ 王炳照，阎国华.中国教育思想通史（第二卷）[M].长沙：湖南教育出版社，1994:171.

⑤ [西汉] 扬雄.法言[M].北京：中华书局，2012:10.

⑥ [西汉] 扬雄.法言[M].北京：中华书局，2012:17.

⑦ [西汉] 扬雄.法言[M].北京：中华书局，2012:4.

鸟兽与凤凰、麒麟在形性上是相异的，而圣人和凡人本性是没有差别的。凡人只要努力学习是可以达到圣贤人格的。“学者，所以求为君子也。求而不得者有矣，夫未有不求而得之者也。”学习是为了成为君子，不去追求，则永远实现不了目标。“晞骥之马，亦骥之乘也。晞颜之人，亦颜之徒也。”学习良马的人，也是良马一类的马；学习颜回的人，也是颜回一类的人。“或曰：‘颜徒易乎？’曰：‘晞之则是’。曰：‘昔颜尝晞夫子矣，正考甫尝晞尹吉甫矣，公子奚斯尝晞尹吉甫矣。不欲晞，则已矣，如欲晞，孰御焉？’”[①]只要愿意向圣人、君子学习，没有哪个人能阻挡得了。

既然学习如此重要，那么，如何去学习呢？扬雄特别强调要拜师求学，他说：“务学不如务求师，师者，人之模范也。”[②]教师是学生效法的榜样，在为人处世、治学修身等各个方面对学生给予积极引导。

扬雄认为，所有人都存在着向善、向恶发展的可能性，向哪个方向发展，则取决于人后天能否用心学习、修养。人只有用心学习、修养，才能去恶扬善，最终成为善人，这既说明了社会教育的可能性，又肯定了社会教育的必要性。

（二）社会教育的作用

扬雄大力倡导以社会教育来治国：“君子为国，张其纲纪，谨其教化。道之以仁，则下不相贼；莅之以廉，则下不相盗；临之以正，则下不相诈；修之以礼义，则下多德让。”[③]只要对民众进行“道之以仁”“莅之以廉”“临之以正”“修之以礼义”的社会教育，他们就会养成“不相贼”“不相盗”“不相诈”“多德让”的良好行为习惯。扬雄十分重视仁义礼智信等封建伦理道德对培养良好品性的作用：“仁，

① [西汉] 扬雄.法言[M].北京：中华书局，2012:146.
② [西汉] 扬雄.法言[M].北京：中华书局，2012:18–19.
③ [西汉] 扬雄.法言[M].北京：中华书局，2012:10.

宅也。义，路也。礼，服也。智，烛也。信，符也。处宅，由路，正服，明烛，执符，君子不动，动斯得矣。”[①]仁好像住宅，义好像道路，礼好像衣服，智好像蜡烛，信好像符节。君子住进了住宅，顺着道路，穿好衣服，点亮蜡烛，拿着符节，这样，除非不做事，只要做事没有不成功的。“道、德、仁、义、礼，譬诸身乎？夫道以导之，德以得之，仁以人之，义以宜之，礼以体之，天也。合则浑，离则散，一人而兼统四体者，其身全乎！”[②]也就是说，道、德、仁、义、礼，就好像组成人身体的部件，各有其作用。道用来引导人，德用来成就人，仁用来培育人，义用来规范人，礼用来体现人。这五个方面都齐备才成为完整的人，就好像一个人同时具备四肢、身体才是完整的一样，这都是强调把仁义礼智信作为对民众实施社会教育和个人修养的主要内容。

扬雄坚决反对不对民众进行教化就加以杀害的做法：“或曰：‘为政先杀后教。’曰：‘于乎！天先秋而后春乎？将先春而后秋乎？吾见玄驹之步，雉之晨雊也，化其可以已矣哉！民可使觌德，不可使觌刑，觌德则纯，觌刑则乱。’”[③]治理民众如果只是一味地“先杀后教”，就是违反“先春而后秋”的自然规律。应该让民众经常受到良好道德氛围的熏染，就会形成淳朴敦厚的民风；如果经常让他们看到犯法的事情，那么，社会就变得混乱。他对法家施行严酷的刑罚提出了批评：“申韩之术，不仁之至矣，若何牛羊之用人也？若牛羊用人，则狐狸、蝼螾不膢腊也与？”[④]法家像对待牛羊一样对待百姓的做法，是不把人当人看，是不仁到了极点！

扬雄虽极力推崇以社会教育来治国，但他并不是否定法治，他也强

---

① [西汉] 扬雄.法言[M].北京：中华书局，2012:241.
② [西汉] 扬雄.法言[M].北京：中华书局，2012:64.
③ [西汉] 扬雄.法言[M].北京：中华书局，2012:85.
④ [西汉] 扬雄.法言[M].北京：中华书局，2012:245-247.

调，在对民众实行社会教育的前提下，“如有犯法，则司狱在”[①]，也就是说，扬雄主张社会教育和法治两手并用，但把社会教育放在首位。

（三）社会教育的方法

对于如何开展社会教育工作，扬雄也做了一些思考，提出了如下主张。

第一，执政者自身要道德高尚，能给民众树立榜样：“或曰：‘齐得夷吾而霸，仲尼曰小器。请问大器。’曰：‘大其犹规矩准绳乎？先自治而后治人之谓大器。’”[②]执政者自身首先要加强道德修养，然后才能谈治理民众。执政者自身的道德素质如何，决定着政治的成败。“何以治国？曰：‘立政。’曰：‘何以立政？’曰：‘政之本，身也。身立则政立矣。’”[③]执政者在自身人格完善的基础上，去开展对民众的教化工作。“敢问日新。曰：‘使之利其仁，乐其义，厉之以名，引之以美，使之陶陶然为日新。’”[④]这都强调了执政者对民众的身教示范作用。“在古代中国大众传播手段十分原始的条件下，伦理和政治价值的普及除了行政推广之外，榜样效应的作用也极为重要。”[⑤]

第二，要教化民众注重行动：“学行之，上也；言之，次也；教人，又其次也；咸无焉，为众人。”[⑥]学习的最高境界是付诸实行。他做了一个比喻：“百川学海，而至于海；丘陵学山，不至于山。”[⑦]百川之所以最终流入大海，是因为其日夜奔流不息；丘陵之所以不能与山比齐，是因为其静止不动。这就是说，无论是学习，还是修养，都要落

① [西汉] 扬雄.法言[M].北京：中华书局，2012:105.
② [西汉] 扬雄.法言[M].北京：中华书局，2012:241.
③ [西汉] 扬雄.法言[M].北京：中华书局，2012:243.
④ [西汉] 扬雄.法言[M].北京：中华书局，2012:230.
⑤ [西汉] 扬雄.法言[M].北京：中华书局，2012:235.
⑥ 刘泽华.中国政治思想史（秦汉魏晋南北朝卷）[M].杭州：浙江人民出版社，1996:262.
⑦ [西汉] 扬雄.法言[M].北京：中华书局，2012:2.

实到行动上，才能达到目的。

第三，对民众的教化必须建立在满足其基本物质需求的基础上。先秦儒家如孔子、孟子等已提出了先富后教的主张。受先哲的影响，扬雄提出："君人者，务在殷民阜财，明道信义，致帝者之用，成天地之化，使粒食之民粲也，晏也。"① 统治者应该把主要精力放在如何使百姓富足上，只有做到这一点，才能教化百姓，让他们按礼义行事。扬雄继承了先秦儒家的仁政思想，要求统治者关注民生。"或问：'为政有几？'曰：'思、斁。……从政者，审其思、斁而已矣。'或问：'何思？何斁？'曰：'老人老，孤人孤，病者养，死者葬，男子亩，妇人桑之谓思。若污人老，屈人孤，病者独，死者逋，田亩荒，杼轴空之谓斁。'"② 扬雄希望统治者努力建立"思"政，即对别人的老人予以尊敬，对他人的孤儿予以爱护，对生病的人给予帮助，对无力安葬者予以安葬。使男人有土地可以耕种，女人有桑树可以采摘。而要极力避免"斁"政的出现，即对别人的老人进行侮辱，对他人的孤儿进行欺凌，对生病的人不予理睬，让死者陈尸荒野，使男人无可耕之田，把女人所织的布帛搜刮一空。扬雄的这一主张，尽管有着浓厚的理想化色彩，但也"体现出一种同情农民、为民请命的人道精神"③，对于改良政治、维护统治，无疑具有积极的意义。

总之，扬雄在继承前人成果的基础上，提出了自己的人性观点。认为人生下来并非已善或已恶，而是包含善、恶两种成分，善恶混杂在一起。如果善的成分居主导地位，就成为善人；若恶的成分占主导，就成为恶人。究竟哪种成分能成为主导，则完全取决于人们后天的修养和所接受的教化，这就为社会教育的可能性和必要性提供了理论依据。在

① [西汉] 扬雄.法言[M].北京：中华书局，2012:21.

② [西汉] 扬雄.法言[M].北京：中华书局，2012:417.

③ [西汉] 扬雄.法言[M].北京：中华书局，2012:230–231.

治国上，他提出了以德治为主的思想，认为用仁义、廉洁、正道、礼义去教化民众，就会形成良好的社会风尚，充分肯定了社会教育的重要作用。在社会教育方法上，他特别强调统治者自身必须注重道德修养，努力提高道德水平，率先垂范于民众。这些主张，在今天仍有借鉴价值。

五、王充的社会教育思想

王充（27年—约97年），字仲任，会稽上虞（今浙江绍兴上虞区）人。王充从小勤奋好学，八岁进入书馆接受启蒙教育，学习《苍领篇》《急就篇》《凡将篇》等识字课本。书馆有一百多名学生，都因为犯错或字写得难看，而受到责罚，只有王充“书日进，又无过失”[①]。此后，“辞师，受《论语》《尚书》，日讽千字。经明德就，谢师而专门，援笔而众奇。”[②]对《论语》《尚书》等儒家经典，王充并非仅死记硬背，而是通过自己独立思考，有着与众不同的经义解释。后被地方政府推荐入太学深造，并拜著名经学家、史学家班彪为师，更深入地学习儒家思想，但并未囿于儒家，而是“好博览而不守章句。家贫无书，常游洛阳市肆，阅所卖书，一见辄能诵忆，遂博通众流百家之言”[③]。时人谢夷吾称赞王充：“充之天才，非学所加，虽前世孟轲、孙卿，近汉杨雄、刘向、司马迁，不能过也。”[④]从太学毕业后，回到家乡，曾在县、郡、州担任属吏，终因不擅长为官之道而辞职。故而王充大部分时间归隐乡里，致力于教书、著述。晚年尽管“发白齿落，日月逾迈，铸伦弥索，鲜所恃赖，贫无供养”[⑤]，生活潦倒，仍坚持著述不辍。

王充著述颇丰，主要有《论衡》《讥俗》《政务》《实论》《养

① 王青.扬雄评传[M].南京：南京大学出版社，2011:218.

② [东汉] 王充.论衡[M].上海：上海人民出版社，1974:447.

③ [东汉] 王充.论衡[M].上海：上海人民出版社，1974:447.

④ [南朝宋] 范晔.后汉书[M].北京：中华书局，1965:1629.

⑤ [南朝宋] 范晔.后汉书[M].北京：中华书局，1965:1630.

性》等，可惜的是，其他著作均已失传，只有《论衡》一书尚存。对于《论衡》，《后汉书·王充传》记载："充好论说，始若诡异，终有理实。以为俗儒守文，多失其真，乃闭门潜思，绝庆吊之礼，户牖墙壁各置刀笔。著《论衡》八十五篇，二十余万言，释物类同异，正时俗嫌疑。"王充生活的时代，儒家经学派别林立，谶纬迷信、天人感应思想泛滥，对此，王充予以批判。他阐述了自己的写作目的："是故《论衡》之造也，起众书并失实，虚妄之言胜真美也。故虚妄之语不黜，则华文不见息；华文放流，则实事不见用。故《论衡》者，所以铨轻重之言，立真伪之平，非苟调文饰辞，为奇伟之观也。"[①]通过揭露批判社会上所流行的谶纬迷信和神学化的儒学，"解释世俗之疑，辩照是非之理，使后进晓见然否之分。"[②]王充以严谨治学、求真务实的态度，考定了当时盛行的各种虚言妄说，在哲学、政治、教育等领域提出了自己的独到见解，终成一家之言，奠定了其作为中国古代杰出思想家、教育家的地位。《论衡》一书是研究王充社会教育思想的基本材料。

（一）社会教育的可能性与必要性

王充继承前人，从分析人性的善恶出发，阐述了社会教育的可能性与必要性也在批判继承前人的人性观后，提出了自己对人性的看法。

先秦以来产生了各种人性理论，王充对其进行了一番梳理，包括世硕、孟子、荀子、陆贾、董仲舒、刘向等人的观点，他对这些观点一一作了分析，指出了它们的优缺点。如孟子"以为人性皆善，及其不善，物乱之也"，人生下来都是善的，不善是由于外物的迷惑扰乱。对此，王充加以反驳："若孟子之言，幼小之时，无有不善也。"按照孟子的观点，人幼小时应无不善可言，但微子在商纣王小的时候便"睹其不善之性"。从羊舌食我刚生下来的哭声中，叔姬做出如此判断："野心无

① [东汉] 王充.论衡[M].上海：上海人民出版社，1974:455.

② [东汉] 王充.论衡[M].上海：上海人民出版社，1974:442.

亲，非是莫灭羊舌氏。”这说明，“纣之恶在孩子之时；食我之乱见始生之声。”商纣王、羊舌食我小的时候性就是恶的，并不是后来受外界影响才变恶的。孙卿“以为人生皆得恶性也。伪者，长大之后，勉使为善也”，按荀子的观点，人在幼小时无善可言，但“稷为儿，以种树为戏；孔子能行，以俎豆为弄”，后稷和孔子幼小时就表现出善性，怎么能说性是恶的呢？对董仲舒的“性善情恶”思想，王充也作了评论：“若仲舒之言，谓孟子见其阳，孙卿见其阴也。处二家各有见，可也。不处人情性，情性有善有恶，未也。夫人情性，同生于阴阳，其生于阴阳，有渥有泊。玉生于石，有纯有驳，性情生于阴阳，安能纯善？仲舒之言，未能得实。”王充举了“玉生于石，有纯有驳”的例子来反驳董仲舒的“性善情恶”观点，认为人的性情均来自阴阳，不可能出现性纯善情纯恶的结果。

王充通过分析、比较各家的观点，最终提出了自己的看法：“自孟子以下至刘子政，鸿儒博生，闻见多矣。然而论情性，竟无定是。唯世硕、公孙尼子之徒颇得其正。”表示认可世硕一派关于人性的主张，认为：“人性有善恶，犹人才有高下也。高不可下，下不可高。谓性无善恶，是谓人才无高下也。”①

王充认为，人与万物一样是由物质性的气产生的：“夫天地合气，人偶自生也，犹夫妇合气，子则自生也。夫妇合气，非当时欲得生子，情欲动而合，合而生子矣。且夫妇不故生子，以知天地不故生人也。然则人生于天地也，犹鱼之于渊，虮虱之于人也，固气而生，种类相产。万物生天地之间，皆一实也。”②人性中善恶存在的原因，并非来自天意，而是由人自身所禀不同的元气造成的：“禀气有厚泊，故性有善恶也。残则受仁之气泊，而怒则禀勇渥也。仁泊则戾而少慈，勇渥则猛而

① [东汉] 王充.论衡[M].上海：上海人民出版社，1974:444.

② [东汉] 王充.论衡[M].上海：上海人民出版社，1974:46–47.

无义，而又和气不足，喜怒失时，计虑轻愚。妄行之人，罪故为恶。人受五常，含五脏，皆具于身。禀之泊少，故其操行不及善人，犹或厚或泊也。非厚与泊殊其酿也，曲蘖多少使之然也。是故酒之泊厚，同一曲蘖；人之善恶，共一元气，气有少多，故性有贤愚。”[①]每个人在母体内所禀元气多少、厚薄的差异，使人性有了善恶的不同，就如同酒味的好坏是由曲蘖的多少所决定的一样。

依据人性善恶的不同，王充将人分作三类：一为生下来就是善的，二为生下来就是恶的，三为善恶混杂在一起的。他认为生来为善或生来为恶的人的天性是不可改变的，教化对这类人不起作用：“凡人享性也，清浊贪廉，各有操行，犹草木异质，不可复变易也。……清廉之行，人所不能为也。夫人所不能为，养使为之，不能使劝；人所能为，诛以禁之，不能使止。”[②]生来为善或恶的人是极少数的，绝大多数是中人，中人之性是可以改变的，需要教化使之定型：“无分于善恶，可推移者，谓中人也，不善不恶，须教成者也。故孔子曰：‘中人以上，可以语上也；中人以下，不可以语上也。’……孔子曰：‘性相近也，习相远也。’夫中人之性，在所习焉。习善而为善，习恶而为恶也。”[③]

王充是用发展的眼光来看待人性问题的，他认为人性处在动态的变化中，人性中的善、恶两种成分都可能向其反面转化，而决定这种转化的关键是后天的社会教育。他说：“在化不在性”[④]；“在于教不独在性”[⑤]；“论人之性，定有善恶。其善者，固自善矣；其恶者，故可教告率勉，使之为善。凡人君父审观臣子之性，善则养育劝率，无

① [东汉] 王充.论衡[M].上海：上海人民出版社，1974:47.

② [东汉] 王充.论衡[M].上海：上海人民出版社，1974:28.

③ [东汉] 王充.论衡[M].上海：上海人民出版社，1974:152–153.

④ [东汉] 王充.论衡[M].上海：上海人民出版社，1974:45.

⑤ [东汉] 王充.论衡[M].上海：上海人民出版社，1974:25.

令近恶；近恶则辅保禁防，令渐于善。善渐于恶，恶化于善，成为性行。”[①]对善的人需要养育劝导，千万不要让他们接近丑恶；接近丑恶的人，要对他们进行保护、禁约防范，以使其逐渐趋向善。善远离了恶，恶行转变为善，最终形成好的德行与品行。只要给予适当教化，王充认为天下不存在不可教育的人：“夫铁石天然，尚为锻炼者变易故质，况人含五常之性，贤圣未之熟锻炼耳，奚患性之不善哉？”[②]天然的铁矿石，尚且能被人们锻炼而改变原来的本质，更不要说包容了仁、义、礼、智、信五种德行之人，只不过是圣贤还没有对其教化罢了，所以不要担忧其天性不善。社会教育具有医治性恶的功能：“夫人有不善，则乃性命之疾也，无其教治，而欲令变更，岂不难哉！”[③]性恶的人，如同人身体有疾病一样，如果不加以教化，那么，他的天性是不会改变的。王充又举了一个例子来说明社会教育的重要作用：“夫人之质犹鄴田，道教犹漳水也，患不能化，不患人性之难率也。”[④]鄴地原来十分贫瘠，粮食产量低，但西门豹在漳河上修建水利工程，引漳水灌溉，使之成了肥沃的土地。道德教化就像漳水一样，让人担心的是能不能教化人，而不是担心人性会不会改变。

王充认为，对于天性善的人，社会教育也起着重要作用：“使人之性有善有恶，彼地有高有下，勉致其教令之善，则将善者同之矣。善以化渥，酿其教令，变更为善。善则且更宜反过于往善，犹下地增加钁、锸，更崇于高地也。”[⑤]人性有善有恶，就好像地有高有低，如果不遗余力地用教化去开导他，就会变得和性善的人一样。如果一个人的善已经很深厚了，对他进行教化，会让他变得更善。这就是说，那些天

① [东汉] 王充.论衡[M].上海：上海人民出版社，1974:28.

② [东汉] 王充.论衡[M].上海：上海人民出版社，1974:24.

③ [东汉] 王充.论衡[M].上海：上海人民出版社，1974:26.

④ [东汉] 王充.论衡[M].上海：上海人民出版社，1974:26.

⑤ [东汉] 王充.论衡[M].上海：上海人民出版社，1974:28.

性善的人，可以通过教化让他们变得更善，甚至他们可以去教化别人为善。因此王充特别强调人们应该去学习，接受教化。他认为，人的知识并非先天具有，而是后天学习得来："天地之间，含血之类，无性知者。""人才有高下，知物由学。学之乃知，不问不识。"①一个人生下来不管多么聪明，但"不学自知，不问自晓，古今行事，未之有也"。②学习有助于人们良好品德的形成："教导以学，渐渍以德，亦将日有仁义之操。"③"夫学者所以反情治性，尽材成德也。"④

王充已认识到了环境对人的重大影响。他说，练丝"染之蓝则青，染之丹则赤"，人之性"善可变为恶，恶可变为善，犹此类也"；"蓬生麻间，不扶自直；白纱入缁，不染自黑。彼蓬之性不直，纱之质不黑，麻扶缁染，使之直黑。"⑤蓬是一种容易倒伏的植物，但如果让其在麻间生长，不用人们刻意地扶它，它也会长得挺拔直立。洁白无瑕的纱若放入黑色中，用不着刻意去染黑，它自己就会变黑。蓬草容易倒伏，白纱的质地并不是黑色，但经过麻的托扶、黑色的浸染，它们就长直变黑。人的本性，就如蓬草、白纱一样，有不同环境的影响，使其"善恶变矣"⑥。王充又举例指出："楚、越之人，处庄、岳之间，经历岁月，变为舒缓，风俗移也。"⑦楚越的人，搬到齐都临淄城，在那里的庄街、岳街上长期生活，性格就会发生很大改变，由原来的急躁变为现在的平和。这实际上是说在人性改变的过程中，生活环境发挥着重要作用。

---

① [东汉] 王充.论衡[M].上海：上海人民出版社，1974:26.
② [东汉] 王充.论衡[M].上海：上海人民出版社，1974:402.
③ [东汉] 王充.论衡[M].上海：上海人民出版社，1974:399.
④ [东汉] 王充.论衡[M].上海：上海人民出版社，1974:26–27.
⑤ [东汉] 王充.论衡[M].上海：上海人民出版社，1974:192.
⑥ [东汉] 王充.论衡[M].上海：上海人民出版社，1974:24–25.
⑦ [东汉] 王充.论衡[M].上海：上海人民出版社，1974:25.

王充极力强调社会教育在人成长过程中的重要作用。他认为实行社会教育是可能的，这是由于人性可变，恶的可以被改造成善，善的更上一层楼会变得更善。王充举了诸多例子来证明教育的功效，证实了开展社会教育活动是必要的。如子路在成为孔子学生前，“戴鸡佩豚，勇猛无礼，闻诵读之声，摇鸡奋豚，扬唇吻之音，聒贤圣之耳，恶至甚矣。”子路没有到孔子门下学习前，经常头戴雄鸡型的帽子，胳膊上挂着猪的尾巴，凶猛无礼。每当听到琅琅读书声，就摇头晃脑，口里打着呼哨，吵闹声严重污染了读书人的耳朵，可恶至极。但经过孔子循循善诱的精心教诲，子路的性情逐渐变得温和，最终成为擅长政事之人。不仅子路，七十子之徒未被孔子教育之前，均为民间平庸之辈，后来均有所成就，有的甚至担任了卿相，这都是“被服圣教，文才雕琢，知能十倍，教训之功而渐渍之力也”。[①]即经过孔子的教诲，努力学习知识和培养能力，其知识和能力得到了极大的丰富和提高，这证明了社会教育的开展是必要的。

（二）社会教育的作用

王充认为，统治者要想把国家治理好，就必须依靠社会教育，即所谓“任德”：“治国犹治身也。治一身，省恩德之行，多伤害之操，则交党疏绝，耻辱至身。推治身以况治国，治国之道，当任德也。”[②]他指出，要以德治国，就要让民众知晓礼义：“国之所以存者，礼义也。民无礼义，倾国危主。”[③]“使礼义废，纲纪败，上下乱而阴阳谬；水旱失时，五谷不登，万民饥死，农不得耕，士不得战也。”因此，“礼仪至重，不可失也”[④]。礼义是立国的根本，丧失礼义会带来极大的危害。王充认为，社会教育的有效开展，以百姓的丰衣足食为前提条件：

---

① [东汉] 王充.论衡[M].上海：上海人民出版社，1974:27.

② [东汉] 王充.论衡[M].上海：上海人民出版社，1974:25.

③ [东汉] 王充.论衡[M].上海：上海人民出版社，1974:153.

④ [东汉] 王充.论衡[M].上海：上海人民出版社，1974:150.

“夫饥寒并至而能无为非者寡，然则温饱并至而能不为善者希。……让生于有余，争起于不足。谷足食多，礼义之心生；礼丰义重，平安之基立矣。……由此言之，礼义之行，在谷足也。”[①]统治者如果不能首先解决百姓的衣食问题，而奢谈礼仪教化，是不现实的。

实行“德治”，也离不开法。王充虽著《非韩篇》，但他并不完全反对法家思想。他认为治理国家的手段有两种，即社会教化与刑法：“治国之道，所养有二：一曰养德，二曰养力。养德者，养名高之人，以示能敬贤；养力者，养气力之士，以明能用兵。此所谓文武张设，德力具足者也，事或可以德怀，或可以力摧。外以德自立，内以力自备。慕德者不战而服，犯德者畏兵而却。”[②]任何时候都要把社会教化与刑法结合起来：“韩子任刑独以治世，是则治身之人任伤害也。韩子岂不知任德之为善哉？以为世衰事变，民心靡薄，故作法术，专意于刑也。夫世不乏于德，犹岁不绝于春也。谓世衰难以德治，可谓岁乱不可以春生乎？人君治一国，犹天地生万物。天地不为乱岁去春，人君不以衰世屏德。”[③]王充反对韩非独任刑法的主张，认为即使是衰乱之世也不能弃社会教化而不用；也批判了独任德教的观点：“尧、舜虽优，不能使一人不刑；文、武虽盛，不能使刑不用。言其犯刑者少，用刑希疏，可也；言其一人不刑，刑措不用，增之也。”[④]为什么不能弃刑法而不用呢？这是因为有“教而终不善者”[⑤]，如果没有法律就不能对犯罪行为进行有效惩治，那么，社会的安定也就无法得到保障：“法度明，虽不

① [东汉] 王充.论衡[M].上海：上海人民出版社，1974:149.

② [东汉] 王充.论衡[M].上海：上海人民出版社，1974:274.

③ [东汉] 王充.论衡[M].上海：上海人民出版社，1974:151.

④ [东汉] 王充.论衡[M].上海：上海人民出版社，1974:153.

⑤ [东汉] 王充.论衡[M].上海：上海人民出版社，1974:121.

闻奸，奸无由生。”[①]“使法峻，民无奸者，使法不峻，民多为奸。”[②]因此他主张把法律作为社会教化的保障：“是故王法不废学校之官，不除狱理之吏，欲令凡众见礼义之教。学校勉其前，法禁防其后，使丹朱之志亦将可勉。”[③]对民众应先以礼义加以教化，然后用刑法予以约束，把社会教化与刑法二者结合起来，才能消灭犯罪，使社会出现稳定的局面。

（三）社会教育的方法

王充认为，要实行社会教育，就要选拔品行优秀者担任官职：“夫贤者，才能未必高而心明，智力未必多而举是。何以观心？必以言。有善心，则有善言。以言而察行，有善言则有善行矣。言行无非，治家亲戚有伦，治国则尊卑有序。”[④]把道德品质置于才能和智力之前，只有儒生才能担当起从事社会教育的重任：“举纲持领，事无不定。其置文吏也，备数满员，足以辅己志。志在修德，务在立化，则夫文吏瓦石，儒生珠玉也。”“取儒生者，必轨德立化者也；取文吏者，必优事理乱者也。”[⑤]如何开展社会教育，王充一方面认为要通过示范、潜移默化来引导民众：“儒者之操，重礼爱义，率无礼之士，激无义之人，人民为善，爱其主上。”[⑥]另一方面强调通过著书立说来达到“劝善惩恶”的目的：“国君圣而文人聚，人心惠而目多采。蹂蹈文锦於泥涂之中，闻见之者，莫不痛心。知文锦之可惜，不知文人之当尊，不通类也。夫文人文章岂徒调墨弄笔，为美丽之观哉？载人之行，传人之名也。善人愿载，思勉为善；邪人恶载，力自禁裁。然则文人之笔，劝善惩恶也。

① [东汉] 王充.论衡[M].上海：上海人民出版社，1974:11.
② [东汉] 王充.论衡[M].上海：上海人民出版社，1974:155.
③ [东汉] 王充.论衡[M].上海：上海人民出版社，1974:156.
④ [东汉] 王充.论衡[M].上海：上海人民出版社，1974:27.
⑤ [东汉] 王充.论衡[M].上海：上海人民出版社，1974:422.
⑥ [东汉] 王充.论衡[M].上海：上海人民出版社，1974:187–188.

谥法所以章善，即以著恶也。加一字之谥，人犹劝惩，闻知之者，莫不自勉。况极笔墨之力，定善恶之实，言行毕载，文以千数，传流于世，成为丹青，故可尊也。”[①]

总之，王充以物质性的气来解释人性的善恶问题，在中国古代人性论的发展史上可谓别具一格。他承认人性有善有恶，但人性的善恶并非固定不变，在社会教育和环境的影响下，恶的可以变成善的，善的可以变得更善。这就充分地肯定了社会教育的可能性与必要性。在治国上，王充虽然主张以社会教育为主，但也肯定了刑罚不可替代的作用，强调在任何时候都不能弃刑罚而不用，而是把社会教育与刑罚结合起来。这实际上是对儒家传统治国思想的继承。

六、王符的社会教育思想

王符，字节信，安定临泾（今甘肃省镇原县）人。东汉中后期著名的思想家和政论家，是当时社会批判思潮中颇具代表性的人物之一。关于王符的出生与去世年代，《后汉书》本传中没有明确记载。本人赞同刘文英先生的看法：王符“大约生于东汉章帝建初七年（82年），历经和帝、安帝、顺帝、桓帝、灵帝之际（167年左右）去世。”[②]王符年少时即喜欢读书，而且有理想，有抱负。年轻时为增长见识，曾外出游学，到过首都洛阳，“与马融、窦章、张衡、崔瑗等友善。”[③]这四人均为早年“好学”且博学多闻之士，王符与他们交流、切磋，进一步增进了自己的学识。从王符所写的文章内容和引文中，我们可以看出，他不仅精通《孝经》《论语》《尚书》《诗经》《周易》等儒家经典，也熟悉《商君书》《老子》《韩非子》等诸子百家之说，可谓精通各家之

① [东汉] 王充.论衡[M].上海：上海人民出版社，1974:150.

② [东汉] 王充.论衡[M].上海：上海人民出版社，1974:314.

③ 刘文英.王符评传[M].南京：南京大学出版社，2011:2.

说的大儒。

王符出身低微，为小妾所生，“安定俗鄙庶孽，而符无外家，为乡人所贱”[①]，而“自和、安之后，世务游宦，当涂者更相荐引”[②]，没有好的家庭背景，要想被举荐，就要巴结权贵，“而符独耿介不同于俗，以此遂不得升进。”[③]王符在仕途无望的情况下，并未消沉无所作为，而是秉着“夫生于当世，贵能成大功，太上有立德，其下有立言。阘茸而不才，先器能当官，未尝服斯役，无所效其勋。中心时有感，援笔纪数文，字以缀愚情，财令不忽忘。刍荛虽微陋，先圣亦咨询”[④]的精神，“乃隐居著书三十余篇，以讥当时失得，不欲彰显其名，故号曰《潜夫论》。其指讦时短，讨谪物情，足以观见当时风政，著其五篇云尔。”[⑤]

由于王符生活在社会下层，对民间的疾苦有切身体会，因而所写的文章能够切中时弊，多有创见，在社会上产生了一定的影响，有一个例子可以佐证。东汉名将皇甫规和王符是同乡，年老时告老还乡。有一天，一个曾经花钱买得雁门太守的退休人员，前来拜访皇甫规。皇甫规躺在床上，没有出来迎接。见面后，皇甫规对其进行了一番嘲笑。过了一会儿，手下人禀告王符求见，皇甫规赶紧起来，“衣不及带，屣履出迎，援符手而还，与同坐，极欢。”[⑥]面对两人如此不同的态度，有人给予这样的评价：“徒见二千石，不如一缝掖。”[⑦]

《潜夫论》一书内容非常丰富，有政治、经济、军事、法律、历

---

① [南朝宋] 范晔.后汉书[M].北京：中华书局，1965:1630.

② [南朝宋] 范晔.后汉书[M].北京：中华书局，1965:1630.

③ [南朝宋] 范晔.后汉书[M].北京：中华书局，1965:1630.

④ [南朝宋] 范晔.后汉书[M].北京：中华书局，1965:1630.

⑤ [东汉] 王符撰，[清] 汪继培笺，彭铎校正.潜夫论笺校正[M].北京：中华书局，1985:465.

⑥ [南朝宋] 范晔.后汉书[M].北京：中华书局，1965:1630.

⑦ [南朝宋] 范晔.后汉书[M].北京：中华书局，1965:1643.

史、教育等方面。在书中，王符对当时黑暗腐朽的社会作了无情的揭露和批判，并提出了一些解决社会问题的主张。在社会教育方面，他的观点同样有可圈可点之处。

（一）社会教育的可能性与必要性

王符对董仲舒的“性三品”论基本赞同：“上智与下愚之民少，而中庸之民多。中民之生世也，犹铄金之在炉也，从笃变化，惟冶所为，方圆薄厚，随熔制尔。”[①]王符所说的“上智之民”，也就是董仲舒所说的“圣人之性”。与董仲舒的“圣人之性”本来就是善的、不需要接受教育的观点不同的是，王符认为圣人也要接受教育：“圣人之所尚者义也，德义之所成者智也，明智之所求者学问也。”圣人并非生而知之，而是通过学习才成为圣人的：“虽有至圣，不生而知；虽有至材，不生而能。故志曰：黄帝师风后，颛顼师老彭，帝喾师祝融，尧师务成，舜师纪后，禹师墨如，汤师伊尹，文、武师姜尚，周公师庶秀，孔子师老聃。若此言之而信，则人不可以不就师矣。夫此十一君者，皆上圣也，犹待学问，其智乃博，其德乃硕，而况于凡人乎？”[②]他认为“下愚之民”有这样的表现：“居家不孝悌，出入不恭敬，轻薄傲慢，凶悍无辨，明以威侮侵利为行，以贼残酷虐为贤，故数陷王法者，此乃民之贼，下愚极恶之人也。虽脱桎梏而出囹圄，终无悔改之心，自诗以羸敖头，出狱踟踖，复犯法者何不然。”[③]一贯作恶的少数坏人，犯罪后无丝毫悔过的想法，即使出狱后仍然去干违法乱纪的事，只能用严刑峻法来对待这种人。“中庸之民”生下来怀有善性，也就是“仁义之心，廉耻之志，骨著脉通，与体俱生”[④]，但天生的善性能不能成为现实的善，则完全由所处的环境和所受到的教化影响来决定。若所处

① [南朝宋] 范晔.后汉书[M].北京：中华书局，1965:1643.

② [东汉] 王符撰，[清] 汪继培笺，彭铎校正.潜夫论笺校正[M].北京：中华书局，1985:378.

③ [东汉] 王符撰，[清] 汪继培笺，彭铎校正.潜夫论笺校正[M].北京：中华书局，1985:1.

④ [东汉] 王符撰，[清] 汪继培笺，彭铎校正.潜夫论笺校正[M].北京：中华书局，1985:182.

的环境好，并接受了良好的教化，民性就朝善的方向发展；如果生活在不良的环境中，又接受了不良的教化，那么，民性就朝恶的方向发展："故民有心也，犹为种之有园也。遭和气则秀茂而成实，遇水旱则枯槁而生孽？民蒙善化，则人有士君子之心；被恶政，则人有怀奸乱之虑？""今六合亦由一萌也，黔首之属犹豆麦也，变化云为，在将者尔。遭良吏则皆怀忠信而履仁厚，遇恶吏则皆怀奸邪而行或薄。忠厚积则致太平，奸薄积则致危亡。"①中民之性在后天有怎样的发展，与统治者所施行的社会教育关系密切。如果能够获得善政教化，人性中善的一面就得到发挥，最终形成士君子的理想人格。但如果不幸遭遇恶政、恶吏，就会泯灭人性中善的因素，最终完全转向恶的人性。

既然中民之性并非一成不变，而是可变的，这就为社会教育的开展提供了可能性。而中民之性的发展方向又与其所接受的教化有着极大关系，这就充分肯定了社会教育实施的必要性。

（二）社会教育的作用

王符把"道德教化"视为治理国家最主要、最理想的方法："人君之治，莫大于道，莫盛于德，莫美于教，莫神于化。道者，所以持之也；德者，所以苑之也；教者，所以知之也；化者，所以致之也。"②这就是说，"人君要搞好国家治理，必须抓住'道、德、教、化'这几个关键环节。其中，'道'的功能最大，必须好好把持；'德'的功能很盛，可以包含万有；'教'的功能很美，可以增强人们对社会事物的认知；'化'的功能十分神妙，可以帮助君王达到治国平天下的目的。"③这是因为道德教化依据自然天道的原则："道德之用，莫大于气。道者，气之根也。气者，道之使也。"④作为气之根源的道德，

① [东汉] 王符撰，[清] 汪继培笺，彭铎校正.潜夫论笺校正[M].北京：中华书局，1985:375.
② [东汉] 王符撰，[清] 汪继培笺，彭铎校正.潜夫论笺校正[M].北京：中华书局，1985:377.
③ [东汉] 王符撰，[清] 汪继培笺，彭铎校正.潜夫论笺校正[M].北京：中华书局，1985:371.
④ 黄钊.儒家德育学说论纲[M].武汉：武汉大学出版社，2006:145.

是世界万物运动变化的本原，因而它成了最高统治者治理国家的根本依据。“夫欲历三王之绝迹，臻帝皇之极功者，必先原元而本本，兴道而致和，以淳粹之气，生敦庞之民，明德义之表，作信厚之心，然后化可美而功可成也。”①道德教化与法律相较，有着特殊的功效。“是故上圣故不务治民事而务治民心，故曰：‘听讼，吾犹人也。必也使无讼乎！’道之以德，齐之以礼，务厚其情而明则务义，民亲爱则无相害之意，动思义则无奸邪之心。夫若此者，非法律之所使也，非威刑之所强也，此乃教化之所致也。”②王符认为，道德教化可以“治民心”，而法律只能“治民事”，前者远较后者为优。道德教化能够使人向善，懂得羞耻而不生奸邪之念，而法律却不具有这样的功能，只能消极地禁人为恶。统治者对民众进行教化以礼义为主要内容，圣人“明礼义以为教，和德气于未生之前，正表仪于咳笑之后。……虽放之大荒之外，措之幽冥之内，终无违礼之行，投之危亡之地，纳之锋镝之间，终无苟全之心。”③以礼义教化民众，民众就能遵守道德，并最终成就善行。正因为道德教化在治国上远较法律为优，所以“圣帝明王皆敦儒而薄威刑”④。

“道德教化”是治国的理想方法，要把国家治理好，则不能单纯依靠“道德教化”。为什么这样说呢？这是因为道德礼教并不完全能够制约人们的思想和行为，有些思想、行为能够用道德礼教引导，有些则不能：“先王因人情喜怒之所不能已者，则为之立礼制崇德让；人所可已者，则为之设法禁而明赏罚。”⑤道德教化、法律各有自己适用的范

① [东汉] 王符撰，[清] 汪继培笺，彭铎校正.潜夫论笺校正[M].北京：中华书局，1985:367.

② [东汉] 王符撰，[清] 汪继培笺，彭铎校正.潜夫论笺校正[M].北京：中华书局，1985:370–371.

③ [东汉] 王符撰，[清] 汪继培笺，彭铎校正.潜夫论笺校正[M].北京：中华书局，1985:376.

④ [东汉] 王符撰，[清] 汪继培笺，彭铎校正.潜夫论笺校正[M].北京：中华书局，1985:375.

⑤ [东汉] 王符撰，[清] 汪继培笺，彭铎校正.潜夫论笺校正[M].北京：中华书局，1985:378.

围和功能。制定法律之目的在于惩恶除害："先王之制刑法也，非好伤人肌肤，断人寿命者也，乃以威奸惩恶除民害也。"①道德教化和法律并非对立，而是可以互补的。法律通过惩恶的方式来劝人向善，在一定程度上强化了道德教化的力度。"夫立法之大要，必令善人劝其德而乐其政，邪人痛其祸而悔其行。"②法律执行得好，会给社会带来安宁："君臣法令善则民安乐，民安乐则天心慰，天心慰则阴阳和，阴阳和则五谷丰，五谷丰而民眉寿，民眉寿则兴于义，兴于义而无奸行，无奸行则世平，而国家宁、社稷安，而君尊荣矣。"③历史是变化的，国家的法律也应随时代的变化而变化，但其劝善消恶的功能不能变："五代不同礼，三家不同教，非其苟相反也，盖世推移而俗化异也。俗化异则乱原殊，故三家符世，皆革定法。高祖制三章之约，孝文除克肤之刑，是故自非杀伤盗臧，文罪之法，轻重无常，各随时宜，要取足用劝善消恶而已。"④当国家处于衰落、混乱的状态中，那么，一定要依靠"法治"："法令赏罚者，诚治乱之枢机也，不可不严行也"⑤，"罚不重则恶不惩。故凡欲变风改俗者，其行赏罚者也，必使足惊心破胆，民乃易视。"⑥通过奖励善行、惩罚恶行的举措，用封建统治规范来约束人们的思想和行为，从而实现社会动乱得以消除、封建秩序得以维护、国家得以安定之目的。

赏罚之所以在治国中具有重要作用，是因为人有着趋利避害的本性，作为统治者就应该遵循人的这种本性而加以引导："凡人所以肯赴死亡而不辞者，非为趋利，则因以避害也。无贤鄙愚智皆然，顿其所利

① [东汉] 王符撰，[清] 汪继培笺，彭铎校正.潜夫论笺校正[M].北京：中华书局，1985:235.
② [东汉] 王符撰，[清] 汪继培笺，彭铎校正.潜夫论笺校正[M].北京：中华书局，1985:180.
③ [东汉] 王符撰，[清] 汪继培笺，彭铎校正.潜夫论笺校正[M].北京：中华书局，1985:236.
④ [东汉] 王符撰，[清] 汪继培笺，彭铎校正.潜夫论笺校正[M].北京：中华书局，1985:89.
⑤ [东汉] 王符撰，[清] 汪继培笺，彭铎校正.潜夫论笺校正[M].北京：中华书局，1985:224.
⑥ [东汉] 王符撰，[清] 汪继培笺，彭铎校正.潜夫论笺校正[M].北京：中华书局，1985:207.

害有异尔。不利显名，则利厚赏也；不避耻辱，则避祸乱也。非此四者，虽圣王不能以要其臣，慈父不能以必其子。明主深知之，故崇利显害以与下市，使亲疏贵贱、贤鄙愚智，皆必顺我令乃得其欲。”①

王符对只靠道德教化而弃刑罚不用的说法予以批评，认为是不懂得事物变化的迂腐之论，因为先贤尧、舜、文、武也并非只任德教而不用刑罚：“论者必将认为刑杀当不用，而德化可独任，此非变通之论也，非救世之言也。夫上圣不过尧、舜，而放四子；盛德不过文、武，而赫斯怒。……故有以诛止杀，以刑御残。”②道德教化如果没有刑罚作为辅助，那么其效用就难以得到发挥。

王符之所以特别强调法治的作用，与他所生活的时代背景有关。他所生活的东汉中后期，外戚和宦官轮流专权，皇权受到削弱，吏治败坏，政治日趋腐败，民不聊生，社会矛盾激化，小规模的农民起义不断发生，整个社会处在动荡不安之中。在这“衰乱之世的背景下，只有加强法治，以法律的强制力推行各种行为规范，才可能整顿吏治，重建稳定的社会秩序，巩固皇朝统治”。③

（三）社会教育的方法

第一，统治者要以身作则，给民众做出榜样。王符认为，统治者自身的道德修养直接影响着社会风气的好坏：“世之善否，俗之厚薄，皆在于君。”④他打了一个形象的比喻：“善者之养天民也，犹良工为麴豉也。起居以其时，寒温得其适，则一荫之麴豉尽美而多量。其愚拙工，则一荫之麴豉皆臭败而弃损。”⑤一窖豆豉，如果遇到好的工匠，会成为又多又好的调味品；若遇到一个拙匠，那么一窖豆豉都会发臭。

---

① [东汉] 王符撰，[清] 汪继培笺，彭铎校正.潜夫论笺校正[M].北京：中华书局，1985:209.
② [东汉] 王符撰，[清] 汪继培笺，彭铎校正.潜夫论笺校正[M].北京：中华书局，1985:246.
③ [东汉] 王符撰，[清] 汪继培笺，彭铎校正.潜夫论笺校正[M].北京：中华书局，1985:242.
④ 聂长涛.王符《潜夫论》“异端”思想研究[D].重庆：重庆大学，2014.
⑤ [东汉] 王符撰，[清] 汪继培笺，彭铎校正.潜夫论笺校正[M].北京：中华书局，1985:380.

因此，统治者要努力提高自己的修养，用道德践行给民众做好的表率，引导他们为善：“君子修其乐易之德，上及飞鸟，下及渊鱼，不欢忻悦豫，则又况士庶而不仁者乎？圣深知之，皆务正己以为表，明礼义以为教。”[①]“是故明君临众，必以正轨，既无猒有，务节礼而厚下，复德而崇化，使皆阜于养生而竞于廉耻也。是以官长正而百姓化，邪心黜而奸匿绝，然后乃能协和气而致太平也。”[②]统治者对民众实施社会教育，首先必须正己，然后才能正人，即“正己以为表”“官长正而百姓化”。那么，君主如何“正己”呢？王符指出：“夫修身慎行，敦方正直，清廉洁白，恬淡无为，化之本也。”[③]君主要做到正直、清廉；君主对百姓进行教化时身教重于言教：“明王统治，莫大身化。”[④]如果君主为百姓做好表率，留心政事，会得到上天的奖励：“人君身修正，赏罚明者，国治而民安，民安乐者，天悦喜而增历数。”[⑤]否则，会遭受上天的惩罚。

第二，社会教育应从小事抓起，防微杜渐，以能抑恶扬善：“是故明王之养民也，忧之劳之，教之诲之，慎微防萌，以断其邪。”[⑥]无论善行还是恶行，都是一个积累、渐进的过程，要注意积累善行抑制恶行：“凡山陵之高，非削成而崛起也，必步增而稍上焉。川谷之卑，非截断而颠陷也，必陂池而稍下焉。是故积上不止，必致嵩山之高；积下不已，必极黄泉之深。非独山川也，人行亦然，有布衣积善不怠，必致颜、闵之贤，积恶不休，必致桀、跖之名。非独布衣也，人臣亦然，积

---

① [东汉] 王符撰，[清] 汪继培笺，彭铎校正.潜夫论笺校正[M].北京：中华书局，1985:377.
② [东汉] 王符撰，[清] 汪继培笺，彭铎校正.潜夫论笺校正[M].北京：中华书局，1985:373–375.
③ [东汉] 王符撰，[清] 汪继培笺，彭铎校正.潜夫论笺校正[M].北京：中华书局，1985:172.
④ [东汉] 王符撰，[清] 汪继培笺，彭铎校正.潜夫论笺校正[M].北京：中华书局，1985:157.
⑤ [东汉] 王符撰，[清] 汪继培笺，彭铎校正.潜夫论笺校正[M].北京：中华书局，1985:480.
⑥ [东汉] 王符撰，[清] 汪继培笺，彭铎校正.潜夫论笺校正[M].北京：中华书局，1985:307.

正不倦，必生节义之志，积邪不止，必生暴弑之心。非独人臣也，国君亦然，政教积德，必致安泰之福，举错数失，必致危亡之祸。故仲尼曰：汤、武非一善而王也，桀、纣非一恶而亡也。三代之废兴也，在其所积。积善多者，虽有一恶，是为过失，未足以亡。积恶多者，虽有一善，是为误中，未足以存。人君闻此，可以悚惧。布衣闻此，可以改容。”[①]如果一个人能从小善做起，并坚持“积善不殆”，就是普通老百姓，也能够养成颜渊、闵子骞那样的君子之性。但若一个人不以恶小而为之，并且“积恶不休”，那么无论身居何位，都难免会变成桀、跖一样的小人之心。

第三，社会教育的开展必须建立在一定的物质基础上。王符继承了孔子“富乃教之”的思想，强调发展经济与开展社会教育的关系：“孔子称庶则富之，既富则教之。是故礼义生于富足，盗窃起于贫穷，富足生于宽暇，贫穷起于无日。圣人深知，力者乃民之本也，而国之基，故务省役而为民爱日。”[②]社会教育要想有效开展，必须以社会经济的发展为前提。王符进一步指出：“夫为国者以富民为本，正学为基。民富乃可教，学正乃得义，民贫则背善，学淫则诈伪，入学则不乱，得义则忠孝。故明君之法，务此二者，以为成太平之基，致休征之祥。”[③]让民众过上富足的生活是治国的根本，只有民众富裕了才可以接受教化，而民众受到良好的社会教化，其自身素质得到提高，有利于整个社会的安定。反之，民众贫困就会背离善道，这将导致天下大乱。如何使民富呢？王符认为，应发挥各行各业的长处，协调发展，同时减轻赋税，使民众有足够的时间从事生产：“夫富民者，以农桑为本，以游业为末；百工者，以致用为本，以巧饰为末；商贾者，以通货为本，以鬻奇为

---

① [东汉] 王符撰，[清] 汪继培笺，彭铎校正.潜夫论笺校正[M].北京：中华书局，1985:122.

② [东汉] 王符撰，[清] 汪继培笺，彭铎校正.潜夫论笺校正[M].北京：中华书局，1985:142–143.

③ [东汉] 王符撰，[清] 汪继培笺，彭铎校正.潜夫论笺校正[M].北京：中华书局，1985:213.

末；三者守本离末则民富，离本守末则民贫。”[①]

王符之所以强调要富民，是因为他认识到民众是国家的根本，“国以民为基”[②]。国家的建立离不开民众的存在：“国之所以为国者，以有民也。”[③]民众是国家赖以产生和存在的根本。民众安危决定着国家的安危：“国以民为基，贵以贱为本。愿察开辟以来，民危而国安者谁也？”[④]为了进一步强调民众在国家中的重要地位，王符又提出了“天以民为心”的观点：“帝以天为制，天以民为心。民之所欲，天必从之。”[⑤]“天以民为心，民安乐则天心顺，民愁苦则天心逆。民以君为统，君政善则民和治，君政恶则民冤乱，君以恤民为本。”[⑥]民心就是天心，只有民心安乐，才是顺从天心。统治者应该真正关心民众疾苦，顺从“民欲”，采取切实措施去利民和养民：“圣王养民，爱之如子，忧之如家，危者安之，亡者存之，救其灾患，除其祸乱。”[⑦]“今人臣受君之重位，牧天之所甚爱，焉可以不安而利之，养而济之哉？”[⑧]

总的来看，王符承认绝大多数人的人性是可变的，具有可塑性，只要给予合理引导，就可以使其趋向于善，这说明了社会教育的开展是可能的。王符十分推崇民众在国家社会生活中的重要作用，把他们看作国家存在的根本。民众懂得礼义，社会才能稳定，而只有社会教育才能实现这个目标，这就论证了社会教育开展的必要性。王符大力倡导道德教化，并将其作为治国的主要手段。但他并非道德教化万能论者，也看到

① [东汉] 王符撰，[清] 汪继培笺，彭铎校正.潜夫论笺校正[M].北京：中华书局，1985:14.

② [东汉] 王符撰，[清] 汪继培笺，彭铎校正.潜夫论笺校正[M].北京：中华书局，1985:15–16.

③ [东汉] 王符撰，[清] 汪继培笺，彭铎校正.潜夫论笺校正[M].北京：中华书局，1985:266.

④ [东汉] 王符撰，[清] 汪继培笺，彭铎校正.潜夫论笺校正[M].北京：中华书局，1985:210.

⑤ [东汉] 王符撰，[清] 汪继培笺，彭铎校正.潜夫论笺校正[M].北京：中华书局，1985:274.

⑥ [东汉] 王符撰，[清] 汪继培笺，彭铎校正.潜夫论笺校正[M].北京：中华书局，1985:26.

⑦ [东汉] 王符撰，[清] 汪继培笺，彭铎校正.潜夫论笺校正[M].北京：中华书局，1985:88.

⑧ [东汉] 王符撰，[清] 汪继培笺，彭铎校正.潜夫论笺校正[M].北京：中华书局，1985:266.

了法律在治国中不可替代的劝善惩恶之作用，特别是面对衰乱之世，更应该以法治国。王符并未一味恪守儒家传统的德主刑辅的思想，而是结合社会实际来看待德治和法治的问题，这反映了他思想的先进性。

七、荀悦的社会教育思想

荀悦（148—209），字仲豫，颍川颍阴（今河南许昌）人，东汉后期著名的政治思想家和史学家。其父亲去世较早，致使家境贫寒。荀悦从小勤奋好学，家里买不起书，就想尽办法向别人借书来看，看后往往能诵记下来。十二岁时能说《春秋》。灵帝时宦官把持政权，政治黑暗，“士多退身穷处，悦乃托疾隐居，时人莫之识。”[①]献帝时任黄门侍郎、秘书监、侍中，与堂弟荀彧及少府孔融入禁中为汉献帝侍讲。当时国家大权由宰相曹操执掌，献帝是傀儡，荀悦虽满腹智谋却难有用武之地，于是转而著书，作《申鉴》五篇上奏皇帝，总结历史经验教训，阐述治国主张，供献帝借鉴之用。汉献帝认为班固所著《汉书》体例复杂，字数太多，不便阅读，遂令荀悦依照《左传》体例加以改写，撰成三十卷的编年体断代史《汉纪》。另外，荀悦还著有《崇德》《正论》及诸论数十篇，均已亡佚。

通过对《申鉴》的梳理，我们可以看出，荀悦在社会教育方面也有所论述。

（一）社会教育的可能性和必要性

人性问题历来是中国古代思想家关注的热点，他们围绕着人性的善恶进行论争，提出了各自的主张。对此，荀悦归纳：“孟子称性善，荀卿称性恶，公孙子曰性无善恶，扬雄曰人之性善恶浑，刘向曰性情相应、性不独善、情不独恶。”[②]对诸家人性学说，荀悦利用具体的史实

① [东汉] 王符撰，[清] 汪继培笺，彭铎校正.潜夫论笺校正[M].北京：中华书局，1985:108.

② [南朝宋] 范晔.后汉书[M].北京：中华书局，1965:2058.

和严密的推理，进行了深入剖析。他指出，若人性是善的，就不应出现圣人都教化不了的共工等凶人，这是对孟子性善论的反驳；如果人性都是恶的，那为什么在商纣王统治的混乱时代会出现微子、箕子、比干“三仁”呢？这是对荀子性恶论的质问；如果人性无善恶的区分，那么同是受文王的教育，怎么会出现周公这样的善人和管叔、蔡叔那样的恶人呢？这是对公孙尼子观点的批驳；若承认性是善的，情是恶的，那就意味着尧、舜有性无情，桀、纣有情而无性，这实际上是反对董仲舒的性善情恶论；如果人性是善恶相混的，那就意味着最上品的人性也包含恶的因素，最下品的人性也携带着善的成分，这是对扬雄的性善恶混论的批判。通过对诸种人性说的分析、批判，王符认为刘向性情均各有善恶的观点有道理：“生之谓性也，形、神是也。”[①]性是人生来就有的形体和精神，而形体和精神来自所禀的气。“凡言神者，莫近于气。有气斯有形，有神斯有好恶喜怒之情矣。”[②]这就肯定了性乃自然之产物。

对“性善情恶”的观点，荀悦持反对意见：“好恶者，性之取舍也，实见于外，故谓之情尔，必本乎性矣。”[③]喜好和厌恶是人性的选择，这种选择表现出来就是情。情由人性决定，情和性相应。如果性是善的，那么情就是善的；若性是恶的，那么情也就是恶的。为了进一步说明这一问题，他举了两个例子：“是善恶多少，非情也。有人于此，嗜酒嗜肉，肉胜则食焉，酒胜则饮焉。此二者相与争，胜者行矣。非情欲得酒，性欲得肉也。有人于此，好利好义，义胜则义取焉，利胜则利取焉，此二者相争，胜者行矣。非情欲得利，性欲得义也。”[④]有人爱喝酒，有人喜吃肉，并不是因为性爱吃肉，情爱喝酒，而是本性中有喜

① [东汉] 荀悦撰，[明] 黄省曾注，孙启治校补.申鉴注校补[M].北京：中华书局，2012:198.
② [东汉] 荀悦撰，[明] 黄省曾注，孙启治校补.申鉴注校补[M].北京：中华书局，2012:195.
③ [东汉] 荀悦撰，[明] 黄省曾注，孙启治校补.申鉴注校补[M].北京：中华书局，2012:203.
④ [东汉] 荀悦撰，[明] 黄省曾注，孙启治校补.申鉴注校补[M].北京：中华书局，2012:203.

肉和喜酒两种想法在斗争，斗争的结果，酒胜了就饮酒，肉胜了就吃肉。“义利关系问题，不是说情要的是利，而性要的是义，而是在性中就有义和利的斗争。斗争的结果，义胜了，性就善，情也就相应地善。如果利胜了，性就恶，相应的情也就是恶的。”①这说明性与情并非相悖，而是一致的。

荀悦立足于人性有善恶，把人性分为三品：“有三品焉，上下不移，其中则人事存焉。”②上品和下品的人性不会改变，而中品的人性由人事来决定：“教化之废，推中人而坠于小人之域；教化之行，引中人而纳于君子之途。”③中人之性并非一成不变，而是能够改变的，既可以成为君子，也能够变成小人，决定着这种变化的关键因素是，是否对其施行社会教化。社会教化和刑法在人性善恶形成中究竟起何作用，王符阐述：“性虽善，待教而成；性虽恶，待法而消。唯上智下愚不移，其次善恶交争。于是教扶其善，法抑其恶。得施之九品，从教者半，畏刑者四分之三，其不移大数九分之一也。一分之中又有微移者。然则法教之化于民也，几尽之矣。”④社会教化的主要作用在于使善得到扶持，而刑法的作用则是使恶得到抑制。荀悦认为社会上有一半人可以接受教育而为善，其余人又有四分之三因畏惧刑罚不敢作恶，只有九分之一的人难以改变，但这也并非绝对，其中又有些微改变者，因此只要社会教化和刑法能够合理运用，几乎所有人都可以被改造为善人。这既肯定了社会教育的可能性，又说明了社会教育的必要性。

（二）社会教育的作用

荀悦认为，社会教育和刑法是治理人民最基本的手段：“故凡政之

---

① [东汉] 荀悦撰，[明] 黄省曾注，孙启治校补.申鉴注校补[M].北京：中华书局，2012:206.

② 周桂钿.秦汉思想史[M].石家庄：河北人民出版社，2000:470.

③ [东汉] 荀悦撰，[明] 黄省曾注，孙启治校补.申鉴注校补[M].北京：中华书局，2012:198.

④ [东汉] 荀悦撰，[明] 黄省曾注，孙启治校补.申鉴注校补[M].北京：中华书局，2012:17–18.

大经，法教而已矣。”[1]一方面受儒家传统思想的影响，荀悦十分强调社会教育对治理民众的重要作用：“民由水也。济大川者，太上乘舟，其次泅。泅者劳而危，乘舟者逸而安。虚入水，则必溺矣。以知能治水者，泅也。以道德治民者，舟也。”[2]统治者治理人民如渡河一样，最好的选择是乘“道德教化”之舟，才能安全到达彼岸，取得良好效果。另一方面，他也借鉴了法家的思想，认为刑法不可偏废。

荀悦认为，社会教育和刑法对上、中、下三品之人是区别对待的，社会教育对君子，刑法对小人，中人则社会教育和刑法兼施：“故礼教荣辱以加君子，化其情也；桎梏鞭朴以加小人，化其形也。”“若夫中人之伦，则刑礼兼焉。”[3]中人占据着人口的绝大多数，其人性中既有善也有恶，所以需要社会教育和刑法并用，用道德教化来培养他们的善性，用刑法来抑制、消灭他们的恶性。至于二者孰主孰次，孰先孰后，他认为不能拘泥，应根据“时”“势”的变化，采取不同对策：“先王之道上教化而下刑法，右文德而左武功，此其义也。或先教化，或先刑法，所遇然也。拨乱抑强则先刑法，扶弱绥新则先教化，安平之世则刑教并用。大乱无教，大治无刑。乱之无教，势不行也；治之无刑，时不用也。”[4]社会稳定时，把社会教育放在第一位，刑罚放在第二位；社会动荡不安时，则应大力加强法治，优先实施刑罚而后社会教育。同以社会教育为主、刑法为辅的传统观点相比，荀悦以变通的态度对待社会教育与刑法的关系，无疑是一个很大的进步。

荀悦认为，实施社会教育与刑罚有一个渐进的过程，开始时较为简略，以后逐渐详备细密：“教初必简，刑始必略，事渐也。教化之隆，

---

① [东汉] 荀悦撰，[明] 黄省曾注，孙启治校补.申鉴注校补[M].北京：中华书局，2012:210.

② [东汉] 荀悦撰，[明] 黄省曾注，孙启治校补.申鉴注校补[M].北京：中华书局，2012:5.

③ [东汉] 荀悦撰，[明] 黄省曾注，孙启治校补.申鉴注校补[M].北京：中华书局，2012:42.

④ [东汉] 荀悦撰，[明] 黄省曾注，孙启治校补.申鉴注校补[M].北京：中华书局，2012:17.

莫不兴行，然后责备。刑法之定，莫不避罪，然后求密。”[①]只有在道德兴盛、人们遵从之时，才能够责求完备。在刑法已经确定、人们都尽力避免犯罪后，才能够要求严密。如果不这样做，那就是“未可以备，谓之虚教，未可以密，谓之峻刑”[②]。如此，将会产生“虚教伤化，峻刑害民”的不良后果。在实施过程中还应避免两种情况：其一，“设必违之教，不量民力之未能，是招民于恶也，故谓之伤化”，[③]统治者不能正确认识民众的承受力，要求过高，民力难以达到，必会产生逆反之心，导致恶行的出现，从而使社会教育难以推行；其二，“设必犯之法，不度民情之不堪，是陷民于罪也，故谓之害民”[④]，统治者制订的刑法过于苛责，延伸到了道德的领域，使民众手足无措，这实际上是把他们推向牢狱，因而是害民。那么，统治者应该如何利用社会教育与刑法呢？他提出：“莫不兴行，则一毫之善，可得而劝也，然后教备。莫不避罪，则纤介之恶可得而禁也，然后刑密。”[⑤]要符合社会教育与刑法的发展规律，既不可超前，也不能滞后，把握好适度的原则。

（三）社会教育的方法

如何开展社会教育，荀悦也作了思考，提出了一些主张。

第一，要把社会教育建立在发展生产、使民众富裕起来的基础上。荀悦继承前人“先富后教”的思想，强调发展生产对开展社会教育活动的重要作用，认为民众只有在“乐生”的条件下，社会教育才起作用：“民不畏死，不可惧以罪，民不乐生，不可劝以善。”[⑥]荀悦之所以强

① [东汉] 荀悦.孝元皇帝纪[M] //张烈点校.汉纪（卷二十三）.北京：中华书局，2017:407-408.

② [东汉] 荀悦撰，[明] 黄省曾注，孙启治校补.申鉴注校补[M].北京：中华书局，2012:70.

③ [东汉] 荀悦撰，[明] 黄省曾注，孙启治校补.申鉴注校补[M].北京：中华书局，2012:70.

④ [东汉] 荀悦撰，[明] 黄省曾注，孙启治校补.申鉴注校补[M].北京：中华书局，2012:70.

⑤ [东汉] 荀悦撰，[明] 黄省曾注，孙启治校补.申鉴注校补[M].北京：中华书局，2012:70.

⑥ [东汉] 荀悦撰，[明] 黄省曾注，孙启治校补.申鉴注校补[M].北京：中华书局，2012:70.

调统治者要发展生产、使民众富裕起来，是因为民众关乎着国家存亡，国家与民众是一个统一的整体，二者密不可分：“民存则社稷存，民亡则社稷亡，故重民者，所以重社稷而承天命也。”[①]统治者应该时刻关注民众的物质利益，与他们同甘苦、共哀乐：“下有忧民，则上不尽乐；下有饥民，则上不备膳；下有寒民，则上不具服。徒跣而垂旒，非礼也。故足寒伤心，民寒伤国。”[②]

第二，统治者应时刻注意端正自己的品行，切实起到表率作用：“善禁者，先禁其身而后人；不善禁者，先禁人而后身。善禁之至于不禁，令亦如之。若乃肆情于身而绳欲于众，行诈于官而矜实于民，求己之所有余，夺下之所不足，舍己之所易，责人之所难，怨之本也。”[③]统治者要成为道德的榜样，以身作则、率先垂范，正人先正己，要求别人做到的，自己首先做到，要求别人不做的，自己首先不去做，这样才能收到良好的教化效果。

总之，荀悦继承了董仲舒的“性三品”思想，并对其进行了改造，认为除极少数人外，绝大多数人的人性是可变的，可以通过后天人为的努力使人性得到改造。也就是说，通过教化，可以使人最终形成善良的品性；通过法治可以使人的恶性得以抑制直至消除，并最终成为善人。这就肯定了教化在人性改造中的可能性与必要性。荀悦承认社会教育与法治在治国中均有着不可替代的重要作用，但两者究竟处在怎样的位置，亦即谁是第一位，谁是第二位，这要由社会发展的实际情况而定。如果处在稳定时期，社会教育是第一位的，法治则是第二位的；而若社会处在动荡、混乱之时，那么法治必然是第一位的，社会教育只能放在第二位。这一主张同前人相较，更符合社会实际，可操作性更强。

① [东汉] 荀悦撰，[明] 黄省曾注，孙启治校补.申鉴注校补[M].北京：中华书局，2012:12.
② [东汉] 荀悦撰，[明] 黄省曾注，孙启治校补.申鉴注校补[M].北京：中华书局，2012:148.
③ [东汉] 荀悦撰，[明] 黄省曾注，孙启治校补.申鉴注校补[M].北京：中华书局，2012:37.

本章小结

汉代思想家在借鉴前人研究成果的基础上，对社会教育理论作了进一步的研究，在社会教育的可能性与必要性、社会教育的方法、社会教育的作用等诸多方面提出了一些颇有见地的看法，这些主张有的被当时统治者所吸纳，对推动社会教育的发展起到了积极作用。

汉代思想家主要是从人性善恶的角度来分析社会教育的可能性与必要性，性三品是当时的主流学说，贾谊、董仲舒、王充、王符、荀悦等人都是这一学说的持有者。他们把人性分为上中下三品，认为上、下品的人性是不可改变的，但这些人在社会上属于少数，绝大多数人是中品之人，中品之人的人性通过教化是可以改变的，这就肯定了社会教育的可能性。人性中存在着善恶两种因素，哪种因素占据主导地位直接决定着人们成为善人抑或是恶人，而这又取决于人们是否接受教化和接受什么样的教化，充分说明了开展社会教育的必要性。

如何进行社会教育，亦即开展社会教育的方法，汉代思想家多强调发展生产是社会教育的前提，他们认为，只有生产发展了，老百姓有了必要的生产、生活条件，社会教育才能起作用，否则，老百姓处在饥寒交迫中，每天为生存奔波，任何华丽的说教对他们来说都是徒劳的。所谓“仓廪实而知礼节，衣食足而知荣辱”就是这一道理。这一认识是符合教育发展规律的，任何教育的发展都以经济发展为基础，离开生产发展谈教育，只能是空中楼阁。他们还认为，开展社会教育的一个有效方法是发挥统治者的表率作用。统治者的言行对民众有着巨大影响，因此，统治者应在道德修养上下功夫，使自己的品德完全符合儒家伦理的要求，以身作则、率先垂范，要求民众做到的自己首先要做到，成为民众学习的榜样，只有这样才能收到良好的社会教化效果。

汉代思想家特别强调社会教育在治理国家中的主导作用。在治国手段上，先秦时就有以德治国和依法治国两种观点，儒家主张以德治国，法家坚持依法治国。汉代思想家认为，社会教育对移风易俗具有重要作用，只有通过社会教育才能使广大民众发自内心地认可现实的政治，从而取得化民于无形的良好效果，这是靠刑罚手段根本无法实现的，因此，必须把社会教育作为治国的主要工具。但他们也认为，道德教化不是万能的，有些问题并非道德教化所能解决，这就需要借助刑罚的力量，特别是人性中都有追逐利益的趋向，也需要刑罚加以抑制，因此，任何时候都不能弃刑罚而不用，而是要把社会教育与刑罚结合起来。这种德主法辅的治国模式为历代统治者所奉行，对治理国家产生了重要影响。汉代统治者在实际政治运作中，历来把道德教化和刑罚作为不可或缺的两种手段，从未单靠一种手段来维持统治，只不过表面上更强调道德教化在治理社会中的作用罢了。

当然，我们也要看到，生活在东汉晚期的思想家如王符、荀悦等，面对动荡不安的社会现状，他们并未拘泥于传统的德主法辅思维模式，一味强调道德教化的重要性，而是立足于社会现实，更加突出刑罚在治理乱世中的重要作用，这是其政治思想成熟的重要表现。

第五章　汉代社会教育的特点

汉代社会教育在长期发展过程中形成了一些富有时代特色的特点，如教育对象的普遍性、教育内容的丰富性、教育方式的多样性以及与学校教育、家庭教育的相辅相成，等等。这些特征，不仅在有效维持当时社会秩序稳定上发挥了重要作用，而且也被后代统治者所借鉴，对后世社会的发展产生了一定影响。

一、在教育对象上具有普遍性

汉代社会教育的对象并非只针对社会上的某个特殊群体，也面向社会全体成员，从皇帝、各级官吏到普通百姓，不论性别、年龄、家庭出身，一律要接受社会教育，这就体现出社会教育对象的普遍性。

汉代皇帝被立为太子后，就有专门老师对其开展教育，这就是太子太傅和太子少傅，刘邦确立的这一制度被一直沿用下来。对于太子太傅和太子少傅的职责，史书上有明确记载："太子太傅一人，中二千石。职掌辅导太子。""太子少傅，二千石。亦以辅导为职，悉主太子官属。"[①]太子太傅和太子少傅作为太子的老师，负有教育太子的职责。太子在继任皇位后，并非每日身居宫中与社会教育无涉，而是通过一些方式接受着社会教育。

比如大臣的奏议就在一定程度上对皇帝起着教育作用。奏议是封

① [南朝宋] 范晔.后汉书[M].北京：中华书局，1965:3606，3808.

建社会大臣和民众给皇帝上奏文书的总称，是“下情上达、实施社会管理、密切君臣关系的手段，也是最高统治者掌握情况、进行决策的重要依据，甚至是其加强统治的工具”[①]。君主作为全国的最高统治者，掌握着政治、经济、军事、司法等最终决定权，要使决策符合实际，就要了解下情，而奏议就有这方面作用。汉代奏议的内容十分广泛，包括政治、经济、文化、军事、民族关系、民俗等方面。

汉代奏议最主要的内容是关于政治的问题，如削藩。在楚汉战争中，刘邦为争取同盟战胜对手，封了七个异姓诸侯王。西汉政权建立后，为了加强中央集权，刘邦寻找借口将这些异姓诸侯王一一削除。与此同时，他又分封了九个同姓诸侯王。这些诸侯王国占据了关东广大的土地和人口，拥有任免官吏、铸造钱币等权力。随着其势力的逐渐膨胀，对中央集权的离心力也日益增强。一些有识之士意识到问题的严重性，纷纷上书献策。汉文帝时，济北王刘兴居和淮南王刘长先后发动叛乱，被平定后，贾谊向文帝上《治安策》：“天下之势方病大瘇，一胫之大几如要，一指之大几如股。”[②]如果不及时治疗，就会发展成为锢疾。他提出的解决办法是“众建诸侯而少其力”[③]，把大的诸侯国分割成几个小的诸侯国，以削弱其力量。文帝采纳了贾谊的建议，将齐国分为六国，淮南国分为三国。景帝时占有53城的吴王刘濞，日益露出反叛的迹象。御史大夫晁错不顾个人安危，向皇帝上《请削吴王封国奏》：“今削之亦反，不削亦反。削之，其反亟，祸小；不削之，其反迟，祸大。”[④]建议削夺诸侯王国的封地。汉景帝接受晁错的建议，开始削夺部分诸侯国的封地划归中央，导致七国之乱的发生，晁错为此献出了生命。叛乱平定后，景帝采取措施进一步削弱了诸侯王的权力。但诸侯

---

① 盖晓霞.汉代奏议类文体研究[D]，长春：长春理工大学，2007.

② [东汉]班固.汉书[M].北京：中华书局，1962:2239.

③ [东汉]班固.汉书[M].北京：中华书局，1962:2237.

④ [东汉]班固.汉书[M].北京：中华书局，1962:1906.

王国威胁中央集权的问题并未完全解决，于是主父偃向武帝上书，建议实行推恩分封之法："愿陛下令诸侯得推恩分子弟，以地侯之。彼人人喜得所愿，上以德施，实分其国。必稍自销弱矣。"①允许诸侯王除将王位传给嫡长子外，其他诸子也可在王国内分得土地建立侯国，而侯国属于郡管辖，地位等同于县，这样王国的土地不断缩小，无力与中央抗衡。汉武帝接受了主父偃的建议，正式颁布了推恩令，从而使困扰汉代统治者数十年的藩国问题最终被彻底解决。对此，班固的评价可谓中肯："文帝采贾生之议分齐、赵，景帝用晁错之计削吴、楚。武帝施主父之册，下推恩之令，使诸侯王得分户邑以封子弟，不行黜陟，而藩国自析。"②

改革刑罚的问题。秦朝专任刑罚，实行严酷统治，这成为其二世而亡的重要原因。汉朝建立后，萧何除去秦的一些苛法，制定了相对宽简的《九章律》，但仍保留了夷三族、具五刑之令，这从出土的张家山汉简《二年律令》中可以看出。文帝最终将沿用多年残损肢体的肉刑废除，得益于淳于缇萦的上书。文帝十三年，有人告发淳于意，说其故意开错药方，致病人死亡，当地官府准备将其押送长安治罪。淳于意有五个女儿，哭着送别父亲。淳于意很生气，骂道："生子不生男，缓急无可使者！"最小的女儿缇萦听了非常伤感，坚决要求随父一起前往。到了长安，她上书皇帝，称她的父亲做官时，以廉平而受到百姓赞扬，现在他犯了法要被处以肉刑，她痛心于被杀死的人不能再活过来，被处以肉刑的人会终身留下残疾，他们"虽欲改过自新，其道莫由，终不可得"，她愿把自己变为官府的奴婢，以换取父亲免受肉刑之罚，让他有机会改过自新。文帝被她的孝心所感动，下诏说，上古时代，政治非常清明，罪人只要穿上画有特别标志的衣服，人们就不敢犯法了。现在法

① [东汉] 班固.汉书[M].北京：中华书局，1962:2802.

② [东汉] 班固.汉书[M].北京：中华书局，1962:395.

令中有刺面、断足、割鼻三种肉刑，仍然不能禁止犯法之事，这与我道德不厚、教化不明有极大关系。人们犯了过错，不是先教育，而是直接施以刑罚，使人们根本没有改过从善的机会。由于淳于缇萦的上书，文帝认真思考肉刑的危害，最终作出了废除肉刑的决定，这是我国刑罚制度史上的重大进步。武帝在位时，为加强中央集权，指派张汤、赵禹对法律进行修订，汉律的数量空前增加，“律、令凡三百五十九章，大辟四百九条，千八百八十二事，死罪决事比万三千四百七十二事”，以至“奸吏因缘为市，所欲活则傅生议，所欲陷则予死比，议者咸冤伤之。”[①]宣帝继位后，廷尉史路温舒上《尚德缓刑疏》，指出秦朝灭亡的重要原因，就是重用狱吏。现在审理刑狱的官吏把刻薄当清明，通过陷人于重罪博取公正的名誉，而执法公平的却多有后患。所以审理刑狱的官吏都希望受审讯的人被处死，并不是他们跟这些人有仇，而是只有这样才能保全自己。因此，被判罪杀死的人，鲜血流淌满市，因罪受刑的人到处都有，每年处以大辟之刑的数以万计，这是太平盛世无法实现的关键所在。因此，建议宣帝“省法制，宽刑罚，以废治狱，则太平之风可兴于世”[②]。宣帝认同路温舒的建议，下诏：“夫决狱不当，使有罪兴邪，不辜蒙戮，父子悲恨，朕甚伤之。今遣廷史与郡鞠狱，任轻禄薄，其为置廷平，秩六百石，员四人。其务平之，以称朕意。”[③]通过设置廷平一职，来保证执法公平，防止冤狱的发生。

经济问题也是奏议的重要内容。汉王朝建立时，因经历多年战乱，社会经济已到了崩溃边缘，如何使残破凋敝的经济得到恢复和发展，是摆在统治者面前的首要任务。为此，一些大臣积极上书献策。贾谊针对当时背本趋末的严重现象，向文帝上《论积贮疏》，阐述了加强积贮对

① [东汉] 班固.汉书[M].北京：中华书局，1962:1101.

② [东汉] 班固.汉书[M].北京：中华书局，1962:2371.

③ [东汉] 班固.汉书[M].北京：中华书局，1962:1102.

国计民生的重大意义："夫积贮者，天下之大命也。苟粟多而财有余，何为而不成？……今殴民而归之农，皆著于本；使天下各食其力，末技游食之民，转而缘南亩，则畜积足而人乐其所矣。"[①]只要让百姓都归向农业，靠自己勤劳的双手劳动，那么积贮就会充足，百姓安居乐业的梦想就能实现。文帝对贾谊的主张非常认同，于是"开籍田，躬耕以劝百姓"。[②]贾谊之后，晁错向文帝上《论贵粟疏》，论述了重视粮食的重要性，提出了重农抑商、入粟于官、拜爵除罪等主张："方今之务，莫若使民务农而已矣。欲民务农，在于贵粟；贵粟之道，在于使民以粟为赏罚。今募天下入粟县官，得以拜爵，得以除罪。如此，富人有爵，农民有钱，粟有所渫。"[③]文帝采纳了晁错的建议，"令民入粟边，六百石爵上造，稍增至四千石为五大夫，万二千石为大庶长，各以多少级数为差"[④]。这些建议对稳定经济秩序、恢复和发展社会生产起到了积极作用。

在思想文化建设上，大臣们的奏议也发挥了重要作用。西汉王朝建立后，有鉴于秦帝国以法家学说为统治思想二世而亡的历史教训，一些大臣积极探寻适合当时政局不稳、经济凋敝现状的治国方略。陆贾根据刘邦的指示，上《新语》作为对策。他指出，事情越多天下越乱，法律越繁琐犯法的人越多，军队越多而敌人越多，秦统治者不是不想把国家治理好，失误就在于"举措暴众、刑罚太极故也"[⑤]。因此，他提出了无为而治的主张："君子其治也，块然若无事，寂然若无声，官府若无吏，亭落若无民。"[⑥]这一主张被采纳，政府采取了轻徭薄赋、与民

① [东汉] 班固.汉书[M].北京：中华书局，1962:1130.

② [东汉] 班固.汉书[M].北京：中华书局，1962:1130.

③ [东汉] 班固.汉书[M].北京：中华书局，1962:1133.

④ [东汉] 班固.汉书[M].北京：中华书局，1962:1134.

⑤ [西汉] 陆贾撰，王利器校注.新语校注[M].北京：中华书局，2012:64.

⑥ [东汉] 班固.汉书[M].北京：中华书局，1962:1134.

休息的措施，效果很好，出现了“文景之治”的局面。武帝即位时，西汉王朝经过近70年发展，社会经济繁荣，国力空前强盛，但也积累了诸多问题，如匈奴侵扰、诸侯王国威胁中央政权，以及豪强地主兼并土地致使农民破产流亡等。要解决这些问题，靠黄老无为而治的统治策略是难以奏效的，因此，治国方略的改变成为当务之急。春秋公羊学大师董仲舒向武帝上《天人对策》，提出以儒家学说统一思想的主张：“诸不在六艺之科、孔子之术者，皆绝其道，勿使并进。”这样做的结果是“邪辟之说灭息，然后统纪可一而法度可明，民知所从矣。”[①]汉武帝接受董仲舒“独尊儒术”的建议，把经董仲舒改造的儒家学说作为治国的指导思想，从此，儒家思想深刻影响了社会的政治、经济、文化教育等领域，有力推动了大一统局面的形成。可以说，汉武帝成功地转变治国的指导思想，董仲舒上书所起的作用功不可没。

奏议是臣民根据某种情况或实际需要，向皇帝提出的建议或决策，实用性较强。为了打动君主之心，让其最终接受自己的意见，汉代的奏议大多能透彻分析所存在的问题，所提对策也是切实可行的，因而被皇帝采纳的为数不少，从而有利于社会的稳定、发展和国家机器的正常运转。皇帝在批阅奏议的过程中，受到某种触动，在思想上产生某些变化，这实际上是一个接受教育的过程，尤其是那些被皇帝采纳的奏议起到的教育作用更大一些。

汉代各级官吏既担负着对广大民众进行社会教育的重任，又有自身接受社会教育的义务。汉代政府通过多种方式对官吏开展诸如廉洁奉公、尊君爱国、勤政爱民等为官之道的教育。民众也以自己的方式对官员的行为产生着影响。不少儒者官吏长期从事对庶民的教化，兴修水利，劝课农桑，倡建学校，体恤鳏寡，政平讼理，因此他们受到最高统治者的褒扬，也得到百姓的尊敬与爱戴，从而出现活着为其建立祠堂、

---

① [西汉]陆贾撰，王利器校注.新语校注[M].北京：中华书局，2012:71.

死后则为之祭祀的现象。如文翁在蜀郡去世后，“吏民为立祠堂，岁时祭祀不绝”[①]，政府对民众的这一行为持支持态度，每年郡的最高行政长官率属下官吏定期行礼，“奉祠信臣冢，而南阳亦为立祠。”[②]朱邑年轻时担任舒县桐乡的啬夫，他清正廉洁，处事公正，从不实施苛政，对孤寡之人和年迈的老人给予关爱、恩惠，深得百姓爱戴。后来朱邑得了重病，在弥留之际，他对儿子说曾任桐乡啬夫，当地民众非常爱戴他，死后一定要把他安葬在桐乡，因为后世子孙的祭奠肯定比不上桐乡民众。朱邑去世后，儿子就将其安葬在桐乡西郊外，“民果共为邑起冢立祠，岁时祠祭，至今不绝。”[③]任延担任九真太守，“九真吏人生为立祠”[④]。洛阳令王涣不幸病逝，当地百姓闻讯没有不感到难过的，凑钱为他举行祭奠仪式的百姓达到千余人。其灵柩在运归故里途中，经过弘农，老百姓将桌子、盘子摆在路边，并在其上放置祭品。官吏问其缘故，百姓们都说，过去他们拿着粮食到洛阳去出售，官吏经常设卡检查，最终一半的粮食被其白白拿走。王涣担任洛阳令后，再没有这样的事发生，所以，他们要报答王涣县令的恩德：“民思其德，为立祠安阳亭西，每食辄弦歌而荐之。”[⑤]祭彤任辽东太守，“抚夷狄以恩信”，深受乌桓、鲜卑等少数民族的爱戴，他去世后，乌桓、鲜卑人十分思念，每当有人前往京师，路过祭彤的墓地总要拜谒、号啕大哭一番才离去。“辽东吏人为立祠，四时奉祭焉。”[⑥]

当循吏离职或因病退休时，吏民往往要随车相送。刘宠为东平陵令，因为实行仁惠之政而深受吏民爱戴。他的母亲得了疾病，为了能

① [西汉] 陆贾撰，王利器校注.新语校注[M].北京：中华书局，2012:132.

② [东汉] 班固.汉书[M].北京：中华书局，1962:3643.

③ [东汉] 班固.汉书[M].北京：中华书局，1962:3637.

④ [东汉] 班固.汉书[M].北京：中华书局，1962:3643.

⑤ [东汉] 班固.汉书[M].北京：中华书局，1962:2469.

⑥ [南朝宋] 范晔.后汉书[M].北京：中华书局，1965:746.

在母亲床前尽孝，刘宠遂弃官而去，“百姓将送塞道，车不得进，乃轻服遁归”。刘宠任会稽太守，将离任时，山阴县的五六个老人得知消息后，每人拿出一百钱送别刘宠说，他们是生活在山谷里简陋的百姓，没有亲眼看到过州郡的长官。以前在这里任职的太守，派手下人来征收赋税、征发徭役，到了晚上也不停息，有时狗整夜叫唤不停，百姓不得安宁。自从刘宠到任后，晚上再也听不见狗叫声了，老百姓也见不到官吏了。“年老遭值圣明，今闻当见弃去，故自扶奉送。”[①]孟尝任合浦太守时，当地不种植粮食作物，因为地属沿海而盛产珍珠。百姓所需粮食多由商贩用珠宝从相邻的交趾郡交换而来。孟尝的前任太守贪得无厌，令老百姓把采到的珠宝全部交给他。如此一来，当地的蚌逐渐减少，做买卖的人不再来了，人们无以为生，不少人饥饿而死。孟尝上任后，革除以前的弊政，使当地百姓重新获得了谋生手段。结果“曾未踰岁，去珠复还，百姓皆反其业，商货流通，称为神明”[②]。“合浦还珠”的故事由此而来，后人遂以“合浦还珠”来比喻东西失而复得或人去而复回。后来孟尝因病而上书辞职，朝廷要求他返回京师，“吏民攀车请之”。孟尝趁夜色乘小船离去。他在一处较为偏僻的地方隐居，亲自从事农业生产，“邻县士民慕其德，就居止者百余家。”[③]“民间对那些恪守官员职业道德，为民众提供优良的公共产品或公共服务者进行感谢、纪念和歌颂的道德舆论方式，不但具有对在任官员的鼓励和肯定意义，而且具有实现这些官员价值的作用，这是一个关系到官员道德尊严的问题。另外，这种道德舆论也是对那些不称职官员的无声批评。它具有在官员方面惩恶扬善的作用，它鼓励那些为民众提供公共服务的官员再接再厉，对于那些尚未为民众提供公共服务的官员具有召唤作

① [南朝宋] 范晔.后汉书[M].北京：中华书局，1965:2478.
② [南朝宋] 范晔.后汉书[M].北京：中华书局，1965:2473.
③ [南朝宋] 范晔.后汉书[M].北京：中华书局，1965:2473.

用。”[①]

广大民众是汉代社会教育的主要对象。汉代统治者高度重视对民众的教化工作，早在楚汉战争期间，刘邦就在自己统治的地区建立了县、乡三老制度。三老最主要的职能就是对基层民众进行教化，宣扬孝悌等伦理道德。对于其职责，两汉书中有明确记载。《汉书·百官志》：“三老，掌教化。”《后汉书·百官志》：“三老掌教化，凡有孝子顺孙，贞女义妇，让财救患，及学士为民法式者，皆扁表其门，以兴善行。”通过发现和表扬孝顺、贞节、仁义和知书达理的榜样，来劝导乡里各个家庭，以促进良好社会风尚的形成。除专职从事教化的三老外，对民众进行教化，同样是各级官吏不可推卸的职责。在汉代史籍中，我们可以看到大量有关上自郡守、下到啬夫不遗余力开展社会教化活动的记载，由此反映了这样一个事实，那就是汉代的社会教化具有普遍性。

二、在教育内容上具有丰富性

汉代社会教育的内容并非单一的，而是丰富多彩的，主要包括伦理道德教育、廉洁奉公教育、生产劳动教育、社会风俗教育等诸多内容。

1. 伦理道德教育。汉代伦理道德教育的核心就是三纲五常，三纲五常的概念在先秦时期就已出现，但将其系统化、理论化，使其成为社会道德的基本内容和价值准则的是汉代儒学大家董仲舒。三纲就是君为臣纲、父为子纲、夫为妻纲，涉及封建社会的国家政治生活关系和家庭中的伦理生活关系。政治关系的核心是君臣关系，血缘关系的核心是父子关系，男女关系的核心是夫妇关系。三纲规定了上下等级的伦理关系，仁、义、礼、智、信五常乃是个人处理人际关系，使三纲得以实行的五种道德要求，是个人安身立命的精神支柱。三纲五常构成了一个严整的道德体系，覆盖了社会生活中的政治关系、家庭关系，对人们的思想和

---

① [南朝宋] 范晔.后汉书[M].北京：中华书局，1965:2473.

行为规范产生了深刻影响。从汉代开始，这种以三纲五常为核心的封建礼教被奉为圣典，在社会上广泛传播，既成为中国封建社会教育总的指导思想，又是社会教育的主要内容。

汉代把三纲五常作为道德教化的具体内容，有利于封建统治秩序的维护与巩固。在家庭关系中，孝是主要的道德范畴。汉代对孝道最重视，统治者把孝作为治国纲要，要求子女尽最大能力满足父母的物质需求，还要对父母和颜悦色，让其感到愉悦，就是在精神生活方面行恭敬之礼。父母去世，子女要尽力去安葬。在服丧守孝期间，还要遵守某些规范，如不能饮酒、不能吃肉、不能与妇女接近、不聘娶妻子、不访问朋友等。服丧时间的长短视个人情况而不同，社会中上层有时间、有财力，为父母服三年丧的不在少数。普通老百姓因忙于生计，则很难度过较长丧期。汉代通过对孝行榜样给予物质和精神奖励、把孝行纳入选举制度等手段来推广孝道教育，取得了一定效果。

在政治关系中，忠是主要的道德范畴，它强调的是对君主权威的服从。汉代的忠德有多方面内涵：为君主献出生命的是忠；上级长官遇到危难时，下级官吏能舍身相救也是忠；在政权更迭期间，能够忠心刘汉、不仕二姓者为忠；全身心地投入工作、尽职尽责者也为忠。地方官没有条件像朝官那样能面见皇帝提出建议，因此把地方治理好即为其尽忠的方式。如郅都为人公正廉洁，从不接受私人的礼物，私人的请托也从来不应。他经常说："已背亲而出身，固当奉职死节官下，终不顾妻子矣。"济南郡有大姓宗族三百多家，他们仗着人多势众，称霸地方，济南太守无法治服他们，于是郅都被景帝任命为济南太守。郅都到任后，处死了几个大姓家族的首恶分子，从而对其他人起到了震慑作用，一年后，"郡中不拾遗"[①]，郅都因此被提升为中尉。宣帝时严延年被任命为涿郡太守，之前的几任太守软弱无力，致使当地豪强势力日益膨

① [东汉] 班固.汉书[M].北京：中华书局，1962:3647–3648.

胀。豪强大族西高氏、东高氏势力很大，当地官吏都害怕、躲避他们，都说："宁负二千石，无负大豪家。"[①]两家的宾客公然为盗，如果被发现，就逃到高氏家，官吏不敢进去抓人。结果盗贼日渐增多，人们只有携带武器才敢出门，社会秩序混乱不堪。严延年上任后，收集两家的罪证，诛杀了数十人，经过一番整顿后，出现了道不拾遗的局面，严延年因此获得赐黄金二十斤的奖励。汉代通过给忠臣加官晋爵、物质赏赐，对不忠行为依法严惩等手段来开展忠德教育，在一定程度上推动了忠德观念的普及。

2.廉洁奉公教育。汉代重视对官吏为官之道的教育，除了忠君爱国、孝道外，廉洁奉公是重要的教育内容。廉洁就是要求官吏具有清廉的品格，能够抵制物质诱惑，不行贪污受贿之事；奉公就是要求官吏处理问题时能秉承公平、公正的原则，不掺杂私人感情，秉公办事。此外，汉代统治者已认识到民众对国家稳定的重要作用，要赢得民心，就要体恤百姓疾苦，使他们富裕："治国有常，而利民为本。"[②]能否爱民、富民直接关乎对官员道德的评价："为人臣者，以富乐民为功，以贫苦民为罪。"[③]官员应以使人民富裕快乐为功绩，而以人民贫穷困苦为罪过，官吏在履行职责时能做到宽仁爱民，政府对行为突出者就给予升迁、物质赏赐等奖励。如召信臣任南阳太守，"为百姓兴利，郡以殷富"，宣帝赐其黄金四十斤；后调任河南太守，年终考核时各项指标均排在第一，"复数增秩赐金"[④]。儿宽任左内史时，"劝农业，缓刑罚，理狱讼，卑体下士，务在于得人心。"[⑤]无论手下官吏还是百姓，都非常信任、爱戴他，因而被武帝提升为御史大夫。鲍昱建武年间任泚

① [东汉] 班固.汉书[M].北京：中华书局，1962:3668.

② [西汉] 刘安撰，陈广忠译注.淮南子[M].北京：中华书局，2012:722.

③ [西汉] 贾谊撰，方向东译注.新书[M].北京：中华书局，2012:280.

④ [东汉] 班固.汉书[M].北京：中华书局，1962:3642.

⑤ [东汉] 班固.汉书[M].北京：中华书局，1962:2630.

阳长，“政化仁爱，境内清净”[①]。荆州刺史把他的事迹上报给皇帝，光武帝升其为司隶校尉。刘宠任东平陵令，“以仁惠为吏民所爱”[②]，后升任豫章太守、会稽太守。汉代对廉洁奉公、宽仁爱民的官吏给予升迁、物质赏赐等奖励，有利于纯洁官吏队伍，提高官吏的素质，使国家机器得以正常运转。

3.生产劳动教育。农业是国民经济的基础，是人们的衣食之源和生存保障，农业生产的发展状况直接关系到国家的治乱安危。汉代统治者对此有着清醒认识，注重采取措施开展农业生产劳动教育。首先是发布劝农诏书，反复强调农业生产的重要性，把农业提到立国之本的高度。“农，天下之本也”，如此表述在皇帝的诏书中频繁出现。这样做的目的就是让广大民众投身农业领域，远离商业。其次，督促地方官员重视农业生产，把农业生产作为重要工作来抓。为使这一工作落到实处，将农业生产的好坏作为地方官员政绩考核的重要内容。再次，要发展农业生产，就必须让农民掌握必要的农业生产知识和技能，除了传统的父子世世相传外，政府在其中也扮演着重要角色。政府为了推广先进的生产工具和技术，往往征调有关人员对农民进行技术培训，使其成为推行先进生产技术和工具的骨干力量。如汉武帝时，搜粟都尉赵过总结前人经验，创造了一种干旱地区提高粮食产量的先进耕作方法——“代田法”，他还对铁器和牛耕技术进行了改良。为使这种先进生产技术和工具得到有效推广，“二千石遣令、长、三老、力田及里父老善田者受田器，学耕种养苗状。”[③]这些人在地方上或有实权，或有很大影响，通过他们向基层民众传授、推广，收到了较好的效果。

4.社会风俗教育。汉代统治者已认识到风俗与国家社会的兴衰治乱

---

① [南朝宋] 范晔.后汉书[M].北京：中华书局，1965:1021.

② [南朝宋] 范晔.后汉书[M].北京：中华书局，1965:2477.

③ [东汉] 班固.汉书[M].北京：中华书局，1962:1139.

有密切关系，所谓“风行俗成，万世之基定”[①]，因此很重视对百姓进行社会风俗的教育。汉代风俗教育的内容非常丰富，婚丧嫁娶、农业生产、节日、信仰等无所不包。在儒家思想的指导下，汉代创制的礼仪内容广泛，涉及社会生活各个方面，这些礼仪通过礼乐教化方式逐步向民间和大众渗透，最终为全体社会成员所认同和遵循，从而使各地风俗有了同质的内容，一定程度上推动了风俗大一统局面的出现。汉代大一统王朝的建立，特别是汉武帝颁布实施“太初历”，我国的传统节日初步定型，节日名称被确定、节日时间相对固定、节日风俗大致一致。当时的节日主要有正日、立春、上巳节、夏至、冬至、腊日、寒食、七夕等。比如立春之时，从京师到地方都要举行迎春仪式。天子率领百官穿着青衣来迎接春天的到来：“立春之日，迎春于东郊，祭青帝句芒。车旗服饰皆青。歌青阳，八佾舞云翘之舞。”[②]在立春之日，官府在东郊设祭坛祭祀青帝句芒，他被视作春神，与此同时，要唱《青阳》歌曲，跳《云翘》舞蹈。地方上的迎春仪式较为简化：“县邑……立春之日，皆青幡帜，迎春于东郭外。令一童男冒青衣，衣青衣，先在东郭外野中。迎春至者，自野中出，则迎者拜之而还，弗祭。”[③]没有乐舞，用头戴青巾、身穿青衣男童取代青帝句芒，迎春的队伍向他行下拜礼。二者在性质上并无区别，都是为了祈求一个好的开端，反映了人们对美好生活的愿望。全体国民在大致相同的节日内容与节日形式中体会其中的文化内涵，逐步获得了作为大汉王朝国民的文化认同和国家认同。汉代地方官也重视对所辖地区落后风俗的整顿，在很大程度上起到了移风易俗的作用。

---

① [东汉] 班固.汉书[M].北京：中华书局，1962:2336.

② [南朝宋] 范晔.后汉书[M].北京：中华书局，1965:3181.

③ [南朝宋] 范晔.后汉书[M].北京：中华书局，1965:3204–3205.

三、在教育形式上具有多样性

汉代社会教育的形式不拘一格，多种多样，主要有官方开展的社会教育，包括中央与地方政府的社会教育，以及由民间力量进行的社会教育。

（一）官方开展的社会教育

（1）中央政府开展的社会教育

一是设官任职，通过行政手段推行社会教化。汉代除在基层设立专门的社会教化官员——三老外，也要求各级官吏重视社会教化。随着官吏群体的儒学化，汉代各级官吏从郡守到亭长多把推行社会教化作为施政的重要内容，积极对民众进行道德教化，从而在相当程度上推动了伦理道德观念深入基层社会的进程。

二是通过奖德励善活动来扩大社会教化的影响。汉代统治者非常重视对道德优秀者的三老、孝悌，以及从事农业生产突出者的力田进行表彰，几乎每个皇帝在位期间均有这方面的诏书发布。其目的就是要通过政府树立的榜样，来对下层民众的观念产生影响，以期形成良好的社会风俗习惯。

三是大力提倡孝道，力图使行孝成为官民的自觉行动。以孝治天下是汉代统治者执政的一个重要理念，因此重视孝道教育就成为汉代统治的一个重要特征。统治者一方面在全国范围内对孝悌进行频繁的褒奖、赐爵，另一方面把孝纳入法律中，对不孝者处以重刑。通过奖惩两结合的方法，使孝的观念深入人心，让行孝成为人们的自觉行为。

四是奖励名节，以修正孝道之不足。尽管汉代的统治者力图把忠、孝统一起来，以孝来劝忠，但在现实生活中忠、孝难以两全是客观存在的。西汉时期，与孝相比，人们对忠的观念相对淡薄，这也是王莽取代刘氏王朝的一个重要原因。有鉴于此，东汉统治者对那些十分讲究名节、严格遵守封建道德者，极力加以征辟聘用，力图使其成为天下民众效法的楷模。这种对名节的大力提倡产生了积极效果，尤其是东汉中期以后体现得特别明显。面对外戚宦官交替控制政权、政治日趋腐朽黑暗、社会危机日益严重的现实，一些正直的官僚士大夫奋起与外戚、宦官坚决斗争，并把这种举动看作是高节品行的不二选择，正是由于他们的不懈努力，才使得东汉王朝不致腐朽黑暗到极点，而迅速走向灭亡。

五是以图画、碑刻等形式进行封建忠孝节义等道德伦理观念的教育。这种利用生动的人物故事来宣传伦理道德的形式，具有形象、具体和可模仿的特点，在核心价值观向下层社会的传播中起到了重要作用。

六是通过提倡尊老养老以强化孝的观念。汉代从文帝开始，将养老问题上升到法律，从此养老走向制度化，并为后继者所承袭。汉代统治者对养老问题的高度重视，在中国历史上是相当突出的，所采取的养老措施也是多方面的：如赐给老人一定数量的粟米、酒肉、布帛等物品，赐高年以几杖，减免赋役，刑法上的优免，提倡尊老、敬老之礼仪，对年老致仕官员给予礼遇等。正是由于汉政府采取了切实的尊老养老措施，并用制度加以规范，特别是实行地方第一把手负责制，从而使尊老养老逐渐成为一种社会风气，对社会秩序的稳定发挥了重要作用。

七是统治者的示范教育。统治者已意识到自身的道德示范对广大民众具有重要的道德教化影响，因而，他们能身体力行，在行孝、节俭等方面积极作为。这种道德示范教育在一定程度上起到了化民成俗的积极作用。

八是发布诏书，宣传社会教化。汉代皇帝的诏书中不少内容含有社会教化的意义，如尚贤、养老、重农、尊师、孝道、轻刑、薄赋、从谏等，这些诏书的颁布，有助于全体国民了解国家的方针、政策，从而形成政府所倡导的核心价值观。

九是皇帝巡行或派遣使者巡行天下，察民情，览风谣，举贤俊，宣明德化。无论是皇帝亲自巡视，还是派遣使者巡行，他们都积极宣扬中央政策，推行社会教化，移风易俗，并对吏治进行监督，奖勤罚懒，发现人才，在一定程度上推动了统治思想的深入人心，有助于儒家的价值观逐渐成为共同的社会价值观。

十是通过多种途径对官吏进行为官道德教育。凡是在尊君爱国、廉洁奉公、勤政爱民等方面表现突出的官吏，或升迁赐爵，或给予赐钱、赐田宅等多种物质奖励，或给予立祠、画像等精神激励，同时，对违反官吏道德要求的行为从法律上予以严惩。汉代政府采用物质奖励和精神激励、正面激励和反面惩戒相结合的方式，从而实现了对官吏道德教化方式的多样化。

十一是汉代统治者逐渐建立了一套独尊儒术指导下的、以察举制为核心的人才选拔制度，通过国家公职录用标准和挑选方式来左右教育的方向和教育内容的选取，从而将教育纳入符合封建统治需要的轨道。

汉初，即重视选举取士。汉高祖十一年（前196年），下诏求贤，声称贤士大夫有愿为国家服务的，会获得一定官职，并把这一精神传达到各地。同时要求诸侯王和郡守："其有意称明德者，必身劝为之驾，遣诣相国府，署行、义、年。有而弗言，觉，免。年老癃病，勿遣。"[①]这道求贤诏，把推荐的对象限定为有治国才能的贤士大夫，并要求把他们的行（品行）、义（仪表）、年（年龄）加以登记，虽未指明"贤者"的具体标准，但规定了一些举贤的具体程序和要求，因此，把其视为开汉代选士制度之先河，并不为过分。

汉文帝二年（前178年）和十五年（前165年）两次下诏要求公卿郡守推举贤良方正。对十五年这一次推荐上来的贤良，文帝亲自进行策问，要求他们针对时政提出建议。诏书还要求文章完成后"周之密之"，封好后由皇帝亲自拆看，评定高下，这不仅是对策射策的起源，也是后世科举的端绪。文帝实行贤良对策，是汉代选士制度的开端，但这只是偶一为之，还未形成制度。当时选士既无一定标准，亦无时间和

① [东汉] 班固.汉书[M].北京：中华书局，1962:71.

名额的规定。究其原因，大致在于汉初处于守成时期，统治者推行清静无为的黄老政策，对尚贤使能还不甚看重，同时，跟随刘邦打天下的功臣将士尚占据着各级官位，对选士的需要还不迫切。

选士成为一种较完备的制度，是在汉武帝时代。当时不仅确立了以儒家经术和对伦理道德的要求为选士之主要标准，而且有了时间和名额的规定。选士制度对社会教育的影响主要表现在以下两个方面。

第一，选士制度强调以儒家伦理道德为主的标准，为社会教育的开展指明了方向，提供了政策保障。

两汉选士制度以察举制为核心。察举，顾名思义就是通过考察予以推荐，是汉代公卿、地方郡守等高级官吏，按照一定的标准向朝廷荐举人才，朝廷经某种形式考核择优录用的选官制度。察举制分为每年都举行的常举科目和根据临时需要、由皇帝下诏要求推举的特科两类，前者包括孝廉、茂才，后者有贤良文学、贤良方正、明经、至孝、尤异、治剧等科。

汉代经常性的选士科目是孝廉，是汉武帝接受董仲舒的建议而确立的选举科目。董仲舒在对策中对选官制度的弊端进行了批评，他指出，官吏多出于郎中、中郎，吏二千石的子弟得以荫任为郎官，选拔官吏又以资财为条件，这样选出来的人未必有真才实学。过去所谓功劳，主要是看任官是否称职，而不是看你任职时间的长短。小材之人，尽管当官很久，也只能任小官；大材之人，任职时间不久，也要提拔到重要岗位上。因此，各级官员都尽心竭力做好本职工作，以期取得较大成绩。当今社会却不是这样，只凭工作时间长就能获得富贵，做事久了就可以得到官职，如此一来，廉耻就会纷乱，贤与不贤也会混淆。他建议“列侯、郡守、二千石各择其吏民之贤者，岁贡各二人以给宿卫”，以此来考察大臣的能力，如果推荐的人确有真才实学，可给推荐者以奖赏，反之，则予以惩罚。这样一来，“诸侯、吏二千石皆尽心于求贤，天下之士可得而官使也。”[①]把举荐人才作为对高级官员“赏善罚恶”的一项重要奖惩标准。汉武帝接受了这一建议，于元光元年（前134年），“初令郡国举孝廉各一人”[②]。由于汉承秦制，推荐的人若名不副实，举荐者要受连带责任，因此各郡国对察举孝廉并不积极对待。于是元朔元年（前128年）又下诏指出，公卿大夫的任务就是制定方针战略，推广教化，使社会风气得以纯正。而把仁义作为基准，来表彰有德之士，重用有才之人，鼓励从善之行，惩治不法之徒，这是五帝、三王之所以昌盛的原因。所以多次诏令有关官员推举孝廉， 以期成为一种风气，继承五帝三王的美业。现在有的郡一个人才也不推荐，这是教化没有深入下去，致使有才能的人被阻隔在为朝廷服务的门外。“二千石官长纪纲人伦，将何以佐朕烛幽隐，劝元元，厉蒸庶，崇乡党之训哉？且进贤受上赏，蔽贤蒙显戮，古之道也。其与中二千石、礼官、博士议不举者罪。”举荐人才是公卿大夫、二千石官吏不可推卸的职责，是进行社会教育的必要手段。有关部门根据汉武帝的指示提出建议，皇帝发布诏书让有关官员推举孝廉，目的是“化元元，移风易俗也”，因此，“不举孝，不奉诏，当以不敬论，不察廉，不胜任也，当免”[③]，得到了武帝首肯。从此每年都推举孝廉的制度得以贯彻执行。孝廉按郡国选举，不论郡国人口多少，所举孝廉的人数是一样的。对人口多的大郡国来说，显然有失公平。因而东汉和帝下令让公卿大臣集体讨论改进的办法，于是司徒丁鸿与司空刘方上疏，从今以后郡国“二十万口岁举孝廉一人，四十万二人，六十万三人，八十万四人，百万五人，百二十万六人。不满二十万二岁一人，不满十万三岁一人”[④]。和帝批准了这一建议，从此按郡国人口比例推举孝廉的制度正式确立。但这样一来，人口稀少的

---

① [东汉] 班固.汉书[M].北京：中华书局，1962:2512–2513.

② [东汉] 班固.汉书[M].北京：中华书局，1962:160.

③ [东汉] 班固.汉书[M].北京：中华书局，1962:167.

④ [南朝宋] 范晔.后汉书[M].北京：中华书局，1965:1268.

边远地区每两三年才能举一孝廉，不利于当地人才的发掘，故和帝于永元十三年（101年）下诏对边郡给以特殊照顾：边郡人口在十万以上的每年推举孝廉一人，不满十万的两年推举一人，五万以下的三年推举一人，从而使选士制度更加完善和规范。

孝廉科设立的本意，是选拔德行高尚之人。顾名思义，孝为孝子，廉为廉吏，孝为立身之本，廉为从政之方，它们都是儒家所提倡的最基本道德规范。汉代所举的孝廉，多为有孝心、德行优异者。如刘茂很小的时候父亲就去世了，他独自与母亲生活。家里虽然贫穷，但他通过自身的劳动所得赡养母亲，其孝行被乡里人所称道。等到他长大后，对《礼经》很有研究，在其门下学习的有数百人。“哀帝时，察孝廉，再迁五原属国侯，遭母忧去官。”[①]张霸年纪很小就懂得孝顺、礼让，无论出入、饮食，都符合礼的要求，乡人称其为“张曾子”。后来他跟随长水校尉樊鯈学习严氏《公羊春秋》，最终通晓儒家五经，被“举孝廉光禄主事”[②]。江革家里贫穷，每天光着脚，给别人打工来奉养母亲。母亲所需的生活物品，都尽力提供。建武末年，他和母亲一起回归故里。每年县里都要清查户口，江革认为母亲岁数大了，行动不便，怕她坐马车或牛车颠簸，就亲自驾辕拉车，让母亲坐在上面。因此乡里称他为“江巨孝”。当地太守以隆重的礼节征召江革，他以母亲年老需要照顾而没有应召。等到母亲去世，他“至性殆灭，尝寝伏冢庐，服竟，不忍除。郡守遣丞掾释服，因请以为吏。永平初，举孝廉为郎。”[③]朱俊幼年父亲就去世了，母亲以卖布为生。朱俊“以孝养致名，为县门下书佐”，后来“太守徐圭举俊孝廉，再迁除兰陵令”[④]。第五访小时候父亲去世了，家里贫穷，为了供养哥哥与嫂子，他经常替人耕种，但一

① [南朝宋] 范晔.后汉书[M].北京：中华书局，1965:2671.

② [南朝宋] 范晔.后汉书[M].北京：中华书局，1965:1241.

③ [南朝宋] 范晔.后汉书[M].北京：中华书局，1965:1302.

④ [南朝宋] 范晔.后汉书[M].北京：中华书局，1965:2308.

有空闲就刻苦学习。后“仕郡为功曹，察孝廉，补新都令”[1]。虽然最终把孝廉推荐给朝廷的权力掌握在三公九卿、郡国守相等高层官吏的手中，但对所推荐人选在孝行、行为等方面的评价，最初是来自乡里的评议。“乡里评议，使推选对象置于广大老百姓的严密监督之下，这样，在老百姓的心目中就无形中形成了关于‘孝行’‘廉洁’标准的自觉意识。同时，举孝廉作为一件朝野关注的大事，起到了‘彰显善行，以厉风教’的巨大导向作用。人们行为有方向、有动力，学习有标准、有榜样。”[2]

据黄留珠先生统计，两汉孝廉中，资历明确记载和可以断定的为234人，其中儒生占32.1%，儒吏（兼有儒生及州郡吏双重身份）占13.2%，两者总数在孝廉中占45.3%。另外，处士在孝廉中占25.6%。而儒生、处士、儒吏总计占孝廉的70.9%，可见通晓经书的儒生与州郡属吏，为孝廉之主体。[3]孝廉的任用，在中央多以郎署为主，再迁为尚书、侍御史、侍中等。如王吉年少时就喜欢学习儒家经学，“以郡吏举孝廉为郎”[4]；韦彪“好学洽闻，雅称儒宗。建武末举孝廉，除郎中”[5]。在地方则为令、长、丞，再迁为太守、刺史。如霍谞“少为诸生，明经。……仕郡举孝廉，稍迁金城太守”。[6]蔡衍“少明经……举孝廉，稍迁冀州刺史”。[7]可见孝廉一科为汉代儒生或低级官吏向上攀登的一个重要阶梯。孝廉是岁举常科，取士人数远超贤良方正，据黄留珠先生统计，西汉自元光元年以后（包括新莽），共举孝廉约 3.2

---

① [南朝宋] 范晔.后汉书[M].北京：中华书局，1965:2475.

② 张惠芬.中国古代教化史[M].太原：山西教育出版社，2009:57.

③ 黄留珠.秦汉仕进制度[M].西安：西北大学出版社，1985:143.

④ [东汉] 班固.汉书[M].北京：中华书局，1962:3058.

⑤ [南朝宋] 范晔.后汉书[M].北京：中华书局，1965:917.

⑥ [南朝宋] 范晔.后汉书[M].北京：中华书局，1965:1615，1617.

⑦ [南朝宋] 范晔.后汉书[M].北京：中华书局，1965:2208–2209.

万人，东汉约 4.2 万人，总计约 7.4 万人[①]。所以徐天麟认为汉世诸科“得人之盛，则莫如孝廉”[②]。汉武帝后，不少著名的公卿大臣是从孝廉入仕，如萧望之、薛宣、黄霸、张敞等皆以察廉补长丞，而后位登公卿的。马端临亦指出：“按：东都选举，孝廉一科为盛，名士多出其中。”[③]

除了岁举孝廉外，为了贯彻以孝治天下的治国理念，汉代还设立了“至孝”的特举科目，以进一步强调和倡导孝行。安帝永初五年（111年）下诏让三公、特进、侯、中二千石、二千石、郡守、诸侯相，推举“至孝与众卓异者”[④]。桓帝建和元年（147年），下诏让大将军、公卿及地方郡国“举至孝笃行之士各一人”[⑤]，延熹九年（166年），下诏让公卿、校尉和地方郡国“举至孝”[⑥]。献帝建安五年（200年），下诏让三公推举至孝二人，九卿、校尉、郡国守相分别推举一人。汉代以孝而被举官者也大有人在，如冯唐“以孝著，为郎中署长，事文帝”。[⑦]赵咨年少时父亲去世，当地州郡因其孝行而推举为孝廉，他都没去赴任。延熹元年（158年），“大司农陈奇举咨至孝有道，仍迁博士”[⑧]。崔寔父亲去世后，他住在父亲坟墓旁服丧，期满后，三公府都向他发出到府任职的邀请，均被他拒绝。汉桓帝初年，“诏公卿郡国举至孝独行之士”，崔寔被郡推举，因为有病而没有对策，最终被任命为郎官[⑨]。延

---

① 黄留珠.秦汉仕进制度[M].西安：西北大学出版社，1985:102.

② [南宋] 徐天麟.东汉会要[M].上海：上海古籍出版社，2006:391.

③ [南宋] 马瑞临.文献通考[M].北京：中华书局，1986:321.

④ [南朝宋] 范晔.后汉书[M].北京：中华书局，1965:217.

⑤ [南朝宋] 范晔.后汉书[M].北京：中华书局，1965:289.

⑥ [南朝宋] 范晔.后汉书[M].北京：中华书局，1965:316.

⑦ [东汉] 班固.汉书[M].北京：中华书局，1962:2312.

⑧ [南朝宋] 范晔.后汉书[M].北京：中华书局，1965:1313.

⑨ [南朝宋] 范晔.后汉书[M].北京：中华书局，1965:1725.

熹九年（166年），太常赵典推举荀爽“至孝，拜郎中”。[①]

汉代察举取士有四项荐举标准，即所谓的“四科取士”。光武帝刘秀曾在诏书中要求以四科取士：“四科取士，一曰德行高妙，志节清白；二曰学通行修，经中博士；三曰明达法令，足以决疑，能按章复问，文中御史；四曰刚毅多略，遭事不惑，明足以决，才任三辅令。皆有孝悌廉公之行。”[②]“从诏文中‘皆有孝悌廉公之行’一句话可知，两汉察举的四项标准，概而言之即‘孝’‘廉’二字。由此可见，两汉察举的其他科目，虽与孝廉名称有别，但就其察举标准而论，却基本上同于孝廉之选。”[③]也就是说，德行是汉代察举取士的首要条件。

在汉代不孝之人是不能被选举入仕的。应劭曾指出：“汉律以不为亲行三年服不得选举。”[④]据《后汉书·刘恺传》记载：“旧制，公卿、二千石、刺史不得行三年丧，由是内外众职并废丧礼。元初中，邓太后诏长吏以下不为亲行服者，不得典城选举。”为双亲服丧三年，体现了子女对父母的孝心，若不能如此，便被世人看作是不孝，不孝则不可以被选举。

如果在职官吏有违反孝道的行为，则会成为被免职的理由。如丞相薛宣，汉成帝罢免他的理由是“出入六年，忠孝之行，率先百僚，朕无闻焉”[⑤]。御史大夫何武的后母在郡里，他遣手下人接后母入京，正赶上成帝驾崩，手下人担心路上有盗贼，就让何武的后母留在当地，于是大家纷纷讥讽何武对母亲不孝。哀帝就以“君举错烦苛，不合众心，孝声不闻，恶名流行”[⑥]为理由，罢免了何武。

---

① [南朝宋] 范晔.后汉书[M].北京：中华书局，1965:2051.

② [南朝宋] 范晔.后汉书[M].北京：中华书局，1965:3559.

③ 黄留珠.秦汉仕进制度[M].西安：西北大学出版社，1985:90.

④ [东汉] 班固.汉书[M].北京：中华书局，1962:3569.

⑤ [东汉] 班固.汉书[M].北京：中华书局，1962:3393.

⑥ [东汉] 班固.汉书[M].北京：中华书局，1962:3486.

汉代选士考察内容丰富，但就政治标准而言，要求“皆有孝悌廉公之行”，政府通过行政手段把统治者倡导的价值观念与个人的追求联系起来，强调个人行为的考察，从而极大地调动了人们行孝的积极性。许多人因孝行突出而跻身仕途，得到了荣华富贵。如此一来，孝道观念在社会上广泛传播，成为一种社会风尚。“孝道观念也就自然而然被社会上的绝大多数人奉为自己的人生追求和价值取向，恪守孝道，争做孝子贤孙也就成了一种社会时尚。”[①]这对社会教育的培养目标，起着导向作用。

第二，通过选士制度选拔了大批道德和才能兼备的儒生进入官吏队伍，促使文官制度得以建立，进而推动了社会教育的开展。

赵翼在《廿二史札记》中有两汉初期官员队伍构成的论述：“西汉开国功臣多出于亡命无赖，至东汉中兴，则诸将帅皆有儒者气象，亦一时风会不同也。”赵翼在这里为我们揭示了这样一个信息，即汉代官员由最初的无文或少文逐渐走向群体知识化、儒学化。

汉初统治者吸取秦朝排斥、打击知识分子的教训，开始有限度地吸收一些知识分子进入政权，不过当时奉行的指导方针是“无为而治”，因而对官吏文化、才能方面的要求还不迫切，故这一时期知识分子任职的岗位多是博士、礼官，或担任帝王的老师，而很少有任职事官或担任公卿的。汉初主要由跟随刘邦打天下的武力有功之人把持着政府各部门，他们大多出身平民，没有条件接受文化教育，自然就无文化可言；有的是低级官吏出身，虽略有一点文化，但层次很低。比如王陵“为人少文”[②]；周勃“不好文学”，每次召见儒生和游说之士，都面向东坐着，要求这些人赶快对他说，“其惟少文如此”[③]；申屠嘉“无

---

①余从荣，张运华.汉代推行孝道教化的途径及启示[J].南昌大学学报，2005（1）.

②[东汉]班固.汉书[M].北京：中华书局，1962:2047.

③[东汉]班固.汉书[M].北京：中华书局，1962:2054.

学术”[①]。所以班固描述汉初公卿的文化状况时说：“将相皆旧功臣，少文多质。”[②]也就是所说的“布衣将相之局”，总体来看，文化素质偏低。

但随着社会经济的恢复和发展，社会问题与日俱增，“无为”已不适应时代要求，客观形势提出了建设与发展的新课题，因此，官吏具有一定的文化与才能已成为时代的迫切需要。同时，开国后一直执政的军功大臣，随着时间推移纷纷离世，也需要选拔一批新人接替他们。汉初官吏的来源主要是依靠军功为官，此外尚有以郎补官的途径，但郎官多来自父任或訾选，不见得有真才实学。宣帝时，王吉上疏：“今使俗吏得任子弟，率多骄骜，不通古今，至于积功治人，无益于民。”[③]高祖时虽出现了察举的萌芽，但并未成为一种制度，而且多止于书面文字，未落实到行动上，效果自然难如人意。从文帝十二年的诏书中我们可以得到证实：“今万家之县，云无应令，岂实人情？是吏举贤之道未备也。”[④]因此按照统治者的意图，由国家财政出资建立人才培养基地，有计划地培养政府所需要的官吏，已成为必须解决的问题。为此，汉武帝采纳了董仲舒提出的兴太学、重选举的建议，“立学校之官，州郡举茂材孝廉”[⑤]，把人才培养与人才选拔有机结合，为学有所成者打开了仕进之门，改变了汉初军功地主掌政的局面，扩大了统治的社会基础。从此以后，官吏结构有了实质性变化，“公卿大夫士吏彬彬多文学之士矣”[⑥]。自武帝时“公孙弘以《春秋》白衣为天子三公，封平

---

① [东汉] 班固.汉书[M].北京：中华书局，1962:2103.

② [东汉] 班固.汉书[M].北京：中华书局，1962:1097.

③ [东汉] 班固.汉书[M].北京：中华书局，1962:3065.

④ [东汉] 班固.汉书[M].北京：中华书局，1962:124.

⑤ [东汉] 班固.汉书[M].北京：中华书局，1962:2525.

⑥ [西汉] 司马迁.史记[M].北京：中华书局，1982:3119–3120.

津侯"[①]，以白衣来担任卿相遂成为一种制度。宣帝也积极擢用明经之士，如丞相韦贤、魏相、丙吉，御史大夫萧望之，皆一时名儒。元帝喜欢儒家学说，因而重用儒生，翟方进、张禹、平当、孔光、马宫、王嘉等一大批儒者担任了公卿职务。元、成时公卿基本以明经晋身，大小官吏普遍以经术之士为之。经明行修为被社会普遍认可，也是士人入仕的基本条件。钱穆先生曾指出："自宣帝以下，儒者渐当路。至于元成哀三朝，为相者皆一时大儒。其不通经术为相者，如薛宣，以经术浅见轻，卒策免。朱博以武吏得犯自杀。盖非经术士，即不得安其高位。""且昭宣以下，不仅丞相御史大夫重职，乃为儒生也。即庶僚下位，亦多名儒。"[②]西汉中衰，知识分子的地位并未降低，新莽对知识分子的重视可谓空前，不仅增加了太学博士、学生的名额，而且征求通晓《礼经》《古文尚书》《周官》《尔雅》及天文、图谶、钟律、月令、兵法等各类人才，由公车迎接至官府。当时"网罗天下异能之士，至者前后千数"[③]，并让入京士人在朝廷上各陈己说，订正流传的错误，统一各种分歧。

光武中兴，对儒生优礼有加，朝臣中读诗书、有学问的人比较多，这与他们大多出身大族、习读儒经有关。如邓禹"世吏二千石""年十三，能诵《诗》，受业长安"[④]，与刘秀同学京师而交往甚密，自认为"少曾学问，可郡文学博士"[⑤]；贾复"少好学，习《尚书》"[⑥]；冯异"好读书，通《左氏春秋》《孙子兵法》"；[⑦]耿弇"少好学，习

① [西汉] 司马迁.史记[M].北京：中华书局，1982:3118.

② 钱穆.秦汉史[M].北京：生活·读书·新知三联书店，2004:210–211.

③ [东汉] 班固.汉书[M].北京：中华书局，1962:4069.

④ [南朝宋] 范晔.后汉书[M].北京：中华书局，1965:599.

⑤ [南朝宋] 范晔.后汉书[M].北京：中华书局，1965:785.

⑥ [南朝宋] 范晔.后汉书[M].北京：中华书局，1965:664.

⑦ [南朝宋] 范晔.后汉书[M].北京：中华书局，1965:639.

父业"[①]"学《诗》《礼》，有锐权谋"[②]，史称其"能画能兵"[③]。其他名臣如李忠、朱祐、景丹、刘隆、王霸等，也都通经习文。刘秀君臣的儒者气象，从一开始便奠定了东汉政权的士大夫色彩。明帝"垂情古典，游意经艺""多征名儒以充礼官""其余以经术见优者布在廊庙"[④]，就连期门、羽林介胄之士亦令通《孝经》。正如颜之推所言："汉时贤俊皆以一经宏圣人之道，上明天时，下该人事，用此于卿相者多矣。"[⑤]如果我们依据《史记》《汉书》《后汉书》等史籍有关两汉公卿的记载，可以清楚地看到官吏群体知识化、儒学化的趋向（见《西汉三公九卿文化出身简表》《东汉三公九卿文化出身简表》）。

西汉三公九卿文化出身简表

类别 时期	高祖	惠帝	吕后	文帝	景帝	武帝	昭帝	宣帝	元帝	成帝	哀帝	平帝
儒	1	1				8	3	12	15	16	11	9
文化程度极低者		2	2	4	3	2	2	1				
总 计	7	9	5	7	9	20	9	22	20	20	15	10
儒家在可考公卿中占比（%）	14.3	11.1				40	33.3	54.5	75	80	73.3	90
文化程度极低者占比（%）		22.2	40	57.1	33.3	10	22.2	4.6				

① [南朝宋] 范晔.后汉书[M].北京：中华书局，1965:703.

② [南朝宋] 范晔.后汉书[M].北京：中华书局，1965:703.

③ [南朝宋] 范晔.后汉书[M].北京：中华书局，1965:725.

④ [南朝宋] 范晔.后汉书[M].北京：中华书局，1965:1125.

⑤ 国学整理社.颜氏家训・勉学[M] //诸子集成（第八册）.上海：上海书店出版社，1986:15.

东汉三公九卿文化出身简表

类别	时期	光武帝	明帝	章帝	和帝	安帝	顺帝	冲质桓帝	灵帝	献帝
儒		29	19	19	13	15	15	26	31	15
文化程度极低者		1		1						
总 计		33	23	25	17	17	19	32	37	18
儒家在可考公卿中占比（%）		87.9	82.6	76	76.5	88.2	78.9	81.3	83.7	88.3
文化程度极低者占比（%）		2.7		4						

从表中可看出：第一，武帝以前官吏主要来自军功地主，选官途径狭窄，因而公卿中无文化或虽有一点文化但层次极低者所占比例较大，吕后时是40%，景帝时为33.3%；从武帝开始，由于统治者重视教育，大力兴办学校，同时将“明经取士”作为选拔官吏的主要途径，故其比例大幅下降，为10%，到宣帝时仅为4.6%，此后公卿中几乎看不到无文化者的身影。第二，儒家的势力在武帝以前较弱，惠帝时儒家仅占公卿总数的11.1%。武帝时，由于采取了诸多推崇儒术的政策，儒家势力获得较大发展，达到40%，此后，在儒家教育广泛开展的大背景下，到元帝时，公卿中的儒家已居于绝对优势，此后一直保持在80%以上。

不仅公卿走向知识化、儒学化，地方官吏亦如此。西汉初年，地方官员主要以军功、事功、中央官外调、酷吏等充任，没有儒生担任具体职务的记录。武帝时开始了地方政府官员的儒生化倾向，武帝行察举，使“经明行修”成为入仕的主要条件，为儒生参政提供了制度保证。元朔四年（前125年），公孙弘提出通经者担任地方官吏的建议：“选择其秩比二百石以上及吏百石通一艺以上补左右内史、大行卒史，比百石以下补郡太守卒史，皆各二人，边郡一人。先用诵多者，不足，择掌故以补中二千石属，文学掌故补郡属，备员。”[①]其理由是，朝廷下的诏书律令，文字典雅，道理深刻，一般小吏浅陋寡闻，不能究明其意，也难以推行天下，强调以通明儒经者充当地方官吏。这一建议得到了武帝的批准，从此地方官员中开始有儒生的身影出现。“据《史记》《汉书》中记载的28位地方长吏略加分析，以儒生而担任地方长官的约有12位，占42%左右。”[②]“孔安国至临淮太守，周霸至胶西内史，夏宽至城阳内史，砀鲁赐至东海太守。”[③]“以军功、治功或者其他途径任地方长吏的有16位，占58%。”[④]可见武帝时儒生虽尚未成为地方长吏的主体，但已占相当比例。昭、宣时儒生担任地方长吏的数量逐渐增长，如魏相“少学《易》为郡卒史，举贤良，以对策高第，为茂陵令”[⑤]；贡禹“以明经洁行著闻，征为博士，凉州刺史，病去官。复举贤良为河南令”[⑥]。元、成时期，地方官员的儒生化趋势更加明显。如尹湾汉墓出土的第三、四号木牍记载了成帝时期东海郡一百四十多位现任官吏的名籍及大多数人的原任官职、升迁原因，其中出身儒生的至少一半，通过察举而步入仕途的有二十人，以诏书征召的五人可能也是儒生，其余的身份无法确认[⑦]。元、成以后，地方上的低级官吏如果想被推举为“孝廉”，通常来说必须精通儒学。被举孝廉担任郎官一段时间后，一旦地方上县令、长有缺，即可予以递补，所以众多儒生顺着察举为郎再外任的路径被充实到地方政府中。另外儒生担任博士、谏大夫等职务的也多被委派到地方任职郡县守令。如王章“稍迁至谏大夫……以选为京

① [东汉] 班固.汉书[M].北京：中华书局，1962:3594.

② 范学辉.论儒学对秦汉地方行政的影响[J].江海学刊，1997（2）.

③ [西汉] 司马迁.史记[M].北京：中华书局，1982:3122.

④ 范学辉.论儒学对秦汉地方行政的影响[J].江海学刊，1997（2）.

⑤ [东汉] 班固.汉书[M].北京：中华书局，1962:3133.

⑥ [东汉] 班固.汉书[M].北京：中华书局，1962:3069.

⑦ 连云港市博物馆，东海县博物馆，中国社会科学院简帛研究中心，中国文物研究所.尹湾汉墓简牍[M].北京：中华书局，1997:85–95.

兆尹"[①]，朱云"为博士，迁杜陵令"[②]。据统计："元、成后有传之30余位郡县长官中儒生占80%以上。"[③]可见儒生在地方长吏中已占绝对优势。

地方守令的逐步儒学化，有力地促进了下属官吏的儒学化。儒生担任地方属吏的数量不少，如东海相宗叔犀"广召幽隐，春秋会飨，设置三科，以第补吏。一府员吏，儒生什九"；任陈留太守的陈子瑀"开广儒路，列曹掾史，皆能教授。簿书之吏，什置一二"[④]。其他如任延、李忠、杨仁、刘梁等皆有擢儒生以充府吏之举，在此不一一详列。可以说到东汉时，辅助守令处理地方事务的下属官吏已从擅长文法的文吏，逐渐被儒生取代。宋代刘敞就曾指出："夫东西汉之时，贤士长者未尝不仕郡县也。自曹掾、书史、驭吏、亭长、门干、街卒、游徼、啬夫，尽儒生学士为之。"[⑤]

总的来看，汉代从武帝开始，逐步建立起了以儒生为主体的文官制度，有一定文化层次的知识分子被吸纳到各级政府机构中，参与国家的管理和建设工作。这些儒学化的官吏在政治实践中，往往能自觉实践儒家重视社会教育的理念，积极开展社会教育，从而在一定程度上推动了社会教育的发展。

2.地方政府开展的社会教育

除了中央政府重视，汉代的地方官员也积极投身于教化民众的活动。这些热心教化工作的官吏被称为循吏："循吏首先是'吏'，自然也和一般的吏一样，必须尊奉汉廷的法令以保证地方行政的正常运作。

① [东汉] 班固.汉书[M].北京：中华书局，1962:3238.

② [东汉] 班固.汉书[M].北京：中华书局，1962:2914.

③ 范学辉.论儒学对秦汉地方行政的影响[J].江海学刊，1997（2）.

④ [东汉] 王充.论衡[M].上海：上海人民出版社，1974:191-192.

⑤ [宋] 刘敞.送焦千之序[M] //王云五.丛书集成初编.北京：中华书局，1985.

但是循吏的最大特色则在于其同时又扮演着大传统‘师’的角色。”①对民众进行社会教化已成为西汉中期后儒学化官吏行政的一大特色。

“汉代在儒家伦理思想的指导下，不少官员甚至自觉承担了对所辖区域的民众的道德教化义务，他们或者利用政府的行政资源在所辖区域推行儒家或皇家所主张的道德规范，或者利用个人的道德魅力以感化的方式对民众进行道德教化，从而为稳定当时的社会秩序作出了特有的贡献。”②桓帝就曾下诏：“孝廉、廉吏皆当典城牧民，禁奸举善，兴化之本，恒必由之。”③如黄霸宣帝时任颍川太守，积极宣传朝廷的政策，通过道德教育来引导百姓形成相互礼让、彼此互助的风气，使其得以安居乐业。黄霸还根据实际情况制定教条，设置基层组织，让基层官吏率先垂范，起带头作用：“然后为教条，置父老师帅伍长，班行之于民间，劝以为善防奸之意，及务耕桑，节用殖财，种树畜养，去食谷马。”起到了很好的效果，“米盐靡密，初若烦碎，然黄霸精力能推行之……奸人去入它郡，盗贼日少。”④宣帝为此特下诏书予以褒扬。光武帝时刘平为全椒长，“政有恩惠，百姓怀感，人或增货就赋，或减年从役。刺史、太守行部，狱无系囚，人自以得所，不知所问，唯班诏书而去。”⑤刘平对百姓有恩惠，百姓为了表达感激之情，有的多缴纳赋税，有的早早参加劳役。由于社会秩序较好，监狱里几乎没有囚犯，人们都认为自己生活得很好。章帝时秦彭任山阳太守，积极在辖区内建立学校，“每春秋飨射辄修升降揖让之仪。乃为人设四诫，以定六亲长幼之礼。”凡是遵从教化的人，就“擢为乡三老”，每年八月份给他们送酒肉以示勉励。手下官吏犯了错误，只是把其免职，从不加以羞辱。因

① 余英时.士与中国文化[M].上海：上海人民出版社，2003:139.

② 高恒天.中华民族道德生活史（秦汉卷）[M].上海：东方出版中心，2014:175.

③ [南朝宋] 范晔.后汉书[M].北京：中华书局，1965:288.

④ [东汉] 班固.汉书[M].北京：中华书局，1962:3629–3630.

⑤ [南朝宋] 范晔.后汉书[M].北京：中华书局，1965:1296.

此，“百姓怀爱，莫有欺犯。”[①] 秦彭借助春秋礼仪活动的举行，使民众对日常生活中的基本礼仪有一定了解，同时选择道德优异者担任三老，让他们负责对民众的教化引导，逐步形成了良好的社会风气。和帝时汝郁任鲁相，“以德教化，百姓称之，流人归者八千户。”[②]汝郁以道德教化民众，获得了百姓认可，致使大量外迁的百姓回流。灵帝时刘虞初举孝廉，不久获任幽州刺史，“民夷感其德化，自鲜卑、乌桓、夫余、秽貊之辈，皆随时朝贡，无敢扰边者，百姓歌悦之。”[③]刘虞以道德教化民众，百姓被他的仁德所感动，少数民族部族都按时朝贡，不敢骚扰边境，受到百姓赞颂。地方官吏还注重表彰、举荐辖区内孝行突出者，以此激励人们养成孝亲的良好品质。蔡顺因为“至孝”名声很大，太守韩崇“召为东阁祭酒”，后任太守鲍众又举其为孝廉[④]。江革因为孝行突出，临淄令杨音特别看重，“显异巨孝于稠人广众中，亲奉钱以助供养也。”[⑤]陈纪对父母非常孝顺，父亲去世后，每当思念起父亲常口吐鲜血，服丧期结束了，但他身体消瘦，已危及生命。豫州刺史对陈纪的行为非常赞赏，因此，“表上尚书，图象百城，以厉风俗。”[⑥]豫州刺史把陈纪的孝行上报朝廷，经批准后，在所辖的郡县“图象百城”，广泛宣传。

由于两汉地方官吏多注重社会教化，因而史家在评价其政绩时多从教化角度作扼要的褒贬。如“洛阳令王涣‘政化怀物’，汉阳守种暠‘化行羌胡’，刘宠拜会稽守，‘郡中大化’，玄贺为九江、沛二郡守，‘所在化行’，鲁相钟离意‘以爱利为化’，南阳守王畅‘更崇宽

① [南朝宋] 范晔.后汉书[M].北京：中华书局，1965:2467.

② [南朝宋] 范晔.后汉书[M].北京：中华书局，1965:1240.

③ [南朝宋] 范晔.后汉书[M].北京：中华书局，1965:2353.

④ [南朝宋] 范晔.后汉书[M].北京：中华书局，1965:1312.

⑤ [南朝宋] 范晔.后汉书[M].北京：中华书局，1965:1302.

⑥ [南朝宋] 范晔.后汉书[M].北京：中华书局，1965:2067–2068.

政，慎刑简罚，教化遂行’，巴郡太守张翕‘政化清平，得夷人和’等”[①]。这些评价在一定程度上反映了其时地方官在推动社会教化中所发挥的积极作用。

（二）民间力量开展的社会教育

在汉代，官方是社会教育工作的主体，无论中央政府还是地方官员，都起着主导作用。但是民间的一些力量，也以自身方式进行着社会教育活动，成了官方社会教育的重要补充。

1. 游侠的社会教育行为

汉代尤其是西汉时期存在着游侠群体，他们“其言必信，其行必果，已诺必诚，不爱其躯，赴士之厄困，既已有亡死生矣，而不矜其能，羞伐其德，盖亦有足多者”[②]。就是重视承诺，不重生死，扶危济困而不留名声。他们以这样的价值准则规范自己的言行，教化百姓，对民间社会秩序的稳定起到了一定作用。

一是讲究信用，追求公平正义。游侠历来重视信用，民间有“得黄金百，不如得季布一诺”[③]的说法，可以证之。季布为躲避朝廷的追捕而逃亡，藏在濮阳周家，周家的主人对他说，追捕的人已经快到我家了，将军如果能听我的话，我就给你出主意；如果不听，我就自杀。周家的主人想用自杀的方法来证明对信用的坚守，绝不泄露季布的行踪。郭解的名声很大，他的外甥与人饮酒，仗势强灌人家，致使对方发怒，拔出刀把他杀死后逃走。郭解的姐姐非常生气，认为凭郭解的能力，不至于外甥被人杀了却捉不到凶手，于是把儿子尸体扔在街上，不加安葬，以此来羞辱郭解。郭解派人四处寻找凶手，凶手见行踪暴露了，就主动前往郭解家，把事情原委一一道出。郭解说：“公杀之当，吾儿不

---

① 雷戈.西汉郡守的教化职能——秦汉意识形态建制研究之一[J].史学月刊，2009（2）.

② [西汉] 司马迁.史记[M].北京：中华书局，1982:3181.

③ [西汉] 司马迁.史记[M].北京：中华书局，1982:2731.

直。”随后将凶手释放，把外甥埋葬了。“诸公闻之，皆多解之义，益附焉。”[1]从这件涉及家族成员的事件上，可以看出郭解处理事情的公平正义，人们对郭解更敬佩了。

二是扶危济困，乐于替人排忧解难。朱家积极扶危济困，“专趋人之急，甚己之私”，见义勇为，不顾自身安危，保全了数百豪士的生命。朱家自身的生活却极其俭朴：“家无余财，衣不完采，食不重味，乘不过軥牛。”[2]原涉虽然生活不宽裕，“妻子内困”，但“专以赈施贫穷赴人之急为务”。[3]有一次，有人请原涉去喝酒，他刚走到门里，有人告诉他，这里有一户人家母亲身患重病，原涉立即登门问候。结果看到此人母亲已死，家中一无所有，无力办丧事。原涉马上四处奔波，筹集丧葬费用，不到一天工夫，就把寿衣、被褥、棺木和随葬品送到丧者家中。乐于帮助别人解决问题却不图回报，是游侠群体的共同特征。季布楚汉相争时是项羽手下大将，曾多次围困刘邦。西汉建立后，刘邦向全国发布通告，悬重金捉拿季布，若有藏匿者灭其三族。为了躲避追捕，季布把自己作为奴仆卖身于豪侠朱家。朱家知道他是季布后，前往洛阳拜见汝阴侯夏侯婴，向他陈述季布当时那样做是职责所在，是忠贞的表现。夏侯婴转奏刘邦，刘邦最终收回成命，任命季布为郎中将。为了感谢朱家的救命之恩，季布一直想见朱家，但朱家“终身不见也”。这件事影响很大，“自关以东，莫不延颈原交焉”[4]，人们都希望能和朱家结交。郭解同样有“既已振人之命，不矜其功”的品格。当时洛阳的两大豪族结了仇，当地的贤豪长者调解多次无效，只好派人请郭解来调解。郭解到洛阳后，把双方召集在一起面谈，两家碍于郭解的面子接受了调停，完事后郭解“乃夜去，不使人知”。临行前他告知双方，这

---

① [西汉] 司马迁.史记[M].北京：中华书局，1982:3185–3186.

② [西汉] 司马迁.史记[M].北京：中华书局，1982:3184.

③ [东汉] 班固.汉书[M].北京：中华书局，1962:3716.

④ [西汉] 司马迁.史记[M].北京：中华书局，1982:3184.

件事之所以能圆满解决，是你们双方给我面子，而当地贤豪长者也是功不可没的。希望自己走后，“令洛阳豪居其间，乃听之”[①]，再请洛阳诸公来调停，那时再听，将此功劳归于他们。

三是能够以德报怨。郭解名声很大，人们见了他都很尊敬。有一天郭解外出，发现有一人蹲在地上双眼直视着他。郭解的门客认为这个人太不礼貌，想把其杀了。郭解不同意，说：“居邑屋不见敬，是吾德不修也，彼何罪也！”郭解从自己身上找原因，认为是自己道德修养不到位所致，这种反求诸己的做法是儒家所极力提倡的。郭解随后派人了解情况，得知其生活困难，便想办法帮他减除劳役。“少年闻之，愈益慕解之行”[②]，很多少年侠士对他非常仰慕。

汉代的游侠以讲究信用、扶危济困、以德报怨等精神规范自己的行为，以实际行动教化他人，在社会上得到了高度认可，如朱家“自关以东，莫不延颈原交”；郭解“天下无贤与不肖，知与不知，皆慕其声，言侠者皆引以为名”[③]。他们的行为在一定程度上弥补了政府对基层社会控制的不足。

2. 隐士开展的社会教育

汉代社会中存在着这样一个群体，他们有一定的文化知识，有较好的道德修养，虽然有条件步入仕途，但由于诸种原因而远离政治权力之外，他们中的大多数人隐居在乡里或市集，这些人被称为“隐士”。尤其是两汉后期，由于政治统治的黑暗，选择隐居的士人较多。作为知识阶层中与底层社会最接近的群体，他们凭借着自身的文化素养和道德修养，用各种方式对乡里民众予以教化。

直接对民众进行教化。隐士有广博的学识，自觉地承担起教化一

① [西汉] 司马迁.史记[M].北京：中华书局，1982:3187.

② [西汉] 司马迁.史记[M].北京：中华书局，1982:3186.

③ [西汉] 司马迁.史记[M].北京：中华书局，1982:3189.

方的责任。如西汉晚期的成都人严君平，不喜欢从政，为了谋生，在闹市中给人占卜，借机教化民众："与人子卜，教以孝；与人弟卜，教以悌；与人臣卜，教以忠。"[①]严遵利用百姓对占卜深信不疑的心理，用孝、悌、忠来教育不同身份的人，劝人行善，取得了较好的教化效果，"从吾言者，已过半矣"[②]，占卜之人有一多半遵从其教化。东汉晚期的济阴成武人孙期，年少时就专门学习《京氏易》和《古文尚书》，研究很深。由于家庭比较贫困，就在大泽中为人养猪来获取生活资料，对母亲也极为孝顺。"远人从其学者，皆执经垄畔以追之，里落化其仁让。"[③]孙期凭令人仰慕的学识和孝顺的名声教化乡里，形成了仁让之风。他的教化行为甚至影响了农民起义军，黄巾军路过孙期家乡时，大家相约不得侵犯孙先生的家舍。

通过调解乡里矛盾来教化百姓。不少隐士无论学识还是道德上均有较高的声望，乡里民众发生争执时，他们往往充当调解人的角色。如司马均（字少宾）安于贫困，非常好学，隐居后招收学生授学，对政府发出的仕进邀请一概拒绝。"信诚行乎州里，乡人有所计争，辄令祝少宾，不直者终无敢言。"[④]乡里人有纠纷都找司马均调解，他处理公正，双方均无怨言。高凤以种田为业，有一天妻子下田，因为庭院里晒了麦子，就嘱咐高凤看护好鸡，防止鸡吃了麦子。天突然下起大雨，高凤拿着竹竿诵读经书，完全没发现麦子被冲走。由于勤奋苦读，他最终成了著名的儒家学者。高凤对做官没有兴趣，隐居西唐山中教授生徒。有一次，邻里为了争夺财产，拿着武器发生冲突，高凤得知后前去调解，双方不听，于是他脱下帽子叩头说："仁义逊让，奈何弃

---

① 常璩著，任乃强校注.华阳国志校补图注[M].上海：上海古籍出版社，1987:532.

② [东汉] 班固.汉书[M].北京：中华书局，1962:3056.

③ [南朝宋] 范晔.后汉书[M].北京：中华书局，1965:2554.

④ [南朝宋] 范晔.后汉书[M].北京：中华书局，1965:1240.

之！”“于是争者怀感，投兵谢罪。”[①]司马均和高凤都是远离仕途的隐士，学问渊博且以教授为业，在乡里有着较高威信，因而能在民间纠纷中充当调停人，且取得了较好效果。可以说，在某种程度上隐士起到了维系一方稳定的作用。

通过道德感化来影响基层民风。隐士在民间隐居时，多能坚持道德操守，以自身的道德表率作用潜移默化地熏陶民众。如沛郡人桓末年晔十分注意修养志节，后来隐遁交趾，坚守志节，最终“越人化其节，至闾里不争讼”[②]；周燮幼时即知谦让，十岁起学习儒家经典，精通《诗经》《论语》《礼记》《易经》。他追求清净的生活，不说不合乎法纪的话，父子、兄弟及家人“相待如宾，乡曲不善者皆从其教”[③]；冯良“志行高整，非礼不动，遇妻子如君臣，乡党以为仪表”[④]。周燮和冯良都能用儒家礼仪严格要求自己，从而成为乡人学习的榜样。东汉的田畴为躲避动乱，率领族人隐居山中，“清静隐约，耕而后食，人民化从，咸共资奉。”[⑤]借严于律己的威望使人们得到了教化。

汉代的不少隐士，利用他们的知识和道德修养，在对基层民众的教化中扮演了重要角色。他们有的直接开展社会教化，有的则通过自己的道德、言行感化百姓，从而成为官方社会教化之外的重要补充，为纯化乡里民风、维护基层社会稳定，起到了不容忽视的作用。

总之，汉代社会教育的形式是多样的，既有中央政府和地方官员所开展的多种形式的社会教育，也有民间社会群体或个人践行的社会教育，官方与民间的教化共同构建起了汉代多元的社会教育模式。

---

① [南朝宋] 范晔.后汉书[M].北京：中华书局，1965:2769.

② [南朝宋] 范晔.后汉书[M].北京：中华书局，1965:1260.

③ [南朝宋] 范晔.后汉书[M].北京：中华书局，1965:1742.

④ [南朝宋] 范晔.后汉书[M].北京：中华书局，1965:1743.

⑤ [晋] 陈寿.三国志[M].北京：中华书局，1982:343.

四、社会教育与学校教育、家庭教育的相辅相成

汉代的学校教育、家庭教育和社会教育虽然在教育对象、形式等方面存在差异，但在对受教育者以儒家伦理道德为主要内容的教化上，三者是一致的，从这一意义上说，学校教育、家庭教育和社会教育是相辅相成、互为补充的。

（一）学校教育

学校教育，是指“在学校中实施的教育。特点是：有固定的场所，专门的教师和一定数量的学生，有一定的培养目标、管理制度和规定的教学内容”[①]。汉代的学校教育包括官方教育和民间教育两部分。

官方教育，是指由中央政府和地方政府兴办的教育事业。中央政府设立的官学，主要是太学。元光元年（前134年），董仲舒提出了设立太学以培养人才、推广教化的主张：“养士之大者，莫大乎太学；太学者，贤士之所关也，教化之本原也。”[②]董仲舒的建议直接促成了汉代中央最高学府的建立，并且从创立伊始就具有教化与培养人才的双重职能。武帝在要求太常选拔博士弟子的诏书中，也明确指出这样做的目的是推广教化：“盖闻导民以礼，风之以乐。今礼坏乐崩，朕甚闵焉……其令礼官劝学，讲议洽闻，举遗兴礼，以为天下先。太常其议予博士弟子，崇乡党之化，以厉贤才焉。”[③]于是，丞相公孙弘等人提出了具体的实施方案，得到了武帝的批准。公孙弘等人在议奏中指出：“闻三代之道，乡里有教，夏曰校，殷曰庠，周曰序。其劝善也，显之朝廷；其惩恶也，加之刑罚。故教化之行也，建首善自京师始，由内及外。”[④]兴学的目的有二：一是推广教化，二是培养人才。办学的步骤

---

① 顾明远.教育大辞典（第一卷）[M].上海：上海教育出版社，1990:10.

② [东汉] 班固.汉书[M].北京：中华书局，1962:2512.

③ [东汉] 班固.汉书[M].北京：中华书局，1962:171–172.

④ [东汉] 班固.汉书[M].北京：中华书局，1962:3593–3594.

是由内及外，先在京城建立中央官学，然后逐渐扩散到全国各地。并在招生对象、学生考核及考核合格者如何任用等方面提出了一些措施，这已涵盖了学校制度的基本内容，因此，我们认为，汉武帝为博士配置弟子员标志着我国官办大学的正式建立。随着汉代尊儒措施的不断深化以及发展政治经济的需要，太学的规模呈日渐扩大之势，一个典型的例证就是博士和学生人数的变化。武帝初创太学时，仅有数个五经博士和五十个博士弟子，规模很小，后来学生人数不断增加，昭帝时为一百人，宣帝时为二百人，元帝时为一千人，成帝时为三千人。一百三十年间学生人数增加了六十倍。王莽在平帝时主持政事，为了得到知识分子的支持，他高度重视教育，为博士及弟子员增加了人数，“立乐经，益博士员，经各五人”①，其时“《五经》博士领弟子员三百六十、六经三十博士，弟子万八百人。”②博士有三十人，博士弟子则达到一万多人，万人大学首次出现在中华大地上。

西汉末年爆发的绿林、赤眉起义，将王莽新朝推翻。面对战乱，太学也难免被冲击，师生有的死于战火中，有的则逃离京师。光武帝刘秀对儒家经学十分喜爱，在王莽天凤年间，他曾前往首都长安求学，“受《尚书》，略通大义”，即使在形势险恶的战争年代，他仍然坚持学习，“犹投戈讲艺，息马论道”③。因此，东汉王朝建立伊始，即命令重建太学，“建武五年，乃修起太学”④，恢复了今文十四博士。散处各地的学者纷纷到来，京城再次成为学术文化的中心。对此，《后汉书·儒林传序》记载：“光武中兴，爱好经术，未及下车，而先访儒雅，采求阙文，补缀漏逸。先是四方学士多怀协图书，遁逃林薮。自是莫不抱负坟策，云会京师。……于是立《五经》博士各以家法教授。”

---

① [东汉] 班固.汉书[M].北京：中华书局，1962:4069.

② [宋] 李昉等.太平御览[M].北京：中华书局，1960:2425.

③ [南朝宋] 范晔.后汉书[M].北京：中华书局，1965:1125.

④ [南朝宋] 范晔.后汉书[M].北京：中华书局，1965:2545.

东汉中期后，外戚、宦官走马灯式交替执掌政权，政治越来越腐朽、黑暗，对太学教育冲击不小。据史书记载，安帝时，“博士倚席不讲，朋徒相视怠散，学舍颓敝，鞠为园疏，牧儿荛竖，至于薪刈其下。”①老师不讲课，学生不去学校上课，教室、宿舍破败不堪，校园里杂草丛生，甚至有在其中割草者。其荒凉衰敝之象，不难想见。顺帝采纳翟酺的建议，对太学予以重修、扩建，太学的正常秩序得以恢复。质帝时，梁太后下诏：“大将军下至六百石，悉遣子就学。”②太学生一度增加到三万多人③，这是汉代太学人数的最高纪录。

汉代太学对社会教化的最主要贡献，就在于依靠儒学培养了诸多以教化为职责的官吏。在太学学习的学生通过教师的讲解和自修的方式，钻研儒家学说，使儒家的忠孝节义伦理观念内化于心，出现了一批具有儒家道德风范的人才。政府以考试的形式来选拔人才，并按考试成绩的高低授予相应官职，他们任职后，往往能利用手中的权力对民众开展教化，从而使儒学渗透到全国各地。清代著名考据学家赵翼曾指出：“士之向学者必以京师为归。……经义之专门名家，惟太学为盛，故士无有不游太学者。及东汉中叶以后，学成而归者各教授门徒，每一宿儒，门下著录者至千百人，由是学遍天下。”④太学作为全国教育的中心，在推进社会教化上发挥了重要作用。

地方政府主持的官学，主要是郡县学。通过对现有资料的梳理证实，汉代最早在地方办学者是景帝末年担任蜀郡太守的文翁。蜀郡在今四川省境内，由于交通困难，与内地的联系不多，经济、文化比较落

① [南朝宋] 范晔.后汉书[M].北京：中华书局，1965:2547.

② [南朝宋] 范晔.后汉书[M].北京：中华书局，1965:2547.

③ 东汉后期太学生人数已达三万余人，范晔《后汉书》的《党锢列传》《儒林列传》及袁宏《后汉纪》有明确记载，并为学界所公认。

④ [清] 赵翼.陔余丛考[M].北京：中华书局，1963:295–296.

后。文翁任职后，鉴于“蜀地僻陋有蛮夷风”[①]，就想利用中原的文化来使之改变，于是挑选郡县小吏中比较聪明的张叔等十多人，把他们派到京城，“受业博士，或学律令。”[②]由于当时还没有建立博士弟子制，博士的收徒授业属于私人办学的性质，弟子要向老师交纳学费，最低限度也要遵照传统习惯敬献一定的见面礼，所以文翁缩减政府开支，用省下来的钱，购买了一些本地土特产，通过年终向朝廷汇报工作的“上计吏”带到京城送给博士。文翁这种做法，与后代成人高等委派教育有相似之处。这些委派生学业结束回来后，文翁尽力任用或向上推荐：“以为右职，用次察举，官有至郡守刺史者。”[③]

选派官吏前往京师跟随博士学习，虽然不失为培养人才的有效途径，但受条件所限，无法大量选派。为使人才的培养与社会发展相适应，文翁在郡府所在地建立了以儒家经术为主要学习内容的地方官学，并通过政治、经济利益的刺激来推动教育，使教育水平与官吏选拔、任用结合起来。“修起学官于成都市中”，招收属县的青年为学生，免除他们的徭役。完成学业后，根据其成绩高低安排官职，成绩好的担任郡县吏，差一点的为乡官孝弟力田，并经常选一些学生到官府帮办事务。“每出行县，益从学官诸生明经饬行者与俱，使传教令，出入闺阁。”[④]这一做法，既让学生锻炼了实际的从政能力，又提高了其社会地位，目的是使全社会重视文化教育事业。郡学生的优厚待遇和较高的政治地位，引起了社会各界的关注，轰动效应可谓明显：所属各县的官民都认为非常荣耀，大家都抢着成为官学的学生，“富人至出钱以求之，由是大化，蜀地学于京师者比齐、鲁焉”[⑤]。从“有蛮夷风”到

---

① [东汉] 班固.汉书[M].北京：中华书局，1962:3625.

② [东汉] 班固.汉书[M].北京：中华书局，1962:3625.

③ [东汉] 班固.汉书[M].北京：中华书局，1962:3625.

④ [东汉] 班固.汉书[M].北京：中华书局，1962:3626.

⑤ [东汉] 班固.汉书[M].北京：中华书局，1962:3626.

“争欲为学官弟子” “学于京师者比齐、鲁”，我们看到了蜀地民风的改善，以及文翁办学的成效。

文翁通过办学来培养人才、改善民风的举措为武帝所赞赏：“乃令天下郡国皆立学校官。”[①]这可以说是我国历史上第一次由最高统治者发布的建立地方官学的命令。但这一诏令在多大程度上得到施行，由于史书无相关记载，我们不得知详。实际上，让全国的郡国都建立学校显然是困难的，因为办学离不开必要的人力、物力，而各地经济的发展极不平衡，所以全国各地都建立学校的可能性不大。文翁虽开汉代地方办学之先例，但还属其个人的行为，直到武帝下达诏令后，地方办学才正式被朝廷所认可，并成了地方政务的一项重要内容。

郡国普遍建立学官，是在平帝元始三年（3）。其时执掌朝政的王莽重视文化教育，初步建立了地方学校体系，“郡国曰学，县、道、邑、侯国曰校。校、学置经师一人。乡曰庠，聚曰序。庠、序置《孝经》师一人。”[②]学、校大致属于中等教育，庠、序属于初级教育，彼此之间没有连属关系。但可以肯定的是，当时的学校已有了初步体系，并为后代学校的发展奠定了基础。总体上来说，兴办地方官学需要多方面条件，如地方有无财政实力、有无必要的师资力量这些客观条件，而从主观来说，主管官员有无积极性是一个重要因素。“在儒家经学地位日益尊显的形势下，兴办学校既符合治国的一贯原则，又可以作为主管官员的政绩而谋求嘉奖升迁，还可以借办学培植个人的政治势力，利益甚多”[③]，所以热心办学的地方官不在少数。到东汉初年，地方学校已逐渐普及，不仅内地有诸多学校，就连边远地区如威武、桂阳等地也有学校出现。

---

① [东汉] 班固.汉书[M].北京：中华书局，1962:3626.

② [东汉] 班固.汉书[M].北京：中华书局，1962:355.

③ 余启定.先秦两汉儒家教育[M].济南：齐鲁书社，1987:150.

汉代在乡里设置庠、序，配备《孝经》师一人，主要是宣讲《孝经》，进行封建伦理道德教育，面向社会推广儒家礼仪制度。地方郡国学校除对经学教育、为地方政府培养人才外，“主要任务在于奖进礼乐，推广教化。”①有的地方官学则直接从事推广礼教、移风易俗的活动。如韩延寿任颍川太守，“修治学官，春秋乡射，陈钟鼓管弦，盛升降揖让。”②任延为威武太守，“造立学官，自掾史子孙，皆令诣学受业，复其徭役。章句既通，悉显拔荣进之。”③地方官学的兴办，对扩大民众接受教化的范围、推动社会教育工作的开展起到了积极作用。

民间教育，指民间力量主持、自筹经费的教学活动，即私学。从西汉初年开始，政府取缔了秦朝的挟书禁令，对文化教育采取了宽松政策，私学教育得以在各地迅速恢复和发展起来，涌现了一大批著名的私家经学大师，如田何、伏生、申公、董仲舒等。武帝建立博士弟子员制度后，在国家重视文化教育政策的影响下，私学更加繁荣。对此，班固于《汉书·儒林传赞》中描述：“自武帝立《五经》博士，开弟子员，设科射策，劝以官禄，迄于元始，百有余年。传业者浸盛，支叶蕃滋，一经说至百余万言，大师众至千余人。”光武帝建立东汉王朝后，对教育事业高度重视，私学的规模日渐庞大。范晔就曾指出：“其服儒衣，称先王，游庠序，聚横塾者，盖布之于邦域矣。若乃经生所处，不远万里之路，精庐暂建，赢粮动有千百。其耆名高义开门受徒者，编牒不下万人。”④西汉时开办私学者，门下学生已有上百至千人。比如赣遂，“教授数百人”⑤。申公居家教授，“弟子自远方至受业者千余人”⑥。

① 毛礼锐，邵鹤亭，瞿菊农.中国古代教育史[M].北京：人民教育出版社，1979:189.

② [东汉]班固.汉书[M].北京：中华书局，1962:3211.

③ [南朝宋]范晔.后汉书[M].北京：中华书局，1965:2463.

④ [南朝宋]范晔.后汉书[M].北京：中华书局，1965:2588.

⑤ [东汉]班固.汉书[M].北京：中华书局，1962:3400.

⑥ [东汉]班固.汉书[M].北京：中华书局，1962:3608.

东汉时出现了诸多私学名师，学生不远万里慕名求教，其门下学生常达数千人，如宋登教授的弟子有数千人，在姜肱门下学者三千人，曹曾的门徒有三千人。甚至出现了门下登记注册达万人的大师，如蔡玄精通五经，“门徒常千人，其著录者万六千人。”[①]牟长熟悉欧阳《尚书》，“诸生讲学者常有千余人，著录前后万人。”[②]

汉代的私学除了程度较高的高等教育外，还包括对儿童开展的启蒙教育，主要是对学生读、说、写基本能力的训练，以及教导他们立身处世、做人的道理。儿童读完字书后，一般还要学习《孝经》《论语》等书，这是进一步深化伦理道德教育的需要，突出了儒家孝悌和伦理之本的思想。

汉代私学在教育内容上以儒家经学为主，私学教师除向学生传授文化知识外，还以其高尚的道德修养开展伦理道德教育，如刘昆在王莽治时，开办私学，门下学生有五百多人。“每春秋飨射，常备列典仪，以素木瓠叶为俎豆，桑弧蒿矢，以射菟首。每有行礼，县宰辄率吏属而观之。”[③]让学生演习礼仪，不仅使他们受到了伦理道德教育，而且对观看者产生了一定影响，从而有利于礼乐教化的推广。从本质上讲，私学也是巩固封建政治、经济的重要力量，其培养目标无非是忠臣顺民。正因为如此，汉代统治者从“建国君民，教学为先”的原则出发，积极鼓励私学发展。由于私学种类多、数量大，所以能弥补官学之不足，更大限度地满足民间教育的需要，使教育泽及闾里，提高全社会的知识水准；而民办教育的稳定性，也为传播和保存古代文化学术、扩大教化起了关键作用。官学与私学相结合，不仅扩大了儒家伦理道德的影响，同时也有利于社会的稳定。

---

① [南朝宋] 范晔.后汉书[M].北京：中华书局，1965:2588.

② [南朝宋] 范晔.后汉书[M].北京：中华书局，1965:2557.

③ [南朝宋] 范晔.后汉书[M].北京：中华书局，1965:2550.

（二）家庭教育

家庭教育是指家里长者（主要是父母）对儿女辈实施的教育，是道德教化的一种重要方式。家庭是社会基本的组织和生产单位，是个体最早接受道德教化的场所。有学者曾指出，古代中国“社会单元是家庭而不是个人，家庭才是当地政治生活负责的部分。在家庭生活中灌输的孝道和服从，是培养一个人以厚忠于统治者并服从国家政权的训练基地”[①]。每个家庭教育的内容各有不同：有的家庭主要是传授谋生技能，有的专门讲授文化知识，有的则侧重训诫处世哲学，但伦理道德教诲则是必不可少的，其侧重于儒家忠孝、仁爱、廉洁、节俭等伦理规范。如何武任扬州刺史时，有人通过何武之弟向何武求情，让何武提拔自己的侄子，何武告诫其弟说：“刺史古之方伯，上所委任，一州表率也，职在进善退恶。吏治行有茂异，民有隐逸，乃当召见，不可有所私问。”[②]作为主管一方的官员，进贤才而退庸人是重要职责，决不能因私人关系加以任用。陈寔曾在太学读书，党锢之祸发生后，而被牵连地遭到囚禁。党锢解禁后，他归家闭门不仕。有一年，他的家乡发生灾荒，人们的生活陷入困境。一个小偷夜里潜入陈家，藏在梁上伺机作案。不料被陈寔发觉了，他将儿孙都叫来，严肃地说：“夫人不可不自勉。不善之人未必本恶，习以性成，遂至于此。梁上君子者是矣！”小偷见行踪已暴露，忙从梁上下来伏地叩头谢罪。陈寔对其进行了一番教育：“视君状貌，不似恶人，宜深克己反善。然此当由贫困。”[③]叫人拿来二匹绢给他。陈寔利用“梁上君子”之事进行现场教育，既勉励子孙要努力做善事、成为善人，又使小偷接受了教育，可谓一举两得。少府欧阳地余病重时告诫儿子要保持廉洁的品格：“我死，官属即送汝财

① 费正清.美国与中国[M].北京：商务印书馆，1987:17.

② [东汉] 班固.汉书[M].北京：中华书局，1962:3484.

③ [南朝宋] 范晔.后汉书[M].北京：中华书局，1965:2067.

物，慎毋受。汝九卿儒者子孙，以廉洁著，可以自成。”[1]欧阳地余去世后，他的儿子遵从遗训，谢绝了官员们送的钱财。正是家庭教育使儒家的伦理道德思想得以普及，使人们自觉将其作为行事准则，这对促进社会风气的儒化、维护社会的稳定无疑具有重要作用。

汉代的学校教育、家庭教育与社会教育属不同的教育类型，它们在教育的对象、场所、内容、目的等方面存在着差异。有条件进入学校的人们接受学校教育，其教育的主体是教师，客体是学生，具有很强的计划性、组织性，其教育的内容主要是儒家经典，教育的目的是为国家培养人才。家庭教育是人们在家庭中接受的教育，教育的主体是家中的长辈，客体是家中的晚辈，其教育内容主要是生产、生活知识和经验的传授，目的是使家庭成员具备谋生的手段。社会教育是人们在学校和家庭之外接受的教育，其教育的主体具有多样性，包括最高统治者、各级官吏及有一定文化知识且道德修养值得称道的人等，教育的客体涉及全体社会成员，内容较为广泛，包括伦理道德、社会生产知识、社会风俗和宗教等，目的是使全体社会成员接受国家的核心价值观，成为合格的国民。但三者并非绝对独立，而是相辅相成、互为补充的，共同构成了一个教化网络，把广大民众纳入网络中，使他们受到伦理道德的教化，这对缓和社会矛盾、稳定社会秩序显然有着积极作用。

本章小结

汉代社会教育在其发展过程中逐步形成了一些独到特色，主要体现在四个方面。

一是从教育对象上来看，汉代社会教育的对象不只局限在社会上某个特殊群体，而是面向社会全体成员，上至皇帝、各级官吏，下到普通

---

① [东汉] 班固.汉书[M].北京：中华书局，1962:3603.

百姓，都有接受社会教育的义务，社会教育的对象具有普遍性特征。

二是从教育内容上来看，汉代社会教育的内容并非只限制在某一方面，而是丰富多彩的，包括伦理道德教育、廉洁奉公教育、生产劳动教育、社会风俗教育等诸多方面。伦理道德教育是汉代社会教育的主要内容，核心内容是三纲五常教育，尤以忠孝教育为重。廉洁奉公教育主要是针对官吏开展的教育。廉洁就是要求官吏具有清廉的品格，面对物质的诱惑能坚守道德底线，不行贪污受贿之事，以廉洁取信于民众，从而树立起执政权威。奉公就是要求官吏在行政时能坚守公平、公正的原则，最大限度地减少私情的影响，秉公执法，以此来赢得民众的支持。农业生产的发展状况直接关系到国家的治乱安危，汉代统治者对此有清醒认识，因此很注重农业生产劳动教育。农业生产劳动教育的广泛开展，有力推动了汉代社会经济的发展，从而为汉代社会的持续发展和强盛局面的出现，奠定了物质基础。汉代的统治者也认识到风俗与国家社会的兴衰治乱有着密切关系，因此也重视对百姓进行社会风俗的教育，教育内容涉及婚丧嫁娶、农业生产、节日等诸多方面。内容丰富的社会风俗教育活动的开展，有利于民众对国家主流文化的认同，有利于民族凝聚力的形成，从而对维护国家的统一起到了积极作用。

三是汉代社会教育的形式多种多样，不拘一格，既有官方开展的社会教育，包括中央政府和地方政府的社会教育，也有民间力量主导的社会教育。中央政府通过设立教化官职，大力表彰三老、孝悌和力田，提倡尊老养老，统治者的示范教育，发布诏书、宣传社会教化，皇帝巡行或派遣使者巡行天下，建立以儒家伦理道德为主要选拔标准的选官制度等途径来进行社会教育；地方官吏有的利用所掌握的行政资源直接对辖区百姓进行道德教化，有的则是依靠个人的道德魅力去感化民众，从而达到道德教化之目的。汉代社会教育工作的主体毫无疑问是官方，无论是中央政府还是地方官员，在社会教育中都起着主导作用。但是我们也不能忽视民间的一些力量在社会教育工作中的作用。这些民间力量发挥自身的特长与优势，用独特的方式从事着社会教育活动，从而在一定程度上弥补了官方社会教育之不足。

四是社会教育与学校教育、家庭教育相辅相成，在对民众进行道德教化上各自发挥作用。由于最高统治者的大力提倡，汉代不少儒学化的官吏在条件允许的情况下，积极创办学校，开展教育活动。一些民间知识分子，或为了谋生，或为了获得名声以便为步入仕途创造条件，也积极收徒讲学，这就使汉代的学校数量呈逐步增长的趋势。汉代能够进入学校接受教育的人，虽然在人口中所占的比例不太高，但也有相当数量。学生们在学校中除了学习文化知识，特别是儒家经典外，还要接受伦理道德教育。他们中的一些人在步入仕途后，能够自觉承担起民众的教化职责。在家庭教育中，长辈除了向晚辈传授生产、生活的经验外，对其进行为人处世的伦理道德教育则是必不可少的内容。一个人不可能总是局限在学校或家庭中，人们总要走向社会，进入公共领域，这就不可避免地要接受社会教育。汉代的社会教育虽然内容丰富，但儒家伦理道德教育则是核心内容。这样一来，社会教育与学校教育、家庭教育相互配合，组成了一个教化网络，从而使儒家的伦理道德深入人心，时刻规范着人们的思想和行为，这显然是有利于统治的巩固和社会的稳定的。

第六章 汉代社会教育的作用

社会教育作为教育系统的重要组成部分，对社会的发展与进步所起的积极作用是不容置疑的。汉代的社会教育也不例外，其在维护社会的稳定、改善社会风俗等方面发挥了积极作用。

一、维护了社会的稳定

每个时代的统治者，要想维护其统治，就必须确立与其统治相适应的统治思想，以此来作为指导社会政治和社会生活等各方面的准则。汉代自然也不例外。

汉初社会残破不堪，急需休养生息，这一客观现实，使统治者不得不选择黄老无为而治的治国思想。然而，到西汉中期，随着时代的发展，这种黄老思想已不再能满足社会需要，在这种情况下，由董仲舒加以改造的儒家思想代之而起。这套与原始儒学已有很大不同的新儒家思想体系，适应了当时统治者的要求，因而被确立为正统的统治思想。董仲舒这套理论的中心内容有三：第一，适应加强中央集权的需要，宣传“大一统”的思想：“《春秋》大一统者，天地之常经，古今之通义也。”[①]把“大一统”宣传成放之四海而皆准的真理，为汉代统一封建国家提供理论依据。第二，建构君权神授的理论，极力维护皇帝的绝对权威。董仲舒认为天是自然界和人类社会的创造者、最高主宰，

① [东汉] 班固.汉书[M].北京：中华书局，1962:2523.

人世间的一切都是天有意识的安排，因此“天意”不可违背。皇帝是天的儿子，是天派下来统治万民的，是“天意”唯一合法的执行人。他说：“受命之君，天意之所予也”[①]，“王承天意，以成民之性为任者也。”[②]因此他主张“以人随君”“屈民伸君”[③]，即臣民都要无条件地服从君主的统治，这就为君权和封建中央集权制披上了神圣的光环，不可动摇。第三，对以“三纲五常”为核心的封建伦理道德进行深入阐释，并把其与上天相联系，使君权、父权、夫权与神权紧密地结合在一起，其目的就是从理论上证明专制君主的绝对权威和封建宗法的统治秩序。

确立统治思想仅仅是第一步，更重要的工作是怎样使其广泛传播，被广大臣民所认可，从而有效发挥其社会功能，使他们能自觉地按封建纲常伦理的要求约束、规范自己的言行，知父子之道、长幼之序，明君臣之义、上下之位，以便实现维护巩固封建统治的目的。汉代的统治者已经认识到了教育的重要性，并把教育作为传播、加强儒家思想统治的有力手段和工具。他们不仅重视官学的兴办，而且大力鼓励民间力量发展私学，力图使学校成为传播儒家经典和进行封建伦理道德教育的重要场所；同时，还致力于开展广泛的社会教育，通过设置专门掌管教化的三老，旌表忠孝、贞节，倡导养老，遣使巡行等诸多途径向全体社会成员灌输封建伦理纲常。汉代的社会教育对儒学的传播和普及发挥了重要作用。在统治者的提倡下，随着社会教育的普及，儒学的基本社会规范和行为准则为全体社会成员认同和接受，成为他们的内在信仰和人生目标；注重礼仪，对孝悌的追求成为人们普遍认可的一种社会风尚，这从察举制的变迁中可以证实。武帝元朔元年（前128年），诏举孝廉，结

---

① [西汉] 董仲舒撰，张世亮等译注.春秋繁露[M].北京：中华书局，2012:368.

② [西汉] 董仲舒撰，张世亮等译注.春秋繁露[M].北京：中华书局，2012:381.

③ [西汉] 董仲舒撰，张世亮等译注.春秋繁露[M].北京：中华书局，2012:30.

果是“或至阖郡而不荐一人”[1]，说明在西汉前期，儒家学说还未被广大社会成员认同，因而缺乏符合条件的人。但从西汉后期开始，情况发生了极大改变，这从章帝建初元年（76年）的诏书中可以窥知一二：“夫乡举里选，必累功荣。今刺史、守相不明真伪，茂才、孝廉岁以百数。”[2]从“不荐一人”到“岁以百数”，反映了社会风尚在儒学教育影响下发生的根本变化。

“忠”的观念也逐渐成为民众政治意识的重要内容，被确定为公共的道德定式。这可从汉代人名取用“忠”字者极多的现象中窥见端倪。汉代人名使用“忠”字，自武帝时代逐渐增多，如《汉书》中有董忠、孔忠、郑忠、李忠、杨忠、杜忠等，《后汉书》中用“忠”字的人名计26例，如王忠、宋忠、韩忠、黄忠等。在居延汉简、敦煌汉简中，“忠”是使用频率最高的人名用字，充分说明了当时“忠”观念的普及[3]。

统治思想的广泛传播，有助于封建统治的维护和巩固。两汉王朝能延续四百年之久，尤其是东汉乱而不亡，可以说与长期的社会教育有着极大关系。对此，著名史学家范晔在《儒林列传》中有言：“自桓、灵之间，君道秕僻，朝纲日陵，国隙屡启，自中智以下，靡不审其崩离；而权强之臣，息其窥盗之谋，豪俊之夫，屈于鄙生之议者，人诵先王言也，下畏逆顺势也。至如张温、皇甫嵩之徒，功定天下之半，声驰四海之表，俯仰顾眄，则天业可移，犹鞠躬于昏主之下，狼狈折札之命，散成兵，就绳约，而无悔心。暨乎剥桡自极，人神数尽，然后群英乘其远，世德终其祚。迹衰敝之所由致，而能多历年所者，斯岂非学之效乎？”这一评论是较为中肯的。

① [东汉] 班固.汉书[M].北京：中华书局，1962:166.

② [南朝宋] 范晔.后汉书[M].北京：中华书局，1965:133.

③ 王子今.“忠”观念研究[M].长春：吉林教育出版社，1999:163–179.

东汉王朝到灵帝末年实已面临崩溃边缘，当时政局混乱，统治阶级内部争权夺利激烈，阶级矛盾日益尖锐，终于爆发了大规模的农民起义。皇甫嵩作为将军因镇压黄巾起义有功，而“威震天下”[①]。当时阎忠劝他“推亡汉已坠”“南面称制”，但皇甫嵩认为：“人未忘主，天不祐逆。若虚造不冀之功，以速朝夕之祸，孰与委忠本朝，守其臣节。虽云多谗，不过放废，犹有令名，死且不朽。反常之论，所不敢闻。”[②]可见儒家忠君教育对其影响之深。189年，出生于陇西边陲、受儒家思想影响较浅的董卓率兵进入洛阳，一度想取刘氏而代之，但由于朝中官僚的强烈反对，不得不立献帝为傀儡。虽然董卓权高位重，但最后还是被忠于汉室的官僚、士人联合起来除掉了。司马光曾指出，东汉末年群雄割据，天下大乱，“然州郡拥兵专地者，虽互相吞噬，犹未尝不以尊汉为辞。”[③]这说明在长期儒家教育的熏陶下，儒家的思想、道德规范已在人们心目中根深蒂固，这就使极度虚弱的东汉王朝仍具有一定政治凝聚力，能在政治的风浪中苟延残喘。

最突出的例子是曹操，如果说赤壁之战前曹操保存汉献帝这块招牌，是为了利用人们的“正统”思想，以降服群雄，扩充实力，最后一统天下的话，那么赤壁之战后，三国鼎立的局面形成，任何一方想统一天下，绝非短期之事，因此汉献帝已失去了利用价值，但曹操至死也没有废掉汉献帝。曹操作为一个豪强军阀并不是没有当皇帝的念头，其由“魏公”而“魏王”，就露出了这种端倪。当时也不乏竭力劝曹操称帝之人，但更招致一些儒生官吏的强烈反对。同时，曹操从小受儒家思想的教育，儒家的忠君思想和纲常伦理观念给其打上了较深的烙印，他终未迈出取汉帝而代之的一步，始终以东汉皇室的忠臣而自居。建安

① [南朝宋] 范晔.后汉书[M].北京：中华书局，1965:2302.

② [南朝宋] 范晔.后汉书[M].北京：中华书局，1965:2303.

③ [宋] 司马光.资治通鉴[M].北京：中华书局，1956:584.

二十四年，孙权上书向曹操称臣，建议曹操称帝，曹操回答："是儿欲踞我著炉火上邪！"[①]这句话道出了这样一个事实，那就是植根心中的忠君观念在社会上形成的强大舆论声势。社会教育的影响，从这里我们可以窥知一二。正如司马光所言，凭曹操的实力，"其蓄无君之心久矣，乃至没身不敢废汉而自立，岂其志之不欲哉？犹畏名义而自抑也。由是观之，教化安可慢，风俗安可忽哉！"[②]

"谏诤是指在人们的政治生活以及日常生活中，对某一事物的看法因所处的地位、观察角度、认识水平、评价标准等不同而发生歧义，甚至'口角'，下级或晚辈以一定的社会规范、道德或法律制度等对上级或长辈进行说服、劝谏以达成统一认识或双方观点有歧义的情况下，下级或晚辈仅向上级或长辈提出有益的建议和意见。"[③]儒家历来就把谏诤作为人臣的一种职责和义务，孟子曾说："责难于君谓之恭，陈善闭邪谓之敬。"[④]荀子说："君有过谋过事，将危国家、陨社稷之惧也；大臣父兄有能进言于君，用则可，不用则去，谓之谏；有能进言于君，用则可，不用则死，谓之争。"[⑤]《孝经·事君》："君子之事上也，进思尽忠，退思补过，将顺其美，匡救其恶，故上下能亲也。"刘向说："敢犯主之严颜，面言主之过失，不辞其诛，身死国安，不悔所行，如此者直臣也……主所言皆曰善，主所为皆曰可，隐而求主之所好，即进之以快主耳目，偷合苟容，与主为乐，不顾其后害，如此者，谀臣也。"[⑥]君主有过失时，臣下不能恭顺苟且，必须谏诤，这是作为忠臣的基本要求。谏诤是君臣上下之间的互动准则，是实现理想政治的

---

① [晋] 陈寿.三国志[M].北京：中华书局，1982:52.

② [宋] 司马光.资治通鉴[M].北京：中华书局，1956:584.

③ 韦庆远.中国政治制度史[M].北京：中国人民大学出版社，1989:162.

④ 吴根友点注.四书五经[M].北京：中国友谊出版公司，1993:53.

⑤ 吴广义，崔文恒，侯晓菊.荀子评注[M].呼和浩特：远方出版社，2007:282.

⑥ [西汉] 刘向撰，向宗鲁校正.说苑校正[M].北京：中华书局，1987:35.

必由之路。汉王朝建立后，随着儒家教育的广泛开展及官吏群体的儒学化，这种谏诤的风气日渐盛行。汉代的儒家虽然强调君权的至高无上，但他们也不希望看到君主权力的过度膨胀、恣意妄为使统治阶级的长远利益和整体利益受到损害。因此，他们借用上“天”的威力，劝谏皇帝为政不能过分黑暗，否则就会受到上天的惩罚。所谓天地万物，和寻常变化不一样的，叫作怪异，比它小一点的称作灾祸。灾祸经常先发生，随后怪异就来了。灾祸是上天的谴责，怪异是上天的威力和震慑。上天谴责了还不知悔改，那么就用威力震慑来使其畏惧：“凡灾异之本，尽生于国家之失。国家之失乃始萌芽，而天出灾害以谴告之。谴告之而不知变，乃见怪异以惊骇之。惊骇之尚不知畏恐，其殃咎乃至。”[①]汉代儒家把“道”“天”作为最高的信仰，作为绝对效忠的对象，认为人主不过是天帝之子，受命于天，“天子受命于天，天下受命于天子”[②]，天子并非可以为所欲为，其行为要受到“天”的约束和制约，要按“天意”实行统治，即“以君随天”“屈君而伸天”[③]。实际上，所谓的“天”，只不过是封建统治秩序、封建国家整体利益的代名词而已。正因为汉儒把国家整体利益置于君主个人权威和利益之上，把君主看作是替天统治万民的，故他们要求帝王“开道而求谏，和颜色而受之”[④]。作为臣下，在君主有过失时应“以直谏主，不避死亡之诛”，[⑤]只有“明主不恶切谏以博观，忠臣不避重诛以直谏”，才能“事无遗策而功流万世”[⑥]。

西汉中期后，由于儒家学说被确立为治国的指导思想，最高统治

① [西汉] 董仲舒撰，张世亮等译注.春秋繁露[M].北京：中华书局，2012:176–177.

② [西汉] 董仲舒撰，张世亮等译注.春秋繁露[M].北京：中华书局，2012:400.

③ [西汉] 董仲舒撰，张世亮等译注.春秋繁露[M].北京：中华书局，2012:30.

④ [东汉] 班固.汉书[M].北京：中华书局，1962:2330.

⑤ [东汉] 班固.汉书[M].北京：中华书局，1962:2327.

⑥ [东汉] 班固.汉书[M].北京：中华书局，1962:2799.

者所接受的教育主要就是儒家教育，他们已普遍趋于儒化，因此对于臣下的谏诤常能给予理解。赵翼在《廿二史札记》中列有“汉诏多惧词”“汉重日食”“上书无忌讳”等条目，为我们提供了相关证据。汉代最高统治者高度重视所发生的灾异，常发布检讨为政失误的罪己诏。查阅汉代皇帝的诏书，我们会发现，其中多有“朕甚自愧”“朕晻于王道”“是皆朕之不明”等表述，这就给儒者官吏进言谏诤提供了条件。据初步统计，两汉时期的帝王因发生灾异而下诏50多次，灾异主要包括日食、月食、星陨、彗星、旱灾、地震、火灾、水灾、牛疫、蝗灾等，“采取的补救措施有赈灾、进贤、免租、免贷、赐爵、大赦、禁杀奴婢、理讼、禁卖酒、派使者体察民情、整肃吏治、释放后宫、驰苑囿之禁、省宫省之用等，几乎涉及政治生活的各个方面。”①如汉成帝永始二年（前15年）星陨，下诏：“天著变异，以显朕尤，朕甚惧焉。公卿申敕百寮，深思天诫，有可省减便安百姓者，条奏。所赈贷贫民，勿收。”②将抚恤百姓作为修政的根本性措施。永元七年（95年）日食，和帝“引见公卿问得失，令将、大夫、御史、谒者、博士、议郎、郎官会廷中，各言封事”，并下诏自责曰：“元首不明，化流无良，政失于民，谪见于天。”③元初二年（115年），发生旱、蝗灾，安帝诏曰：“朝廷不明，庶事失中，灾异不息，忧心悼惧。”④阳嘉三年（134年），顺帝因灾自责：“朕秉事不明，政失厥道，天地谴怒，大变仍见。”⑤每当发生灾异，汉帝常下诏要求地方举贤良对策，推举能直言极谏者，积极鼓励吏民以上书形式来言事，这样的做法就更加推动了进言谏诤活动的开展。君主能躬身自问，检点过失；臣下则可借机忠言直

① 王保顶.汉代灾异观略论[J].学术月刊，1997（5）.

② [东汉] 班固.汉书[M].北京：中华书局，1962:321.

③ [南朝宋] 范晔.后汉书[M].北京：中华书局，1965:180.

④ [南朝宋] 范晔.后汉书[M].北京：中华书局，1965:222.

⑤ [南朝宋] 范晔.后汉书[M].北京：中华书局，1965:264.

谏，条陈方略，对政治及时修复补救，从而有利于君权的巩固和国家的安定。

汉代儒者官吏多能表现出敢于犯颜直谏君主和当权者的风格。如武帝时的汲黯性格耿直，敢于“犯主之颜色”来直谏。汉武帝志向远大，极想建立“非常之功”，表面上似乎独尊儒学，兴太学、招天下文学贤良之士，而实际上也任用了一大批精通法家学说的人。汲黯对于汉武帝这种装点门面的做法很看不惯，有一次在朝堂上，他当着众大臣的面劝谏：“陛下内多欲而外施仁义，奈何欲效唐、虞之治乎！”武帝当时非常生气，“变色而罢朝。”大家都为汲黯的莽撞捏了一把汗。然而武帝并没有因为汲黯当众犯颜而治他的罪，只是对人说：“甚矣，汲黯之戆也！”对于汲黯这种敢于犯颜直谏的作风，一些大臣劝其应该克制，但汲黯认为：“天子置公卿辅弼之臣，宁令从谀承意，陷主于不谊乎？且已在其位，纵爱身，奈辱朝廷何！”[①]元帝时珠崖反叛，朝廷欲出兵镇压，贾捐之以民困财乏为由极力劝谏，最终使元帝发出“夫万民之饥饿，与远蛮之不讨，危孰大焉”[②]的感叹，下诏罢珠崖郡。元帝生活奢侈，皇室“一岁费数巨万”。贡禹上书说：“今民大饥而死，死又不葬，为犬猪所食。人至相食而厩马食粟，苦其太肥，气盛怒，至乃日步作之。王者受命于天，为民父母，固当若此乎！……方今天下饥馑，可亡大自损减以救之，称天意乎？天生圣人，盖为万民，非独使自娱乐而已也。”[③]元帝阅后忙下诏削减食谷马和食肉兽的数目，并罢角抵诸戏及齐三服官，以节省开支。成帝诏举贤良方正能直言极谏之士，谷永就借地震之机，指责后宫女宠太盛，嫉妒专上，批评成帝好色。成帝不仅未怒，反而在白虎殿与直言之士对策，擢升谷永为光禄大

① [东汉] 班固.汉书[M].北京：中华书局，1962:2317.

② [东汉] 班固.汉书[M].北京：中华书局，1962:2834.

③ [东汉] 班固.汉书[M].北京：中华书局，1962:3070–3072.

夫。谷永在以后的二十余年中，前后上书四十余事，“略相反覆，专攻上身与后宫而已”[①]，批判时政、指斥人君，无所掩饰：“百姓财竭力尽，愁恨感天，灾异屡降，饥谨仍臻，流散冗食，餧死于道，以百万数。公家无一年之畜，百姓无旬日之储，上下俱匮，无以相救。”[②]指出国家要“去无道，开有德，不私一姓，明天下乃天下人之天下，非一人之天下也”[③]；斥责汉成帝“独违道纵欲，轻身妄行”“积失君道，不合天意，亦已多矣。为人后嗣，守人功业，岂不负哉！”[④]抨击皇室“养生太奢，奉终太厚”“轻夺民财，不爱民力”“重征赋敛，征发如雨”[⑤]，这正是“日食雨雪”奇异现象产生的原因，造成“积异塞于上，祸乱伏于下。”[⑥]鲍宣“每居位，常上书谏争”[⑦]，曾有“七亡”“七死”之谏，指陈哀帝时由于政治不良而引起的严重社会危机：“民有七亡而无一得，欲望国安，诚难；民有七死而无一生，欲望刑措，诚难。”[⑧]“七亡”“七死”是指土地兼并、徭役沉重、官吏腐败、灾荒不断等。规谏“天下，乃皇天之天下也。陛下上为皇天子，下为黎庶父母，为天收养元元，视之当如一，合《尸鸠》之诗。今贫民菜食不厌，衣又穿空，父子夫妇不能相保，诚可为酸鼻。陛下不救，将安所归命乎？”[⑨]“治天下者当用天下之心为心，不得自专快意而已也。上之皇天见谴，下之黎庶怨恨，次有谏争之臣，陛下久欲自薄而厚恶

---

① [东汉] 班固.汉书[M].北京：中华书局，1962:3473.
② [东汉] 班固.汉书[M].北京：中华书局，1962:3462.
③ [东汉] 班固.汉书[M].北京：中华书局，1962:3467.
④ [东汉] 班固.汉书[M].北京：中华书局，1962:3463.
⑤ [东汉] 班固.汉书[M].北京：中华书局，1962:3462.
⑥ [东汉] 班固.汉书[M].北京：中华书局，1962:3472.
⑦ [东汉] 班固.汉书[M].北京：中华书局，1962:3087.
⑧ [东汉] 班固.汉书[M].北京：中华书局，1962:3088.
⑨ [东汉] 班固.汉书[M].北京：中华书局，1962:3089.

臣，天下犹不听也。”[①]哀帝宠幸董贤，对其大加封赏，丞相王嘉借发生日食之际上书谏道：“孔子曰：‘危而不持，颠而不扶，则将安用彼相矣！’臣嘉幸得备位，窃内悲伤不能通愚忠之信；身死有益于国，不敢自惜。唯陛下慎己之所独乡，察众人之所共疑。往者宠臣邓通、韩嫣骄贵失度，逸豫无厌，小人不胜情欲，卒陷罪辜。乱国亡躯，不终其禄，所谓爱之适足以害之者也。宜深览前世，以节贤宠，全安其命。”[②]

汉明帝多次驱车前往广成苑打猎，时任尚书的钟离意认为天子若留心于打猎就会疏于政事，于是“常当车陈谏盘乐游田之事”，明帝采纳了他的建议减少了打猎的次数。明帝性情狭窄苛刻，喜欢用探子窥视、揭示别人的隐私，朝廷官员大都恐惧战栗，争着表现严厉来逃避责罚。只有钟离意“独敢谏争，数封还诏书，臣下过失辄救解之。”[③]汉章帝即位之初，官吏行政沿袭前朝的严苛做法，时任尚书的陈宠上疏：“宜隆先王之道，荡涤烦苛之法，轻薄捶楚，以济群生，全广至德，以奉天心。”章帝接受了他的建议，“每事务于宽厚”，并下诏：“绝钻钻诸惨酷之科，解妖恶之禁，除文致之请谳五十余事，定著于令。”[④]

汉安帝亲政后，大封祖母宋贵人家，并重用舅舅耿宝及皇后兄弟阎显等来执政。尚书翟酺上书劝谏：“自去年以来，灾谴频数，地坼天崩，高岸为谷。修身恐惧，则转祸为福；轻慢天戒，则其害弥深。愿陛下亲自劳恤，研精致思，勉求忠贞之臣，诛远佞谄之党，损玉堂之盛，尊天爵之重，割情欲之欢，罢宴私之好。帝王图籍，陈列左右，心存亡国所以失之，鉴观兴王所以得之，庶灾害可息，丰年可招矣。”[⑤]汉顺

① [东汉] 班固.汉书[M].北京：中华书局，1962:3090–3091.

② [东汉] 班固.汉书[M].北京：中华书局，1962:3497.

③ [南朝宋] 范晔.后汉书[M].北京：中华书局，1965:1409.

④ [南朝宋] 范晔.后汉书[M].北京：中华书局，1965:1549.

⑤ [南朝宋] 范晔.后汉书[M].北京：中华书局，1965:1603–1605.

帝时，郎顗因灾异屡见而上书："臣闻天垂妖象，地见灾符，所以谴告人主，责躬修德，使正机平衡，流化兴政也。《易内传》曰：'凡灾异所生，各以其政。变之则除，消之亦除。'伏惟陛下躬日昊之听，温三省之勤，思过念咎，务消祇悔。"[①]桓帝微服出宫，住在河南尹梁胤府第，该日，大风拔树，天色昏暗。杨秉因上疏谏曰："臣闻瑞由德至，灾应事生。《传》曰：'祸福无门，唯人所召。'天不言语，以灾异谴告，是以孔子迅雷风烈必有变动。《诗》云：'敬天之威，不敢驱驰。'王者至尊，出入有常，警跸而行，静室而止，自非郊庙之事，则銮旗不驾。故《诗》称'自郊徂宫'，《易》曰'王假有庙，致孝享也'。诸侯如臣之家，《春秋》尚列其诫，况以先王法服而私出盘游！降乱尊卑，等威无序，侍犊守空宫，绂玺委女妾，设有非常之变，任章之谋，上负先帝，下悔靡及。"[②]桓帝依靠宦官单超等诛杀梁冀后，单超等五人被封为列侯。不久，桓帝又立邓氏为后，几个月内皇后家有四人被封，并赏赐了数万钱。白马令李云借发生地震等灾异之机，上书桓帝："臣闻皇后天下母，德配坤灵，得其人则五氏来福，不得其人则地动摇宫。比年灾异，可谓多矣；皇天之戒，可谓至矣……今官位错乱，小人诏进，财货公行，政化日损，尺一拜用不经御省。是帝不欲谛乎？"[③]

由此可见，汉代以政治批判为责任、面折廷争为职事的儒士，为了加强对时政的批评力量，往往借助有无上尊严的上天之威，这即使他们言之深切、少有忌讳，又易产生令人信服的客观效果。如承宫"陈政，论证切悫，朝臣惮其节"[④]；赵典"朝廷每有灾异疑议，辄谘问之。典

---

① [南朝宋] 范晔.后汉书[M].北京：中华书局，1965:1054.

② [南朝宋] 范晔.后汉书[M].北京：中华书局，1965:1969–1970.

③ [南朝宋] 范晔.后汉书[M].北京：中华书局，1965:1851–1852.

④ [南朝宋] 范晔.后汉书[M].北京：中华书局，1965:945.

据经正对，无所曲折”[①]；张酺“每侍讲间隙，数有匡正之辞”。[②]在汉代史籍中多有记载，因此，王充指出：“案世间能建蹇蹇之节，成三谏之义，令将检身自敕，不敢邪曲者，率多儒生。”[③]

儒者官吏的直言谏诤活动，在一定程度上匡救了时弊，对维护统治有积极作用。两汉晚期只有庸主出现，而无暴君产生，与社会教育的广泛开展及儒者官吏的积极谏诤有极大关系。司马光就指出：“孝和以降，贵戚擅权，嬖倖用事，赏罚无章，贿赂公行，贤愚浑殽，是非颠倒，可谓乱矣。然犹绵绵不至于亡者，上则有公卿、大夫袁安、杨震、李固、杜乔、陈蕃、李膺之徒面引廷争，用公义以扶其危，下则有布衣之士符融、郭泰、范滂、许邵之流，立私论以救其败。是以政治虽浊而风俗不衰，至有触冒斧钺，僵仆于前，而忠义奋发，继起于后，随踵就戮，视死如归。”[④]当然，也不能过分夸大儒士谏诤活动在汉代政治整合中的作用，以天的权威来制约君主，实际是用理论约束权力，这就决定了纳谏在实际政治运行中缺乏强制性。作为拥有至高无上权力的君主，对士人劝谏或置之不理，或把政治失误的原因推在臣下身上，每有灾异则免三公以推卸责任。正如张分田先生所言：“谏议，作为调节君主政治的杠杆，其支点完全操纵在帝王个人手中。当帝王自觉运用谏议手段调节和控制政治时，君主政治体系会由于增加了安全系数和理性色彩而更加巩固。当君主一意孤行时，谏臣又束手无策而徒叹奈何。历史事实早已反复证明：纳谏和进谏不可能防止君主政治的腐败和暴虐。”[⑤]

---

① [南朝宋] 范晔.后汉书[M].北京：中华书局，1965:948.

② [南朝宋] 范晔.后汉书[M].北京：中华书局，1965:1529.

③ [东汉] 王充.论衡[M].上海：上海人民出版社，1974:188.

④ [宋] 司马光.资治通鉴[M]，北京：中华书局，1956:584.

⑤ 张分田.中国帝王观念[M].北京：中国人民大学出版社，2004:539.

二、改善了社会风俗

风俗的概念，先秦时已有，如《孝经》："移风易俗，莫善于乐，安上治民，莫善于礼。"《荀子·王制》："广教化，美风俗。"但风俗一词究竟包含怎样的内涵，先秦学者并未有明确解释。第一个对"风俗"概念予以阐释的是史学家班固，他说："凡民函五常之性，而其刚柔缓急，音声不同，系水土之风气，故谓之风。好恶取舍，动静亡常，随君上之情欲，故谓之俗。孔子曰：'移风易俗，莫善于乐。'言圣王在上，统理人伦，必移其本，而易其末，此混同天下一之乎中和，然后王教成也。"①所谓风，就是自然地理环境影响人的本性所体现的特征，所谓俗，就是人文地理的反映。总体上来看，风俗主要有两方面内涵："一是风俗指的是人的性格、气质、意志、语言和社会意识、社会观念、行为方式、生活习惯；二是风俗的形成、发展和变迁受自然环境、社会环境的制约和影响，而自然环境、社会环境的地域差异使风俗具有鲜明的地域性。"②班固所强调的风俗，是一种文化形态，也就是人们常说的风俗文化。应劭把风俗解释为："风者，天气有寒暖，地形有险易，水泉有美恶，草木有刚柔也。俗者，含血之类，像之而生，故言语歌讴异声，鼓舞动作殊形，或直或邪，或善或淫也。圣人作而均齐之，咸归于正；圣人废，则还其本俗……为政之要，辩风正俗，最其上也。"③风的产生是自然环境影响的结果，而俗则来自人文："统治者可以给出统一的标准，把原本不同的民风进行整合；一旦出现 '礼崩

① [宋] 司马光.资治通鉴[M]，北京：中华书局，1956:584.

② 张分田.中国帝王观念[M].北京：中国人民大学出版社，2004:539.

③ [东汉] 班固.汉书[M].北京：中华书局，1962:1640.[东汉] 应劭撰，王利器校对，风俗通义校注[M].北京：中华书局，1981:8.

乐坏’的情况，‘俗’又会回到自己‘本俗’的状态。”①

可见，无论是班固还是应劭，均认为风俗的形成与改变离不开社会教育，风俗的统一是统治者治理国家的头等大事。

汉初一些思想家已经认识到改善社会风俗是社会教育的一项重要内容。陆贾总结秦朝灭亡的教训，提出了以仁义为本的教化思想：“统治者能够行礼乐教化，正风俗；修仁义道德，美风俗；同圣教好恶，齐风俗。只有这样，整个社会才能处于有序的统治之中，才能美风化俗。”②陆贾对秦朝以来的奢侈风气进行了批判，主张“节奢侈，正风俗，通文雅”③。在移风易俗中，统治者的示范起着重要作用，“移风易俗，岂家令人视之哉？亦取之于身而已矣。”④贾谊也对秦末以来的奢侈风气进行了批判：“今民卖僮者，为之绣衣丝履偏诸缘，内之闲中……古者以奉一帝一后而节适，今庶人屋壁得为帝服，倡优下贱得为后饰，然而天下不屈者，殆未有也。”⑤要改变淫侈的社会风俗，必须通过社会教育的途径。为此，他强调统治者应该把教化作为为政的根本，否则就难以真正化民成俗。

汉初，由于经历了秦王朝的残暴统治和长期战争的破坏，社会动荡不安，经济残破不堪。如何使残破的社会经济恢复和发展起来，使统治秩序得以稳定，是摆在当时统治者面前的首要问题。为此，统治者迫切需要选择与这种社会需求相适应的统治思想，因而清静无为的黄老思想遂占据上风。尽管当时的一些思想家提出了移风易俗的主张，但并未引

① 李剑林.从《汉书·地理志》透视区域风俗文化的形成与演变[J].中国文化研究，2002（夏之卷）.

② [东汉] 应劭撰，王利器校注.风俗通义校注[M].北京：中华书局，2010:8.

③ 王海骁.《汉书·地理志》中所见风俗研究[D].长春：东北师范大学，2012.

④ 党超.论两汉风俗观念的政治文化特性[J].史学月刊，2012（5）.王利器，新语校注[M].北京：中华书局，2021:67.

⑤ [东汉] 班固.汉书[M].北京：中华书局，1962:2242.

起统治者的重视，也未见有相关措施的出现。

汉武帝即位后，采纳了儒学大家董仲舒的建议，以其改造过的儒家思想作为治国的指导思想，从此，许多深受儒学影响的地方官吏针对秦亡后各地社会风俗差异较大的社会现实，在对各地百姓原来生活习惯予以充分尊重的前提下，“运用教化手段，‘上顺公法’‘下设条教’，引导百姓向共同的风俗习惯靠拢。”[①]通过他们的努力，各地社会风俗得到了一定程度的改善。

第一，地方官吏对社会风俗的整顿。豫州颍川郡是先秦时韩国都城，《淮南子·要略》记载：“韩，晋别国也，地墽民险，而介于大国之间，晋国之故礼未灭，韩国之新法重出，先君之令未收，后君之令又下，新故相反，前后相缪，百官背乱，不知所用，故刑名之书生焉。秦国之俗，贪狼强力，寡义而趋利，可威以刑，而不可化以善；可劝以赏，而不可厉以名。被险而带河，四塞以为固，地利形便，畜积殷富，孝公欲以虎狼之势而吞诸侯，故商鞅之法生焉。”[②]这里出现过申不害、韩非等法家代表人物，他们在此的影响深远，以至形成了“高仕宦，好文法，民以贪遴争讼生分为失”[③]和“豪桀大姓相与为婚姻，吏俗朋党”[④]的风俗。赵广汉担任颍川太守后，采用离间的办法分化瓦解豪强权贵，取得了一定成效。他奖励大姓家族中一些可利用之人，让他们检举豪族中的不法分子，一旦有告发信收到，就马上派人进行调查，若与事实相符，便依法惩处。赵广汉还把一些揭发材料故意泄露出去，隐去揭发者的姓名，假托为某某豪强大姓家族豪门大姓子弟所告发，以此引发其内讧。“其后强宗大族家家结为仇雠，奸党散落，风俗大

---

① 王利器.新语校注[M].北京：中华书局，2012:77.

② [东汉]班固.汉书[M].北京：中华书局，1962:2242–2243.

③ 李学娟.两汉教化研究[D].济南：山东大学，2009.

④ 刘文典.淮南鸿烈集解[M].北京：中华书局，1989:711.

改。”[1]赵广汉的做法虽对稳定社会秩序有一定的积极作用，但由此形成了吏民“相告讦”[2]的不良风气，致使“民多怨”[3]。韩延寿继任颍川太守后，尽力用礼让来教育百姓，以期改变这种不良风气。他召集郡中长老数十人，向他们请教教化百姓的办法，与他们一起商定嫁娶、丧葬和祭祀的礼仪。“于是令文学校官诸生皮弁执俎豆，为吏民行丧嫁娶礼”，结果“百姓遵用其教”，社会风气有了极大改善，“卖偶车马下里伪物者，弃之市道”[4]。其后黄霸继任颍川太守，黄霸虽“少学律令”“习文法”[5]，但也跟经学大师夏侯胜学过《尚书》，深受儒家思想的影响。黄霸奉行“力行教化而后诛罚”的理念，选拔品行优秀者做属吏，让他们深入各县宣传皇帝的恩泽诏书，使百姓都能了解皇帝的旨意。他还让邮亭乡官养鸡、养猪，为的是能赡养、帮助那些鳏寡贫弱的人。他还制定了一些安民条款，“置父老师帅伍长，班行之于民间，劝以为善防奸之意，及务耕桑，节用殖财，种树畜养，去食谷马。”[6]收到了极好效果：“孝子弟弟贞妇顺孙日以众多，田者让畔，道不拾遗，养视鳏寡，赡助贫穷，狱或八年亡重罪囚，吏民向于教化，兴于行谊。”[7]韩延寿、黄霸两任太守以教化为主，颍川地区的社会风俗得到极大改善，班固曾评价道：“颍川好争讼分异，黄、韩化以笃厚。”[8]

荆州南阳郡原属韩国，“秦既灭韩，徙天下不轨之民于南阳”，形成了“夸奢，上气力，好商贾渔猎”[9]的风俗。汉宣帝时，召信臣担任

---

① [东汉] 班固.汉书[M].北京：中华书局，1962:1654.
② [东汉] 班固.汉书[M].北京：中华书局，1962:3200.
③ [东汉] 班固.汉书[M].北京：中华书局，1962:3200.
④ [东汉] 班固.汉书[M].北京：中华书局，1962:3210.
⑤ [东汉] 班固.汉书[M].北京：中华书局，1962:3627–3628.
⑥ [东汉] 班固.汉书[M].北京：中华书局，1962:3629.
⑦ [东汉] 班固.汉书[M].北京：中华书局，1962:3631.
⑧ [东汉] 班固.汉书[M].北京：中华书局，1962:1654.
⑨ [东汉] 班固.汉书[M].北京：中华书局，1962:1654.

南阳太守，重视农业生产，采取有力措施来整饬这种不务本业的不良风气："禁止嫁娶送终奢靡，务出于俭约。府县吏家子弟好游敖，不以田作为事，辄斥罢之，甚者案其不法，以视好恶。"经过一番治理，社会风气有了极大改变："其化大行，郡中莫不耕稼力田，百姓归之，户口增倍，盗贼狱讼衰止。"①对此，班固评价道："南阳好商贾，召父富以本业。"②南阳是东汉开国皇帝刘秀的故乡，许多皇室亲贵仰仗权势横行不法，地方官吏因畏惧权贵，"多不称职"③。桓帝时，王畅出任南阳太守，对鱼肉百姓、横行乡里、违法乱纪者严加惩处。后因皇帝大赦，那些被治罪的皇室亲贵被释放。王畅又设法纠治，下令凡接受赃物在二千万以上而不主动自首者，没收全部家产；凡隐匿不报者，一经查出，就派官吏拆屋伐树，填井夷灶。这一举动，使"豪右大震"④。对这种使用重典、强调法治的做法，手下功曹张敞劝谏："五教在宽，著之经典。汤去三面，八方归仁。高祖鉴秦，唯定三章之法。孝文皇帝感一缇萦，蠲除肉刑。卓茂、文翁、召父之徒，皆疾恶严刻，务崇温厚。仁贤之政，流闻后世。夫明哲之君，网漏吞舟之鱼，然后三光明于上，人物悦于下。言之若迂，其效甚近。发屋伐树，将为严烈，虽欲惩恶，难以闻远。以明府上智之才，日月之曜，敷仁惠之政，则海内改观，实有折枝之易，而无挟山之难。郡为旧都侯甸之国，园庙出于章陵，三后生自新野，士女沾教化，黔首仰风流，自中兴以来，功臣将相，继世而隆。愚以为恳恳用刑，不如行恩；孳孳求奸，未若礼贤。舜举皋陶，不仁者远。随会为政，晋盗奔秦。虞、芮入境，让心自生。化人在德，不在用刑。"建议用道德来教化民众。王畅接受了这一建议，"更崇宽

① [东汉] 班固.汉书[M].北京：中华书局，1962:3642.

② [东汉] 班固.汉书[M].北京：中华书局，1962:1654.

③ [南朝宋] 范晔.古汉书[M].北京：中华书局，1965:1823.

④ [南朝宋] 范晔.古汉书[M].北京：中华书局，1965:1823.

政，慎刑简罚，教化遂行"①。南阳郡的豪族追求奢靡，竞相比富。为了整治这种风气，王畅平时穿粗布衣服，乘坐破旧的车子，用瘦弱的马驾车。由于他治理有方，且能以身作则，南阳郡内的社会风气有了很大变化。

益州蜀郡秦时已隶属中央政府，但因地处偏远，交通不便，其文化与中原文化有着较大不同。"蜀地僻陋，非齐鲁诸儒风声教化之所被。"②景帝末年，"仁爱好教化"的文翁出任太守，大力采取措施来移风易俗。他选拔十多名有才能的郡县小吏，派到京城跟随博士学习。几年后，这些人学成归来，文翁让他们担任官职，并积极向上推荐，有的做到了郡守、刺史。文翁又在郡中建起学校，召属县子弟入学学习，给他们免除徭役，成绩优秀的担任郡县官吏，次等的担任教民务农的乡官。文翁每次出巡属县时，从学生中挑选通晓经术、行为端正的优秀者随行，让他们传布教令。经过几年努力，人们"争欲为学官弟子，富人至出钱以求之。由是大化，蜀地学于京师者比齐鲁焉。……至今巴蜀好文雅，文翁之化也。"③文翁这些重视学习的举措效果非常明显，直接结果是使好学成为一股风气，致使蜀地人才辈出。据《华阳国志·蜀志》载："自汉兴，至乎哀、平，皇德陵熙，牧守仁明，宣德文教，风雅英伟之士命世挺生。""降及建武以后，爰迄灵、献，文化弥纯，道德弥臻。……虽鲁之咏洙泗，齐之礼稷下，未足尚矣。故汉征八士，蜀有四焉。"儒学的引进及广泛传播，使巴蜀人民从思想文化上认同了国家的主流价值观。在以后的很长时间里，巴蜀一直是西南地区传播儒学的重要基地。"通过巴蜀，以儒学为主的汉文化源源不断地传向更为偏远的西南地区，这对稳定西南边疆、实现华夷一统起到了重要的

① [南朝宋] 范晔.后汉书[M].北京：中华书局，1965:1824.

② [南朝宋] 范晔.后汉书[M].北京：中华书局，1965:1823.

③ [东汉] 班固.汉书[M].北京：中华书局，1962:3626.

作用。”[①]蜀郡土地肥沃，物产富饶，人们都很富裕殷实，以致出现了用钱买官的风气。明帝时第五伦任蜀郡太守，他积极采取措施来革除这一陋习。史载：“蜀地肥饶，人吏富实，掾史家赀多至千万，皆鲜车怒马，以财货自达。伦悉简其丰赡者遣还之，更选孤贫志行之人以处曹任，于是争赇抑绝，文职修理。”[②]通过第五伦的努力，贿赂之风得到杜绝，文职人员得以廉洁奉公。

春秋时晋文公为了对有割股之恩的介子推进行封赏，下令在介子推隐居的山上放火烧山，以此逼介子推露面，结果误将介子推母子烧死，晋文公非常悔恨，下令以后每年的这一天禁止生火，只许寒食。这一习俗，到了汉代并州太原郡，仍被人们所沿袭。顺帝时，周举担任并州刺史，力图革除这一陋俗。史载，每年到了介子推忌日的那个月，人们都认为神灵不喜欢火，当地的百姓有一个月时间只能吃冷食，不能生火煮饭，许多老人和小孩因无法忍受冷食，最终死亡。周举“乃作吊书以置子推之庙，言盛冬去火，残损民命，非贤者之意，以宣示愚民，使还温食。于是众惑稍解，风俗颇革”[③]。以一定的形式来纪念贤人，本无可厚非，但认为介子推去世的那个月神灵不喜欢有火，则是迷信的说法。至于冬季有整整一个月都要吃冷的食物，这显然是不利于健康的，一些人即因不堪吃冷食而去世。周举断然禁绝了这一不良习俗，显然是惠民之举。

凉州武威郡地处西北边地，“习俗颇殊，地广民稀”[④]。张奂在桓帝延熹六年（163年）被任命为武威太守，他“平均徭役，率厉散败，常为诸郡最，河西由是而全。其俗多妒忌，凡二月、五月产子及父母同月生，悉杀之。奂示以义方，严加赏罚，风俗遂改，百姓生为立

① [宋] 马端临.文献通考[M].北京：中华书局，2011:430.

② [南朝宋] 范晔.后汉书[M].北京：中华书局，1965:1398.

③ 房锐.文翁化蜀与儒学传播[J].中华文化论坛，2005（4）.

④ [南朝宋] 范晔.后汉书[M].北京：中华书局，1965:1398.

祠”[①]。此地有许多不良的风俗禁忌，比如凡是二月、五月出生及与父母同月出生的孩子，被认为是不吉利的，都要将其杀死。对这种愚昧的习俗，张奂极力加以改变。他用儒家仁义的道理教育百姓，并实行严格的赏罚制度，使这一落后的风俗得到了禁止，百姓为他建立了生祠。

扬州丹阳郡，“越俗不好学，嫁娶礼仪，衰于中国。”[②]建武初，李忠任丹阳太守，“乃为起学校，习礼容，春秋乡饮，选用明经，郡中向慕之。”[③]耕地面积有了较大幅度的增加，三年间流亡他乡回来向官府登记户口的达到五万多口。由于李忠重视教化，迅速改变了丹阳郡落后陋俗的面貌，生产发展了，群众生活安定了，因而取得了全国第一的政绩。

会稽郡的人们迷信巫祝，因而淫祀之风盛行。史载：“会稽俗多淫祀，好卜筮。”当地民众常把牛杀死作为祭神的祭品，这就导致了百姓财产困乏，那些杀牛吃肉而不用来祭祀的人，他们发病临死之际，先像牛一样叫几声。前后几任郡守对这种杀牛祭祀的做法都不敢禁止。建武末年第五伦任会稽太守后，决心禁绝这一陋俗。他说：“令鬼神有知，不妄饮食民间；使其无知，又何能祸人。”[④]给所属各县发布文书，告知百姓，凡是巫祝利用鬼神恐吓愚弄百姓，一定要捉拿问罪。胆敢随意杀牛的人，官吏必须对其处罚。“民初颇恐惧，或祝诅妄言，伦案之愈急，后遂断绝，百姓以安。”[⑤]耕牛在汉代是重要的农业生产工具，用牛来祭神，不仅严重威胁农业生产，而且也加重了百姓的负担：“巫祝赋敛受谢，民畏其口，惧被祟，不敢拒逆。是以财尽于鬼神，产匮于祭

① [南朝宋] 范晔.后汉书[M].北京：中华书局，1965:2024.
② [南朝宋] 范晔.后汉书[M].北京：中华书局，1965:756.
③ [南朝宋] 范晔.后汉书[M].北京：中华书局，1965:2139.
④ [南朝宋] 范晔.后汉书[M].北京：中华书局，1965:756.
⑤ [南朝宋] 范晔.后汉书[M].北京：中华书局，1965:1397.

祀。或贫家不能以时祀，至竟言不敢食牛肉。”[①]第五伦打击巫祝的欺骗行为，揭露了鬼神虚妄的实质，这一做法，有助于良好社会风气的树立。

九江郡也有淫祀的风俗。史载，浚遒县境内有唐、后二座山，当地百姓一同祭祀，众巫师选择百姓中的少年男女充当山公、山婆加以祭祀，年年都换人，祭祀完了人们就不敢和做过山公、山婆的人家结亲，历任郡守、县令，没有一个人敢于禁止其事。建武末年，宋均就任太守后，马上下令：“‘自今以后，为山娶者皆娶巫家，勿扰良民。’于是遂绝。”[②]九江郡的巫师以祭祀山神为名，强迫百姓男女充作山神的公妪，严重地干扰了人们的嫁娶行为。宋均以其人之道还治其人之身的办法，惩治了巫师，使百姓认清了事情真相。宋均的这一做法，显然是沿袭了战国时西门豹治邺的智慧。

豫章郡“多山川鬼怪，小人常破赀产以祈祷”，这种祭祀鬼怪的活动，严重影响了百姓的正常生产和生活，也造成了沉重的经济负担。顺帝时，栾巴任豫章太守，极力破除这种迷信活动：“巴素有道术，能役鬼神，乃悉毁坏房祀，翦理奸巫，于是妖异自消。百姓始颇为惧，终皆安之。”[③]栾巴之所以打出“能役鬼神”的旗号，目的是为“毁坏房祀，翦理奸巫”的行动找到理由，结果收到了比较好的效果：“百姓始颇为惧，终皆安之。”淫祀的风俗得到了遏制。

郴州桂阳郡“与交州接境，颇染其俗，不知礼则”[④]。东汉初卫飒担任桂阳太守，“修庠序之教，设婚姻之礼。期年间，邦俗从化”。在此之前，含洭、浈阳、曲江属百越旧地，汉武帝平定这些地方后，将其划归桂阳郡。百姓们居住在深山，临近溪谷，不向官府缴纳田租。离郡

① [东汉]应劭撰，王利器校注.风俗通义校注[M].北京：中华书局，2010:401.

② [南朝宋]范晔.后汉书[M].北京：中华书局，1965:1413.

③ [东汉]应劭撰，王利器校注.风俗通义校注[M].北京：中华书局，2010:401.

④ [南朝宋]范晔.后汉书[M].北京：中华书局，1965:2459.

治远的地方，有的将近千里。官府如果有公事，就驾船往来。每当有官吏来到，就要数家服劳役，老百姓因此感到非常痛苦。卫飒召集人力凿山开道五百多里，并设置传舍、驿馆。这样一来，百姓的劳役减少，并杜绝了奸吏。在外流散的百姓纷纷返回，卫飒要他们缴纳租税，平等地对待他们。另外，耒阳县盛产铁矿石，其他郡的老百姓经常聚集在此，私自炼铁，并招引了一些流浪在外的人，其中有不少是奸人、盗贼。卫飒便呈报上级设置冶铁之官，不准私人开采铁矿，每年使政府收入增加五百多万元。卫飒“理恤民事，居官如家，其所施政，莫不合于物宜。视事十年，郡内清理”[①]，一方面通过修学校、推广礼制婚姻改革当地风俗，另一方面，又通过修建道路、由官府经营冶铁业来杜绝奸吏，防止奸盗，使老百姓能够安居乐业。此后的几位太守均致力于此，改变了该地的落后面貌，文化也有了很大发展。和帝时许荆为桂阳太守，又“为设丧纪婚姻制度，使知礼禁”[②]，顺帝时栾巴为桂阳太守，亦“以郡处南陲，不闲典训”，“为吏人定婚姻丧纪之礼，兴立学校，以奖进之”[③]。东汉王朝建立后，桂阳郡先后有六任太守，积极用中原风俗来改造当地落后习俗，建树是非常显著的。

交州地区“山川长远，习俗不齐，言语同异，重译乃通，民如禽兽，长幼无别，椎结徒跣，贯头左衽，长吏之设，若有若无”[④]，平帝时，锡光任交趾太守，针对当地落后的风俗，“教导民夷，渐以礼义，化声侔于延。王莽末，闭境拒守。建武初，遣使贡献。”[⑤]九真郡“俗以射猎为业，不知牛耕，民常告籴交趾，每致困乏”。建武初，任延出任九真太守，“乃令铸作田器，教之垦辟。田畴岁岁开广，百姓充

---

① [南朝宋] 范晔.后汉书[M].北京：中华书局，1965:2459.

② [南朝宋] 范晔.后汉书[M].北京：中华书局，1965:2472.

③ [南朝宋] 范晔.后汉书[M].北京：中华书局，1965:1841.

④ [南朝宋] 范晔.后汉书[M].北京：中华书局，1965:2472.

⑤ [南朝宋] 范晔.后汉书[M].北京：中华书局，1965:2462.

给。”引进中原先进的农业技术，使当地百姓的生活状况得到了极大改善。骆越的百姓无嫁娶的礼法，没有固定的配偶，既不清楚父亲和儿子是怎么回事，也不知道丈夫和妻子要遵守哪些道德约束。针对这一情况，任延给属县下达公文，要求年龄在二十到五十岁之间的男子、十五到四十岁之间的女子，必须依年龄的大小婚配。有家贫置办不起聘礼的，长吏以下的官员要拿出自己俸禄中一部分予以赞助，结果“同时相娶者二千余人”。任延通过使适龄男女婚配的方式，建立了婚姻制度，这一做法效果明显：“其产子者，始知种姓。咸曰：‘使我有是子者，任君也。’”①任延、锡光在九真、交趾移风易俗的行动历来为治史者所乐道，范晔曾赞曰：“岭南华风，始于二守。”②“任延、锡光移变边，斯其绩用之最章章者也。”③

除对一般民众进行教化外，一些地方官员也重视对犯罪的囚徒开展教化活动。王长文元康初年任江原县令，县里抓捕了一些盗贼，把他们关进了监狱。当时恰逢腊节，他就让所有犯人都回家与家人过节，并对这些犯人说：“‘教化不厚，使汝等如此，长吏之过也。蜡节庆祈，归就汝上下，善相欢乐。过节来还。当为思他理。’群吏惶遽争请，不许。寻有赦令，无不感恩。所宥人辍不为恶，曰：‘不敢负王君。’”④虞延建武初年被任命为细阳县令。每到腊节，他让监狱里的犯人都回到家里，与家人同庆佳节。这些人对虞延很感激，到时间就都回到监狱。“有囚于家被病，自载诣狱，既至而死，延率掾史，殡于门外，百姓感悦之。”⑤汉代人非常重视腊节，届时无论贵族官僚，还是普通百姓，均要尽一切可能准备酒肉，来祭祀祖先和百神，以祈求幸福

① [晋] 陈寿.三国志[M].北京：中华书局，1982:1251.
② [南朝宋] 范晔.后汉书[M].北京：中华书局，1965:2462.
③ [南朝宋] 范晔.后汉书[M].北京：中华书局，1965:2457.
④ [南朝宋] 范晔.后汉书[M].北京：中华书局，1965:2462.
⑤ [南朝宋] 范晔.后汉书[M].北京：中华书局，1965:1151.

安康，同时全家人也要聚会宴饮。《汉书·杨恽传》恽报孙会宗书曰："田家作苦，岁时伏、腊，烹羊炰羔，斗酒自劳。"蔡邕《独断》载："腊者，岁终大祭，纵吏民宴饮。"正因为如此，王长文、虞延等官员释放囚徒，让他们回家与家人团聚，以期他们得到感化，从而能改过自新。

第二，民间知识分子的移风易俗活动。除在职官吏关注社会教化、积极致力于移风易俗的工作外，民间一些知识分子也自觉地投身其中，他们或主动施教，或以德感人，来影响乡里的风俗，从而成为政府教化之外的有力补充。如生活于西汉晚期的成都人严君平，淡泊名利，在闹市中以占卜为生，根据问卜者的不同身份，有针对性地开展教育："卜筮于市，假蓍龟以教。与人子卜，教以孝；与人弟卜，教以悌；与人臣卜，教以忠。"严君平的教育活动，推动了当地民风的改变，"于是风移俗易，上下兹和。"[①]北海淳于人淳于恭，"善说《老子》，清静不慕荣名。家有山田果树，人或侵盗，辄助为收采。又见偷刈禾者，恭念其愧，因伏草中，盗去乃起。"淳于恭的行为对当地百姓产生了积极影响，"里落化之。"[②]王丹的家里非常富裕，他隐居在家中修养心志，乐于帮助那些有困难的人。每年农忙时节，他用车把酒菜拉到田间，等那些辛勤劳作的人经过时，便去慰劳他们。那些因为懒惰没得到王丹慰劳的人，都感到羞耻，因此都加倍努力去工作，于是"邑聚相率，以致殷富"。对那些轻浮且游手好闲、为害乡里的人，王丹就给他们的父兄讲道理，让父兄去处罚他们。对生活困难而有人去世的家庭，王丹亲自为其操办丧事，并提供财物的赞助。"乡邻以为常"。王丹以奖励的形式督促民众积极从事农业生产，对于不事生产者则联合其父兄加以教育，收到了良好效果，"行之十余年，其化大洽，风俗以

---

① [晋] 常璩.后贤志[M]//刘琳校注.华阳国志校注（卷十一）.成都：巴蜀书社，1984:863.

② [南朝宋] 范晔.后汉书[M].北京：中华书局，1965:1301.

笃。”[①]高凤“少为书生，家以农亩为业，而专精诵读，昼夜不息……其后遂为名儒，乃教授业于西唐山中。”“邻里有争财者，持兵而斗，凤往解之，不已，乃脱巾叩头，固请曰：‘仁义逊让，奈何弃之！’于是争者怀感，投兵谢罪。”[②]高凤认为双方为争夺财物以致兵戎相见，是弃仁义、谦让于不顾的举动，竟不惜叩头恳求双方懂得礼让之义，双方最后得以和解。安帝时庞参任汉阳太守，“郡人任棠者，有奇节，隐居教授。”庞参刚上任就去拜访任棠，任棠却不跟他说话，只是把一盆水、一把薤放在院中，自己抱着孙子伏在门前。随行主簿认为任棠太倨傲了，欲加以训斥，被庞参制止：“棠是欲晓太守也。水者，欲吾清也。拔大本薤者，欲吾击强宗也。抱儿当户，欲吾开门恤孤也。”任棠用行为艺术，使受教者获得启示，得到教化。史载：“参在职，果能抑强助弱，以惠政得民。”[③]孙期“少为诸生，习《京氏易》《古文尚书》”，虽然家境贫寒，但他对母亲极为孝顺，在大泽中养猪奉养母亲，结果“远人从其学者，皆执经垄畔以追之，里落化其仁让。”就连黄巾农民起义军，也对他极为敬重，“过期里陌，相约不犯孙先生舍。”[④]

桓晔出身儒学世家，十分注重个人的品行修养，严格要求自己，“一餐不受于人”[⑤]。东汉末年，为躲避祸乱，他来到吴郡，扬州刺史刘繇为其提供粮食、衣服，他没有接受。桓晔后来前往会稽，住在曾担任过鲁国相的钟离意家里，太守王朗为其提供的布帛、牛羊和粮食，他都没有留下。临走时，屋子里的东西丝毫不取，全部留给主人。后来搬

---

① [晋] 常璩.先贤士女总赞·蜀都士女[M] //刘琳校注.华阳国志校注（卷十）.成都：巴蜀书社，1984:532.

② [南朝宋] 范晔.后汉书[M].北京：中华书局，1965:2769.

③ [南朝宋] 范晔.后汉书[M].北京：中华书局，1965:930.

④ [南朝宋] 范晔.后汉书[M].北京：中华书局，1965:2554.

⑤ [南朝宋] 范晔.后汉书[M].北京：中华书局，1965:1259.

到扬州从事屈豫家中，院子里有一株橘树，当果实熟了，桓哗就用竹篱笆把树围起来。有一次，风把两个果实吹落了，他就用绳子系树枝绑牢。“每当危亡之急，其志弥固，宾客从者皆肃其行也。”[①]他的行为对当地民众产生了积极影响：“越人化其节，至闾里不争讼。”[②]东汉末年社会动荡不安，为了避乱管宁来到辽东，把房屋建造在北山中，一时间，许多避难者纷纷前来依附，很快形成了一个村落。管宁为人们讲解《诗》《书》，“陈俎豆，饰威仪，明礼让，非学者无见也。”[③]当时村子里只有一口井，打水人很多，拥挤不堪。管宁见此情形，买了很多打水的器具放在井边，居民“乃各相责，不复斗讼”[④]。有一回，邻家的牛践踏了管宁的庄稼，他非但未予责怪，还将牛牵到阴凉处吃草，并把牛归还原主，牛主人感到非常惭愧，就像犯了严刑一样。管宁教化百姓以礼让，“是以左右无斗讼之声，礼让移于海表。”[⑤]

东汉晚期的王烈十分注重对百姓的教化，“其诱人也，皆不因其性气，诲之以道，使之从善远恶。益者不自觉，而大化隆行，皆成宝器。门人出入，容止可观，时在市井，行步有异，人皆别之。州闾成风，咸竞为善。”[⑥]一个人偷了别人家的牛，被牛的主人抓住了。偷牛贼说：“我看到牛心生邪念一时糊涂，今后一定痛改前非。您把我赦免后，希望不要让王烈知道。”后来有人把这件事告诉了王烈，王烈就拿一些布给了偷牛人。有人问王烈：“这个人偷了东西，害怕您知道此事，您反而送布给他，这是为什么？”王烈回答说：“春秋时的秦穆公，有人把他的骏马偷去并杀了吃，穆公抓获偷马人后，没有惩罚他，反而赏赐他

① [南朝宋] 范晔.后汉书[M].北京：中华书局，1965:1260.

② [南朝宋] 范晔.后汉书[M].北京：中华书局，1965:1260.

③ [南朝宋] 范晔.后汉书[M].北京：中华书局，1965:1260.

④ [南朝宋] 范晔.后汉书[M].北京：中华书局，1965:1260.

⑤ [晋] 陈寿.三国志[M].北京：中华书局，1982:355.

⑥ [晋] 陈寿.三国志[M].北京：中华书局，1982:355.

酒喝。后来在战场上穆公遇到危险，偷马人不惜牺牲自己的生命来解救。现在这个偷牛人表示悔改，怕我知道这件事，这说明他已有羞耻之感。懂得了廉耻，就会产生向善之心，赠给他布就是为了劝勉他向善。”一年后，一位老者挑着重担走路，一人主动接过担子挑着走了几十里，快到老人家里，才放下担子离去，老人询问他的名字，他没告诉。不久老人再次外出，不小心把佩剑丢在路上。一个过路人看到了，本想不管，又担心被别人捡去，于是就在那里守着这把剑。傍晚时分，老人返回去寻找，见到守剑人，一看正是上次替自己挑担的那个人。老人说，你之前替我挑担子，现在又守着我的剑，这样的好心人我从未遇到过，请把你的姓名告诉我，我要告诉王烈。结果，这个人还是没有把姓名讲出。后来老人告诉了王烈，王烈感叹道，世上有这样的好人，怎么自己没有见到！随后派人去查访，原来是以前偷牛的那个人。受王烈的影响，“时人或讼曲直，将质於烈，或至涂而反，或望庐而还，皆相推以直，不敢使烈闻之。”[①]社会风气有了极大改观。

生活于东汉末年的田畴，为了避乱率领宗人隐遁，在一个地势比较平坦的地方住了下来，亲自从事农业生产来赡养父母。“百姓归之，数年间至五千余家。”他与依附者订立盟约，“相杀伤、犯盗、诤讼之法，法重者至死，其次抵罪，二十余条。又制为婚姻嫁娶之礼，兴举学校讲授之业，班行其众，众皆便之。”取得了很好的效果，“至道不拾遗。”[②]

总之，汉代地方官员和士人致力于社会教育，经过不懈努力，各地落后的社会风俗有了一定程度的改善，逐步向文明靠拢。正如周振鹤先生所言，经过两百多年移风易俗的努力，到西汉后期原来八方殊俗异彩纷呈的风俗逐渐趋于六合同风的单一化形态，特别是中原地区的那种百

---

① [晋] 陈寿.三国志[M].北京：中华书局，1982:356.

② [晋] 陈寿.三国志[M].北京：中华书局，1982:341.

里不同风、千里不同俗的面貌已很难再看到。到东汉后期，已无法找到足够的材料来划分新的风俗文化区。这自然与文献的缺佚有关，《续汉书·郡国志》没有像《汉书·地理志》那样记载大量的、丰富多彩的风俗资料。即使如此，东汉后期的风俗地域差异是显著地削弱了，尤其是在生产方式与婚姻制度方面，基本上已经达到六合同风的状态了[①]。

在肯定汉代社会教育对维护社会稳定、改善社会风俗等方面积极作用的同时，我们也不应忽视其消极影响。以孝道教育为例，汉代统治者实行用“孝”治理天下的方略，对社会各个阶层开展孝道教育，使孝道观念成为占社会统治地位的意识形态，影响到了汉代社会生活的各个方面。讲孝、行孝成为一种普遍的社会风气，从而出现了家庭相对和谐、社会秩序相对良好的局面。两汉王朝之所以能延续四百年之久，与孝道教育的广泛开展、孝道观念深入人心有极大关系。

但统治者对孝道的过度提倡，产生了许多消极影响。如汉代把孝道引入法律，当孝道与法律发生冲突时，人们往往把维护孝道放在第一位，因而就出现了宽宥复仇的现象。子女若因给父母报仇而把仇人杀死，不但很少得到法律制裁，反而常得到人们的褒扬，这就助长了复仇之风。这种复仇行为的放纵，不但使法律的权威受到挑战，而且也威胁了社会的稳定。

丧葬是汉代孝道的一个重要表现。在推崇孝道的社会大背景下，厚葬成为人们追逐的一种风尚。上到官僚贵族，下至普通百姓，在安葬自己的父母时，往往会竭尽所能去修建坟墓、随葬器物，甚至不惜倾家荡产。这种行为不仅浪费了大量的人力、物力和财力，而且不利于社会的正常生产。

本来孝应该是子女对父母情感的自然流露，不能有些许功利的色彩，而在汉代，由于统治者把孝与政治联系起来，纳入选举制度中，能

---

① [晋] 陈寿.三国志[M].北京：中华书局，1982:356.

否获得孝的名声，直接关乎士人的际遇升迁，因而使孝变成了一些士人追求名利的手段。一些人为了得到孝名，不惜弄虚作假。东汉时的赵宣就是典型代表。据《后汉书·陈蕃传》记载，赵宣在父母去世后，守在墓地服丧二十多年，因此“乡邑称孝，州郡数礼请之”，并向太守陈蕃推荐。然而赵宣的五个儿子都是在服丧期间出生的，陈蕃了解到这一情况后，认为赵宣违反礼制，欺世盗名，最终将其定罪。这种伪孝现象的出现，在一定程度上败坏了社会风气。

尽管汉代的社会教育由于时代和阶级的局限，不可避免地存在着一些不足之处，但其所起的积极作用是占主导地位的，这是我们在认识和评价汉代社会教育时应该把握的一个基本原则。

本章小结

汉代的社会教育作为教育系统的重要组成部分，其在维护社会稳定、改善社会风俗等方面发挥了积极作用。汉代自武帝起，以经董仲舒改造过的儒家思想作为统治思想，并将社会教育作为传播和普及儒学的重要工具。在统治者的提倡下，随着社会教育的普及，儒学的基本社会规范和行为准则为全体社会成员所认同和接受，成为他们的内在人生目标。注重礼仪、对孝悌的追求逐渐成为人们普遍认可的一种社会风尚，这显然是有利于社会秩序稳定的。随着儒家教育的广泛开展及官吏群体的儒学化，汉代的许多官员从维护统治阶级的长远利益和根本利益出发，对君主的不当行为，非因避免得罪皇帝而视而不见，而是积极予以谏诤。官员的谏诤能否起到作用，关键在于君主自身的素质，取决于君主对待谏诤的态度。自西汉中期后，最高统治者所接受的教育主要是儒家教育，他们已普遍趋于儒化，因此对臣下的谏诤常能给予理解。两汉王朝能维持四百年之久，与儒者官吏敢于直言谏诤和最高统治者在一定程度上接受谏诤是分不开的。

西汉初年，由于秦王朝的横征暴敛和楚汉战争中地主武装的烧杀抢掠，社会生产遭到严重破坏，社会动荡不安，社会经济已到了崩溃边缘。要使统治秩序稳定下来，就必须解决如何使残破的社会经济恢复和发展起来的问题。为此，统治者选择清静无为的黄老思想作为治国的指导思想，并将主要精力放在医治战争创伤上，根本无暇顾及移风易俗的问题。政府对各地风俗采取了放任的政策，没有进行行政干预和改造。尽管当时一些思想家针对秦朝遗留下来的不良风俗提出了移风易俗的主张，但并未引起统治者的重视。

西汉中期后，随着社会经济的恢复和发展，为适应加强中央集权的需要，儒家思想被确立为统治思想。为了与政治上的大一统相匹配，就要对各地风俗进行整饬，于是统治者力图用儒家的道德规范来改造各地的社会风俗，以便稳定和巩固统治秩序。为此，许多深受儒学影响的地方官吏，利用所掌握的行政资源，积极从事对民众的教化工作，对那些不利于维护统治秩序的落后风俗大刀阔斧地进行整顿，使百姓从内心认识到落后风俗的危害，逐步向国家提倡的先进风俗文化靠拢。民间的一些知识分子秉持儒家重视风俗文化的传统，也十分关注所在地区的风俗文化状况，并自觉地投身移风易俗的工作，他们有的主动对民众进行教化，有的则以高尚的道德品行感化周围的人。通过地方官吏和民间知识分子的共同努力，基层社会逐渐接受了儒家价值观念，各地的社会风俗有了一定程度的改善。

结 语

汉代的社会教育与先秦时期相比有了进一步发展，这主要表现在两个方面：

第一，在社会教育理论的建构上，更加丰富、完善。以陆贾、贾谊、董仲舒、王充、班固、王符、仲长统等为代表的一批思想家，在充分吸收前人已有思想成果的基础上，从社会教育的可能性与必要性、社会教育的内容、社会教育的方法和社会教育的作用等多个方面，对汉代的社会教育作了较为深入的论述，初步建构起了社会教育的理论框架，并为后代社会教育理论的进一步发展奠定了基础。

第二，在社会教育的实践上，方法和途径更加多样，为后代开展社会教育活动提供了颇有价值的模式。汉代的社会教育有多种形式，既有官方开展的社会教育，也有民间力量主导的社会教育。官方社会教育的开展者，既有中央政府也有地方官员。中央政府主要通过以下途径开展社会教育：一是设立专门从事教化活动的官吏，要求其积极对民众进行道德教化，从而使教化工作制度化；二是把道德优秀者的三老、孝悌，以及从事农业生产突出者的力田树为榜样，从物质和精神上大力表彰，通过他们来对下层民众的观念产生影响，以期形成良好的社会风俗习惯。特别是汉代奉行以孝治天下的执政理念，大力推崇孝道教育，对孝行突出者不仅给予褒奖，而且还推荐为官。同时汉王朝还将孝纳入法律中，对不孝行为者予以严惩。通过奖励和惩罚相结合的方法，逐步使孝的观念深入人心，行孝日益成为人们的一种自觉行为；三是奖励名节。汉代，尤其是东汉时期，统治者大力提倡名节，极力征辟聘用那些讲究名节、严格遵守封建道德者，力图将其树为天下民众效法的楷模。在统治者的大力倡导下，士大夫重视名节、妇女重视贞洁逐渐成为一种社会风气；四是以图画、碑刻形式对民众进行封建忠孝节义等道德伦理观念的教育。这种形式具有形象、具体和可模仿的特点，在儒家核心价值观向基层社会的渗透中，发挥了重要作用；五是通过提倡尊老养老以强化孝的观念。汉代统治者高度重视养老问题，从文帝时起，即以法律的形式对其加以规定，使这项工作走向制度化。并采取一些具体措施，如赐给老人一定数量的粟米、酒肉、布帛等物品，赐高年以几杖，减免赋役，刑法上的优免，提倡尊老、敬老之礼仪，对年老致仕官员给予礼遇等，特别是将这项工作明确为地方一把手负责制，从而使尊老养老逐渐形成一种社会风气，对稳定社会秩序起到了积极的作用；六是统治者的示范教育。上至皇帝下到基层官吏，不少人已认识到，统治者的言行对广大民众有重要的示范教化作用，因而，他们用儒家的伦理道德原则规范自己的言行，在行孝、节俭等方面身体力行。这种道德示范教育对于化民成俗具有一定的积极意义；七是发布诏书，宣传社会教化。汉代皇帝诏书涉及的内容非常广泛，其中不少内容有着社会教化的意义，如孝道、尊师、尚贤、养老、重农、轻刑、薄赋等。这些诏书发布的对象是面向全体国民的，能够深入基层社会，其广泛性与普遍性有助于全社会形成以儒家伦理道德为核心的价值观；八是皇帝巡行或派遣使者巡行天下，察民情，览风谣，举贤俊，宣明德化。在巡视过程中，巡视者积极推行社会教化，移风易俗，并对地方官进行监督，向朝廷推荐优秀人才，这在一定程度上推动了统治思想的深入人心；九是建立以儒家伦理道德为主要选拔标准的选官制度，为人们确立了努力方向。汉代察举的主要科目是孝廉，考察内容就是孝顺廉洁的道德品行，因此具有孝顺廉洁的德行就成为人们追求的目标。察举孝廉这一举动本身就有深刻的教化意义，在社会上产生了强烈的道德影响，“在家为孝子，出仕做廉吏”，逐渐成为一种社会风气。

汉代地方官吏随着其日益儒化，多能把社会教育作为为政的重要工作来抓，他们或运用手中的行政资源直接对所辖民众进行道德教化，或借助自身的道德魅力去感化民众，在一定程度上起到了传播核心价值观、化民成俗的作用。从根本上说，官方是汉代社会教育工作的主体，从中央政府到地方官员，均在社会教育中起着主导作用。但我们也要看到，民间的一些力量也以其自身的方式，在社会教育中扮演着重要角色，在一定程度上弥补了官方社会教育之不足。“由于从最高统治者到地方官员、民间儒士以不同身份，用不同方式大力推行道德教化，形成了自上而下的官方和民间交织在一起的严密的道德教化网，使儒家的伦理道德深入人心，成为一种缓冲剂，使社会矛盾在一定时期内得到缓和，从而对汉代统治的巩固和社会的稳定发挥了重要作用。”①

汉代社会教育不仅对当时社会稳定和发展起了积极作用，也对我们今天开展社会教育工作有一定的意义。对于社会教育的作用，教育社会学家雷通群曾指出：“无论学校教育或家庭教育，均需借社会教育的补助，方能完全收功，此人之所同认也。”②和学校教育相比，社会教育有自己独特的特点：一是在社会教育中，教育者具有广泛性，凡是对他人实施影响的政府、团体和个人均是教育者；二是社会教育的对象具有普遍性，包括全体社会成员；三是社会教育的内容更加广博、丰富和现实；四是社会教育的方法措施具有多途径性和多样性。社会教育的广泛开展，对扭转社会不良风气、提高全体国民的思想觉悟和道德水平、推动社会的发展，起着重要作用。

汉代社会教育的成功，系统治者高度重视、并通过多重路径进行系统化推行的结果。家庭教育是基础，父母及其他亲人是道德社会化的启蒙导师，家庭道德教育良好，可从根本上保证孩子向善。学校道德教育是道德教育的主要基地，要特别注意学品与人品的结合，求知与做人的

---

① 张造群.礼治之道——汉代名教研究[M].北京：人民出版社，2011:211.

② 雷通群.教育社会学[M].福州：福建教育出版社，2010:170.

结合。要使素质教育真正落到实处，使学生真正接受到德智体美劳的教育，最终成为一个全面发展的人。社会教育是对家庭教育和学校教育成果的巩固，同时也保证了人们能够完成终身教育，以适应知识大爆炸时代的需要。学校教育、家庭教育、社会教育三者相辅相成，缺一不可。在开展社会教育的方法上，要特别重视激励措施和控制手段两种教育方法紧密配合，一方面要大力运用激励手段，引导人们扬善弃恶，使社会主义道德风尚和文明礼貌得到弘扬，另一方面也要进一步完善监督控制系统，宽猛两手配合使用，才能使教育的效果达到最大化。此外，还需利用各种传媒，如电视、广播、报纸、书刊和网络等，以群众喜闻乐见的生动形式开展教育，避免空洞、乏味的说教，从而增强社会教育的效果。

参考文献

一、文献史料

[1] [清]阮元.十三经注疏[M].北京：中华书局，1980.

[2] 国学整理社.诸子集成[M].上海：上海书店出版社，1986.

[3] 吴根友点注.四书五经[M].北京：中国友谊出版公司，1993.

[4] [春秋]左丘明.国语[M].北京：商务印书馆，1958.

[5] [战国]韩非.韩非子[M].上海：上海古籍出版社，1996.

[6] [西汉]司马迁.史记[M].北京：中华书局，1982.

[7] [东汉]班固.汉书[M].北京：中华书局，1962.

[8] [南朝宋]范晔.后汉书[M].北京：中华书局，1965.

[9] [西晋]陈寿.三国志[M].北京：中华书局，1982.

[10] [北齐]魏收.魏书[M].北京：中华书局，1974.

[11] [东汉]许慎.说文解字[M].北京：中华书局，1963.

[12] [西汉]陆贾撰，王利器校注.新语校注[M].北京：中华书局，2012.

[13] [西汉]贾谊撰，方向东译注.新书[M].北京：中华书局，2012.

[14] [西汉]韩婴撰，许维遹校释.韩诗外传集释[M].北京：中华书局，1980.

[15] [西汉]刘安撰，陈广忠译注.淮南子[M].北京：中华书局，2012.

[16] [西汉]董仲舒撰，张世亮、钟肇鹏、周桂钿译注.春秋繁露[M].北京：中华书局，2012.

[17] [西汉]桓宽.盐铁论[M].上海：上海古籍出版社，1990.

[18] [西汉]刘向撰，向宗鲁校正.说苑校正[M].北京：中华书局，1987.

[19] [西汉]扬雄撰，韩敬译注.法言[M].北京：中华书局，2012.

[20] [东汉]桓谭.新论[M].上海：上海人民出版社，1977.

[21] [东汉]王充.论衡[M].上海：上海人民出版社，1974.
[22] [东汉]班固撰，陈立疏证.白虎通疏证[M].北京：中华书局，1994.
[23] [东汉]王符撰，[清]汪继培笺、彭铎校正.潜夫论笺校正[M].北京：中华书局，1985.
[24] [东汉]荀悦撰，孙启治校补.申鉴注校补[M].北京：中华书局，2012.
[25] [东汉]仲长统撰，孙启治校注.昌言校注[M].北京：中华书局，2012.
[26] [东汉]徐干.中论[M].上海：上海古籍出版社，1990.
[27] [东汉]应劭撰，王利器校注.风俗通义校注[M].北京：中华书局，1981.
[28] [东汉]崔寔撰，石声汉校注.四民月令校注[M].北京：中华书局，1965.
[29] [东晋]葛洪撰，周天游校注.西京杂记[M].西安：三秦出版社，2006.
[30] [东晋]常璩撰，任乃强校注.华阳国志校补图注[M].上海：上海古籍出版社，1987.
[31] [东晋]袁宏撰，李兴和集校.后汉纪集校[M].昆明：云南大学出版社，2008.
[32] [北魏]郦道元撰，王国维校.水经注校[M].上海：上海人民出版社，1984.
[33] [北宋]司马光.资治通鉴[M].北京：中华书局，1956.
[34] [北宋]李昉等.太平御览[M].北京：中华书局，1960.
[35] [南宋]徐天麟.西汉会要[M].上海：上海古籍出版社，1978.
[36] [南宋]徐天麟.东汉会要[M].上海：上海古籍出版社，1978.
[37] [元]马端临.文献通考[M].北京：中华书局，1990.
[38] [明]王夫之.读通鉴论[M].北京：中华书局，1975.
[39] [清]严可均辑.全上古三代秦汉三国六朝文[M].北京：中华书局，1958.
[40] [清]王先谦.汉书补注[M].北京：中华书局，1983.
[41] [清]王先谦.后汉书集解[M].北京：中华书局，1984.
[42] [清]赵翼撰，王树民校正.廿二史札记校正[M].北京：中华书局，1984.
[43] [清]皮锡瑞.经学历史[M].北京：中华书局，1959.

[44] [清]顾炎武撰，黄汝成集释、秦克诚点校.日知录集释[M].长沙：岳麓书社，1994.
[45] [清]王照元撰.列女传补注[M].上海：华东师范大学出版社，2012.
[46] 林尹注译.周礼今注今译[M].北京：书目文献出版社，1985.
[47] 陈直.汉书新证[M].天津：天津人民出版社，1959.
[48] 周天游.八家后汉书辑注[M].上海：上海古籍出版社，1986.
[49] 吴树平校注.东观汉记校注[M].北京：中华书局，2008.
[50] 王明.太平经合校[M].北京：中华书局，1960.

二、简牍、碑刻史料

[1] 睡虎地秦墓竹简整理小组.睡虎地秦墓竹简[M].北京：文物出版社，1978.
[2] 高文.汉碑集释[M].开封：河南大学出版社，1978.
[3] 中国社会科学院考古研究所.居延汉简甲乙编[M].北京：中华书局，1980.
[4] [清]王昶.金石萃编[M].北京：中国书店，1985.
[5] [南宋]洪适.隶释 隶续[M].北京：中华书局，1986.
[6] 谢桂华，李均明，朱国熠.居延汉简释文合校[M].北京：文物出版社，1987.
[7] 孙家洲.额济纳汉简释文合校[M].北京：文物出版社，1987.
[8] 甘肃省文物考古研究所等.居延新简[M].北京：文物出版社，1990.
[9] 吴礽骧等.敦煌汉简释文[M].兰州：甘肃人民出版社，1991.
[10] 连云港市博物馆等.尹湾汉墓简牍[M].北京：中华书局，1997.
[11] 胡平生，张德芳.敦煌悬泉汉简释粹[M].上海：上海古籍出版社，2001.
[12]中国简牍集成编辑委员会.中国简牍集成[M].兰州：敦煌文艺出版社，2005.

[13] 张家山汉墓竹简整理小组.张家山汉墓竹简（二四七号墓）[M].北京：文物出版社，2006.

[14] 朱汉民，陈松长.岳麓书院藏秦简.壹[M].上海：上海辞书出版社，2010.

[15] 甘肃简牍保护中心等.肩水金关汉简.壹，贰，叁[M].上海：中西书局，2011，2012，2013.

[16] 张德芳.敦煌马圈湾汉简集释[M].兰州：甘肃文化出版社，2013.

三、学术著作

[1] [德]黑格尔.历史哲学[M].北京：生活·读书·新知三联书店，1956.

[2] 侯外庐.中国思想通史[M].北京：人民出版社，1957.

[3] 王国维.观堂集林[M].北京：中华书局，1959.

[4] 韦政通.中国文化与现代生活[M].台北：水牛出版社，1974.

[5] 毛礼锐，瞿菊农，邵鹤亭.中国古代教育史[M].北京：人民教育出版社，1979.

[6] 傅筑夫.中国封建社会经济史.第二卷[M].北京：人民出版社，1982.

[7] 吕思勉.吕思勉读史札记[M].上海：上海古籍出版社，1982.

[8] 杨树藩.中国文官制度史[M].台北：黎明文化事业公司，1982.

[9] 吕思勉.秦汉史[M].上海：上海古籍出版社，1983.

[10] 翦伯赞.秦汉史[M].北京：北京大学出版社，1983.

[11] 刘志远，余德章，刘文杰.四川汉代画像砖与汉代社会[M].北京：文物出版社，1983.

[12] 马大英.汉代财政史[M].北京：中国财政经济出版社，1983.

[13] 甘肃省博物馆.汉简研究文集[M].兰州：甘肃人民出版社，1984.

[14] 吴曾德.汉代画像石[M].北京：文物出版社，1984.

[15] 谢元鲁，王定璋.中国古代敬老养老风俗[M].西安：陕西人民出版社，1984.

[16] 张国华.中国法律思想史纲[M].兰州：甘肃人民出版社，1984.
[17] 熊铁基，安作璋.秦汉官制史稿[M].济南：齐鲁书社，1984.
[18] 任继愈.中国哲学发展史.秦汉卷[M].北京：人民出版社，1985.
[19] 林剑鸣、余华青、周天游、黄留珠.秦汉社会文明[M].西安：西北大学出版社，1985.
[20] 黄留珠.秦汉仕进制度[M].西安：西北大学出版社，1985.
[21] 陈直.居延汉简研究[M].天津：天津古籍出版社，1986.
[22] 毛礼锐，沈灌群.中国教育通史.第1卷，第2卷[M].济南：山东教育出版社，1985，1986.
[23] 金春峰.汉代思想史[M].北京：中国社会科学出版社，1987.
[24] 郭齐家.中国教育思想史[M].北京：教育科学出版社，1987.
[25] 毛礼锐.中国古代教育家传[M].北京：北京师范大学出版社，1987.
[26] 余英时.士与中国文化[M].上海：上海人民出版社，1987.
[27] 邓子琴.中国风俗史[M].成都：巴蜀书社，1987.
[28] 俞启定.先秦两汉儒家教育[M].济南：齐鲁书社，1987.
[29] 王步贵.王符思想研究[M].兰州：甘肃人民出版社，1987.
[30] 费正清.美国与中国[M].北京：商务印书馆，1987.
[31] 彭卫.汉代婚姻形态[M].西安：三秦出版社，1988.
[32] 周桂钿.董学探微[M].北京：北京师范大学出版社，1989.
[33] 黄开国.扬雄思想初探[M].成都：巴蜀书社，1989.
[34] 上海社会科学院经济研究所.秦汉经济思想史[M].北京：中华书局，1989.
[35] 林剑鸣.秦汉史[M].上海：上海人民出版社，1989.
[36] 韦庆远.中国政治制度史[M].北京：中国人民大学出版社，1989.
[37] 鲁洁.教育社会学[M].北京：人民教育出版社，1990.
[38] 阎步克.察举制度变迁史稿[M].沈阳：辽宁大学出版社，1991.
[39] 苏志宏.秦汉礼乐教化论[M].成都：四川人民出版社，1991.

[40] 卢云.汉晋文化地理[M].西安：陕西人民出版社，1991.
[41] 刘泽华.中国古代政治思想史[M].天津：南开大学出版社，1992.
[42] 华友根.董仲舒思想研究[M].上海：上海社会科学院出版社，1992.
[43] 崔瑞德，鲁惟一.剑桥中国秦汉史[M].北京：中国社会科学出版社，1992.
[44] 刘文英.仲长统评传[M].南京：南京大学出版社，1993.
[45] 刘文英.王符评传[M].南京：南京大学出版社，1993.
[46] 钟肇鹏，周桂钿.桓谭、王充评传[M].南京：南京大学出版社，1993.
[47] 王炳照，阎国华.中国教育思想通史[M].长沙：湖南教育出版社，1994.
[48] 朱汉民.忠孝道德与臣民精神——中国传统臣民文化论析[M].郑州：河南人民出版社，1994.
[49] 崔宜明，王正平，郁振华，等.中国传统哲学与教育[M].上海：上海教育出版社，1995.
[50] 张晋藩.中国法律史[M].北京：法律出版社，1995.
[51] 王永详.董仲舒评传[M].南京：南京大学出版社，1995.
[52] 孙宏安.中国古代科学教育史略[M].沈阳：辽宁教育出版社，1996.
[53] 阎步克.士大夫政治演生史稿[M].北京：北京大学出版社，1996.
[54] 陈少峰.中国伦理学史[M].北京：北京大学出版社，1996.
[55] 刘泽华.中国政治思想史[M].杭州：浙江人民出版社，1996.
[56] 马新.两汉乡村社会史[M].济南：齐鲁书社，1997.
[57] 葛剑雄.泱泱汉风[M].长春：长春出版社，1997.
[58] 彭卫.汉代社会风尚研究[M].西安：三秦出版社，1998.
[59] 王子今.秦汉区域文化研究[M].成都：四川人民出版社，1998.
[60] 罗炽，简定王，李太平等.中国德育思想史纲[M].武汉：湖北教育出版社，1998.
[61] 赵秀玲.中国乡里制度[M].北京：社会科学文献出版社，1998.

[62] 陈谷嘉，朱汉民.中国德育思想研究[M].杭州：浙江教育出版社，1998.
[63] 王子今.“忠”观念研究[M].长春：吉林教育出版社，1999.
[64] 章义和、陈春雷.贞节史[M].上海：上海文艺出版社，1999.
[65] 李申.中国儒教史[M].上海：上海人民出版社，1999.
[66] 高成鸢.中华尊老文化探究[M].北京：中国社会科学出版社，1999.
[67] 汪桂海.汉代官文书制度[M].南宁：广西教育出版社，1999.
[68] 廖其发.先秦两汉人性论与教育思想研究[M].重庆：重庆出版社，1999.
[69] 李国钧、王炳照.中国教育制度通史[M].济南：山东教育出版社，2000.
[70] 周桂钿.秦汉思想史[M].石家庄：河北人民出版社，2000.
[71] 刘泽华.中国的王权主义[M].上海：上海人民出版社，2000.
[72] 刘泽华.中国传统政治哲学与社会整合[M].北京：中国社会科学出版社，2000.
[73] 李维武.王充与中国文化[M].贵阳：贵州人民出版社，2000.
[74] 于振波.秦汉法律与社会[M].长沙：湖南人民出版社，2000.
[75] 张鸣岐.董仲舒教育思想研究[M].北京：人民教育出版社，2000.
[76] 信立祥.汉代画像石综合研究[M].北京：文物出版社，2000.
[77] 于迎春.秦汉士史[M].北京：北京大学出版社，2000.
[78] 杨树达.汉代婚丧礼俗考[M].上海：上海古籍出版社，2000.
[79] 肖群忠.孝与中国文化[M].北京：人民出版社，2001.
[80] 张涛.经学与汉代社会[M].石家庄：河北人民出版社，2001.
[81] 孙家洲.两汉政治文化窥要[M].济南：泰山出版社，2001.
[82] 庄春波.汉武帝评传[M].南京：南京大学出版社，2001.
[83] 王彦辉.汉代豪民研究[M].长春：东北师范大学出版社，2001.
[84] 张鹤泉.汉明帝研究[M].长春：吉林文史出版社，2001.

[85] 徐复观.两汉思想史[M].上海：华东师范大学出版社，2001.
[86] 彭卫、杨振红.中国风俗通史.秦汉卷[M].上海：上海文艺出版社，2002.
[87] 孙筱.两汉经学与社会[M].北京：中国社会科学出版社，2002.
[88] 卜宪群.秦汉官僚制度[M].北京：社会科学文献出版社，2002.
[89] 陈戍国.中国礼制史.秦汉卷[M].长沙：湖南教育出版社，2002.
[90] 赵沛.两汉宗族研究[M].济南：山东大学出版社，2002.
[91] 李振宏.居延汉简与汉代社会[M].北京：中华书局，2003.
[92] 张分田.中国帝王观念[M].北京：中国人民大学出版社，2004.
[93] 陈业新.灾害与两汉社会研究[M].上海：上海人民出版社，2004.
[94] 钱穆.秦汉史[M].北京：生活・读书・新知三联书店，2004.
[95] 黄书光.中国社会教化的传统与变革[M].济南：山东教育出版社，2005.
[96] 周振鹤.中国地方行政制度史[M].上海：上海人民出版社，2005.
[97] 韩星.儒法整合——秦汉政治文化论[M].北京：中国社会科学出版社，2005.
[98] 曹旅宁.张家山汉律研究[M].北京：中华书局，2005.
[99] 顾颉刚.秦汉的方士和儒生[M].上海：上海古籍出版社，2005.
[100] 刘海鸥.从传统到启蒙：中国传统家庭伦理的近代嬗变[M].北京：中国社会科学出版社，2005.
[101] 钱穆.国史新论[M].北京：生活・读书・新知三联书店，2005.
[102] 王文涛.秦汉社会保障研究[M].北京：中华书局，2007.
[103] 熊铁基.秦汉文化史[M].北京：东方出版社，2007.
[104] 王长坤.先秦儒家孝道研究[M].成都：巴蜀书社，2007.
[105] 王雷.社会教育概论[M].北京：光明日报出版社，2007.
[106] 严耕望.中国地方行政制度史——秦汉地方行政制度史[M].上海：上海古籍出版社，2007.

[107] 杨树增.汉代文化特色及形成[M].北京：人民出版社，2008.
[108] 刘厚琴.汉代伦理与制度关系研究[M].北京：中国社会科学出版社，2008.
[109] 安作璋，孟祥才.汉光武帝大传[M].北京：中华书局，2008.
[110] 张锡勤，柴文华.中国伦理道德变迁史稿[M].北京：人民出版社，2008.
[111] 汤用彤.汉魏两晋南北朝佛教史[M].武汉：武汉大学出版社，2008.
[112] 张惠芬.中国古代教化史[M].太原：山西教育出版社，2009.
[113] 王彦辉.张家山汉简《二年律令》与汉代社会研究[M].北京：中华书局，2010.
[114] 方军.王符治道思想研究[M].合肥：安徽大学出版社，2011.
[115] 张造群.礼治之道——汉代名教研究[M].北京：人民出版社，2011.
[116] 贾艳红.汉代民间信仰与地方政治研究[M].济南：山东大学出版社，2011.
[117] 周桂钿.董仲舒研究[M].北京：人民出版社，2012.
[118] 黄婉峰.汉代孝子图与孝道观念[M].北京：中华书局，2012.
[119] 王子今.秦汉社会意识研究[M].北京：商务印书馆，2012.
[120] 丁广惠.中国传统礼俗考[M].哈尔滨：黑龙江教育出版社，2012.
[121] 李世萍.汉代教化的多维研究[M].北京：知识产权出版社，2013.
[122] 杨树达.汉代婚丧礼俗考[M].上海：上海古籍出版社，2013.
[123] 彭卫.游侠与汉代社会[M].合肥：安徽人民出版社，2013.
[124] 张国芝.汉代巡视制度研究[M].郑州：大象出版社，2014.
[135] 胡广跃.石头上的中国画[M].西安：三秦出版社，2014.
[126] 高恒天.中华民族道德生活史.秦汉卷[M].上海：东方出版中心，2014.
[127] 郝建平.教育与两汉社会的整合研究[M].北京：中华书局，2014.
[128] 贺科伟.移风易俗与秦汉社会[M].北京：中国社会科学出版社，2014.
[129] 蒋波.秦汉隐逸问题研究[M].湘潭：湘潭大学出版社，2014.

[130] 张亮采.中国风俗史[M].长沙：湖南大学出版社，2014.
[131] 邹水杰，李斯，陈克标.国家与社会视角下的秦汉乡里秩序[M].长沙：湖南师范大学出版社，2014.
[132] 贾丽英.秦汉家庭法研究：以出土简牍为中心[M].北京：中国社会科学出版社，2015.
[133] 叶秋菊.秦汉诏书与中央集权研究[M].北京：中国社会科学出版社，2016.
[134] 汤一介.早期道教史[M].北京：中国人民大学出版社，2016.

四、期刊论文

[1] 刘修明."汉代孝治天下"发微[J].历史研究，1983（6）.
[2] 吉书时.略论汉代的三老[J].北京师范大学学报，1983（6）.
[3] 刘修明.两汉乡官"三老"浅探[J].文史哲，1984（5）.
[4] 黄留珠.两汉孝廉制度考略[J].西北大学学报，1985（4）.
[5] 王步贵.王符的伦理道德思想管窥[J].中国哲学史研究，1986（3）.
[6] 彭卫.论汉代的血亲复仇[J].河南大学学报，1986（4）.
[7] 李宏.汉代丧葬制度的伦理倾向[J].中原文物，1986（4）.
[8] 丁毅华."习俗恶薄"之忧，"化成俗定"之求——西汉有识之士对社会风气问题的忧愤和对策[J].华中师范大学学报，1987（4）.
[9] 刘德增.汉代养老述论[J].山东师范大学学报，1988（6）.
[10] 孙筱.孝的观念与汉代新的社会统治秩序[J].中国史研究，1988（2）.
[11] 孙筱.汉代"孝"的观念的变化[J].孔子研究，1988（3）.
[12] 王步贵.王符人性思想发微[J].兰州学刊，1989（2）.
[13] 黄宛峰.刘秀的奖励名节与东汉士风[J].南都学坛，1989（1）.
[14] 孙筱.孝的观念与汉代新的社会统治秩序[J].中国史研究，1990（3）.
[15] 郑兰生.养老溯源及汉代养老制度的形成[J].甘肃理论学刊，1990（5）.

[16] 王震亚.论汉代的察举制度[J].西北师范大学学报，1991（4）.
[17] 仝晰纲.秦汉时期的乡里教育[J].山东师范大学学报，1991（5）.
[18] 黄开国.论王符的人性思想[J].甘肃社会科学，1991（1）.
[19] 陈长琦.汉代察举制度略论[J].华南师范大学学报，1992（2）.
[20] 应坚志.王充教育思想析议[J].教育评论，1992（6）.
[21] 黄书光.论儒学社会化的若干途径[J].教育史研究，1992（1）.
[22] 张鹤泉.西汉养老制度简论[J].学习与探索，1992（6）.
[23] 晋文.以经治国与汉代经济[J].江汉论坛，1992（12）.
[24] 葛剑雄.秦汉时期的人口迁移与文化传播[J].历史研究，1992（4）.
[25] 孙家洲.巩固政权 教化为本——汉初君臣对思想教育社会效用的探讨[J].贵州社会科学，1992（2）.
[26] 赵克尧.论汉代的以孝治天下[J].复旦学报，1992（3）.
[27] 刘太祥.东汉的伦理道德教育[J].南都学坛，1992（1）.
[28] 康学伟.论孝观念形成于父系氏族公社时代[J].松辽学刊，1992（2）.
[29] 穆岚.王符《潜夫论》中的教育思想[J].河南师大学报，1993（5）.
[30] 张如珍.董仲舒的教育思想[J].西北师范大学学报，1993（6）.
[31] 杨爱国.汉代的忠孝观念及其对汉画像艺术的影响[J].中原文物，1993（2）.
[32] 孙筱.汉代“孝”的观念变化[J].中国史研究，1993（1）.
[33] 郝建平.论汉代教育对社会的影响[J].阴山学刊，1993（3）.
[34] 查昌国.西周“孝”义试探[J].中国史研究，1993（1）.
[35] 孔祥宏.东汉时期南方文化的发展[J].历史教学问题，1994（2）.
[36] 孙家洲.汉代民俗与巫风初探[J].世界宗教研究，1994（4）.
[37] 李学勇.试论民本思想在王符思想体系中的地位[J].甘肃社会科学，1994（3）.
[38] 杨静宛.汉代循吏的治民原则、措施及其实施效果[J].湘潭大学学报，1995（4）.

[39] 张涛.经学与汉代法制[J].文史哲，1995（3）.

[40] 郑阿平.汉代孝观念的传播及其意义[J].延安大学学报，1995（4）.

[41] 张涛.经学与汉代的经济政策[J].北京社会科学，1996（2）.

[42] 王健.汉代君主研习儒学传统的形成及其历史效应[J].中国史研究，1996（3）.

[43] 王学敏.荥阳东汉仓楼彩绘养老图[J].中原文物，1996（4）.

[44] 袁君敬.谈谈贾谊的教育思想[J].文史知识，1997（10）.

[45] 丁语和.论汉代的经学与法律[J].南开学报，1997（4）.

[46] 李绪柏.两汉时期的巴蜀文化与岭南文化[J].学术研究，1997（3）.

[47] 惠吉兴.论汉代儒学的社会化走向[J].社会科学战线，1997（3）.

[48] 周振鹤.从“九州异俗”到“六合同风”——两汉风俗区划的变迁[J].中国文化研究，1997（4）.

[49] 孙家洲，邬文玲.汉代士人“移风易俗”理论的构架及影响[J].中州学刊，1997（4）.

[50] 李小树.论东汉道德教化网的形成[J].晋阳学刊，1997（6）.

[51] 刘太祥.汉代巡行使的职能和作用[J].史学月刊，1997（1）.

[52] 范学辉.论儒学对秦汉地方行政的影响[J].江海学刊，1997（2）.

[53] 王保顶.汉代灾异观略论[J].学术月刊，1997（5）.

[54] 赵志坚.两汉妇女的贞节问题[J].历史教学，1998（4）.

[55] 侯欣一.孝与汉代法制[J].法学研究，1998（4）.

[56] 葛志毅.汉代博士奉使制度[J].历史教学，1999（10）.

[57] 万建中.秦汉风俗文化的演变趋势[J].南昌大学学报，1999（2）.

[58] 姚伟钧.乡饮酒礼探微[J].中国史研究，1999（1）.

[59] 仝晰纲.道德教育与汉代乡治[J].学术论坛，2000（5）.

[60] 熊必军，冷鹏飞.析汉代重三老[J].湖南教育学院学报，2000（4）.

[61] 张鹤泉.论汉明帝[J].北华大学学报，2000（2）.

[62] 郝虹.东汉儒家忠君观念的强化[J].孔子研究，2000（3）.

[63] 毛力平.汉代社会孝行初探[J].燕山大学学报，2000（2）.
[64] 季乃礼.论汉初的孝治[J].学术月刊，2000（9）.
[65] 朱岚.西周孝观念的确立及其基本特征[J].齐鲁学刊，2000（4）.
[66] 高岩.王符《潜夫论》教育思想述评[J].甘肃教育学院学报，2001（3）.
[67] 张江洪，冷鹏飞.论贾谊的教育思想[J].桂林航天工业高等专科学校学报，2001（1）.
[68] 晋文.论经学与汉代忠孝观的整合[J].江海学刊，2001（5）.
[69] 张涛.经学与汉代的丧葬、祭祀活动及复仇之风[J].山东大学学报，2001（4）.
[70] 唐光孝.从《养老图》谈汉代养老、抚孤等民政问题[J].四川文物，2001（4）.
[71] 张卫民.汉代官吏的优抚制度[J].山东师范大学学报，2001（4）.
[72] 王雷.关于社会教育的几点思考[J].教育理论与实践，2001（2）.
[73] 田海舰.董仲舒教化思想探析[J].河北大学成人教育学院学报，2001（4）.
[74] 臧知非."王杖诏书"与汉代养老制度[J].史林，2002（2）.
[75] 李剑林.从《汉书·地理志》透视区域风俗文化的形成与演变[J].中国文化研究，2002（2）.
[76] 吴海燕，范志军.两汉"风俗使"演变及职能初探[J].河南师范大学学报，2002（3）.
[77] 裘士京，张翅.略论两汉察举制度与人才选拔[J].安徽师范大学学报，2002（5）.
[78] 曹影，李秋.汉代教化的源起及其德育职能[J].北华大学学报，2002（4）.
[79] 李玉洁.董仲舒的德治思想[J].孔子研究，2002（3）.
[80] 高臻、韩树峰.汉晋时期妇女的守节与再嫁[J].中华女子学院学报，

2002（4）.
[81] 谢仲礼.东汉时期的灾异与朝政[J].中国社会科学院研究生院学报，2002（2）.
[82] 曾昭斌.论东汉道德教育的途径[J].河南师范大学学报，2003（1）.
[83] 刘丁豪.汉代官吏群体的儒学化及其对汉代社会的影响[J].四川师范学院学报，2003（1）.
[84] 赖华明.汉代察举制的内容及其功过[J].西南民族大学学报，2003（11）.
[85] 赖华明.汉代察举制概论[J].天府新论，2003（6）.
[86] 李文玲.汉代孝伦理的法律化[J].江淮论坛，2003（6）.
[87] 安作璋.说“孝”[J].山东师范大学学报，2003（5）.
[88] 刘奉光.汉简所记敬老制度研究[J].西南政法大学学报，2003（6）.
[89] 郝建平.论西汉良吏韩延寿[J].聊城大学学报，2003（1）.
[90] 黄明喜.儒学教育社会化的理论基础与基本形态[J].华南师范大学学报，2003（6）.
[91] 白奚.先秦黄老之学源流述要[J].中州学刊，2003（1）.
[92] 黄钊.董仲舒以“独尊儒术”为特征的道德教化思想探析[J].河南大学学报，2004（4）.
[93] 马娟.封建循吏的代表黄霸[J].湘潭师范学院学报，2004（3）.
[94] 刘太祥.试论秦汉行政巡视制度[J].郑州大学学报，2004（5）.
[95] 孟祥才.从秦汉时期皇帝诏书称引儒家经看儒学的发展[J].孔子研究，2004（4）.
[96] 朱海龙、黄明喜.陆贾教化思想探析[J].华南师范大学学报，2004（3）.
[97] 刘厚琴.汉代社会激励制度及其社会效应[J].信阳师范学院学报，2004（3）.
[98] 黄钊.董仲舒以“独尊儒术”为特征的道德教化思想探析[J].河南大学

学报，2004（4）.
[99] 黄钊.贾谊的道德学说探析[J].湘潭大学学报，2004（5）.
[100] 王大健.两汉民俗区研究[J].山东大学学报，2004（3）.
[101] 王阳安.董仲舒“教化”思想初探[J].教育史研究，2004（2）.
[102] 田大治.论汉代的德主刑辅制度[J].平原大学学报，2004（1）.
[103] 张功.秦汉不孝罪考论[J].首都师范大学学报，2004（5）.
[104] 王志凯.汉代官员的休假与退休制度[J].唐都学刊，2004（4）.
[105] 毋有江.从无为而治到儒法兼综——文景时期地方吏治的历史考察[J].人文杂志，2004（6）.
[106] 秦进才.两汉《孝经》传播与孝行管窥[J].社会科学战线，2005（1）.
[107] 秦进才，张玉.《孝经》与两汉的孝行[J].河北师范大学学报，2005（5）.
[108] 余从荣，张运华.汉代推行孝道教化的途径及启示[J].南昌大学学报，2005（1）.
[109] 吴灿、郑达威.汉代循吏的传播功能[J].开封教育学院学报，2005（2）.
[110] 周军伟.先秦秦汉的教民思想与实践述论[J].山东师范大学学报，2005（5）.
[111] 董树利，绳晓燕“教化”涵义新解[J].龙岩学院学报，2005（2）.
[112] 刘敏.论汉代“敬老”道德的法律化[J].天津社会科学，2005（3）.
[113] 王宏谋.汉代尊老养老制度探微[J].重庆工商大学学报，2005（6）.
[114] 魏燕利.汉代“王杖制”新探[J].许昌学院学报，2005（1）.
[115] 王文涛.论汉代官吏七十致仕[J].社会科学战线，2005（4）.
[116] 郭玉峰.两汉时期贞节观念的世俗化趋向[J].天津师范大学学报，2005（2）.
[117] 陈新岗.两汉诸子论风俗[J].民俗研究，2005（2）.
[118] 黄春平.从出土简牍看汉帝国中央的信息发布[J].新闻与传播研究，

2006（4）.
[119] 房锐.文翁化蜀与儒学传播[J].中华文化论坛，2005（4）.
[120] 秦进才.《孝经》在两汉的传播[J].石家庄学院学报，2006（1）.
[121] 牟发松.汉代三老“非吏而得与吏比”的地方社会领袖[J].文史哲，2006（6）.
[122] 田张霞.汉代社会教化模式探析[J].江苏教育学院学报，2006（2）.
[123] 朱红林.汉代“七十赐杖”制度及相关问题考辨——张家山汉简《傅律》初探[J].东南文化，2006（4）.
[124] 刘敏.从《二年律令》论汉代“孝亲”的法律化[J].南开学报，2006（2）.
[125] 张仁玺.汉代强化孝伦理的措施及社会影响[J].云南社会科学，2006（2）.
[126] 毕明英.浅论汉代察举制度[J].辽宁行政学院学报，2006（10）.
[127] 曹影.教化的缘起及其意蕴[J].东北师大学报，2006（3）.
[128] 陈明光.汉代“乡三老”与乡族势力蠡测[J].中国社会经济史研究，2006（4）.
[129] 夏增民.儒学传播与东汉普遍社会价值观的确立——一个政治社会化的分析[J].华中师范大学学报，2006（4）.
[130] 杨建祥.循吏与地方风化[J].上海行政学院学报，2006（3）.
[131] 沈刚.民间信仰与汉代地方行政[J].吉林大学学报，2006（2）.
[132] 于振波.汉代的循吏与酷吏[J].湖南城市学院学报，2006（1）.
[133] 王琳.论西汉前期诏令[J].滨州学院学报，2006（2）.
[134] 郝建平.汉代统治思想变迁对教育的影响[J].教育史研究，2006（2）.
[135] 张元城.西汉的儒生郡太守与儒学教化[J].河北师范大学学报，2007（4）.
[136] 刘太祥.汉代政治社会化的途径和形式[J].史学理论研究，2007（4）.
[137] 周蜜.董仲舒论孝[J].思想文化，2007（1）.

[138] 李建业.孝与汉代家庭教育[J].东岳论丛，2007（3）.
[139] 魏平.王充教育思想浅析[J].江苏省社会主义学院学报，2007（5）.
[140] 赵凯.西汉“受鬻法”探论[J].中国史研究，2007（4）.
[141] 王健.汉代祈农与籍田仪式及其重农精神[J].中国农史，2007（2）.
[142] 党超.“齐整风俗”：汉王朝对社会文化的软控制[J].河北学刊，2007（5）.
[143] 高春菊.独以寒暑不能成岁，独以威势不能成政——董仲舒社会教化思想研究[J].衡水学院学报，2007（3）.
[144] 杨建祥.评循吏的亦“官”亦“师”[J].广西社会科学，2007（7）.
[145] 李文玲.儒家孝伦理与汉代行政法[J].求索，2007（7）.
[146] 王文涛.汉代尊老养老教育与社会和谐[J].河北师范大学学报，2007（9）.
[147] 郝建平.论汉代厚葬之风[J].临沂师范学院学报，2007（2）.
[148] 刘伟杰.由汉代妇女离异与再婚的状况看汉代人的贞节观[J].民俗研究，2007（1）.
[149] 王子今.秦汉“生子不举”现象和弃婴故事[J].史学月刊，2007（8）.
[150] 刘厚琴.汉代“不忠入律”研究[J].济南大学学报，2007（5）.
[151] 王子今.秦汉“生子不举”现象和弃婴故事[J].史学月刊，2007（8）.
[152] 余光煜.从汉文帝诏令看文帝朝的重农政策[J].农业考古，2007（3）.
[153] 黄今言.汉代三老、父老的地位与作用[J].江西师范大学学报，2007（5）.
[154] 万义广.汉代“乡三老”身份再探讨[J].南昌大学学报，2008（5）.
[155] 郭浩.汉代王杖制度若干问题考辨[J].史学集刊，2008（3）.
[156] 夏增民.遣使巡行制度与汉代儒学传播[J].华中科技大学学报，2008（4）.
[157] 张强，杨颖.两汉循行制度考述[J].南京师大学报，2008（3）.
[158] 李俊方.汉代的赐酺与养老礼[J].兰州学刊，2008（4）.

[159] 卜宪群.秦汉“乡举里选”考辨[J].社会科学战线，2008（5）.

[160] 刘厚琴.教化在汉代伦理与制度整合中的作用[J].开封大学学报，2008（4）.

[161] 曹影.“性三品”：董仲舒社会教化的理论根据[J].社会科学战线，2008（8）.

[162] 王俊梅，孙家洲.口碑、心碑——汉代民众对地方官的社会评价[J].理论学刊，2008（2）.

[163] 夏增民.诏书与西汉时期的儒学传播—以《汉书》帝纪为中心的考察[J].南都学坛，2008（5）.

[164] 贾丽英.秦汉不孝罪考论[J].石家庄学院学报，2008（1）.

[165] 刘建.汉画中的孝亲伦理及其成因[J].理论学刊，2008（6）.

[166] 郭浩.汉代王杖制度若干问题考辨[J].史学集刊，2008（5）.

[167] 张小稳.贞节观念历史演进轨迹的重构——汉唐间贞节观念的不断加强[J].妇女研究论丛，2008（6）.

[168] 李俊方.两汉皇帝巡幸礼仪的政治属性[J].理论界，2008（4）.

[169] 王传满.夏商周：贞节观念滥觞[J].湖北经济学院学报，2008（4）.

[170] 车如山.社会教育的历史考察[J].继续教育研究，2009（1）.

[171] 李宏.察举制度对汉代教育的影响略论[J].辽宁师专学报，2009（2）.

[172] 欧阳艳玉.两汉帝王诏令引《诗经》考察——基于两汉书记载的研究[J].经济与社会发展，2009（11）.

[173] 陈二峰.论汉代的籍田礼[J].南都学坛，2009（3）.

[174] 雷戈.两汉郡守的教化职能——秦汉意识形态建制研究之一[J].史学月刊，2009（2）.

[175] 刘迅霞.浅议王符的德化思想[J].中共郑州市委党校学报，2009（5）.

[176] 万义广.汉代诏书与民生问题研究[J].南都学坛，2009（6）.

[177] 吴凡明.从《二年律令》看汉初孝道伦理与法制的混融[J].求索，2009（11）.

[178] 王雪岩.汉代“三老”的两种制度系统——从先秦秦汉的社会变迁谈起[J].中国社会经济史研究，2009（2）.

[179] 李振秋，杨建超.中国古代官德教育的历史考察[J].柳州师专学报，2009（2）.

[180] 李学娟.略论汉代官学与教化[J].当代教育科学，2009（5）.

[181] 张继军.先秦时期“忠”观念的产生及其演化[J].求是学刊，2009（2）.

[182] 韩帅.汉代旌表女性考论[J].社会科学家，2010（6）.

[183] 田振洪.汉代巡视制度及其历史启示[J].三明学院学报，2010（5）.

[184] 韩晓燕.齐鲁士人与两汉地方教化[J].山东师范大学学报，2010（1）.

[185] 郭君铭.扬雄人性思想本义[J].石家庄铁道大学学报，2010（4）.

[186] 郭浩.汉文帝“养老令”考辨[J].合肥师范学院学报，2010（4）.

[187] 卢明霞，王立仁.论汉代孝德教育[J].孔子研究，2010（3）.

[188] 朱明勋.汉代的孝治政策论析[J].内江师范学院学报，2010（5）.

[189] 房占红.也谈两汉时期贞节观念的世俗化趋向[J].中国社会经济史研究，2010（2）.

[190] 林飞飞.《淮南子》的教育教学思想[J].河北工程大学学报，2011（1）.

[191] 赵凯.《汉书·文帝纪》“养老令”新考[J].南都学坛，2011（6）.

[192] 黄宛峰.艺术教育贵在情——论汉画像石孝子图的特色[J].美育学刊，2011（4）.

[193] 高二旺.论汉代妇女贞节礼教的定型[J].江汉论坛，2011（8）.

[194] 刘庆.礼与汉代致仕[J].史学月刊，2011（3）.

[195] 张艳玲.两汉时期官吏的致仕制度[J].温州大学学报，2011（2）.

[196] 邹水杰.三老与汉代基层政治格局之演变[J].史学月刊，2011（6）.

[197] 徐建委.画像故事与两汉地方社会的文明进程[J].东岳论丛，2012（5）.

[198] 曹新洲.汉代社会教育[J].南阳师范学院学报，2012（2）.
[199] 吴锋.董仲舒孝道伦理观的逻辑向度[J].衡水学院学报，2012（6）.
[200] 李佳哲.董仲舒的忠孝理论与汉代忠孝伦理制度[J].衡水学院学报，2012（6）.
[201] 康喆清.试论汉代社会教育策略及对当代的启示[J].山西大学学报，2012（1）.
[202] 周圣涵.从武梁祠“梁寡高行”画像石看两汉文化视野下的贞节观[J].阜阳师范学院学报，2013（1）.
[203] 党超.论两汉风俗观念的政治文化特性[J].史学月刊，2012（5）.
[204] 徐建委.画像故事与两汉地方社会的文明进程[J].东岳论丛，2012（5）.
[205] 赵凯.东汉顺帝“八使”巡行事件始末[J].南都学坛，2013（5）.
[206] 陆玉，刘兆轩.重审汉文帝的节俭[J].现代语文，2013（10）.
[207] 李仰飞.贾谊对加强大一统中央集权的哲学论证[J].廊坊师范学院学报》2013（2）.
[208] 蒋波.隐士对汉代社会的教化作用及当代价值[J].武陵学刊，2013（6）.
[209] 张造群.核心价值大众化的历史经验：以“三纲五常”的提炼和传播为例[J].中州学刊，2014（8）.
[210] 刘敏.论汉代循吏群体性产生的原因和影响[J].湖湘论坛，2014（2）.
[211] 段知壮.《白虎通》中的忠孝思想研究[J].唐都学刊，2014（4）.
[212] 方红姣.贾谊论礼与法的关系[J].人文杂志，2015（8）.
[213] 胡仁智.西汉使者循行“举冤狱”之制考析[J].法律科学，2015（2）.
[214] 郧在廷.中国传统社会核心价值观大众化路径略探[J].北京印刷学院学报，2016（3）.
[215] 马媛媛.教化与建构：汉代女性行为标准儒学化探因[J].郑州大学学报，2016（3）.

[216] 李斯，刘璐.汉代使者“循行”与地方治理[J].湘南学院学报，2017（3）.
[217] 张信通.秦汉时期的乡里教化[J].运城学院学报，2017（3）.
[218] 贾艳红.汉代民间信仰在地方的双重影响[J].求索，2018（1）.

五、学位论文

[1] 陈苏镇.《春秋》学对汉代政治变迁的影响[D].北京：北京大学，2000.
[2] 梁锡锋.汉代《诗经》学与政治关系研究[D].郑州：郑州大学，2001.
[3] 车如山.先秦时期的社会教育[D].兰州：西北师范大学，2001.
[4] 肖阳光.东汉社会保障研究[D].长沙：湖南师范大学，2001.
[5] 孙宏恩.秦汉时期的社会教育[D].兰州：西北师范大学，2002.
[6] 李文玲.先秦儒家孝伦理思想与汉代法律[D].济南：山东大学，2002.
[7] 李学娟.汉代私学与乡村社会[D].济南：山东大学，2003.
[8] 邹水杰.两汉县行政研究[D].北京：北京大学，2003.
[9] 吕红梅.两汉忠君观念研究[D].石家庄：河北师范大学，2003.
[10] 徐玲.汉代孝治文化研究[D].开封：河南大学，2004.
[11] 魏燕利.汉代老龄权益保障初探[D].兰州：西北师范大学，2004.
[12] 卜然然.先秦两汉教化研究[D].北京：北京师范大学，2004.
[13] 李庚子.两汉的“孝教”思想研究[D].北京：北京师范大学，2004.
[14] 董树利.西汉乡里教化[D].石家庄：河北师范大学，2005.
[15] 张爽.汉代礼制及其推行[D].长春：东北师范大学，2005.
[16] 刘俊虎.西汉诸帝巡幸与社会政治[D].南京：南京师范大学，2005.
[17] 王广勇.陆贾《新语》在儒家思想史上的地位初探[D].济南：山东大学，2005.
[18] 王凤娟.汉画像石与齐鲁风俗[D].济南：山东师范大学，2005.
[19] 刘中建.专制王权的依附性合作者——儒士与两汉政治形态研究[D].天

津：南开大学，2005.
[20] 李俊方.汉代皇帝施政礼仪研究[D].长春：吉林大学，2006.
[21] 袁江玉.荀悦思想研究[D].济南：山东大学，2006.
[22] 尹怡朋.秦汉养老政策研究[D].济南：山东师范大学，2006.
[23] 范志军.汉代丧礼研究[D].郑州：郑州大学，2006.
[24] 陶新宏.汉初复兴儒学之先驱——陆贾思想探析[D].合肥：安徽大学，2006.
[25] 刘迅霞.论王符的道德精神[D].开封：河南大学，2006.
[26] 贺韧.儒家传统道德教育思想探析[D].长沙：湖南师范大学，2006.
[27] 司志晓.略论西汉官吏职务犯罪与治罪[D].郑州：郑州大学，2006.
[28] 巩宝平.论两汉的节日及其历史走向[D].济南：山东大学，2006.
[29] 甄尽忠.先秦时期的社会救助思想研究[D].郑州：郑州大学，2006.
[30] 刘变丽.两汉的私学教育及影响[D].南京：南京师范大学，2007.
[31] 李建业.孝文化与汉代社会[D].济南：山东师范大学，2007.
[32] 张亮.先秦及两汉循吏与儒家文化传播[D].西安：陕西师范大学，2007.
[33] 郭建萍.西汉的教化思想与教化形式[D].福州：福建师范大学，2007.
[34] 夏增民.儒学传播与汉魏六朝文化变迁[D].上海：复旦大学，2007.
[35] 冯世明.东汉官僚的地域构成研究[D].上海：华东师范大学，2007.
[36] 郭炳利.武氏祠历史故事画像反映的汉代儒家思想研究[D].济南：山东大学，2007.
[37] 翟芳.孝道与西汉法制[D].郑州：郑州大学，2007.
[38] 王赛艳.董仲舒教化思想研究[D].广州：华南师范大学，2007.
[39] 盖晓霞.汉代奏议类文体研究[D].长春：长春理工大学2007.
[40] 李荣亮.董仲舒的德政思想研究[D].兰州：兰州大学，2008.
[41] 陈忠锋.王莽理想政治研究[D].上海：华东师范大学，2008.
[42] 韩帅.汉代族表制度初探[D].济南：山东师范大学，2008.

[43] 潘泉.昭宣时期的循吏研究[D].南昌：南昌大学，2008.
[44] 张庆杭.诏书与两汉政治[D].南昌：江西师范大学，2008.
[45] 李沈阳.汉代人性论研究[D].武汉：华中师范大学，2008.
[46] 党超.两汉风俗观念的政治文化考察[D].北京：北京师范大学，2008.
[47] 傅亮.王杖十简、王杖诏令册与汉代养老制度研究[D].合肥：安徽大学，2008.
[48] 李荣亮.董仲舒的德政思想研究[D].兰州：兰州大学，2008.
[49] 史冠华.秦汉巡狩考述[D].西安：西北大学，2008.
[50] 王曦.长清孝堂山石祠汉画像石考释与文化艺术价值探析[D].济南：山东大学，2008.
[51] 陈婷.王充教育思想研究[D].武汉：华中师范大学，2009.
[52] 李学娟.两汉教化研究[D].济南：山东大学，2009.
[53] 宋臻垠.两汉时期西南地区的教育研究[D].重庆：西南大学，2009.
[54] 陈晨婕.论儒家思想对西汉社会风尚的影响[D].济南：山东大学，2009.
[55] 陈苹.论汉代女性的教育[D].郑州：郑州大学，2009.
[56] 魏然.《法言》伦理思想研究[D].长沙：中南大学，2009.
[57] 张福安.西汉诏书研究[D].西安：西北大学，2009.
[58] 周春兰.董仲舒教化哲学思想——儒家教化体系的确立及其在大一统社会的实践开端[D].上海：上海师范大学，2009.
[59] 李秋香.文化认同与文化控制：秦汉民间信仰研究[D].开封：河南大学，2010.
[60] 陈丽娜.两汉经学教育研究[D].长春：东北师范大学，2009.
[61] 秦铁柱.汉代义利观与社会实践[D].济南：山东师范大学，2010.
[62] 王博.汉代循吏研究[D].南昌：江西师范大学，2010.
[63] 张超.秦汉时期的丧葬研究[D].济南：山东师范大学2010.
[64] 冯一鸣.西汉用诗研究[D].北京：北京大学，2011.

[65] 李辉.汉代察举制度及其意义[D].兰州：兰州大学，2011.
[66] 李英杰.汉代伦理激励研究[D].曲阜：曲阜师范大学，2011.
[67] 谌玉洁.《新语》与汉代教化[D].南京：南京师范大学，2011.
[68] 陈星吉.贾谊礼制思想研究[D].上海：华南师范大学，2011.
[69] 高英.汉代铭文研究[D].南京：南京师范大学，2011.
[70] 班睿.汉魏两晋南北朝佛教的本土化研究[D].兰州：兰州大学，2011.
[71] 梁允华.论汉代的酒风[D].郑州：郑州大学，2011.
[72] 孟纬.董仲舒的仁义观[D].济南：山东师范大学，2011.
[73] 刘晓满.汉代忠德教化研究[D].曲阜：曲阜师范大学，2012.
[74] 孟彦.汉代循吏研究[D].济南：山东师范大学，2012.
[75] 吕文静.论两汉时期的尊老养老传统[D].济南：山东师范大学，2012.
[76] 沈芳甸.秦汉时期文化消费研究[D].南昌：江西师范大学，2012.
[77] 李伟.西汉财政政策研究[D].南京：南京师范大学，2012.
[78] 张晶.西汉孝道研究[D].北京：中央民族大学，2012.
[79] 王芳.汉代孝伦理异化研究[D].曲阜：曲阜师范大学，2012.
[80] 昌菲菲.关于汉代官员致仕的历史考察[D].上海：华东师范大学，2012.
[81] 谢莺.两汉时期“教化”到魏晋时期“名教”的演变[D].南昌：江西师范大学，2012.
[82] 王海骁.《汉书·地理志》中所见风俗研究[D].长春：东北师范大学，2012.
[83] 康喆清.董仲舒教化思想研究[D].南京：南京理工大学，2013.
[84] 柴源.董仲舒孝道思想研究[D].郑州：郑州大学，2013.
[85] 王司瑜.中国古代教化思想及方式研究[D].哈尔滨：黑龙江大学，2013.
[86] 黄辉.两汉诏令比较研究[D].武汉：华中师范大学，2013.
[87] 杨东升.汉代官德教化研究[D].曲阜：曲阜师范大学，2013.

[88] 王鑫明.汉代崇母风尚研究[D].曲阜：曲阜师范大学，2014.
[89] 胡中丽.汉代孝子画像研究[D].南京：南京师范大学，2014.
[90] 周忠民.王符德治与法治思想研究[D].济南：山东师范大学，2014.
[91] 李娜.周代乡饮酒礼探析[D].曲阜：曲阜师范大学，2014.
[92] 魏昕.汉代诏令研究[D].长春：东北师范大学，2015.
[93] 李韶珂.论汉代养老制度[D].郑州：郑州大学，2015.
[94] 郭义伟.复仇与东汉社会[D].郑州：郑州大学，2016.
[95] 金璐.两汉时期非官方的社会教化[D].南京：南京师范大学，2016.
[96] 高艳楠.古代中国的法律传播活动[D].济南：山东大学，2017.
[97] 郑晓晓.东汉前期忠君观念与士风研究新探[D].石家庄：河北师范大学，2017.
[98] 林丛.两汉经义法律化研究[D].济南：山东大学，2017.
[99] 肖琼.汉代节日文化的审美研究[D].济南：山东师范大学，2017.
[100] 李东泽.汉代的礼俗与社会控制[D].济南：山东师范大学，2018.
[101] 刘艳珍.汉代隐士研究[D].郑州：郑州大学，2018.

后 记

书稿是拙著《教育与两汉社会的整合研究》的姊妹篇，也是国家社科基金项目“汉代社会教育研究”的最终成果。

汉代的社会教育在中国古代社会教育史上占有重要的地位，其诸多做法为后代的王朝所继承，并进一步加以发扬光大，因而用“奠基”两字来评价汉代的社会教育，实不为过。显然，对汉代社会教育进行深入研究是有一定学术价值的。在《教育与两汉社会的整合研究》一书中，本人虽对汉代的社会教育有所涉及，但仅限于社会教育的形式方面，难以反映汉代社会教育的全貌。有鉴于此，2014年，我以“汉代社会教育研究”为题，申请了国家社科基金项目，非常荣幸获得批准立项。在原有研究的基础上，经过4年多的努力，终于完成了项目，并顺利结项。本书的出版，可以说是长期以来我对汉代教育研究的一个阶段性总结。

项目能顺利完成并得以出版，特别要感谢我的妻子刘丽静女士，是她承担了大部分家务及教育孩子的任务，使我得以有时间开展课题的研究工作。郝家兴同学承担了部分书稿的撰写、文字校对、加工润色工作。

感谢出版社责任编辑老师一丝不苟的工作精神，使本书的校对错误能够减到最少。

对汉代社会教育的研究是一项探索性的工作，有许多问题尚需进一步的深入，限于本人的学识，书中难免有错误之处，衷心希望同行学者专家给与批评指正。

郝建平

2025年1月于鹿城